L'énigme de l'anguille et autres bizarreries animales

Lucy Cooke

L'énigme de l'anguille et autres bizarreries animales

Traduit de l'anglais
par Esther Ménévis

Albin Michel

Ce livre est publié sous la direction
de Francis Geffard

Édition originale anglaise parue sous le titre :
THE UNEXPECTED TRUTH ABOUT ANIMALS

Publiée par Transworld Publishers, Londres, Grande-Bretagne.

À la mémoire de mon père,
qui m'a ouvert les yeux aux merveilles de la nature.

Introduction

« Comment des losers comme les paresseux peuvent-ils exister ? »

En tant que zoologiste et fondatrice de la Sloth Appreciation Society (Société pour l'appréciation des paresseux), je suis *très souvent* confrontée à cette question. Parfois, la signification du mot « loser » est précisée par un adjectif – « fainéant », « stupide » et « lent » étant les éternels favoris. Parfois aussi, cette question est complétée par la réflexion suivante : « Je croyais que l'évolution consistait en la survie des plus *aptes* » – un ajout prononcé généralement d'un air perplexe ou, pire, avec dans la voix un soupçon de suffisance propre aux membres d'une espèce supérieure.

Chaque fois que cela m'arrive, j'inspire à fond et, avec tout le calme dont je suis capable, j'explique que les paresseux ne sont pas des losers, loin de là. Ils sont l'une des créations les plus originales de la sélection naturelle – et une création incroyablement réussie, qui plus est. Progresser furtivement à la cime des arbres, à peine plus vite qu'un escargot, couvert d'algues et infesté d'insectes, et ne déféquer qu'une fois par semaine ne correspond certes peut-être pas à l'idée que vous vous faites d'une vie ambitieuse, mais d'un autre côté vous n'essayez pas de survivre dans les jungles extrêmement concurrentielles d'Amérique centrale et du Sud – ce pour quoi le paresseux est très doué.

Quand on cherche à comprendre les animaux, le contexte est essentiel.

J'adore les paresseux. Comment ne pas aimer un animal qui est né avec un sourire figé sur la figure et ne peut s'empêcher de vous serrer dans ses bras ?

Or le secret de l'extraordinaire endurance des paresseux réside dans leur nature léthargique. Ce sont des modèles d'économie d'énergie, dotés de toute une panoplie d'adaptations ingénieuses qui se sont affinées au fil de nombreux millénaires et se révèlent dignes du plus excentrique et talentueux des inventeurs. Je ne me lancerai pas ici dans leur énumération ; vous apprendrez tout de la vie « tête en bas » des paresseux au chapitre 3. Pour l'instant, je me contenterai de dire que j'ai un faible pour les outsiders.

Les atteintes à la réputation du paresseux étaient telles que je n'ai pu faire autrement que de créer la Sloth Appreciation Society. (Notre devise : « La rapidité est surfaite. ») J'ai fait la tournée des festivals et des écoles afin de dévoiler l'étonnante vérité sur cette créature tant calomniée. Dans mes conférences, je faisais remonter l'histoire des diffamations accablant le paresseux à une clique d'explorateurs du XVIe siècle qui s'étaient arrogé le droit de cataloguer ce calme et pacifique végétarien comme « l'animal le plus stupide qui se puisse trouver sur Terre[1] »*. Ce livre est né de ces conférences et du besoin de remettre les choses à leur place, non seulement pour les paresseux mais aussi pour d'autres animaux.

Nous avons tendance à considérer le règne animal à travers le prisme, plutôt étroit, de notre propre existence. Si le mode de vie arboricole du paresseux est suffisamment « extraterrestre » pour en faire l'une des créatures les plus mal comprises au monde, il n'est nullement le seul dans cette catégorie. La vie revêt une merveilleuse multitude de formes étranges, dont même les plus simples s'avèrent complexes à comprendre.

L'évolution nous a joué quelques bons tours en façonnant sans aucune logique des créatures invraisemblables, et en nous laissant fort peu d'indices pour expliquer ses choix. Des mammifères comme la chauve-souris qui veulent être des oiseaux. Des oiseaux comme le manchot qui veulent être des poissons. Et des poissons comme l'anguille, dont le cycle de vie mystérieux a lancé l'homme,

* Toutes les références bibliographiques sont à retrouver en fin d'ouvrage.

deux millénaires durant, dans la quête de ses introuvables gonades, le conduisant à l'extrême limite de l'aventure humaine – un précipice au bord duquel les spécialistes des anguilles vacillent encore aujourd'hui. Les animaux ne livrent pas facilement leurs secrets.

Prenez l'exemple de l'autruche. En février 1681, le Britannique Thomas Browne, brillant esprit universel, écrivit une lettre à son fils Edward, médecin à la cour, afin de lui demander une faveur plutôt insolite. Edward était entré en possession d'une autruche issue d'un troupeau offert à Charles II par le roi du Maroc. Naturaliste enthousiaste, sir Thomas était fasciné par ce grand oiseau étranger, et impatient que son fils l'informe de ses habitudes. Était-il vigilant comme l'oie ? Se régalait-il d'oseille, se refusait-il à manger du laurier ? Et mangeait-il du fer ? Pour découvrir la réponse à cette dernière question, suggérait obligeamment le père à son fils, il serait peut-être utile d'envelopper le métal dans de la pâte – pour confectionner une sorte de roulé à la saucisse métallique – car « peut-être il ne le prendra[it] pas seul[2] ».

Ce tour de passe-passe culinaire avait un objectif résolument scientifique. Browne voulait en effet tester un mythe ancien selon lequel les autruches étaient capables de tout digérer, y compris le fer. D'après un savant allemand du Moyen Âge, l'autruche raffolait tellement de ce mets coriace que son dîner « consist[ait] en une clé de porte d'église et un fer à cheval[3] ». Comme les califes et les explorateurs de l'Afrique faisaient don d'autruches aux souverains européens, des générations de naturalistes enthousiastes encouragèrent ainsi le volatile exotique à consommer ciseaux, clous et autres articles de quincaillerie.

En apparence, cette expérience est insensée, et pourtant, en grattant un peu, on découvre qu'il y a une logique (scientifique) à cette folie. Les autruches ne peuvent pas digérer le fer, mais on a pu observer qu'elles ingéraient de gros cailloux tranchants. Pourquoi ? Parce que l'oiseau le plus grand du monde est devenu au fil de l'évolution un animal brouteur plutôt insolite. Son régime alimentaire se compose d'herbes et de buissons difficiles à digérer. Or, contrairement à ses camarades mastiqueuses de plantes des plaines africaines, à savoir la girafe et l'antilope, l'autruche n'a pas un estomac de ruminant. Elle n'a même pas de dents et doit arracher les herbes fibreuses du sol à l'aide de son bec avant de les avaler entières. Elle utilise donc la carrière de pierres irrégulières qui se trouve dans son gésier musculeux pour broyer ce repas filandreux et le réduire en morceaux plus digestes. Et elle est capable d'arpenter la savane avec dans son estomac jusqu'à un kilo de cailloux (que les scientifiques appellent plus joliment « gastrolithes »).

Là encore, le contexte est essentiel pour comprendre l'autruche. Mais nous devons aussi assimiler le fait que, depuis des siècles, les scientifiques oscillent et tâtonnent à la recherche de la vérité sur les animaux. En tant que tel, Browne n'est qu'un membre parmi d'autres de la fabuleuse troupe d'obsédés singuliers que vous allez croiser dans les pages de ce livre. Tel ce médecin du XVIIe siècle qui essaya de générer spontanément des crapauds en plaçant un canard sur un tas d'excréments d'animaux (une vieille recette pour créer la vie). Ou ce curé italien au nom digne d'un méchant de *James Bond* et aux initiatives à l'avenant, Lazzaro Spallanzani, qui, armé d'une méchante paire de ciseaux, tantôt confectionna de minuscules sous-vêtements sur mesure pour ses sujets animaux, tantôt leur coupa les oreilles au nom de la science.

Si ces deux hommes étaient les produits du tout début des Lumières, les scientifiques de périodes plus récentes de l'Histoire ont eux aussi parfois suivi des méthodes étranges et pas toujours judicieuses dans leur quête de vérité – ainsi ce psychopharmacologue américain du XXe siècle, que sa curiosité poussa à faire boire de l'alcool à un troupeau d'éléphants jusqu'à ce que grande ivresse s'ensuive – avec, comme il se doit, des résultats complètement insensés. Chaque siècle possède ses auteurs excentriques d'expériences sur les animaux, et l'avenir en comptera certainement encore beaucoup. Nous autres, les humains, avons peut-être fissionné l'atome, marché sur la Lune et découvert le boson de Higgs, mais en matière de compréhension de nos amies les bêtes, il nous reste de gros progrès à accomplir.

Je suis fascinée par les erreurs que nous avons commises de tout temps, et par les mythes que nous avons créés pour combler les lacunes dans notre appréhension du monde animal. Ils nous en disent long sur les mécanismes de la découverte et les personnes qui en sont à l'origine. Lorsque Pline l'Ancien décrit l'hippopotame sécrétant par sa peau une liqueur cramoisie, il cherche à ce phénomène des explications familières – celles de la médecine romaine – et imagine que l'animal se fait une saignée dans un but thérapeutique. Et comment en serait-il autrement ? Pline est un homme de son temps. Il se trompe, mais la véritable explication du suintement écarlate de l'hippopotame est tout aussi extraordinaire que la légende d'autrefois – et elle n'est en outre pas sans rapport avec l'automédication.

Passer au scalpel nos plus grands mythes animaliers met

souvent en lumière une logique charmante et nous transporte en des temps marqués par une merveilleuse naïveté, où l'on ignorait beaucoup et où tout paraissait possible. Pourquoi, après tout, les oiseaux ne migreraient-ils pas sur la Lune, les hyènes ne changeraient-elles pas de sexe selon les saisons, les anguilles ne naîtraient-elles pas spontanément de la boue ? La vérité, comme nous le verrons, n'est pas moins incroyable.

Les mythes animaliers les plus absurdes ont vu le jour après la chute de l'Empire romain, lorsque, au Moyen Âge, le christianisme fit main basse sur la science naissante qu'était l'histoire naturelle. Ce fut l'âge d'or du bestiaire. Ces abrégés anciens sur les animaux étaient bourrés d'illustrations dorées et de descriptions sérieuses de bêtes exotiques – des oiseaux-chameaux (autruches) aux chameaux-léopards (girafes), en passant par les évêques de mer (moitié poissons, moitié évêques, cent pour cent fantastiques). Mais les bestiaires n'étaient pas le fruit d'un travail passionné de recherche sur la vie des animaux. En fait, ils brodaient tous à partir de la même source, un manuscrit du IVe siècle appelé le *Physiologus*, qui mêlait au folklore une petite pincée de faits et une bonne dose d'allégorie religieuse. Le *Physiologus* devint l'équivalent d'un énorme best-seller médiéval (surpassé à l'époque uniquement par la Bible) et fut traduit dans des dizaines de langues, répandant d'absurdes légendes animalières de l'Éthiopie à l'Islande.

Les bestiaires médiévaux constituent une lecture incroyablement grivoise où il est beaucoup question de sexe et de péché, ce qui devait ravir les moines chargés de les transcrire et de les enluminer pour les bibliothèques religieuses. On y découvrait d'extraordinaires créatures : la belette qui conçoit par la bouche mais enfante par l'oreille ; le bison (ou « bonnacon », comme on l'appelait alors) qui échappe au chasseur en lâchant un pet si « nauséabond que ses attaquants déconfits sont forcés de se replier[4] » (on a tous connu ça) ; ou encore le cerf, dont le pénis a la manie de se détacher quand il s'est livré sans retenue aux plaisirs de la chair. De telles légendes recelaient plus d'une leçon utile à l'édification des ouailles dans les églises. Après tout, Dieu avait créé tous les animaux, mais un seul – l'homme – avait perdu son innocence. Aux yeux des scribes, le règne animal avait pour fonction de servir d'exemple aux humains. Alors au lieu de remettre en question la véracité des descriptions du *Physiologus*, ils recherchaient les caractéristiques humaines des animaux et les valeurs morales que Dieu avait cachées dans leur comportement.

Au Moyen Âge, selon une idée largement répandue, tout animal terrestre avait son équivalent marin : cheval et cheval de mer, lion et lion de mer, évêque et… évêque de mer. Cet ecclésiastique pas très catholique, dont on trouve la description dans Historiae animalium, *de Conrad Gessner (1558), a soi-disant été aperçu au large de la Pologne. (On dirait plutôt qu'il vient de s'échapper du décor de* Dr Who, *non ?)*

Certains spécimens des bestiaires en deviennent méconnaissables. Les éléphants, par exemple, étaient décrits avec force louanges comme les plus vertueux et sages de tous les animaux, si « doux et dociles[5] » qu'ils passaient même pour avoir leur propre religion. On racontait qu'ils éprouvaient une « violente haine[6] » pour les souris, mais un amour si profond pour leur pays que la seule pensée de leur patrie pouvait les faire fondre en larmes. Au chapitre de la fornication, c'étaient « les plus chastes[7] » des créatures : ils restaient avec leur partenaire toute leur vie – vie qu'ils avaient fort longue, puisqu'elle durait trois cents ans –, et l'adultère leur répugnait tellement qu'ils punissaient ceux qu'ils prenaient sur le fait. Autant d'affirmations qui ne manqueraient pas d'étonner notre éléphant moyen, résolument polygyne.

Le besoin irrépressible de chercher notre reflet dans les animaux et de les soumettre à nos jugements moraux a persisté longtemps, jusqu'à des époques plus éclairées. Le plus grand pécheur en la matière, et la plus grande star de ce livre, est peut-être le célèbre naturaliste français Georges-Louis Leclerc, comte de Buffon. Ce dernier fut une figure de proue de la révolution scientifique et s'efforça, assez paradoxalement, de dégager l'histoire naturelle de l'emprise de l'Église. Son encyclopédie monumentale en quarante-quatre volumes est cependant une œuvre aux accents moralisateurs hautement comiques, du fait d'une écriture délicieusement grandiloquente qui, à l'instar de beaucoup d'écrits scientifiques de l'époque, se lit davantage comme un roman sentimental que comme une analyse scientifique. Ses remarques humiliantes au sujet des animaux dont il réprouvait les mœurs, comme notre ami le paresseux (« le dernier terme de l'existence[8] », dixit l'aristocrate français), sont presque aussi comiquement inexactes que celles témoignant de son adoration sans bornes pour les créatures qu'il portait aux nues. L'un de ses chouchous était le castor, dont le travail acharné, comme vous allez le découvrir, lui fit carrément perdre la tête – de quoi transformer le grand Buffon en une espèce de bouffon, quand on connaît la vérité.

Ce genre d'élans anthropomorphiques perdure encore aujourd'hui. Ainsi les pandas sont-ils si irrésistiblement mignons qu'ils font ressortir notre besoin inné d'en prendre soin, au point de nous aveugler. Nous préférons voir en eux des ours patauds que la sexualité effarouche, incapables de survivre sans notre intervention, plutôt que des vétérans de la survie dotés d'un redoutable coup de dents et d'une appétence pour les parties de jambes en l'air collectives et mouvementées.

Au début des années 1990, lorsque j'ai étudié la zoologie sous la direction du grand biologiste de l'évolution Richard Dawkins, j'ai appris à penser le monde en fonction des relations génétiques entre les espèces – à voir comment leur degré de parenté influence leur comportement. Une partie de ce qu'on m'a enseigné a déjà été surpassée par les progrès récents de la science, qui montrent que la *façon* dont un génome est lu au niveau cellulaire peut être au moins aussi importante que son contenu (ce qui explique pourquoi, même si nous avons soixante-dix pour cent d'ADN commun avec les entéropneustes – une classe de vers marins –, c'est beaucoup plus marrant de passer la soirée avec nous). Si je précise cela, c'est pour souligner que chaque génération – y compris la mienne – a beau penser qu'elle en sait davantage sur les animaux que les précédentes, elle se trompe encore souvent. La zoologie continue à se résumer en grande partie à un ensemble de conjectures éclairées.

Toutefois, grâce à la technologie moderne, ces conjectures s'améliorent. En tant que productrice et présentatrice de documentaires d'histoire naturelle, j'ai parcouru le monde et eu le privilège de rencontrer certains des scientifiques travaillant d'arrache-pied à la découverte de la vérité. J'ai ainsi rencontré une testeuse de QI animal dans le Masai Mara, un colporteur de porno panda en Chine, l'inventrice anglaise à l'origine d'un thermomètre rectal pour paresseux (à but scientifique), et l'auteure écossaise du premier dictionnaire chimpanzé du monde. Je me suis par ailleurs lancée à la poursuite d'orignaux ivres, j'ai grignoté des « testicules » de castor, savouré des aphrodisiaques aux amphibiens, sauté d'une falaise avec des vautours et balbutié quelques mots d'hippopotame (enfin, pas tout à la fois). Ces expériences m'ont révélé de nombreuses vérités surprenantes sur les animaux et sur l'état des sciences animales aujourd'hui. Dans ce livre, je m'efforce de partager ces vérités avec vous, de rassembler les plus grands malentendus, erreurs et mythes que les hommes, depuis le grand philosophe Aristote jusqu'aux descendants de Walt Disney, ont concoctés sur le règne animal, et de créer ma petite ménagerie des incompris.

Ouvrez donc votre esprit à ces histoires incroyables. Mais n'allez pas vous imaginer qu'elles sont toutes vraies !

1

L'anguille

Genre *Anguilla*

« Il n'y a pas d'animal dont l'origine et l'existence donnent lieu à autant de fausses croyances et fables ridicules. »

Leopold Jacoby, « The Eel Question[1] », 1879

Aristote était perturbé par les anguilles.

Le grand philosophe grec avait beau s'acharner à ouvrir nombre de ces poissons à coups de lame, il ne trouvait nulle trace de leur sexe. Tous les autres poissons qu'il avait examinés sur son île-laboratoire de Lesbos possédaient des œufs facilement détectables (et souvent délectables) et des testicules qui, bien qu'internes, ne passaient pas pour autant inaperçus. Mais l'anguille, elle, paraissait totalement asexuée. Aussi, lorsqu'il en vint à parler d'elle dans son traité pionnier sur les animaux, au IVe siècle avant notre ère, ce naturaliste des plus méthodiques se vit-il forcé de conclure que l'anguille « ne naît ni d'une copulation ni d'œufs » mais des « entrailles de la terre[2] », en émergeant spontanément de la boue. Il prenait en fait les déjections de vers que l'on observe dans le sable mouillé pour des anguilles embryonnaires sortant du sol en se tortillant.

Aristote fut le premier vrai scientifique et le père de la zoologie. Il a produit des observations exactes sur des centaines de créatures, mais je ne suis pas surprise qu'il ait été bluffé par les anguilles. Ces bestioles glissantes, insaisissables, savent particulièrement bien garder leurs secrets. Si l'idée qu'elles surgissent de la terre est invraisemblable, la vérité ne l'est pas moins, puisque ce qu'on appelle l'anguille commune (ou anguille d'Europe), l'espèce *Anguilla anguilla*, n'est au début de sa vie qu'un œuf en suspens dans les profondeurs d'une forêt sous-marine de la mer des Sargasses, la portion la plus profonde et salée de l'Atlantique. Cette petite parcelle de vie, pas plus grande qu'un grain de riz, s'embarque dans une odyssée qui durera jusqu'à trois ans pour gagner les rivières européennes, et au cours de laquelle elle subira une transformation aussi radicale que celle d'une souris qui se métamorphoserait en éléphant. Elle passera ensuite plusieurs décennies dans la boue à engraisser, dans le seul but de pouvoir faire l'éreintant chemin de six mille kilomètres qui la ramènera à son obscure matrice océanique, où elle fraiera dans les sombres recoins du plateau continental avant de mourir.

Le fait que l'anguille n'atteigne sa maturité sexuelle qu'après sa quatrième et ultime métamorphose, à la toute fin de sa vie particulièrement singulière, a contribué à rendre obscure la question de ses origines et fait d'elle une créature fabuleuse. Au fil des siècles, l'élucidation du mystère de l'anguille a ainsi dressé les nations les unes contre les autres, conduit l'homme aux confins des océans et tourmenté certains des plus grands esprits de la zoologie, dans ce qui ressemble à une compétition acharnée pour concocter la théorie la plus folle sur la genèse des anguilles. Aussi saugrenues soient-elles, ces théories le sont toutefois moins que la véritable histoire de l'anguille commune, une histoire extraordinaire où se côtoient des nazis affameurs d'anguilles, des chasseurs de gonades obsessionnels, des pêcheurs armés de carabines, le psychanalyste le plus célèbre du monde… et moi.

Car moi aussi, dans mon enfance, j'étais un peu obsédée par les anguilles. Quand j'avais environ sept ans, mon père installa dans notre jardin une vieille baignoire victorienne, et recréer dans ce récipient stérile destiné aux ablutions humaines l'écosystème parfait d'un étang devint vite mon principal passe-temps. Comme j'étais du genre bonne élève, je pris ma mission très au sérieux. Tous les dimanches, il m'accompagnait dans le Romney Marsh*, où je passais des heures merveilleuses à recueillir dans l'eau toutes sortes d'êtres vivants à l'aide d'un piège qu'il m'avait fabriqué avec de vieux voilages. À la fin de la journée, nous rentrions triomphants, grisés par notre enthousiasme d'explorateurs victoriens, avec notre butin qui faisait *flic, floc* à l'arrière du vieux minivan de mon père, prêt à être identifié et introduit dans mon royaume aquatique. Les animaux allaient deux par deux : grenouilles rieuses, tritons ponctués, épinoches, gyrins et araignées d'eau allaient bien s'éclater tous ensemble dans ma baignoire. Hélas, point d'anguilles ! Mon fidèle filet les recueillait, mais transvaser leurs corps visqueux dans mon seau, c'était comme essayer de s'accrocher à de l'eau. Chaque fois que j'en saisissais une, elle s'échappait en ondulant sur la terre ferme – plus comme un serpent que comme un poisson hors de l'eau. Je me mis dès lors à courir après ces créatures insaisissables comme après le Graal.

Ce que j'ignorais, c'est que si j'avais réussi à mener ma mission jusqu'au bout, les anguilles auraient mis un terme à ma petite sauterie dans la baignoire en dévorant tous les autres invités. Ces poissons mettent en effet à

* Zone humide du sud-est de l'Angleterre. (*Toutes les notes de bas de page sont de la traductrice.*)

profit la phase de leur vie qu'ils passent en eau douce pour prendre de la masse en vue de leur long voyage de retour en mer des Sargasses, où ils se reproduiront – un peu comme des boxeurs professionnels se préparant à un match de championnat. Pour ce faire, ils mangent tout ce qui bouge, y compris leurs congénères. Leur voracité fut révélée lors d'une macabre expérience menée par deux scientifiques français à Paris à la fin des années 1930. Les chercheurs placèrent un millier d'alevins – de jeunes anguilles de huit centimètres de long à peu près – dans un réservoir. Les poissons avaient beau être nourris tous les jours, un an plus tard on n'en comptait plus que soixante et onze, qui étaient trois fois plus longs qu'au début. Trois mois plus tard, après ce qu'un journaliste local qualifia de « scènes quotidiennes de cannibalisme[3] », il ne restait plus qu'une championne : une femelle de plus de trente centimètres de long. Elle vécut encore quatre ans en solitaire, jusqu'à ce que les nazis, pendant l'Occupation, l'expédient accidentellement dans l'autre monde en supprimant par inadvertance sa ration de vers.

Cette histoire d'horreur aurait choqué les générations passées de naturalistes, qui prenaient les anguilles pour d'inoffensives végétariennes particulièrement friandes de pois – à tel point, disait-on, qu'elles quittaient leur univers aquatique pour chercher sur la terre ferme ces succulentes légumineuses. C'est notamment ce que racontait le frère dominicain Albert le Grand au XIIIe siècle, dans son opus *De Animalibus* [« Des animaux »] : « L'anguille sort aussi de l'eau à la nuit tombée pour aller dans les champs, où elle peut trouver pois, haricots et lentilles[4]. » Ce régime typiquement bobo qu'on prêtait à l'anguille était toujours de mise en 1893, date à laquelle les auteurs d'une *Histoire des poissons de Scandinavie* agrémentèrent les « observations » du moine de délicieux effets sonores. On lit ainsi dans leur ouvrage que le domaine de la comtesse Hamilton avait été envahi par des anguilles qui engouffraient ses légumineuses en produisant un « bruit de lèvres qui claquent, pareil à celui que font les cochons de lait lorsqu'ils mangent[5] ». Quoique manquant de bonnes manières, les anguilles de la douairière avaient, comme il se doit, le palais délicat et « consommaient seulement la peau tendre et juteuse », rejetant le reste. Même s'il est vrai, et remarquable, que les anguilles sont capables de survivre quarante-huit heures hors de l'eau grâce à leur peau visqueuse, par laquelle elles peuvent respirer – une adaptation qui leur permet de passer d'étang en étang en période de sécheresse –, les récits de leurs équipées nocturnes, vols de pois et autres festins sonores sont du pur délire.

La voracité de l'anguille au cours de son séjour en eau douce conduit, on l'a vu, à une augmentation impressionnante de sa taille. Enfin, peut-être pas aussi impressionnante que les naturalistes d'autrefois voudraient nous le faire croire. Les légendes de poissons « gros comme ça » qui ont échappé au pêcheur sont légion, mais même dans la catégorie des mensonges rebattus, l'affirmation du naturaliste romain Pline l'Ancien, dans sa volumineuse *Naturalis Historia* [Histoire naturelle], faisait figure d'impudente exagération. Selon lui, les anguilles du Gange atteignaient « trente pieds de long[6] » – c'est-à-dire dix mètres. Izaak Walton, auteur au XVIIe siècle d'une bible de la pêche intitulée *Le Parfait Pêcheur à la ligne*, témoignait d'un peu plus de retenue lorsqu'il assurait qu'une anguille attrapée dans la rivière de Peterborough « mesurait un yard trois quarts[7] », soit à peu près un mètre soixante. Fort désireux de repousser les protestations des sceptiques, il ajoutait, un peu hâtivement peut-être : « Si vous ne me croyez pas, allez donc la voir dans l'un des cafés de King Street, à Westminster[7]. » (On l'y aurait sans doute trouvée occupée à siroter des cappuccinos tout en régalant les clients du récit de ses aventures de jeunesse en haute mer...) Des mesures plus mesurées nous sont fournies par le spécialiste Jorgen Nielsen[8], du Musée zoologique de Copenhague, lequel a pu examiner le cadavre d'une anguille qui avait vécu dans un étang de la campagne danoise. Il a rapporté à Tom Fort, auteur de *The Book of Eels* [« Le Livre des anguilles »], que cette championne toutes catégories atteignait cent vingt-cinq centimètres de long. Malheureusement, l'insaisissable monstresse était morte prématurément le jour où le propriétaire de l'étang, l'ayant surprise en train de menacer ses cygnes et ses canards adorés, lui avait réglé son compte à coups de pelle.

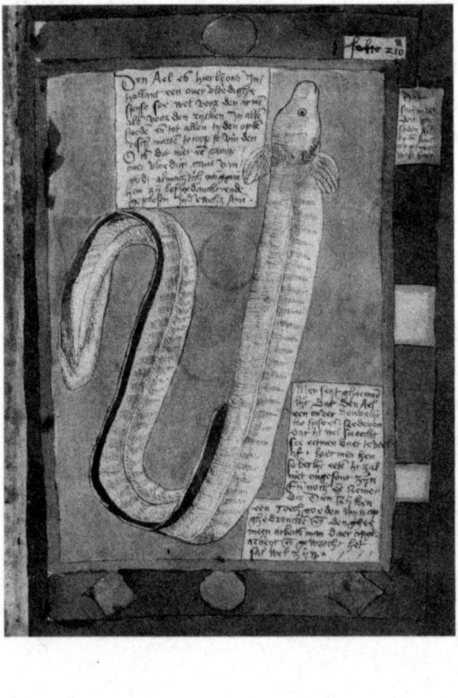

L'anguille représentée dans le Livre de poissons *d'Adriaen Coenen (1577) est un véritable monstre atteignant l'époustouflante longueur de « 40 pieds » (soit 10 de plus que celle décrite par le naturaliste romain Pline l'Ancien).*

Les anguilles que j'attrapais enfant étaient beaucoup plus petites, guère plus longues et épaisses qu'un crayon. Cela faisait sans doute moins longtemps qu'elles avaient commencé leur vie en eau douce, laquelle peut durer de six à trente ans. Certains spécialistes parlent toutefois de spécimens ayant vécu jusqu'à un âge beaucoup plus avancé. Ainsi une anguille suédoise capturée à l'état d'alevin près d'Helsingborg en 1863, et conservée dans un aquarium du coin, s'est-elle éteinte à l'âge de quatre-vingt-huit ans. Sa mort fit l'objet d'une importante couverture médiatique, son record de longévité l'ayant propulsée au rang de star, ce qui est très inhabituel pour un long poisson visqueux.

En les maintenant en captivité, souvent comme animal domestique, on a invariablement empêché ces vénérables anguilles d'assouvir leur irrépressible besoin de retourner à la mer. Il peut certes paraître peu conventionnel d'avoir une anguille pour animal de compagnie – côté câlins, il y a mieux –, et pourtant on raconte que l'orateur romain Quintus Hortensius pleura à la mort de la sienne, « qu'il avait soignée longtemps et qu'il aimait d'un amour extrême[9] ». Je suis donc plutôt soulagée de n'avoir jamais réussi à attraper d'anguille : si ça se trouve, j'y serais encore profondément attachée aujourd'hui.

L'anguille a beau mener une longue et goulue partie de son existence en eau douce, ce n'est là qu'une de ses nombreuses vies (même si c'est la seule à laquelle moi et d'innombrables naturalistes des siècles passés pouvons prétendre avoir accès). Cette phase ne révèle rien sur le reste de son cycle de vie : sa naissance, sa reproduction et sa mort se déroulent en effet à l'abri des regards, dans les profondeurs de la mer, selon des modalités si originales que, pendant quelque deux mille ans, des hommes du monde entier se sont fiévreusement mis en quête de ses mystérieuses gonades.

Aristote fut l'un des premiers à sécher sur la genèse de ce poisson apparemment asexué. Il intégra le cas de l'anguille dans sa théorie de la génération spontanée, qu'il appliqua généreusement à un ensemble hétérogène de bestioles – depuis les mouches jusqu'aux grenouilles – dont la prolifération semblait inexplicable. Plusieurs siècles après lui, Pline l'Ancien renonça à plagier ses ancêtres grecs pour tester sa propre version, très originale, de la propagation des anguilles : il suggéra qu'elles se reproduisaient en se frottant contre des rochers, et affirma que « les parcelles qui se détachent prennent vie ». Espérant avoir le dernier mot, notre naturaliste romain concluait d'un ton péremptoire : « Il n'y a pas pour elles d'autre procréation[10]. » Hélas, l'asexuelle friction de Pline n'était rien d'autre qu'une fiction.

Les rumeurs invraisemblables sur la reproduction des anguilles se multiplièrent comme des lapins au cours des siècles suivants. On raconta ainsi qu'elles surgissaient des branchies d'autres poissons, de la douce rosée du matin (mais seulement à certaines périodes bien précises), ou encore d'énigmatiques « perturbations électriques[11] ». Un « révérend évêque » rapporta pour sa part à la Royal Society qu'il avait vu naître des anguillettes sur un toit de chaume[12]. Collés aux roseaux utilisés pour le chaume, les œufs auraient selon lui été incubés par la chaleur du soleil. Tous les naturalistes ecclésiastiques n'étaient cependant pas prêts à avaler ce genre de couleuvres. Dans *History of the Worthies of England* [« Histoire des notables d'Angleterre »], Thomas Fuller dénigra allègrement la croyance, largement répandue dans les marais du Cambridgeshire, selon laquelle les femmes et les enfants illégitimes des prêtres échappaient à la damnation en se transformant en anguilles. C'était clairement « un mensonge », affirmait-il. Et pour souligner la gravité du sujet, il ajoutait catégoriquement : « Nul doute que l'inventeur de cette damnable menterie a depuis longtemps reçu ce qu'il mérite[13]. » Peut-être en terminant ses jours dans la peau d'une limace...

Les génies scientifiques des Lumières balayèrent ces fables extravagantes pour les remplacer par leurs propres théories, beaucoup moins absurdes mais pas plus justes pour autant. En 1692, Antonie van Leeuwenhoek, le pionnier hollandais des mondes microscopiques, découvreur des bactéries et des cellules sanguines, progressa dangereusement vers la crédibilité en avançant l'hypothèse que les anguilles, comme les mammifères, étaient *vivipares*, c'est-à-dire que la fécondation de leurs ovules était interne et que les femelles donnaient naissance à des petits viables. Au moins van Leeuwenhoek avait-il fait siennes les méthodes scientifiques de son temps en fondant cette hypothèse sur de véritables observations. À travers sa lentille grossissante, il avait en effet vu des bébés anguilles dans ce qu'il avait pris pour l'utérus du poisson. Malheureusement, ces bébés supposés étaient en réalité des vers parasites logés dans la vessie de l'anguille. Aristote, quelque deux mille ans plus tôt, les avait déjà étudiés et catalogués comme tels.

Au XVIIIe siècle, le botaniste et zoologiste suédois Carl Linnaeus, ou Carl von Linné, affirma lui aussi que les anguilles étaient vivipares : il avait vu ce qu'il croyait être des bébés dans le corps d'une femelle adulte. Personne, bien sûr, n'allait contester les propos de ce grand scientifique, père de la taxonomie... mais il fallut malgré tout s'y résoudre quand il s'avéra que l'expert en classification s'était trompé d'espèce. La vérité un peu gênante, c'est que Linné n'avait pas disséqué une anguille mais un imposteur lui ressemblant de manière troublante et aujourd'hui appelé *loquette* – une espèce de poisson vivipare (ce qui est exceptionnel pour un poisson) sans aucun lien de parenté avec l'héroïne de ce chapitre. Ce qui ne veut pas dire que les détracteurs de Linné étaient plus au clair sur les faits. Ainsi, un ponte de l'époque le réprimanda pour avoir commis une erreur d'identité mais, influencé par Aristote, il déclara que les jeunes anguilles découvertes par le Suédois étaient des vers parasites, reléguant la doctrine de la viviparité dans les limbes de l'inexactitude et de la confusion.

Et voilà que dans cette noble mêlée universitaire débarqua un outsider. En 1862, un Écossais du nom de David Cairncross annonça au monde que lui, modeste ingénieur d'usine à Dundee, avait enfin résolu l'énigme de l'anguille, qui tourmentait depuis des siècles des générations entières de philosophes et de naturalistes. « Que le lecteur soit d'emblée informé que [...] le procréateur de l'anguille argentée est un petit scarabée[14] », déclara-t-il avec l'assurance des ignorants authentiques. L'exposé enthousiaste, quoique scientifiquement déroutant, de sa théorie – fruit de soixante années d'expériences continues, selon ses propres calculs – prit la forme d'un livre bref, intitulé *The Origin of the Silver Eel* [« L'Origine de l'anguille argentée »].

Dans ce traité, Cairncross commence par s'excuser de n'avoir aucun goût pour l'apprentissage des règles et des normes de la science de son temps : « On ne pourrait attendre de moi que je connusse les noms et termes utilisés par les naturalistes pour classer les différents animaux, ma connaissance de ces livres étant limitée[14] », écrit-il avec un soupçon de défiance. Sa solution, peu conventionnelle mais ô combien commode, consiste à « employer des noms et termes de [s]on invention[14] », ce qui implique la refonte de la classification animale en trois catégories dénuées de sens qui auraient fait se retourner le grand Linné dans sa tombe, et rendent plus difficile encore le déchiffrage de la théorie totalement déconcertante de l'Écossais.

Le long chemin de Cairncross vers l'illumination débute à l'âge tendre de dix ans, un jour qu'il observe des « anguilles de crin[14] » dans une canalisation à ciel ouvert. « D'où peuvent-elles bien venir ? » se demande-t-il. Un ami lui rapporte alors une croyance populaire selon laquelle les jeunes anguilles « tombent des queues des chevaux pendant qu'ils boivent ; et l'eau leur donne vie[14] ». Cette explication hautement improbable fait ricaner le jeune Écossais, qui en vient à formuler sa propre hypothèse, tout aussi invraisemblable, en s'inspirant de la présence de coléoptères en train de dépérir au fond de la même canalisation. Peut-être y a-t-il un rapport entre les deux animaux ?

Cette scène fascinante le hantera vingt ans durant : « Ce mystère me revenait souvent à l'esprit[14] », se rappelle-t-il dans son fascicule. Puis un été, devenu adulte, il aperçoit dans son jardin à Dundee un coléoptère qui lui paraît familier. Il le dévore des yeux, cherche à deviner ses pensées tandis que la bestiole se dirige avec détermination vers une flaque et s'y jette. Le scarabée, rapporte-t-il, « regarda [alors] autour de lui », avant de sortir de son bain « dans un état de forte agitation[14] ». Qu'est-ce qui permet à Cairncross de diagnostiquer l'état mental du coléoptère ? Mystère… Mais l'unique illustration du livre fournit au lecteur une assistance précieuse pour comprendre la suite extraordinaire des événements : intitulée « La parturition du coléoptère[14] », elle montre l'improbable héros de l'ingénieur écossais couché sur le dos avec ce qui ressemble à une paire de lassos sortant de son derrière. L'insecte, selon l'auteur, était en train de donner naissance à deux poissons.

Pour Cairncross, c'est le déclic. Il se consacre dès lors à poursuivre son investigation en disséquant des scarabées, en prélevant des « anguilles de crin » et en les maintenant en vie pendant des durées variables, quoique plutôt courtes. Il reconnaît volontiers que sa théorie « peut paraître étrange », mais se rassure en observant le comportement de « membres du règne végétal[14] ». Si une espèce d'arbre peut être greffée sur une autre, « le Grand Jardinier Créateur ne pourrait-il pas greffer une nature étrangère sur celle d'un insecte[14] ? » note l'Écossais, songeur.

Au cas où vous auriez du mal à visualiser comment un coléoptère peut donner naissance à deux anguilles, The Origin of the Silver Eel *comporte cette charmante illustration, par laquelle l'auteur tente de renforcer la crédibilité de ses allégations extravagantes. Bien essayé, Cairncross, mais je ne suis toujours pas convaincue !*

Toutes sortes d'animaux monstrueux ont été conçus dans nos laboratoires modernes : on a ainsi greffé des oreilles d'homme sur des souris, et créé des poissons phosphorescents grâce à un ingénieux saupoudrage de gènes de méduses. Mais le « Grand Jardinier Créateur » n'a absolument rien à voir là-dedans.

Si Cairncross avait posé la question à la communauté savante, on lui aurait répondu que ses « anguilles de crin » étaient un énième exemple d'une sale engeance de vers parasites, et non des poissons au début de leur développement. L'évaluation par les pairs était toutefois inconnue à notre ingénieur, et il soumit donc ses travaux non à la Royal Society mais à un couple de fermiers qui s'étonnaient de la quantité d'anguilles argentées présentes dans un fossé sur leurs terres. Il leur expliqua que, selon sa théorie, ce nombre prodigieux de poissons était sorti du derrière d'un coléoptère, et fut ravi de leur réaction. « Ils me crurent, annonce-t-il avec fierté, et se réjouirent de la résolution de ce mystère[14]. »

Malgré l'enthousiasme de ces fermiers, la théorie de Cairncross ne modifia pas le cours de la recherche sur les anguilles. Pendant les quelque soixante années qu'il passa à travailler d'arrache-pied dans son coin, la chasse aux gonades du poisson connut d'immenses progrès dont il ignora tout. Loin de Dundee, l'intelligentsia scientifique européenne se passionnait en effet pour « l'énigme de l'anguille » – et cette obsession allait bientôt connaître une sorte de paroxysme.

Les Italiens menaient la charge, ayant fait de la quête des introuvables organes sexuels de l'anguille un improbable motif de fierté pour leur nation tourmentée.

Ils avaient de longue date développé avec cette espèce

une relation qui consistait principalement à en manger d'énormes quantités. L'anguille est un poisson exceptionnellement gras – adaptation qui lui fournit l'énergie nécessaire pour la pénible odyssée de six mille kilomètres la ramenant à son aire de reproduction, dans la mer des Sargasses. Malheureusement pour elle, sa forte teneur en lipides la rend aussi particulièrement savoureuse, ce qui n'est pas passé inaperçu. D'après le fin gourmet romain Marcus Gavius Apicius, auteur de ce que l'on peut sans doute qualifier de premier livre de cuisine de l'Histoire, six mille anguilles furent ainsi servies pour célébrer la victoire de Jules César. « On rendra l'anguille plus agréable au goût », précise-t-il, en l'accompagnant d'une sauce composée de « menthe séchée, baies de rue, jaunes d'œufs durs, poivre, livèche, hydromel, vinaigre, bouillon et huile[15] ». Ce n'est pas follement appétissant, mais en Angleterre nous aimons encore déguster l'anguille bouillie, en gelée, ce qui constitue sûrement l'un des plus grands crimes contre la gastronomie que les Britanniques aient commis, et Dieu sait s'ils se sont illustrés dans ce domaine. Toujours est-il que les anguilles ont longtemps été associées aux festins et à la gloutonnerie. Léonard de Vinci lui-même en a peint quelques-unes sur la table des disciples dans *La Cène*, et c'est à un excès de ce poisson insaisissable qu'on attribue la mort du pape Martin IV, grand gourmand devant l'Éternel.

On disait dans le temps que les anguilles les plus savoureuses provenaient de Comacchio et des vastes marais gris environnants, dans le delta du Pô. C'est là, de fait, qu'on trouvait les plus grandes pêcheries d'anguilles d'Europe, avec trois cents tonnes de prises par nuit au plus fort de la saison, mais ce fut aussi la source de certaines des plus importantes déclarations et controverses concernant le sexe de l'anguille. Tout commença en 1707, lorsqu'un chirurgien du cru remarqua la présence d'une anguille exceptionnellement dodue au milieu des milliers qui avaient été attrapées. Quand il l'ouvrit, il vit ce qui lui parut être un ovaire rempli d'ovules matures. Il envoya alors la femelle pleine à son ami, l'estimé naturaliste Antonio Vallisneri, lequel s'empressa de déclarer que la recherche pluriséculaire des parties intimes de l'anguille était enfin close. L'éminent professeur avait déjà donné son nom à la classification officielle d'une plante aquatique, la *vallisneria*, mais il devait en être autrement des organes génitaux de l'anguille femelle : un examen plus minutieux révéla que le soi-disant ovaire n'était guère plus qu'une vessie natatoire malade et distendue.

Le flirt de Vallisneri avec la victoire inspira néanmoins la mafia scientifique italienne, laquelle considérait désormais qu'il était « d'une importance capitale de découvrir les véritables ovaires de l'anguille[16] ». La nation naissante traversait une époque tumultueuse, car la péninsule était occupée par des puissances étrangères. Et tandis que beaucoup d'Italiens plaçaient leurs espoirs nationalistes dans la révolution, cette petite bande d'intellectuels rêvait, elle, de donner plus de pouvoir à ses compatriotes en revendiquant la découverte des insaisissables gonades de la délectable créature.

Les professeurs imaginèrent donc un plan. Des milliers d'anguilles étaient pêchées quotidiennement autour de Comacchio : il leur suffisait d'offrir une récompense alléchante au premier pêcheur qui leur fournirait un spécimen pourvu d'ovules. En Allemagne, un projet concurrent se retourna contre son auteur : le naturaliste reçut par la poste une telle quantité d'abats de poissons qu'il en vint à « demander grâce[17] ». Le projet italien produisit cependant rapidement des résultats positifs – du moins en apparence. Les festivités tournèrent court quand on s'aperçut que le rusé pêcheur avait tout simplement fourré son anguille avec les ovules d'un autre poisson...

Cet échec humiliant tempéra l'ardeur des professeurs italiens pendant une cinquantaine d'années. Puis, en 1777, une nouvelle suspecte, grosse et visqueuse, échoua sur les rivages de Comacchio. L'anatomiste Carlo Mondini, professeur à l'université voisine de Bologne, l'examina immédiatement et fit une observation ingénieuse : les rubans plissés contenus dans l'abdomen du poisson n'étaient pas des franges de tissu adipeux, comme on le supposait jusque-là, mais les impénétrables ovaires de l'anguille.

Les scientifiques italiens se réjouirent, là encore peut-être un peu prématurément. Après tout, on n'avait toujours pas trouvé les testicules, pas plus que l'on avait élucidé de manière claire la façon dont cet énigmatique poisson se reproduisait. Et c'est à un candidat plutôt improbable qu'échut la mission de compléter le puzzle de l'appareil reproducteur des anguilles : un jeune carabin ambitieux, qui allait devenir célèbre en localisant le siège du désir (chez les humains, si ce n'est chez les anguilles). Son nom : Sigmund Freud.

En 1876, le futur fondateur de la psychanalyse, âgé de dix-neuf ans et étudiant à l'université de Vienne, arriva à la station de zoologie expérimentale de Trieste, sur la côte Adriatique, pour sa toute première mission de recherche : trouver les testicules de l'anguille.

La seule façon de déterminer le sexe des poissons était de les ouvrir au scalpel, « puisque les anguilles ne tiennent pas de journaux intimes[18] », commentait sardoniquement Freud dans une lettre à un ami. Et c'est ce qu'il fit pendant des semaines, tous les jours de huit heures du matin à cinq heures de l'après-midi, dans la chaleur et la puanteur du laboratoire. On lui avait demandé d'examiner l'affirmation d'un professeur polonais, Szymon Syrski, qui prétendait avoir trouvé les testicules de l'anguille. « Mais il ne semble pas savoir ce qu'est un microscope, bougonnait Freud dans sa lettre, et n'a pas donné de description exacte. »

Quatre semaines et quatre cents anguilles éventrées plus tard, il renonça. « Je me tourmente donc, et les anguilles en même temps [...], mais en vain ; toutes [celles] que je découpe appartiennent au sexe faible[18] », se lamentait-il dans une missive parsemée de gribouillis de poissons arborant de petits sourires moqueurs. L'article qu'il tira de ce travail, « Observations sur la forme et la structure fine des organes lobés de l'anguille, organes considérés comme des testicules », fut sa première publication. Bien qu'il soupçonnât que Syrski avait raison, il ne put ni confirmer ni infirmer les allégations du Polonais.

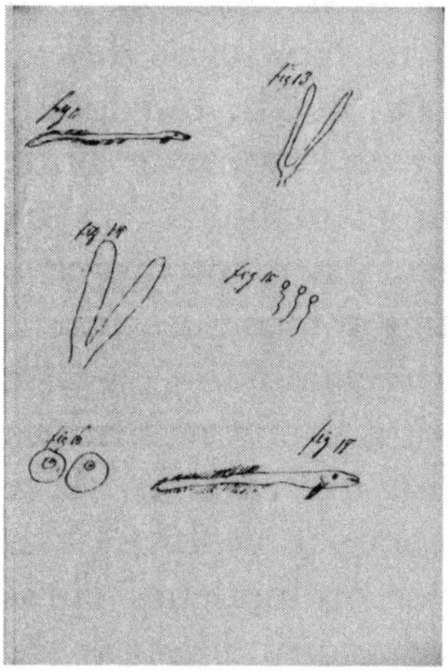

Les gribouillis de Freud dans une lettre à un ami nous laissent entrevoir ce qui se passait dans sa tête tandis qu'il cherchait en vain les testicules de l'anguille. Voici les anguilles énigmatiques qui l'ont tant tourmenté, ainsi que des zigouigouis représentant leur sperme et leurs œufs insaisissables (qui ressemblent étrangement à une paire de seins, dirait peut-être un psychanalyste).

Je laisse à chacun le soin d'établir si ces longues journées passées à disséquer des poissons de forme phallique dans une quête stérile de leur sexe ont pu peser sur les théories ultérieures de Freud concernant le stade phallique du développement psychosexuel de l'homme. Toujours est-il qu'il s'aventura par la suite sur des terrains moins glissants, comme la psyché humaine, avec beaucoup plus de réussite.

Deux décennies plus tard, une anguille mâle esseulée dévoila enfin ses parties intimes. Le jeune biologiste qui fit par hasard la connaissance de ce spécimen était un autre Italien, Giovanni Grassi. Il appréhenda le poisson – aux organes sexuels gonflés de sperme – au large des côtes siciliennes. Grassi avait déjà produit un travail majeur, si ce n'est particulièrement brillant, sur l'anatomie des termites. Il avait aussi baptisé une espèce d'araignée d'après le nom de sa femme (amour, quand tu nous tiens !). Pour ce qui est des anguilles, il était dans une bonne phase : non seulement il avait remporté le tournoi international de testicules d'anguille pour l'Italie, mais il avait fait l'année précédente une découverte tout aussi essentielle en identifiant une étape clé de leur impénétrable cycle de vie.

Depuis les années 1850, on observait que de tout petits poissons transparents, de la forme et de l'épaisseur d'une feuille de saule, pourvus d'yeux noirs globuleux et de dents en avant terrifiantes, échouaient en grand nombre sur les côtes italiennes. Ces monstres minuscules furent classés sous le nom de *Leptocephalus brevirostris* – exercice formel de nomenclature linnéenne signifiant « tête mince au nez court[19] » – et catalogués comme une énième espèce de ces créatures absolument quelconques et bien trop nombreuses qui hantent les troubles profondeurs de la mer. Grassi était toutefois fasciné par ces brindilles de vie.

Soupçonnant qu'il s'agissait de larves, et non de poissons adultes, il eut une idée assez astucieuse : il compta leurs vertèbres embryonnaires – cent quinze en moyenne –, puis chercha chez quelle autre espèce on trouvait une correspondance. La réponse était l'anguille d'Europe, et ce fut une véritable révélation : on avait identifié le chaînon manquant du mystérieux cycle de vie de l'anguille.

Plusieurs esprits érudits avaient déjà suggéré que l'anguille commune se reproduisait en mer, au large. L'idée était originale – que l'anguille voyage en sens inverse de tous les autres poissons migrateurs au long cours, comme le saumon, qui partagent leur vie entre eau douce et eau salée. Mais comment expliquer autrement que les anguilles descendent les cours d'eau chaque automne, en si grand nombre et avec une telle détermination, tandis que des versions miniatures d'elles-mêmes effectuent le trajet inverse, vers l'amont, à chaque printemps ? L'hypothèse était logique, même si rien ne permettait de la démontrer. On n'avait jamais trouvé de bébés anguilles en mer. Or voilà que Grassi avait non seulement identifié le stade larvaire manquant de l'anguille, mais aussi révélé qu'elle était une changeforme-née.

À la suite de ces découvertes, il s'équipa d'un aquarium afin d'observer de ses propres yeux la métamorphose miraculeuse. Et bien lui en prit, car sinon personne sans doute ne l'aurait cru. En l'espace de quelques semaines, la petite créature semblable à une feuille s'épaissit à chaque extrémité pour en former une autre ressemblant incontestablement à une anguille. Son corps raccourcit de presque un tiers, ses dents saillantes se résorbèrent et, pour d'obscures raisons digestives, son anus migra. Quelques jours plus tard, une nouille parfaitement transparente aux yeux exorbités, connue sous le nom de civelle, ou « anguille de verre » en anglais, nageait dans le réservoir. Grisé par sa trouvaille, Grassi proclama le détroit de Messine, au large de la Sicile, aire de reproduction de toutes les anguilles d'Europe, revendiquant par la même occasion le succulent poisson et son cycle de vie extraordinaire comme propriétés du royaume d'Italie récemment unifié.

Mais comme d'habitude avec l'anguille, la victoire hâtivement déclarée glissa entre les doigts des Italiens. Grassi avait opportunément ignoré le fait que ses leptocéphales mesuraient tous autour de sept centimètres de long. Alors à moins d'être nés d'un œuf incroyablement gros, ces larves étaient déjà assez matures lorsqu'elles atteignaient le détroit. Était-il vraiment possible qu'elles soient nées si près des côtes italiennes ?

Un autre homme restait quant à lui persuadé que l'énigme de l'anguille n'était pas aussi facile à résoudre.

Comme beaucoup avant lui, l'océanographe Johannes Schmidt fit preuve d'une détermination quasi monomaniaque pour localiser avec exactitude la zone de reproduction de l'anguille commune. Pendant près de deux décennies, ce Danois « animé d'une ambition pathologique[20] » passa au peigne fin les vastes étendues de l'océan Atlantique à la recherche d'alevins tout juste éclos, de la taille d'une aiguille de pin. Son expédition fut d'une telle ampleur et d'une telle difficulté technique – et sa conclusion si inattendue – qu'elle permit aux Danois de souffler la victoire aux Italiens.

La mission de Schmidt débuta en 1903, quand le jeune scientifique obtint un poste de biologiste des pêches sur le *Thor*, un navire océanographique danois, afin d'étudier les habitudes de reproduction de poissons comestibles tels la morue et le hareng. L'été de cette même année, un jour que le bateau naviguait à l'ouest des îles Féroé, au nord de l'Écosse, une larve de poisson chétive remonta dans l'un des énormes chaluts au maillage fin. Schmidt identifia la larve insignifiante comme celle de l'anguille d'Europe – la première qu'on trouvât en dehors de la Méditerranée. C'était un simple « coup de chance[21] », lequel laissait entendre que ce poisson ne naissait pas au large de l'Italie mais environ quatre mille kilomètres plus au nord, à moins que ce leptocéphale ne se soit complètement perdu…

Pour le Danois, localiser la véritable origine de l'anguille devint une obsession, encore plus marquée que chez les fanatiques – Aristote, Cairncross, Freud, Mondini ou Grassi – qui l'avaient précédé. Heureusement pour ce scientifique tenace, il avait célébré l'année précédente des fiançailles propices avec l'héritière des bières Carlsberg. C'était une alliance rêvée pour un chasseur de leptocéphales ambitieux, puisque la compagnie était connue pour sa générosité envers la recherche océanographique. Quant à savoir si son épouse était aussi satisfaite de ce marché, qui allait la priver vingt ans durant de son nouvel époux pour cause de fixette sur un tout petit poisson de rien du tout, c'est une autre histoire.

Animé par l'enthousiasme de la jeunesse, Schmidt s'embarqua dans une formidable quête des plus petits leptocéphales possibles, lesquels le conduiraient logiquement, se disait-il, à leur lieu de naissance. « Je n'imaginais pas à l'époque l'extraordinaire difficulté que représenterait cette tâche, écrirait-il plus tard. Son ampleur grandit au fil des ans, pour atteindre un point que nous n'aurions jamais imaginé[22]. » Il traîna ses chaluts à maillage fin « d'Amérique en Égypte, d'Islande aux îles Canaries[22] » et usa quatre gros navires, dont l'un échoua près des îles

Vierges et coula, manquant d'emporter avec lui ses précieux spécimens de leptocéphales. Puis la Première Guerre mondiale éclata, et de nombreux bateaux parmi ceux qu'il désigna pour l'assister dans sa mission furent la cible de tirs de sous-marins allemands.

Tout en luttant contre les éléments, Schmidt fut forcé de faire le siège de l'establishment universitaire, qui rechignait de manière insupportable à reconnaître la valeur de ses minutieuses recherches. En 1912, il avait publié ses premiers résultats : plus il s'éloignait des côtes européennes, plus les larves d'anguilles étaient petites, ce qui indiquait que leur lieu de naissance devait bien se situer dans l'Atlantique. Mais la Royal Society regimba, déclarant que les travaux de Grassi sur le sujet « étaient suffisants[23] », ce qui obligea Schmidt à reprendre la mer.

Une avancée capitale se produisit le 12 avril 1921, dans le sud de la mer des Sargasses, lorsque le Danois captura ses larves les plus lilliputiennes : des leptocéphales de cinq millimètres de long, qui n'avaient pas plus d'un ou deux jours, supposa-t-il. Après presque deux décennies de recherches, sa quête touchait à sa fin. Il pouvait enfin déclarer sereinement : « Ici se trouve l'aire de reproduction de l'anguille[24]. »

C'était un résultat stupéfiant ; Schmidt lui-même était sidéré par l'importance de sa découverte. « On ne connaît pas d'autre exemple d'espèce de poisson qui ait besoin de parcourir un quart de la circonférence du globe pour achever son cycle biologique, écrivit-il en 1923, et les migrations larvaires d'une ampleur et d'une durée aussi grandes que celles de l'anguille sont absolument uniques dans le règne animal[25]. » Grassi et les Italiens étaient vaincus ; c'est Schmidt et sa patrie danoise qui assumèrent à jamais le rôle de démystificateurs de l'anguille.

Mais il ne faut jamais dire « à jamais » – en science comme dans la vie.

Un siècle plus tard, notre compréhension du cycle de vie de ce poisson n'a guère dépassé le stade de conjectures échafaudées à grands frais. Malgré les milliards de dollars dépensés et l'utilisation des meilleures technologies modernes, on n'a encore jamais réussi à suivre la trajectoire d'une *Anguilla anguilla* adulte sur tout le voyage la menant des rivières d'Europe à la mer des Sargasses. On n'en a jamais vu non plus se reproduire dans la nature, et on n'a jamais trouvé d'œufs.

J'ai demandé à Kim Aarestrup, l'un des plus grands spécialistes des anguilles au monde, qui est directeur de recherche à l'Université technique du Danemark, si l'on pouvait être absolument certain que l'anguille d'Europe naissait dans la mer des Sargasses. Et c'est tout penaud qu'il m'a répondu : « Non. »

Ce n'est pourtant pas faute de chercher. Des expéditions modernes ont été montées pour essayer de suivre au sonar la trajectoire d'anguilles adultes. Des chercheurs ont traqué leurs spectres indistincts dans les profondeurs de l'Atlantique, mais sans aucun moyen de savoir s'ils étaient vraiment sur la trace du bon poisson – ou de quelque chose qui y ressemble. Alors d'autres chercheurs ont équipé des centaines d'anguilles de balises satellites dernier cri. Hélas, nombre de ces coûteux appareils ont fini dans l'estomac de requins et de baleines, transmettant sans relâche leurs données à des scientifiques de plus en plus déconcertés à mesure que les prédateurs parcouraient l'océan, loin des zones d'habitat traditionnelles des anguilles. Un chercheur plus rusé que les autres a essayé de prendre une anguille « en flagrant délit » en suspendant dans les profondeurs de la mer des Sargasses des pièges contenant de séduisantes femelles auxquelles on avait injecté des hormones artificielles, si bien qu'elles crevaient pratiquement du désir de se reproduire. Mais même ces tentatrices au corps gonflé n'ont pu décider les mâles adultes à se montrer. Les cages des insaisissables sirènes ont sombré sans laisser de trace, et avec elles, l'espoir d'attraper des mâles en rut.

Le problème réside en partie dans la nature étrange de la mer des Sargasses. Elle est d'une profondeur vertigineuse, presque sept kilomètres à certains endroits où des gouffres sous-marins se sont formés dans le plateau continental. On pense que l'anguille d'Europe, une espèce vieille de plus de quarante millions d'années, a commencé à se reproduire dans cette fosse lorsque l'Europe et l'Amérique étaient beaucoup plus proches qu'aujourd'hui (géographiquement parlant). Au fil de la dérive des continents, l'anguille s'est retrouvée contrainte de migrer de plus en plus loin pour rejoindre son lieu de naissance. Les chances de la surprendre en train de se reproduire sont limitées par ces profondeurs immenses, mais aussi par de dangereuses houles : la mer des Sargasses, seule mer du globe à ne pas avoir de côtes, est une zone de cinq millions de kilomètres carrés entourée de puissants courants tournant dans le sens des aiguilles d'une montre et connus sous le nom de « gyre de l'Atlantique nord ». Non seulement la période de frai de l'anguille coïncide avec la saison des cyclones, mais, comme me l'a fait remarquer Aarestrup, les Sargasses sont « pile au milieu du Triangle des Bermudes ».

J'ai toujours dans la tête la chanson « Bermuda Triangle » que roucoulait Barry Manilow dans les années 1970. En apprenant que cette zone, mondialement connue pour avoir englouti tant de bateaux, fait partie de l'histoire extraordinaire de l'anguille, on peut se demander superstitieusement si ce n'est pas Poséidon lui-même qui use de ses pouvoirs pour garder secrète la vie sexuelle du poisson migrateur. Et peut-être inspirer au crooner des seventies un nouveau tube, sur les charmes périlleux qu'il y a à courir au bout du monde après les anguilles ?

De nos jours, la résolution de cette énigme n'est plus seulement une affaire de prestige, mais aussi d'argent. Car les anguilles rapportent gros. Après avoir nourri les hommes au mésolithique, elles ont peut-être disparu des assiettes dans la plupart des pays, mais les Japonais n'en sont jamais rassasiés, et le marché de cet humble poisson pèse aujourd'hui un milliard de dollars par an au pays du Soleil levant. Sa chair grasse est un mets traditionnel, surtout pendant les mois chauds d'été, parce qu'elle est réputée avoir un effet rafraîchissant et aider à combattre la fatigue. Même si l'on a déjà vu des Japonais manger de la glace à l'anguille arrosée de Coca saveur anguille, ils l'aiment surtout cuite au barbecue, accompagnée de riz et d'une sauce sucrée. Plus de cent mille tonnes d'*unagi* nippone sont ainsi consommées chaque année – ce qui fait beaucoup d'anguilles à pêcher.

Or les populations d'anguilles dans le monde s'effondrent, dans certains cas de quatre-vingt-dix-neuf pour cent, à cause d'une combinaison de facteurs : surpêche, pollution et autres problèmes environnementaux comme la présence d'énormes barrages hydroélectriques en travers de leurs rivières préférées. Cette crise mondiale explique que de nombreuses espèces d'eau douce autrefois répandues, dont l'anguille d'Europe, soient aujourd'hui classées sur la liste rouge des espèces en danger critique de l'Union internationale pour la conservation de la nature (UICN).

Manger de l'anguille est donc aussi politiquement incorrect que de mettre du panda dans vos makis. Bien qu'il soit difficile de susciter autant de sympathie pour un poisson visqueux aux allures de serpent que pour un gros ours aux airs de peluche, les efforts accomplis pour parvenir à la reproduction de l'anguille en captivité ont été tout aussi intenses que pour le panda – quoique moins au goût de la presse. Après des milliards de dollars dépensés et des décennies de recherche, les Japonais ont connu un certain succès avec leur propre espèce d'anguille d'eau douce, *Anguilla japonica*, qui fraie dans une profonde fosse au milieu du Pacifique. À l'aide d'hormones, ils ont trouvé le moyen de forcer des adultes à se reproduire, et ils ont même réussi à maintenir en vie certains leptocéphales qui faisaient la fine bouche grâce à un régime spécial à base de… poudre d'œufs de requin. Mais nourrir une espèce menacée avec les œufs d'une autre espèce menacée, dans des conditions nécessitant beaucoup de main-d'œuvre, ce n'est pas franchement optimal. D'après le spécialiste des anguilles Kim Aarestrup, la production d'une seule civelle dans un laboratoire nippon revient à mille dollars environ. Ce qui fait du sushi l'équivalent d'un sac à main de marque.

Pour obtenir leur dose d'anguilles, les Japonais dépendent donc pour l'instant entièrement des stocks déclinants de civelles sauvages, qu'on attrape au moment où elles commencent à remonter les cours d'eau puis qu'on engraisse artificiellement dans des centres de pisciculture asiatiques. Certaines de ces anguilles viennent du Japon ou d'Europe, mais la plupart sont originaires d'Amérique, où l'intérêt pour ce poisson est très récent. L'anguille d'eau douce américaine, *Anguilla rostrata*, est une cousine proche de celle d'Europe, *Anguilla anguilla* : elle aussi naît dans la mer des Sargasses, mais ses larves migrent vers les rivières de la côte est des États-Unis. On dit d'ailleurs que c'est l'un des aliments dont se nourrirent les pèlerins affamés du *Mayflower* après que les peuples indigènes leur eurent généreusement montré comment les attraper, mais l'héritage nourricier du poisson graisseux a été complètement englouti depuis par la dinde (pas d'anguilles farcies pour les fêtes de Thanksgiving). Quelques siècles plus tard, le président George W. Bush a innové au lendemain de son investiture en portant des santiags en peau d'anguille ornées du sceau présidentiel bleu. Il s'est ensuite mis à en offrir à ses amis – en remplaçant le sceau par ses initiales (au cas où ils oublieraient de qui ils les tenaient). Mais même cette noble publicité n'a pas suffi à créer un marché de l'anguille en Amérique.

Tout a changé maintenant qu'un pêcheur de civelles peut gagner cent mille dollars par nuit en plongeant un piège à vingt-cinq dollars dans la bonne rivière. La filière domestique de la civelle, qui rapporte chaque année quarante millions de dollars, a engendré une véritable ruée vers l'or dans le Maine, l'un des seuls endroits aux États-Unis où cette pêche soit autorisée. Cette ruée s'est accompagnée d'un lot d'activités pas très nettes, avec des marchands d'anguilles un peu louches remettant plusieurs millions en cash à des intermédiaires sur des parkings de motel, ou encore des pêcheurs brandissant des AK-47 lors de face-à-face autour des meilleurs coins de pêche… Selon la presse locale, même les gangs d'Amérique centrale entrent aujourd'hui dans la danse, car les pêcheurs dépensent une grande partie de la manne pour s'acheter de la drogue – même si l'on raconte aussi qu'une pêcheuse a dilapidé le fruit d'une prise particulièrement lucrative dans une nouvelle paire de seins.

Dans le rapport sur l'anguille d'Amérique qu'il réalisa pour la commission américaine de la pêche en 1879, le biologiste marin allemand Leopold Jacoby reconnaissait :

> Il est certes quelque peu humiliant pour les hommes de science qu'un poisson plus courant qu'aucun autre dans de nombreuses régions du monde [...], un poisson que l'on voit chaque jour sur les tables et les marchés, ait été capable, en dépit de l'aide puissante de la science moderne, de maintenir son mode de propagation, de naissance et de mort dans une obscurité qui n'a, à ce jour, toujours pas été dissipée. Depuis que la science naturelle existe, il y a une énigme de l'anguille[26].

Aucun changement majeur ne s'est produit au cours du siècle qui vient de s'écouler. Il devient pourtant urgent de résoudre ce mystère. Certains experts redoutent en effet que la survie des anguilles d'eau douce ne soit plus qu'une question de probabilité. Pour accroître leurs chances, il faut qu'une population assez considérable de ces poissons parvienne à regagner la mer des Sargasses chaque année pour s'accoupler le long de ses fronts océaniques singuliers. S'ils ne sont pas assez nombreux à l'arrivée, ils pourraient ne jamais se trouver et finir engloutis par cette vaste masse d'eau. Dans ce cas, l'anguille aura réussi à emporter son excitant secret dans sa tombe abyssale.

Vivre en eau profonde a permis à ce poisson de préserver son mystère. Les vies secrètes engendrent des mythes ; nous avons davantage de chances de comprendre les animaux que nous pouvons au moins observer sans trop de difficulté. Le prochain membre de notre ménagerie, le castor, peut sembler plus facile à suivre, mais les mœurs de cet animal, qui vit en grande partie sous l'eau ou dans son gîte impénétrable, ont elles aussi fait l'objet de folles conjectures. Et comme pour l'anguille, ce sont ses « bourses » clandestines qui ont naguère engendré les légendes les plus grotesques sur ce gros rongeur amphibie.

2

Le castor

Genre *Castor*

« Il existe un animal très docile appelé castor, dont les testicules sont extrêmement utiles en médecine. Le Physiologue dit que lorsqu'il se sait suivi par un chasseur, il les coupe avec ses dents, les jette en direction du chasseur, et ainsi parvient à s'échapper. »

A Medieval Book of Beasts[1], XIIe siècle

Les recherches que j'ai menées pour écrire ce livre m'ont fait vivre de bien étranges aventures, mais c'est sans doute ma quête passionnée de la vérité sur le castor qui a provoqué le plus de froncements de sourcils. Tout a commencé un matin d'automne, sur une aire de stationnement, par un rendez-vous avec un grand échalas d'un mètre quatre-vingts transportant dans le coffre de sa voiture une carabine chargée et munie d'un silencieux. Cet homme, dénommé Mikael Kingstad, est chasseur de castors professionnel.

Mikael travaille pour la ville de Stockholm, qui est probablement la capitale la plus propre et la plus verte que j'aie jamais visitée. Non loin du centre historique aux couleurs pastel, les forêts grouillent d'animaux qui quittent parfois les bois pour explorer l'environnement citadin, et la tâche de Mikael consiste à contenir ces intrus. Il a ainsi abattu des lapins (un « problème »), des rats (son plus grand ennemi), des oies (« elles produisent plein de merde ») et, apparemment, des élans ivres. À l'occasion, il a aussi eu dans sa ligne de mire des castors beaucoup trop actifs.

Nous avons beau nous appeler par nos prénoms, il n'est

pas dans mes habitudes de fréquenter des assassins d'animaux professionnels. Mais j'avais besoin de rencontrer Mikael pour poser à un authentique chasseur de castors une question importante : « Est-ce qu'il t'est déjà arrivé qu'un castor s'arrache les testicules avec les dents pour te les lancer dessus ? »

Mikael a ri. Pourtant je ne plaisantais pas, moi. L'autocastration supposée du castor avait été la principale motivation de mon voyage. J'étais loin de me douter que mes recherches allaient m'entraîner dans une histoire impie de testicules qui n'en sont pas, de moralisme déplacé et d'utérus errants, qui a bien failli conduire à l'anéantissement des castors dans toutes les rivières d'Europe.

De tous les mythes animaliers, celui du castor remporte peut-être la palme de l'absurdité. Autrefois, ce rongeur notoirement travailleur était célèbre non, comme on pourrait s'y attendre, pour ses compétences de bûcheron tenace, ni pour son exceptionnel talent d'architecte, mais pour ses testicules, auxquels les médecins accordaient une grande valeur thérapeutique.

Le castor des bestiaires était toutefois présenté comme une créature rusée. On racontait que, poursuivi par des chasseurs, il découvrait ses énormes dents jaunes et entreprenait de se châtrer lui-même, avant de céder à son agresseur ses bijoux de famille (peut-être en les lui envoyant d'un coup bien ajusté de sa queue aplatie) afin de garder la vie sauve. Habile manœuvre s'il en est ! Mais dans la plupart des récits, l'astuce de l'animal ne s'arrête pas là. L'ecclésiastique et chroniqueur du XIIe siècle Giraud de Barri fait partie de ceux, nombreux, qui font monter d'un cran la ruse du castor. « Si le hasard, écrit-il, conduit un chien à pourchasser un animal qui a déjà été castré, avec beaucoup de sagacité celui-ci court jusqu'à une éminence et, levant la patte, il montre au chasseur que l'objet de sa poursuite n'est plus[2]. »

L'invraisemblance de cet acte ostentatoire d'auto-émasculation ne dérangeait guère les auteurs des bestiaires médiévaux, d'autant qu'à l'époque une allégorie religieuse pénétrante l'emportait toujours sur la vérité. Or il y avait bel et bien une morale à ce conte grivois de sagesse rongeuse : s'il veut vivre en paix, l'homme doit se couper de tous ses vices et les abandonner au diable. Ce message franchement austère ravissait les moralistes chrétiens. Pas étonnant dès lors que l'histoire du castor ait été répétée et colportée dans toute l'Europe !

Les bestiaires ne furent néanmoins pas les seuls à évoquer l'astucieuse castration du rongeur. Cette légende figure dans presque toutes les descriptions de l'animal dès l'Antiquité grecque. L'encyclopédiste Claude Élien enjoliva ce mythe absurde en attribuant au castor l'invention d'un truc infaillible, très apprécié des drag-queens : « Souvent, écrit-il dans son imposant ouvrage sur les animaux, ils savent faire illusion [...] en ramenant en arrière, sous eux, l'organe convoité[3]. » Ce qui permet aux petits futés de filer en gardant leurs précieuses bourses.

Plus tard, à la Renaissance, Léonard de Vinci mentionna comme il se doit dans ses carnets la stupéfiante conscience qu'avait le castor de la valeur de ses gonades : « On dit du castor que lorsqu'il est poursuivi, sachant que c'est pour la vertu médicinale de ses testicules et ne pouvant fuir, il s'arrête ; puis, pour avoir la paix avec ses assaillants, il s'arrache les testicules de ses dents tranchantes et les laisse à ses ennemis[4]. » Malheureusement, comme aucune illustration de la main du grand artiste n'accompagne cette anecdote, nous ne pouvons qu'imaginer le castor de Léonard arborant un sourire attendu de Joconde énigmatique.

Cette gravure sur bois tirée d'une édition allemande (1685) des fables d'Ésope constitue un bel exemple de castors se châtrant afin de payer leur tribut de testicules au chasseur.

En 1670, dans *America: Being an Accurate Description of the New World* [« Amérique, une description exacte du Nouveau Monde »], le cartographe écossais John Ogilby écrivait *encore* que les castors « arrachent leurs génitoires et les jettent au chasseur[5] ». Cette histoire, parfait mélange de moralisme et de grivoiserie délicieuse, était décidément trop irrésistible pour ne pas être répétée.

Pour dévoiler la vérité sur le paquet du castor et en épargner la perte définitive à la pauvre créature, il fallait un esprit impartial et froid. C'est là qu'entre en scène le pourfendeur de mythes du XVIIe siècle, sir Thomas Browne. Malgré une propension malsaine à nourrir les autruches de roulés au métal, il incarnait à contre-courant de ses pairs la voix de la logique dans une époque décidément troublée. Médecin et philosophe formé à Oxford, il est l'auteur de *Pseudodoxia Epidemica* (1646), un ouvrage dans lequel il entendait livrer une bataille intellectuelle aux « erreurs vulgaires[6] » – à savoir le vaste ensemble d'idées fausses propagées par les bestiaires et autres publications du même acabit, fort occupés à entraver l'émergence de la discipline naissante des sciences naturelles.

La croisade de Browne reposait sur l'application stoïque des « trois déterminants de la vérité », qui étaient selon lui « l'Autorité, le Bon sens et la Raison[6] ». Pionnier de la démarche scientifique moderne, il se trouvait ainsi à l'avant-garde de la révolution des sciences. « Afin d'acquérir un corpus clair et acceptable de Vérité, écrivait-il, il nous faut oublier une grande partie de ce que nous savons et nous en détacher[7]. » Il se lança donc dans un examen sans états d'âme d'un large éventail de contre-vérités solidement ancrées dans les esprits, depuis la croyance attribuant au blaireau une paire de pattes plus courtes d'un côté que de l'autre – idée qu'il jugeait « contraire au cours de la nature[8] » – jusqu'à la question de savoir si les dépouilles de martins-pêcheurs faisaient de bonnes girouettes. (La réponse est non, comme il le découvrit en menant l'expérience avec deux cadavres de cet oiseau : il les suspendit en l'air par des fils de soie et observa qu'ils « ne tourn[aient] pas invariablement leur poitrine dans la même direction[9] », mais au contraire tournaient inutilement dans des directions opposées.)

Avec son flair pour débusquer les absurdités, Browne

sentit qu'il y avait quelque chose de tout aussi louche concernant les testicules du castor. Cette fausse croyance était « fort ancienne », remarquait-il, et avait par conséquent bénéficié d'« un grand avantage pour sa propagation[9] ». D'après ses déductions, elle était née d'une mauvaise interprétation de hiéroglyphes égyptiens qui, sans raison évidente, représentaient un castor s'arrachant les gonades pour symboliser le châtiment infligé à l'*humain* adultère. Cette représentation fut reprise par Ésope, qui divulgua l'histoire du castor dans ses fables bien connues, lesquelles furent à leur tour absorbées par la littérature scientifique grecque et romaine comme s'il s'agissait de faits établis.

Browne attribua la persistance de cette légende principalement à la bizarrerie de l'anatomie du rongeur. Contrairement à la plupart des mammifères, le castor n'a pas en effet les testicules qui pendouillent à l'extérieur du corps : ils sont cachés à l'intérieur. Si l'apparente absence de « bourses » accréditait d'une certaine façon l'idée que l'animal était castré, Browne fit à juste titre remarquer qu'en raison de cette particularité anatomique le castor ne pouvait précisément pas s'arracher les testicules d'un coup de dents, même s'il le voulait. Chercher à « s'eunuquer » serait, ajoutait-il, « non seulement une futile tentative, mais aussi un acte impossible » qui pourrait même s'avérer « une pratique hasardeuse [...] si elle était tentée par d'autres[10] ».

L'origine de cette légende était en partie liée à l'étymologie – un domaine dans lequel Browne avait l'œil et l'oreille étonnamment affûtés, puisqu'il avait lui-même le génie des mots. Sa prose logique, lucide, protoscientifique, était de fait entrelacée d'un flot exubérant de mots imagés et interminables, dont beaucoup, tel

« *eunuchate* » (« s'eunuquer »), étaient de son invention. On attribue ainsi à Browne l'introduction de près de huit cents néologismes dans la langue anglaise. Certains, comme « *hallucination* », « *electricity* », « *carnivorous* » et « *misconception** », sont encore très utilisés aujourd'hui. D'autres, comme « *retromingent*[11] » (qui urine vers l'arrière), n'ont pas connu le même succès.

L'aristocrate remarqua avec sagacité que le nom latin du castor (sur lequel est calqué le français) était souvent rapproché du verbe « châtrer », ou « castrer ». Au VIIe siècle, l'évêque de Séville a de fait été l'un des nombreux scribes à s'emmêler les racines : « Le castor est ainsi nommé parce qu'il est châtré[12] », affirmait-il à tort dans *Etymologiae*. Le latin *castor* n'a en fait aucun rapport avec la castration, mais il en a un avec le mot sanskrit *kasturi*, qui signifie « musc[13] » – ce qui nous amène à la raison même de cet émoi pluriséculaire autour des petites rondeurs du rongeur. Les castors étaient en effet chassés pour leur castoréum, un liquide marron huileux qui, s'avéra-t-il, n'était pas produit par les testicules, comme le suggérait la légende, mais par une paire de glandes sosies tapies à proximité.

Précédant Browne de quelques années, c'est Guillaume Rondelet, médecin et bon vivant français, qui avait le premier révélé ce quiproquo. Avant de mourir en 1566 d'une overdose de figues[13], cet expert de la dissection avait joué du scalpel sur un couple de castors et découvert que la femelle comme le mâle produisaient le précieux castoréum, qu'ils gardaient dans une paire de sacs en forme de poire situés près de l'anus et reliés à l'appareil urinaire. La plupart des mammifères possèdent une paire

* « Idée fausse », « méprise » en français.

de glandes anales odorantes qui sécrètent une substance musquée servant à attirer des partenaires et à marquer leur territoire ; Rondelet fut le premier à découvrir que le castor se distingue par la possession d'une seconde paire de glandes, qui ont la taille d'un œuf d'oie et imitent à la perfection des testicules.

La ressemblance entre ces glandes à castoréum et des gonades était telle que d'autres anatomistes, moins pénétrants, avaient souvent pris des femelles pour des hermaphrodites, ou des mâles pour des mutants montés d'une monstrueuse double paire de roubignolles. Mais, comme le rappela Browne à ses lecteurs avec beaucoup d'esprit, les apparences sont parfois trompeuses. « Les testicules sont définis par leur fonction et non point par leur localisation ou emplacement ; ils ont une seule et même fonction chez tous les animaux mais différentes localisations selon les espèces[14]. » Il diagnostiqua que « le fondement de cette erreur prov[enait] sans doute de la ressemblance et de l'emplacement de ces tumeurs[14] », déboulonnant du même coup le mythe du castor.

Dans l'Antiquité, le castoréum était un remède vénéré du fait de son caractère exceptionnellement odorant. À cette époque, on attribuait aux senteurs d'importants pouvoirs thérapeutiques – et plus l'odeur était puissante, plus les chances de guérir étaient grandes. Pour cette raison, les fèces étaient un grand favori des médecins, si ce n'est de leurs patients. Une petite visite au docteur pouvait ainsi se solder par l'inhalation d'un capiteux cocktail dans la composition duquel entraient jusqu'à trente crottes médicinales[15] (de souris par exemple, voire d'homme). De quoi rendre le malade encore plus malade ! En comparaison, les « testicules » de castor devaient sentir la rose.

L'ecclésiastique et naturaliste britannique du XVIIe siècle Edward Topsell consacra plusieurs pages de son célèbre bestiaire, *The History of Four-Footed Beasts* [« L'Histoire des animaux à quatre pattes »], aux pouvoirs odorants du castoréum. « Ces bourses, écrivait-il, sont d'un arôme fort et puant[16]. » Elles guérissaient tout, de la rage de dents (versez simplement du castoréum chaud dans l'oreille adéquate) aux flatulences (ne me demandez pas). On s'en servait surtout, cependant, pour traiter les affections gynécologiques, mais il n'y a là rien de très surprenant. Les pharmacopées de l'Antiquité et du Moyen Âge étaient en effet pleines à craquer d'ingrédients phalliques[17] ; on prescrivait ainsi couramment courges, cornes et concombres explosifs pour les affections sexuelles (l'idée de base étant sans doute que tout ce dont une femme malade a besoin, c'est d'un pénis : lui prescrire un légume aux formes suggestives devrait donc faire l'affaire). Et les « bourses » de castor se nichaient douillettement dans cette approche phallocentrique de la santé féminine.

Les organes reproducteurs de la femme avaient la réputation de succomber à la puissante action du castoréum. Les Romains brûlaient dans des lampes les sécrétions huileuses brunes afin de provoquer l'avortement, et Topsell remarqua de son côté qu'un « parfum fait de castoréum, de crottin d'âne et de graisse de porc [ouvrait] la matrice fermée[18] ». Le pouvoir abortif des soi-disant couilles du castor était même réputé tel que, selon une croyance largement répandue, il suffisait qu'une femme enceinte enjambe l'animal, mort ou vif, pour qu'elle perde son bébé.

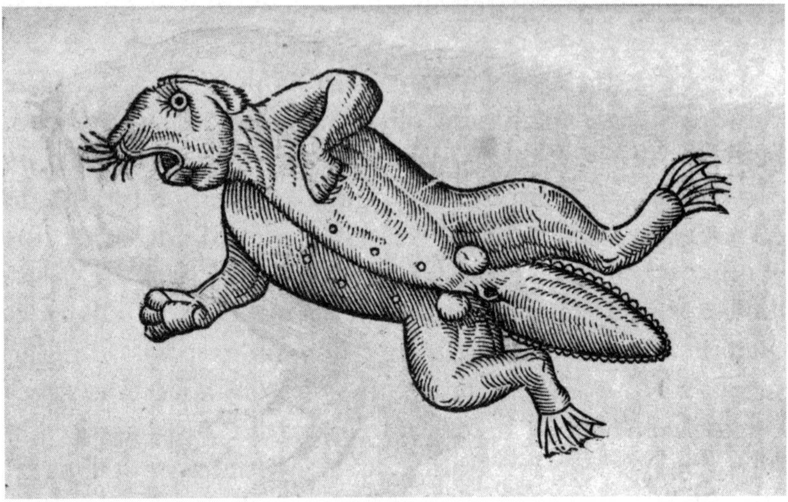

Le castor d'Edward Topsell dans The History of Four-Footed Beasts *(1607) a l'air plutôt interloqué. Peut-être parce qu'il s'agit d'une femelle, dont le pelage rasé dévoile non seulement ses tétines, mais aussi ses « bourses », très recherchées selon Topsell car elles soignaient tout, des rages de dents aux flatulences.*

Mais l'usage pour lequel le castoréum était de loin le plus prescrit, c'était comme tonique contre l'hystérie[19], un désordre féminin imaginaire et défini par une liste de symptômes si longue qu'elle pourvoirait aux besoins de n'importe quel hypocondriaque : débordements d'émotions, anxiété, irritabilité générale, et j'en passe. L'hystérie – du grec *hustera*, « utérus » – survenait soi-disant lorsqu'un utérus toxique errait dans le corps, déréglant le fonctionnement des autres organes de la femme. Grâce à son caractère nébuleux, cette « maladie » a servi de diagnostic fourre-tout pour toutes sortes d'indispositions féminines dès l'Antiquité égyptienne, et au XVIIe siècle le médecin anglais Thomas Sydenham estima que l'hystérie, affection la plus courante après la fièvre, représentait un sixième de toutes les maladies humaines. « Il est très peu de femmes, écrivait-il, qui en soient totalement exemptes[20]. »

Au fil des siècles, de nombreux traitements contre l'hystérie ont été suggérés. Le massage pelvien a presque l'air agréable ; l'exorcisme, un peu moins. Faire une inhalation de « couilles de castor » est toutefois resté le remède de base jusque bien après le début du XIXe siècle. En 1847 par exemple, le médecin américain John Eberle essayait encore d'imposer les sécrétions anales du rongeur amphibie comme ultime antidote contre l'hystérie, en particulier chez les dames aux « mœurs délicates et irritables[21] ».

Enfoncée jusqu'au cou dans l'élaboration de ce livre et me sentant moi-même un poil hystérique, j'ai voulu mettre la main sur de fausses gonades de castor pour tâter de ce remède olfactif. C'est ainsi que je me suis retrouvée à envoyer une série de mails surréalistes à des chasseurs que j'avais débusqués sur Internet, me présentant poliment avant de leur demander de m'envoyer leur butin de glandes odorantes. Pas une seule réponse. Alors j'ai fait appel à une amie qui savait s'orienter dans le Dark Web, et nous avons passé un samedi après-midi pluvieux à rôder en ligne à la recherche de castoréum. En vain. J'ai fini par trouver une paire de glandes pendouillant sur eBay – une affaire, à 54,99 dollars. Apparemment, il existe encore une demande pour les glandes à castoréum – non comme remède contre l'hystérie, mais pour une utilisation encore plus bizarre.

Depuis plus de quatre-vingts ans, les sécrétions anales huileuses du castor sont en effet utilisées pour donner un parfum de vanille à un certain nombre de desserts[22], des *cupcakes* jusqu'à la crème glacée (typiquement le genre de nourriture que j'utilise en automédication quand je me sens devenir hystérique). Comment cette propriété a-t-elle été découverte, mystère... Toujours est-il qu'aujourd'hui, aux États-Unis, le castoréum se trouve sur la liste des additifs alimentaires « généralement reconnus sans danger » de la Food and Drug Administration. Heureusement pour nos rongeurs, il n'est pas très utilisé. Lorsqu'il l'est, les fabricants peuvent se contenter de le désigner sous les termes « arôme naturel de vanille », puisqu'il s'agit d'un produit « naturel », « naturellement » produit par les parties intimes du castor. De quoi refroidir, peut-être, la passion la plus ardente pour la glace à la vanille.

Le castoréum apparaît aussi dans la composition d'un certain nombre de parfums classiques, comme Givenchy III et Shalimar. C'est moins choquant, parce que la parfumerie a une longue histoire d'amour avec les essences animales exotiques. Le vomi de cachalot (ambre gris) et les sécrétions des glandes de la civette et du chevrotain porte-musc vous semblent peut-être peu ragoûtants, mais ils sont apparemment la quintessence du chic.

« L'idée, quand on se parfume, c'est d'envoyer un gros signal pour dire : "J'suis dispo", m'a expliqué l'experte en parfums Katie Puckrik. Et ça, de subtils effluves d'arrière-train animal le font très bien. » Ce genre d'odeur nous renverrait donc à notre passé de créatures pas très propres, mais ô combien sexy.

Les sécrétions animales ont aussi un intérêt plus technique, puisqu'elles permettent de fixer des ingrédients plus volatils. « Elles ajoutent un peu de "grrr" au mélange, a continué Katie dans le jargon de son métier. Les notes fauves (comme les appellent les fanas de sent-bon) font un lien entre les fleurs et notre peau. S'il n'y a pas de notes animales dans un parfum, autant porter du désodorisant. »

Mon échantillon de « notes fauves » de castor est arrivé une semaine après ma commande en ligne, et en ouvrant l'enveloppe matelassée j'ai tout de suite compris comment la légende du castor qui s'auto-émasculait avait pu exister : de l'enveloppe a roulé une paire de ce qui ressemblait à deux testicules bruns ratatinés, à l'odeur extrêmement entêtante. Les glandes imprégnaient tout ce qui entrait en contact avec elles d'un parfum étrange, boisé, aux relents de cuir – pas très différent de l'intense odeur d'encens qui vous assaille lorsque vous entrez dans n'importe quel bazar New Age. Edward Topsell affirmait qu'on pouvait distinguer le vrai castoréum du faux à l'intensité de son odeur : quand on l'inhalait, l'authentique devait « faire saigner du nez[23] ». Le mien exhalait un parfum puissant, mais heureusement pas à ce point-là. Ce n'était pas du tout désagréable – certainement pas ce à quoi je m'attendais venant d'une paire de glandes traînant si près du conduit d'évacuation d'un animal. Cela étant dit, l'odeur étonnamment aromatique des glandes à castoréum a une explication, et cela a à voir avec les substances botaniques encore plus étonnantes qu'elles contiennent.

La nature est le théâtre d'une course aux armements évolutive opposant les plantes aux animaux qui aiment les manger. Afin de se défendre, les plantes sont devenues des expertes de la guerre chimique, capables de produire un large éventail de composés allant de l'amer au carrément mortel. Les herbivores percent ces défenses botaniques en développant des manières de décomposer, détoxifier ou recycler ces substances chimiques potentiellement nocives. Alors les plantes surenchérissent en synthétisant de nouveaux poisons. Et la bataille continue.

Les castors descendent d'une longue lignée de rongeurs

aquatiques qui abattent des arbres pour s'en servir de matériau de construction et se régaler de leur écorce, de leurs racines et de leurs pousses depuis au moins vingt-trois millions d'années. Durant tout ce temps, pour contrer les armes chimiques végétales, ils ont développé tout un arsenal de petits trucs, dont le plus inventif consiste à séquestrer les toxines[24] et à les recycler pour leur propre système de défense. Le castoréum contient ainsi une multitude de composés d'origine végétale : alcaloïdes, phénols, terpènes, alcools et acides, que le rongeur puise dans les plantes qu'il consomme et utilise ensuite pour concocter sa propre carte d'identité olfactive. Il peut reconnaître ses voisins et sa famille par la seule odeur de cette empreinte chimique. Il se sert aussi de son castoréum pour chasser les étrangers, marquant son territoire avec le message chimique qu'il a volé aux plantes et que l'on peut traduire par : Foutez le camp !

Nombre des substances composant le castoréum s'avèrent également très utiles aux hommes. Sa saveur vanille s'explique par la présence de catéchol, un alcool dérivé du peuplier deltoïde qu'on utilise aussi bien comme pesticide que comme arôme alimentaire – une combinaison quelque peu déroutante, mais il faut dire qu'une grande partie des quarante-cinq composés identifiés dans le castoréum possèdent des qualités étonnantes. Le phénol des pins sylvestres[24] présente ainsi des propriétés anesthésiques, l'acide benzoïque du cerisier noir est utilisé pour traiter des mycoses cutanées et, plus important encore, l'acide salicylique du saule, arbre très apprécié du castor, constitue le principe actif de l'aspirine.

Les médecins d'autrefois avaient-ils donc raison de prescrire des « génitoires » de castor ? Sans doute pas. Pour autant que l'on sache, avaler un cachet d'aspirine n'a jamais aidé à combattre « les maux féminins », ni d'ailleurs aucune des autres maladies, réelles ou imaginaires, que le castoréum était censé soigner. Et même s'il avait été un médicament miracle, les quantités données aux patients étaient trop faibles pour avoir un effet. Quand j'ai demandé par mail à un spécialiste des glandes anales du castor combien il faudrait que j'en absorbe pour faire passer un simple mal de tête, il m'a répondu : « BEAUCOUP. »

Dans le même esprit que Thomas Browne, j'ai quand même décidé de tenter le coup. Au premier épisode convenablement fiévreux, j'ai timidement grignoté l'une des glandes arrivées par la poste. Elle avait un goût amer caractéristique qui m'est resté dans la bouche malgré toutes mes tentatives pour le déloger à grand renfort de dentifrice et de brossage de dents. Une heure plus tard environ, je me suis mise à avoir des éructations aux puissants relents de cuir ; l'odeur s'est comme répandue jusque dans tous les pores de ma peau et a persisté bien plus longtemps que je ne l'aurais aimé. Le soir venu, j'ai donc été confrontée à une situation surréaliste : me retrouver en présence de Shirley Bassey, Dame commandeur de l'Ordre de l'Empire britannique, pour un enregistrement à la BBC, alors qu'il ne m'échappait pas que j'empestais le cul de castor.

J'aurais dû me méfier. Un chirurgien d'Édimbourg du nom de William Alexander, au XVIIIe siècle, avait connu semblable expérience (sans Dame commandeur de l'Ordre de l'Empire britannique) en s'administrant du castoréum pour en tester l'efficacité. Il en avait d'abord grignoté un bout, comme moi, avant d'augmenter les doses petit à petit jusqu'à atteindre huit grammes (franchement impressionnant). Au cours de la semaine qui suivit, il n'observa pas d'effet physiologique autre que « quelques éructations déplaisantes » (quelques, vraiment ?). Il en déduisit que la panacée puante « ne méritait guère de figurer dans le catalogue actuel des remèdes médicamenteux[25] ».

Il y a tout de même une chose pour laquelle les fausses gonades de castor sont utiles : attraper d'autres castors. Selon mon chasseur suédois, Mikael, ces rongeurs sont tellement territoriaux que si l'on frotte le castoréum d'un autre individu sur le petit monticule de terre odorant du castor qui réside sur les lieux, ce dernier le recouvrira de sa propre odeur. Le chasseur n'a plus qu'à l'attendre. Voilà qui apporte une sombre conclusion à notre histoire légendaire du rusé castor : les « valseuses » du rongeur, loin d'assurer son salut, étaient en fait un enivrant moyen de l'attirer dans le piège du chasseur.

Mauvaise nouvelle pour le castor. Des générations de femmes hystériques avaient engendré une énorme demande de castoréum, et dans toute l'Europe l'homme était en train d'exterminer les populations de castors afin de récolter l'aromatique élixir. Les derniers spécimens de Grande-Bretagne et d'Italie furent tués au XVIe siècle ; ailleurs, leur nombre chutait drastiquement. Mais au moment où ils étaient sur le point de disparaître d'Europe, la découverte de tout un nouveau continent grouillant de castors marqua le début d'une série de croyances encore plus bizarres sur le mammifère amphibie.

« Qu'on ne nous parle plus de l'éléphant qui raisonne à demi : il n'est qu'un bêta auprès du castor d'Amérique[26] », écrivait ainsi Frances Thurtle Jamieson dans ses *Popular Voyages and Travels Throughout the Continents and Islands of Asia, Africa and America* [« Voyages par terre et par mer à travers les continents et les îles d'Asie, d'Afrique et d'Amérique »], publiés en 1820. Que l'intelligence de l'humble rongeur soit mise sur le même piédestal que celle de l'éléphant, animal dont le cerveau est au moins cent fois plus lourd, nous montre bien que les facultés mentales du castor ont fait perdre la tête aux premiers explorateurs du Nouveau Monde. Influencés par les contes traditionnels des Indiens, époustouflés par les prouesses architecturales du mammifère amphibie, ils envoyèrent chez eux des récits fantastiques mettant en scène une espèce d'Einstein animal qui employait sa cervelle à édifier une société sophistiquée dotée d'une police, de lois, et d'un système de gouvernement rivalisant avec ceux du genre humain.

La première personne à avoir livré cette vision romanesque du castor fut sans doute Nicolas Denys, un aristocrate et explorateur français qui vogua vers les Amériques en 1632, avant de devenir un éminent propriétaire foncier et un homme politique. Il fut aussi l'un des premiers Américains à écrire sur l'histoire naturelle du continent. Tous les animaux « dont on a le plus vanté l'industrie, écrivait-il, sans en excepter même le singe avec tout ce qu'on lui peut apprendre », ne sont que des « bêtes » lorsqu'on les compare au castor. Il remarquait au passage que c'était étonnant, puisque cette humble créature, d'après lui, « ne passe que pour poisson[27] ».

On ne sait pas quel genre de singe ou de poisson il avait été donné à Denys de rencontrer sur le Vieux Continent, mais il nous fait le tableau extraordinairement minutieux de quatre cents castors du Nouveau Monde unis comme un seul homme pour construire un barrage au début de l'été : une sacrée équipe d'ouvriers hautement qualifiés qui marchent la tête haute, tronçonnent avec leurs dents, utilisent leur queue comme hotte pour transporter le mortier ou comme truelle pour plâtrer les murs. Selon lui, il existe ainsi des castors « maçons », « charpentiers », « bêcheurs » et « hotteurs », chacun s'acquittant de son devoir « sans se mêler d'autre chose ». À la tête de cette armée de travailleurs spécialisés se trouve un escadron de huit à dix castors « commandants » qui prennent leurs instructions auprès d'un unique castor « architecte », dont la vision a dicté l'emplacement de la chaussée et sa méthode de construction[27].

Une telle unité dans l'effort paraît admirable, mais Denys ne manquait pas de souligner que ce qu'il dépeignait n'était pas l'Arcadie des castors. Si nos travailleurs sont négligents, le commandant « les châtie, les bat, se jette sur eux et les mord pour les rappeler à leur devoir[27] ». Et pour ceux qui pourraient trouver la description de ce véritable goulag de castors quelque peu difficile à avaler, il donne des gages de sa crédibilité en admettant : « J'aurais peine à le croire moi-même si je n'en avais été maintes fois le témoin oculaire. »

Peut-être Denys avait-il besoin de nouvelles lunettes, ou bien perfectionnait-il tout simplement ses talents de menteur en vue de sa future carrière politique. Qui sait ? Ce qui est certain, c'est qu'il ne disait pas la vérité. Lorsque je suis allée voir un barrage de castors en Suède avec Mikael, la description de Denys l'a fait rire aux éclats. Les castors ne sont pas des abeilles. Ils ne coopèrent pas en masse, ils sont seulement extrêmement territoriaux : chaque barrage appartient à une famille, qui l'érige afin d'augmenter le niveau de l'eau et de construire une hutte pourvue d'une entrée immergée en permanence, laquelle permet à ses membres de rester à l'abri quand ils partent à la recherche de nourriture tout en minimisant leur exposition aux prédateurs. Si une autre famille déboule à l'improviste pour donner un coup de main, les propriétaires des lieux, apparemment, « piquent une crise » (dixit Mikael). Même les barrages les plus impressionnants, qui peuvent faire près d'un kilomètre de long et deux fois la largeur du barrage Hoover, sur le Colorado, ont été édifiés par une seule famille – six castors au maximum – au fil des générations. Enfin, si l'on a certes déjà vu des castors marcher sur leurs pattes arrière et porter leurs petits ou des branchettes entre leurs pattes avant et leur menton, on n'en a encore jamais vu se servir de leur queue comme d'une truelle.

Les histoires venues du Nouveau Monde étaient pourtant gobées toutes crues par les Européens, et la description particulièrement inventive du castor industrieux par Denys, au XVIIe siècle, devint ce qu'on appellerait aujourd'hui « virale ». Reprise à l'infini par des colons français dans leurs livres de voyage, elle inspira une série de tableaux très persuasifs destinés à illustrer certaines cartes iconiques de l'époque. L'un d'eux montre une file sinueuse et ordonnée de cinquante-deux castors gravissant une colline, avec des bâtons dans les pattes et de la boue sur la queue, afin de construire un barrage au pied des chutes du Niagara. Charmante scène de travail vertueux... Mais en regardant de plus près, on découvre la légende, qui explique le rôle des différents castors. Parmi eux, un « castor à la queue estropiée pour avoir travaillé trop dur » et un « inspecteur des invalides[28] » à l'air menaçant, chargé de débusquer ceux qui se font abusivement porter pâles pour les remettre de force au travail.

À mesure que se répandaient ces histoires, l'organisation de la société des castors devint encore plus invraisemblable. « Les castors des lointaines contrées solitaires bâtissent en architectes et légifèrent en citoyens[29] », déclarait ainsi en 1774 l'écrivain irlandais Oliver Goldsmith dans sa populaire *History of the Earth and Animated Nature* [« Histoire de la Terre et de la nature animée »], tandis que le jésuite français Pierre de Charlevoix décrivait le rongeur comme « une espèce d'animal raisonnable, qui avait ses lois, son gouvernement et son langage propre[30] ».

On racontait aussi que les castors se rassemblaient toujours en nombre impair, afin que l'un d'eux puisse avoir une voix prépondérante dans les questions relevant de la démocratie. Il continuait toutefois de flotter un parfum de discipline autoritaire sur cette république animale : « Entre les castors, la justice est partout[31] », prévenait ainsi un autre explorateur français du nom de Dièreville. Les citoyens qui se dérobaient à leurs devoirs civiques – « les paresseux » – étaient « chassés par les autres, comme les guêpes par les abeilles », pour devenir « vagabonds[32] ». Selon l'écrivain romantique François-René de Chateaubriand, ces exilés étaient dépouillés de leur fourrure et forcés de finir leurs jours dans « la déchéance solitaire d'un trou creusé dans la terre[33] » – qu'on appela fort logiquement « terrier ».

Une fois de plus, notre rongeur voyait sa vie romancée, érigée en modèle de moralité, mais cette fois, ironiquement, cette morale était destinée à une toute nouvelle nation qui se construisait sur le dos même de l'animal. Ou plus précisément, sur sa peau. La fourrure de castor était en effet devenue une marchandise précieuse, utilisée pour la confection des chapeaux à large bord alors très en vogue en Europe. Des centaines de milliers de peaux étaient exportées d'Amérique chaque année ; en 1763, la Compagnie de la Baie d'Hudson en vendit jusqu'à 54 760 d'un coup. Dans le Nouveau Monde, la peau de castor devint même une unité de compte officielle, échangeable contre un jeton de *Made Beaver* avec lequel on pouvait acheter une paire de chaussures, une bouilloire ou encore huit couteaux au marché du coin, et la fièvre du castor motiva l'expansion de la colonisation vers l'Ouest sauvage. En fait, le castor était l'alter ego idéal du colon, sa vie une parabole de vie vertueuse. Son côté bosseur acharné, son indépendance, son empressement à coopérer à des œuvres de travaux publics parlaient à l'éthique puritaine. On pouvait accomplir de grandes choses en prenant pour exemple une chaîne de castors forçats. Mais malheur à ceux qui abandonnaient la société civilisée pour tenter de se faire de l'argent facile en solo !

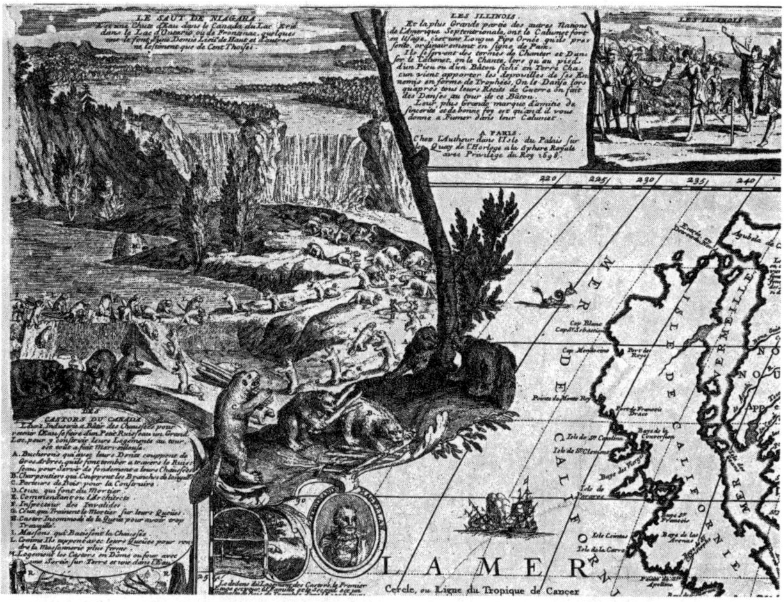

La carte de l'Amérique (1698-1705) de Nicolas de Fer propose une représentation pleine d'imagination de l'ardeur au travail des castors, sans oublier une légende bien pratique pour identifier les différents rôles des rongeurs dans cette nouvelle utopie. La situation du castor étendu sur le dos, pattes en l'air, n'a cependant rien d'enviable : c'est un « castor incommodé de la queue pour avoir trop travaillé ».

Sur le Vieux Continent, les naturalistes s'empressèrent d'interpréter les histoires des castors d'Amérique. Leurs cousins européens ayant été quasiment éradiqués, personne ne pouvait plus observer leurs prouesses architecturales ni leurs sociétés. D'ailleurs personne ne l'avait jamais fait, apparemment. Les philosophes de l'Antiquité n'avaient parlé que des testicules de l'animal : on supposa donc que leur tempérament extraordinairement travailleur était une spécificité du Nouveau Monde. Le naturaliste français du XVIIIe siècle Georges-Louis Leclerc, comte de Buffon, qui s'y connaissait en idées outrancières, y vit le signe de quelque chose d'encore plus profond. Il réquisitionna donc le castor comme clé de voûte de l'une de ses théories extravagantes, mettant en avant la grandeur que pourraient atteindre les sociétés animales si elles avaient la possibilité de s'épanouir loin de l'influence corruptrice de l'homme.

« Autant l'homme s'est élevé au-dessus de l'état de nature, autant les animaux se sont abaissés au-dessous : soumis et réduits en servitude, ou traités comme rebelles et dispersés par la force, leurs sociétés se sont évanouies, leur industrie est devenue stérile, leurs faibles arts ont disparu[34]. » C'est sur ces mots que s'ouvre l'épique article de son encyclopédie consacré au castor. En Europe, où les rongeurs ont été sujets à l'oppression humaine, « leur génie flétri par la crainte ne s'épanouit plus[34] », déclara solennellement le comte. Pas étonnant qu'ils « mènent une vie timide » et solitaire. Mais au cœur des étendues sauvages du Nouveau Monde, où l'homme était un étranger, Buffon voyait dans la société des castors « peut-être le seul exemple qui subsiste comme un ancien monument de [l']espèce d'intelligence des brutes[34] ».

Il élabora sa théorie à partir non seulement de récits

de voyageurs, mais aussi de sa propre expérience avec un castor qui lui avait été envoyé du Canada en 1758 et qui vécut plusieurs années à Paris sous son œil attentif, au Jardin royal. Un an après avoir fait sa connaissance, l'aristocrate n'était pas du tout impressionné par son animal de compagnie, lequel était « un peu triste » et « ne [faisait] guère d'efforts pour quoi que ce soit ». Bien qu'il passât beaucoup de temps à ronger « les portes de sa prison[34] » (et comment le lui reprocher ?), il n'était animé par aucun élan bâtisseur. Notre naturaliste, amèrement déçu, était persuadé que les castors du Nouveau Monde étaient capables de créer des gîtes élaborés, assez grands pour loger jusqu'à trente habitants et comprenant plusieurs étages, avec des fenêtres et même un « balcon pour se tenir au frais et prendre le bain[34] ». Or tout ce dont son castor à lui avait été capable, c'était de se morfondre et se faire la malle de temps en temps pour nager dans les voûtes des carrières souterraines du jardin.

Buffon était également fasciné par le caractère semi-aquatique du rongeur qui, croyait-il, gardait « la queue et toutes les parties postérieures » de son corps continuellement dans l'eau. Cela lui inspira en bonus une théorie bidon selon laquelle les castors avaient « changé la nature de leur chair », devenue pareille à celle du « poisson[34] » et dont elle avait d'ailleurs le goût, l'odeur et la couverture d'écailles. Ce méli-mélo de parties animales ne fit qu'abaisser encore la créature dans l'estime de Buffon, lequel considérait qu'elle faisait « la nuance des quadrupèdes aux poissons[34] ». Une bête aussi humble et pataude n'aurait guère dépassé le rang d'anomalie anatomique s'il n'y avait eu tous ces récits des prouesses dont elle était capable en société. Aux yeux du naturaliste français, la société des castors, non corrompue par l'homme, incarnait bel et bien l'espoir d'une Utopie dont nous autres humains ne pouvions que rêver :

> Quelque nombreuse que soit cette société, la paix s'y maintient sans altération ; le travail commun a resserré leur union ; les commodités qu'ils se sont procurées, l'abondance des vivres qu'ils amassent et consomment ensemble, servent à l'entretenir ; des appétits modérés, des goûts simples, de l'aversion pour la chair et le sang, leur ôtent jusqu'à l'idée de rapine et de guerre : ils jouissent de tous les biens que l'homme ne fait que désirer[34].

La vérité, pas très romanesque, c'est que les castors isolés construisent parfaitement bien. Si Buffon voulait que son protégé exhibe ses talents de maçon, il n'avait qu'à le mettre à côté d'un bruit d'eau qui coule : le besoin qu'a le castor d'arrêter le flot est si profondément ancré en lui qu'il lui suffit d'entendre l'enregistrement sonore d'un ruisseau babillard pour se mettre tête baissée à entasser des bouts de bois sur le haut-parleur, même s'il n'y a pas une goutte d'eau dans les parages.

L'auteur de cette découverte époustouflante est le zoologiste suédois Lars Wilsson, qui passa le plus clair des années 1960, en gros, à faire des blagues à des castors au nom de la science. Il éleva ainsi des castorins loin de leurs parents, dans un environnement artificiel, pour déterminer si leurs compétences en construction étaient innées ou acquises. En cachant un haut-parleur derrière le mur de leur enclos, il s'aperçut que pour se mettre à bâtir les rongeurs affairés n'avaient besoin que d'un stimulus sonore très vague. Et il n'était d'ailleurs pas nécessaire de diffuser un bruit d'eau qui coule : n'importe quel bruit similaire faisait l'affaire ; même le bourdonnement d'un rasoir électrique incitait les castors à pousser frénétiquement des brindilles contre le mur pour essayer en vain d'endiguer le flot virtuel.

Face à ce comportement mécanique, l'idée chère à Buffon de castors défenseurs de la république paraît franchement ridicule. Mais l'expérience de Wilsson aurait provoqué un sage hochement de tête chez un autre scientifique français : Frédéric Cuvier – frère cadet de Georges, le célèbre zoologiste –, qui aurait même peut-être marmonné un impérieux : « Je vous l'avais bien dit. » En 1804, Cuvier devint gardien en chef de la ménagerie parisienne où, quelques décennies plus tôt, Buffon avait observé son castor mélancolique. Ses observations furent toutefois très différentes de celles du comte : ses nouveaux castors pétaient le feu et, malgré l'absence de leurs parents pour les guider, construisaient tous azimuts, poussés selon lui par la force aveugle de l'instinct.

Cuvier était le disciple d'un autre éminent scientifique français, René Descartes, qui au XVIIe siècle avait soutenu que les animaux n'étaient rien de plus que des automates, et que seuls les humains étaient capables d'agir selon la raison. Ces conceptions dénuées de toute sentimentalité faisaient désormais fureur, en réaction à l'anthropomorphisme débridé des bestiaires et autres textes dans la même veine. Pour Cuvier, l'intelligence augmentait à mesure qu'on allait des rongeurs aux ruminants, aux pachydermes et aux carnivores, avant de culminer quand on atteignait le glorieux sommet du règne animal, où l'on pouvait s'émerveiller du cerveau des primates, et plus particulièrement de celui des humains tels que lui-même[35]. En conséquence, il déniait à ses castors – vulgaires rongeurs – la moindre étincelle d'intelligence.

Aujourd'hui, une bande de poulpes sachant manier l'outil, de pigeons sachant résoudre des problèmes, de corbeaux sachant compter et de perroquets sachant parler, tous révélés depuis une dizaine d'années, pourraient lui dire – et même littéralement, dans le cas du prolixe Perroquet jaco – que sa vision de l'intelligence animale n'était pas tout à fait raisonnable.

Pour essayer de tirer au clair cette histoire d'intelligence, j'ai appelé le professeur Dietland Müller-Schwarze, spécialiste mondialement reconnu du castor. Depuis chez lui, dans l'État de New York, il m'a expliqué (avec un accent germanique rappelant celui du réalisateur Werner Herzog) que nous avions encore beaucoup à apprendre.

Selon lui, les extraordinaires prouesses d'ingénierie du castor sont en grande partie réalisées d'instinct, en suivant un ensemble de règles simples, du genre « construis là où tu entends l'eau couler », que nous commençons tout juste à décoder. Il m'a donné un exemple particulièrement intéressant à me mettre sous la dent. On attribue souvent aux castors une grande perspicacité dans leur façon d'abattre les arbres pour s'assurer qu'ils tombent du côté de l'eau, sans s'emmêler avec leurs voisins. « Mais tout ce qu'un castor a à faire, c'est de tailler une encoche dans le tronc et de laisser l'arbre tomber au hasard, m'a expliqué Müller-Schwarze. Il y a de très fortes chances qu'il s'abatte dans l'eau, parce que l'arbre pousse vers la lumière, ce qui signifie qu'il y a plus de branches et donc plus de poids de ce côté-là. Il ne peut en fait en être autrement. »

L'instinct n'est toutefois pas infaillible. La presse à sensation britannique a récemment publié la photo d'un pauvre castor écrasé par un arbre qu'il venait d'abattre en Norvège, laquelle était accompagnée d'une légende humoristique – preuve de la capacité toujours renouvelée de notre espèce à se réjouir du malheur d'autrui, mais aussi du fait qu'il arrive aux castors de se gourer. La plupart du temps, cependant, leurs erreurs relativement inoffensives leur fournissent l'occasion d'apprendre et d'adapter leur comportement, ce qu'on les a vus faire avec beaucoup d'ingéniosité, notamment pour créer et réparer leurs barrages. C'est peut-être cette capacité d'apprentissage, et la complexité des compétences nécessaires à leur vie quotidienne, qui expliquent pourquoi les petits passent relativement longtemps – plus d'un an – dans l'ombre de leurs parents.

L'un des grands défenseurs des capacités cognitives du castor au XXe siècle fut un autre scientifique français, P.B. Richard. En confrontant les rongeurs semi-aquatiques à des boîtes à problème – un test classique d'intelligence animale –, il découvrit qu'ils possédaient ce mélange magique de vivacité d'esprit et d'agilité au niveau des doigts, combiné à une dose suffisante de persévérance, leur permettant de venir à bout des verrous compliqués et de surmonter aisément le défi.

De nombreux humains, embourbés dans une guerre cérébrale acharnée contre ces architectes enthousiastes, ont fait l'expérience directe des capacités d'apprentissage et d'innovation du castor dès lors qu'ils tentaient de contrecarrer leur besoin impérieux de construire. Un scientifique qui observait des castors dans un petit étang a ainsi voulu les empêcher d'abattre ses jolis arbres ornementaux en entourant leurs troncs de hauts murs de grillage. Il en a enfoncé la base profondément dans le sol et attaché le sommet aux branches avec assurance. Il n'a toutefois pas fallu longtemps pour que l'un de ses castors adultes déjoue sa ruse en construisant une rampe d'accès à l'aide de brindilles et de boue, puis monte tranquillement au-dessus du grillage et sectionne le tronc de l'arbre. Une nuit après l'autre, les autres castors ont marché sur les pas de leur ingénieux leader, jusqu'à ce qu'il n'y ait plus un seul coin d'ombre dans le parc.

Attention, ça va tomber ! Mauvaise journée de travail pour ce castor. De quoi nous rappeler que, malin ou pas, on ne peut pas toujours tirer les leçons de ses erreurs.

Les collecteurs d'eau de pluie et les buses d'écoulement sont une cible privilégiée pour les actes de vandalisme que commettent les castors des villes délinquants, dont les exaspérantes capacités à résoudre les problèmes coûtent chaque année aux autorités américaines des milliards de dollars.

La question des facultés cognitives du castor reste toutefois sujette à controverse. L'intelligence est toujours délicate à mesurer, a fortiori chez un animal qui, en plus d'être nocturne, passe la plus grande partie de sa vie sous l'eau ou caché dans sa hutte impénétrable. Les attributs physiques du castor sont nettement plus faciles à observer ; des millions d'années d'évolution ont pourvu cet architecte aquatique d'outils parfaitement adaptés à son activité : des dents à croissance continue qui s'aiguisent elles-mêmes, des paupières transparentes qui lui servent de lunettes de natation, des oreilles et des narines qui se ferment automatiquement sous l'eau, et des lèvres qui peuvent se fermer *derrière* les incisives (ce qui lui permet de ronger du bois sous l'eau sans se noyer et de protéger sa bouche d'échardes irritantes quand il abat des arbres). Il n'y a pas de raison que son cerveau ne soit pas aussi bien réglé ; il est juste plus difficile de jeter un coup d'œil dans sa boîte à outils cognitive.

Ce que nous savons du comportement du castor soulève des questions passionnantes sur les limites entre l'inné et l'acquis, et sur la capacité de raisonnement d'un rongeur. Le castor n'est peut-être pas assez clairvoyant pour sauver sa peau en s'arrachant les testicules, ni capable de fonder une république démocratique, mais même l'éthologiste le plus conservateur approuverait sans doute les mots soigneusement choisis du grand spécialiste des comportements animaux Donald Griffin quand il écrit : « Le castor pense consciemment en termes simples sur sa situation, et sur la façon dont son comportement est susceptible de produire des changements désirés dans son environnement[36]. » On est bien loin des créatures mécaniques de Descartes…

J'aimerais conclure par une dernière histoire de castor, qui tendrait à remettre en question l'intelligence de notre propre espèce. Au XXe siècle, les hommes avaient quasiment réussi à éliminer les castors européens de la majeure partie de leur aire d'implantation. En Europe et en Asie, leur nombre était descendu à moins de mille deux cents individus, qui tenaient bon dans huit petites poches de territoire. On importa finalement par avion des castors du Canada pour booster leur population et sauver le castor européen.

Ces introductions connurent un énorme succès : les nouveaux castors prospérèrent. Il apparut toutefois que les castors américains et européens n'appartiennent pas à la même espèce. Ils ont beau paraître identiques, le castor américain, dit « castor du Canada », est plus agressif que son cousin, le « castor d'Europe » ou « d'Eurasie ». Les manières brutales du Yankee avaient pour malheureux effet de pousser le castor d'Europe encore plus près de l'extinction. Il fut donc rapidement désigné comme espèce exotique envahissante à exterminer ; mais comment les agents des administrations, les écologistes et les chasseurs allaient-ils différencier les deux espèces ? Elles étaient presque impossibles à distinguer, à moins de compter leurs chromosomes (le castor européen a huit chromosomes de plus que son cousin américain). Puis en 1999, deux scientifiques de la Central Washington University proposèrent une méthode d'identification « simple et rapide[37] » en attribuant des codes couleurs à leur castoréum, dont les nuances sont différentes chez les deux espèces. Ils mirent même au point un mémo bien pratique pour le terrain, qui évoque de façon troublante le nuancier des peintures Farrow & Ball dans les tons très à la mode des jaune moutarde et des vert forêt.

Avec ce dernier rebondissement, il s'avère donc que les « testicules » du castor pourraient bel et bien le sauver du chasseur. Encore faut-il pour cela qu'on les ait « traits » et que leur contenu ait été soigneusement comparé au code couleur afin de déterminer si l'individu appartient à la bonne espèce – un dénouement encore plus absurde, sans doute, que la légende originelle.

Et maintenant, de l'un des membres les plus respectés du règne animal, loué de tous côtés pour sa vie industrieuse, nous allons passer à l'extrême opposé : une créature condamnée à la damnation éternelle pour sa fainéantise. Dans le chapitre suivant, je vous invite à rencontrer le paresseux, membre fondateur de ma ménagerie des méconnus, et à découvrir la raison du succès durable du mammifère le plus relax du monde.

3

Le paresseux

Sous-ordre Folivora

« Les espèces disgraciées de l'unau et de l'aï sont peut-être les seules que la nature ait maltraitées. »

Buffon, *Histoire naturelle*[1], 1749

« Qu'y a-t-il dans un nom ? » demandait jadis Roméo à Juliette. Eh bien beaucoup de choses, quand ce nom est synonyme de péché capital.

Le pauvre paresseux a été condamné dès l'instant où il a été marqué du nom de l'une des pires transgressions au monde – l'image publique de n'importe qui en aurait pris un coup. Mais avant même qu'il ne reçoive cette étiquette infâme, son naturel impénétrable lui avait valu certaines des épithètes les plus dures jamais infligées à un animal. C'était particulièrement injuste pour ce mammifère qui ne dérange pas franchement l'humanité, puisqu'il s'agit d'un tranquille pacifiste végétarien s'efforçant simplement de mener une vie paisible – écolo avant l'heure – dans les forêts d'Amérique centrale et du Sud.

L'un des premiers grands adversaires du paresseux fut le chevalier espagnol Gonzalo Fernández de Oviedo y Valdés, qui, après plusieurs années passées à explorer le Nouveau Monde, en passa bien plus encore à consigner ses découvertes dans une prolixe encyclopédie en cinquante volumes qu'il publia en 1526. La science de l'histoire naturelle n'avait pas encore dépassé le stade où mythe et religion se mêlaient fortement à l'observation des faits, mais, dans sa visite du règne animal, Oviedo semble avoir été surtout guidé par son estomac.

Le tapir était « bon à manger », écrivait-il, avant d'ajouter dans un accès de raffinement gastronomique peu convaincant : « et les pieds délicieux quand on les fait bouillir vingt-quatre heures ». Le paresseux ne trouva pas autant grâce à ses yeux, ou plutôt à ses papilles, puisqu'il le décrivit comme « l'animal le plus stupide qui se puisse trouver sur Terre ». Connu pour ne pas mâcher ses mots (ni dire la vérité, d'ailleurs), Oviedo développa son propos en exagérant le caractère apathique du mammifère arboricole, « si lourd et lent dans ses mouvements qu'il lui faudrait toute une journée pour parcourir cinquante pas ». Ce qu'il compléta de manière sinistre en précisant : « Qu'on le menace, qu'on le frappe ou qu'on le pousse, il n'avancera pas plus vite qu'il y est accoutumé sans se fatiguer[2]. »

Le mensonge léthargique d'Oviedo se répandit dans les récits de voyageurs à la façon du téléphone arabe. Lorsque, en 1676, le grand flibustier William Dampier appliqua au paresseux ses talents d'écrivain, l'allure de l'animal végétarien était devenue quasi nulle : « Il leur faut huit ou neuf minutes pour avancer de trois pouces* [...], écrivait Dampier avec une précision très imaginative. Les coups ne servent [à] rien pour leur faire doubler le pas, j'en ai fessé moi-même quelques-uns pour voir si cela les animerait mais ils paraissent insensibles, et on ne saurait les épouvanter ni les contraindre à marcher plus vite[3]. » Décidément, Dampier et Oviedo faisaient la paire.

Ayant passé de nombreuses heures de bonheur à observer les paresseux, je peux confirmer qu'ils sont d'une lenteur hypnotique. On dirait qu'ils sont immergés dans de

* Soit 7,62 centimètres.

la colle, voire qu'ils en ont sniffé. Leur vitesse de croisière moyenne est un tranquille 0,3 kilomètre-heure : pas de quoi inquiéter ne serait-ce qu'une tortue, donc, mais c'est tout de même beaucoup moins lent que ne le suggéraient Oviedo et Dampier. J'ai vu un jour un paresseux filer en haut d'un arbre étonnamment vite, poussé par un stimulus idoine. Mais lui et ses congénères sont physiquement incapables de dépasser 1,5 kilomètre-heure, leurs muscles étant conçus pour être lents – jusqu'à quinze fois plus que ceux d'un autre mammifère de taille équivalente comme le chat domestique.

Les voir évoluer dans les arbres, c'est comme regarder *Le Lac des cygnes* au ralenti : ils pirouettent, oscillent et se balancent avec la maîtrise et la grâce d'un maître de taï chi. Mais si vous les remettez « à l'endroit », la pesanteur leur fait perdre toute dignité. Les membres étalés sur le sol, ils sont obligés de se traîner en tirant sur les griffes de leurs pattes avant comme s'ils escaladaient un plan horizontal. Ce mode de locomotion laborieux explique en grande partie pourquoi les premiers naturalistes avaient une si piètre opinion du paresseux : ils observaient l'animal dans le mauvais sens.

« Ce sont des quadrupèdes », déclarait Oviedo dans un rare passage aux accents scientifiques, « et sur chacun de leurs petits pieds ils ont quatre longues griffes attachées ensemble comme celles d'un oiseau ». Soit dit en passant, il n'existe pas de paresseux à quatre doigts, et encore moins de paresseux aux griffes palmées. Enfin, que ce genre de détails techniques ne nous dissuade pas d'écouter jusqu'au bout l'intrépide chevalier : « Mais ni leurs griffes ni leurs pieds ne peuvent les soutenir. Leurs pattes sont si petites et leur corps si lourd qu'ils traînent pour ainsi dire leur ventre par terre[4]. »

Le conquistador espagnol Oviedo fut prompt à condamner les paresseux qu'il découvrit en Amérique du Sud. J'aimerais pour ma part dire un mot de ses compétences en dessin. J'en ai vu, des illustrations douteuses de paresseux, mais celle-là, gribouillée sur les pages de son encyclopédie du XVIe *siècle, est, pour reprendre ses propres termes, « la plus stupide qui se puisse trouver sur Terre ».*

Les paresseux sont en effet des quadrupèdes – les seuls quadrupèdes *inversés* au monde. Ils ont toutefois acquis en évoluant la capacité de rester accrochés aux arbres comme des sortes de hamacs poilus vivants. Du coup, ils se sont quasiment affranchis du besoin de muscles extenseurs destinés à porter leur poids, comme nos triceps, qui raidissent et étendent les membres. Ils se débrouillent presque exclusivement avec des muscles fléchisseurs, comme nos biceps, grâce auxquels ils se hissent le long des branches. Cette configuration insolite nécessite une masse musculaire environ deux fois moindre que celle dont on a besoin pour mener une existence verticale, et elle leur permet de rester suspendus longtemps en ne dépensant presque aucune énergie. Elle leur fournit par ailleurs une force et une agilité étonnantes : les paresseux peuvent ainsi agripper un tronc vertical avec leurs seuls membres postérieurs, et aussi se pencher en arrière à quatre-vingt-dix degrés avec les pattes avant libres – une prouesse que l'on jugerait, chez les humains, « assez exceptionnelle pour l'exhiber dans un cirque[5] », comme le faisait remarquer un spécialiste des paresseux.

Oviedo n'a sans doute jamais vu de paresseux dans les arbres. On imagine plutôt que des autochtones recueillirent des spécimens qu'ils rapportèrent ensuite dans un village à l'intention du chevalier espagnol. Dans ces circonstances anormales, les pauvres bêtes ont certainement été observées en train de ramper pitoyablement sur le sol, tel un homme à l'agonie cherchant en vain à atteindre le prochain point d'eau. Ce qui expliquerait la conclusion d'Oviedo : « Je n'ai jamais vu d'animal aussi affreux ni aussi inutile[6]. »

C'étaient là des mots plutôt féroces, mais au moins, à cette époque de l'histoire du paresseux, celui-ci était-il affublé de noms moins infamants qu'aujourd'hui, quoique plus sarcastiques. Les Espagnols l'appelaient ironiquement « *perico ligero* » (« quidam agile »). D'autres, comme l'ecclésiastique britannique Edward Topsell dans son guide animalier du XVIIe siècle, désignaient cette « bête très difforme » par l'expression « singe-ours[7] ».

Le christianisme avait alors déjà commencé à colporter sa doctrine des « sept péchés capitaux » – un ensemble de vices funestes conçu pour tenir en laisse la communauté des croyants –, mais la paresse, tant spirituelle que physique, ne figurait pas encore dans le hit-parade. Il fallut attendre le XVIIe siècle, après des années de controverse, pour que les autorités religieuses s'accordent sur la liste définitive. La paresse se nicha en quatrième position, ce qui inspira aux explorateurs catholiques un nouveau petit nom accrocheur pour notre très étrange créature. Et dès lors qu'on associa le paresseux avec un péché capital, il devint évident que personne ne chercherait avec bienveillance à comprendre la biologie excentrique de l'animal.

Le raz-de-marée d'injures qui s'ensuivit atteignit un sommet de grandiloquence avec l'aristocrate français Buffon en personne, qui ne retint pas ses coups lorsqu'il rédigea la première description scientifique du paresseux dans son *Histoire naturelle* : « Autant la nature nous a paru vive, agissante, exaltée chez les singes, autant elle est lente, contrainte et resserrée chez ces paresseux », nota-t-il avec mépris dans son encyclopédie. Puis : « La lenteur, la stupidité [...] et même la douleur habituelle résult[e]nt de cette conformation bizarre et négligée. » Le paresseux, aux yeux du scientifique français, représentait la forme la plus basse d'existence animale : « Une défectuosité de plus les aurait empêchés de subsister[8]. »

Buffon écrivait un siècle avant que l'essai de Darwin, *L'Origine des espèces*, ne vienne tout chambouler avec son idée radicale de sélection naturelle. Il est néanmoins considéré comme un précurseur du grand naturaliste britannique, et beaucoup, dont l'éminent biologiste de l'évolution Ernst Mayr, estiment qu'il a introduit le concept d'évolution dans la pensée scientifique. L'abominable paresseux, supposait Buffon, avait d'une manière ou d'une autre échappé aux forces positives qui avaient rapproché tous les autres animaux de leur propre forme de perfection : « Tout annonce leur misère, tout nous rappelle [...] ces ébauches imparfaites [de] la nature qui, ayant à peine la faculté d'exister, n'ont dû subsister qu'un temps, et ont été depuis effacées de la liste des êtres[8]. »

Buffon était le naturaliste le plus respecté de son temps, et son encyclopédie connut un succès international. Les dés étaient jetés : le destin du paresseux serait d'apparaître comme une aberration de l'évolution.

J'ai un faible pour les paresseux, ce n'est un secret pour personne. Je suis fascinée par leur mode de vie bizarroïde. En tant que fondatrice de la Sloth Appreciation Society, on me demande souvent d'expliquer comment une créature aussi imparfaite en apparence a pu survivre aux rigueurs de la sélection naturelle, qui élimine impitoyablement les faibles. Chaque fois que j'entends cette question, je garde mon calme et j'explique que les paresseux ne sont pas un vestige défectueux : c'est un groupe d'animaux relativement florissants, qui comprend six espèces actuelles réparties en deux genres distincts, certes affublés de noms profondément désobligeants : *Choloepus* (« boiteux[9] ») et *Bradypus* (« au pied lent »).

Les « boiteux » et les « pieds lents » sont en fait aussi différents sur le plan génétique que les chiens et les chats, puisqu'ils ont divergé il y a trente à quarante millions d'années pour se retrouver sur deux branches différentes de l'arbre de l'évolution. Pourtant, ils possèdent encore un mode de vie commun, caractérisé par la lenteur et la position « tête en bas ». Pour avoir été le fruit de *deux* évolutions, une telle adaptation doit donc avoir ses avantages.

Les *Choloepus* sont plus connus sous le nom de « paresseux à deux doigts ». Ce qui est un peu impropre, puisqu'ils ont en réalité trois doigts aux pattes arrière mais seulement deux aux pattes avant. Ils ressemblent à un croisement entre Chewbacca et un cochon, en position inversée, avec des griffes à la place des mains. La teinte de leur longue fourrure hirsute va du blond au châtain, mais quelle que soit leur couleur et malgré leurs airs de grosse peluche, ils ont étonnamment sale caractère. De tempérament solitaire, ils refusent qu'on les câline et, à l'approche d'un objet non identifié (une main, par exemple), ils se mettent à siffler bouche ouverte en dévoilant une paire de dents terrifiantes. Avec leurs grands crocs sales, comme avec les crochets de leurs mains, ils pourraient infliger de vilaines blessures… si leurs coups au ralenti n'étaient pas si faciles à esquiver.

Les différents *Bradypus*, ou « paresseux à trois doigts », ont trois doigts à chaque patte, arrière comme avant. Ils arborent une coiffure médiévale et un sourire indélébile (même quand ils sont furieux). Un peu plus petits que leurs cousins à deux doigts – environ de la taille d'un chat domestique sous leur pelage hirsute et moucheté gris et brun –, ils sont moins revêches mais beaucoup plus énigmatiques. Le plus gros de la bande, composée de quatre espèces, est *Bradypus torquatus*. Doté d'une merveilleuse crinière, il ressemble à une noix de coco qui aurait adopté la coupe mulet. Le plus petit, et peut-être aussi le plus étrange, est le paresseux nain, *Bradypus pygmaeus* : plus de deux fois plus petit que les autres *Bradypus*, on le trouve exclusivement dans les mangroves d'une île au large de la côte panaméenne. Ayant peu de prédateurs naturels, ce paresseux minuscule jouit d'un luxe incroyable : il passe son temps à brouter des feuilles dont on dit qu'elles contiennent des alcaloïdes aux propriétés semblables à celles du Valium. Il n'a donc pas seulement l'air défoncé, il l'est – ce qui fait de lui un cul-de-sac évolutif s'il en est.

Tous les paresseux appartiennent aux Xénarthres, un superordre de mammifères très ancien dont le nom semble tout droit sorti de *Star Trek*, et ils ont le look SF à l'avenant. Ce groupe merveilleusement éclectique comprend des animaux parmi les plus excentriques de la planète : les tatous, les fourmiliers et, bien sûr, les paresseux. Extérieurement, cette drôle de bande d'inadaptés des temps modernes n'a pas grand-chose en commun. Toutefois, à y regarder de plus près, on découvre qu'ils ont tous des cerveaux tout petits, un manque de dents caractéristique et pas de testicules externes. Heureusement, leur nom ne dérive pas de ces particularités assez peu flatteuses, mais de leur autre trait commun : une colonne vertébrale exceptionnellement flexible (Xénarthre vient du grec *Xenarthra*, qui signifie « étranges articulations »).

Les membres de ce superordre doivent leur bizarrerie au fait qu'ils ont évolué en vase clos à partir d'un parent commun à l'époque où l'Amérique du Sud était encore une île, juste après qu'elle s'est détachée de l'Afrique il y a quelque quatre-vingts millions d'années. Au fil des millénaires, les premiers paresseux se sont multipliés sur cette terre boisée primitive, puis ils se sont diversifiés en plus d'une centaine d'espèces, chacune occupant une niche unique. Il y avait les paresseux aquatiques géants qui flemmardaient sur les plages (comme un genre très différent de paresseux modernes : les touristes humains) et se nourrissaient d'algues marines (pas comme les touristes, pour le coup) ; des paresseux fouisseurs géants qui creusaient des tunnels de deux mètres de large ; et ceux qui prospérèrent le plus, les paresseux terrestres géants, dont le plus grand, le *Megatherium*, avait la taille d'un éléphant.

Il y a environ dix mille ans, tous ces méga-paresseux disparurent, et il ne resta que la poignée de leurs petits cousins arboricoles que nous connaissons aujourd'hui.

La cause de l'anéantissement de ces végétariens géants constitue depuis longtemps une énigme pour les paléontologues, qui ont passé au peigne fin des grottes remplies d'ossements et de crottes de paresseux fossilisées à la recherche d'indices.

Le consensus s'est un temps fait autour de l'idée que la dernière glaciation les avait achevés – mais non. La réponse un peu gênante est que nous les avons sans doute mangés. Après que l'Amérique du Sud fut finalement entrée en collision avec l'Amérique du Nord, voilà environ trois millions d'années, et qu'un pont de terre eut relié les deux continents, certains paresseux terrestres montèrent tranquillement vers le nord pour coloniser ces nouvelles terres accueillantes, tandis que des hordes d'humains affamés et armés de lances affluaient vers le sud, salivant à la vue de ces énormes morceaux de viande ambulants. Après avoir survécu pendant des milliers d'années sans prédateurs naturels, nos géants sans défense terminèrent sur le barbecue.

L'autre possibilité est qu'ils aient succombé à nos maladies après la jonction des deux masses terrestres. Dans les deux cas, nous sommes sans doute coupables. Et il paraît logique que les seuls paresseux à avoir survécu y soient parvenus grâce à leur petite taille, laquelle leur permit de se cacher à la cime des arbres.

Pour ceux qui, comme moi, pleurent la disparition de ces bêtes majestueuses, il reste une maigre lueur d'espoir. Dans le folklore de certaines tribus amazoniennes, existe une créature monstrueuse appelée *mapinguari* : plus grande que l'homme, à l'odeur fétide et à l'épaisse fourrure emmêlée, elle règnerait sur les profondeurs de la jungle. Cette légende révélerait-elle l'existence d'une bande perdue de paresseux géants errant dans les coins les plus reculés de la forêt amazonienne ? J'aime à le croire.

En tant que groupe, cela fait à peu près soixante-quatre millions d'années que les paresseux hantent la planète sous une forme ou une autre ; grâce à leur mode de vie furtif, ils ont survécu au mammouth laineux et au tigre à dents de sabre. Des six espèces actuelles, seuls le paresseux nain et le paresseux à crinière sont considérés comme menacés – ce qui est plutôt pas mal pour un loser fainéant. Des mammifères de même gabarit plus tape-à-l'œil, comme l'ocelot et le singe araignée, s'en sortent beaucoup moins bien. Une étude scientifique des années 1970 a même montré que dans certaines forêts tropicales humides, les paresseux « sont les Grands Mammifères les plus abondants numériquement[10] », représentant presque un quart de la biomasse des Mammifères – façon sophistiquée pour les biologistes de dire que vous pouvez tourner vos regards condescendants vers un autre animal !

« Ils sont doués pour la survie », m'a confirmé Becky Cliffe, biologiste britannique spécialiste des paresseux. Et le secret de leur survie réside justement dans leur naturel indolent.

J'ai rencontré Becky en préparant un documentaire sur un refuge pour paresseux dans lequel elle travaillait, au Costa Rica. Les paresseux sont peut-être doués pour la survie, mais les routes et les lignes à haute tension qui quadrillent aujourd'hui leur habitat dans la jungle ne leur réussissent pas. Adultes blessés et bébés orphelins sont donc conduits à ce refuge, où ils reçoivent les soins de Judy Avey-Arroyo, chuchoteuse pour paresseux autoproclamée qui a des idées plutôt hétérodoxes sur la manière de s'occuper des bêtes sauvages. Quand je l'ai rencontrée, elle habillait les bébés malades de pyjamas fabriqués sur mesure à partir de chaussettes de sport, et elle avait pour animal de compagnie une femelle paresseux baptisée Buttercup (littéralement : « Bouton d'or », et qu'elle appelait sa « fille »), laquelle était installée dans un fauteuil en osier suspendu. Il revenait à Becky d'ajouter quelques recherches scientifiques à cette louable sentimentalité.

Comme ils vivent en position inversée, les paresseux n'ont pas besoin de muscles extenseurs pour tendre leurs membres. Alors quand on les retourne, la pesanteur leur fait perdre toute dignité. Cela explique pourquoi ce paresseux traversant la route, au Costa Rica, a l'air d'être déjà passé sous les roues d'une voiture.

« On dirait que les gens refusent de connaître la vérité sur les paresseux. L'idée qu'ils sont flemmards et stupides a un certain charme, m'a confié Becky. Mais pour nous autres scientifiques, c'est un peu frustrant que le paresseux ait toujours été décrit de cette façon, parce que nous savons que c'est faux. »

Becky est déterminée à déboulonner les nombreux mythes qui entourent ce mammifère arboricole, usant pour cela d'une bonne dose de science et d'observation expérimentale. Selon elle, pour comprendre la paresse du paresseux, il faut commencer par s'intéresser à son estomac.

Le conquistador Oviedo croyait peut-être que les paresseux « vivent d'air[11] », mais la vérité c'est qu'ils se nourrissent quasi exclusivement de feuilles, dont beaucoup, au fil de l'évolution, sont devenues coriaces et souvent assez toxiques, ce qui leur évite d'être mangées. Dans le combat opposant les feuilles aux folivores, le paresseux dispose d'une botte secrète : son énorme ventre de Bouddha, un monstre constitué de plusieurs chambres qui ressemble beaucoup à celui des vaches. Les paresseux ne sont toutefois pas des ruminants, et ils ne remâchent pas les aliments remontés de leur estomac (régurgiter la nourriture alors qu'ils sont suspendus à l'envers représenterait pour le moins un défi). La mastication n'est pas non plus leur fort : les paresseux à trois doigts n'ont pas d'incisives, et les dents qu'ils ont au fond de la bouche sont assez rudimentaires. Leur estomac reçoit donc des feuilles à peine mastiquées, qui ne peuvent être dégradées qu'avec l'aide de bonnes bactéries – processus qui demande un certain temps.

Dans les années 1970, la durée exacte de ce marathon digestif fit l'objet des recherches d'un scientifique américain du nom de Gene Montgomery. Ce dernier prit la responsabilité de faire ingurgiter à un paresseux quelque chose qu'il ne pourrait jamais digérer, à savoir des billes de verre, afin de mesurer le temps que celles-ci mettaient à parcourir le tube digestif avant de revoir la lumière du jour. Il attendit. Et attendit encore. Au moment où il commençait à désespérer de pouvoir reprendre ses billes, elles ressortirent dans les crottes, cinquante longues journées après le début de leur odyssée.

Quand elle reproduisit l'expérience, Becky troqua les billes de verre contre de la nourriture teintée en rouge : elle craignait que les billes n'aient faussé les résultats en se coinçant dans le système digestif du paresseux, « rallongeant le temps de rétention » (sans blague !). Grosso modo, elle trouva néanmoins les mêmes résultats que Montgomery : la vitesse de digestion des paresseux est bien parmi les plus lentes de tous les mammifères.

« Pour la majorité des mammifères, la vitesse de digestion diminue à mesure qu'augmente la taille, m'a expliqué la chercheuse. Les plus grands devraient donc mettre plus de temps à digérer. Les paresseux semblent constituer une exception spectaculaire à cette règle. » Elle pense qu'il faut plus de deux semaines à l'estomac de ces folivores, en moyenne, pour décomposer la cellulose et les toxines des feuilles. Si cela se passait plus vite, leur foie ne le supporterait peut-être pas et ils risqueraient de s'empoisonner. Les feuilles qui constituent le plus gros de leur régime alimentaire ont un faible pouvoir calorifique – environ cent soixante calories[12], soit l'équivalent d'un petit paquet de chips par jour. Au fil de l'évolution, le paresseux en est donc venu à dépenser le moins d'énergie possible. C'est le squatteur de canapé de la nature : il passe son temps dans les arbres à digérer lentement ses feuilles, en prenant bien soin d'éviter tout effort inutile.

Le corps des paresseux possède un assortiment complet de modifications géniales qui leur permettent de vivre en position inversée tout en économisant leurs forces. Leurs vaisseaux sanguins et leur gorge sont ainsi particulièrement bien adaptés pour faire circuler le sang et avaler les aliments à revers de la force gravitationnelle. Leur fourrure pousse en outre dans un sens opposé à la normale, avec une raie au milieu de leur ventre afin que la pluie s'écoule facilement : après une bonne saucée tropicale, ils n'ont donc qu'à rester suspendus pour s'égoutter. Becky a découvert récemment que leurs côtes comportent même de petits bouts adhésifs pour empêcher leur estomac, qui peut avoir à contenir jusqu'à un tiers de leur poids en feuilles en cours de digestion, d'écraser leurs poumons.

Les paresseux ont par ailleurs un métabolisme anormalement bas, deux fois plus faible environ qu'on ne s'y attendrait chez un mammifère de leur taille, et une température centrale également basse, de vingt-huit à trente-cinq degrés, quand la plupart des mammifères dépendent d'un environnement interne maintenu à une température douillette et constante de trente-six degrés. Plutôt que de se réchauffer en alimentant en calories leurs engins de combustion interne, ils portent un épais pelage digne d'un animal polaire, alors qu'ils vivent dans la chaleur des tropiques. L'énergie solaire ne leur coûtant rien, contrairement à celle des feuilles toxiques qu'ils mangent, ils l'exploitent en se prélassant au sommet des arbres pour s'en imprégner, tels des lézards. Et comme les animaux à sang froid, ils supportent des fluctuations de leur température corporelle de plusieurs degrés au cours de la journée. « Ce sont des animaux très économes, qui tirent parti au maximum de la moindre de leurs ressources, m'a précisé Becky. S'ils y sont obligés, s'ils sont poussés à la dernière extrémité, alors ils sont tout à fait capables de faire autrement. Prenons l'exemple de leur taux métabolique : on dirait qu'ils peuvent l'augmenter et se réchauffer… s'ils n'ont absolument pas d'autre choix. Mais la plupart du temps, ils n'ont pas besoin de faire ça. »

On a longtemps affirmé que les paresseux étaient tout

à fait incapables de réguler la température de leur corps, ce qui a contribué à accréditer l'idée qu'ils étaient d'une certaine façon moins évolués que d'autres mammifères à sang chaud. Il faut dire que plus que tout autre animal ou presque, ils sont sujets aux rumeurs scientifiques, souvent basées sur le ouï-dire et sur des études grossières de la première moitié du xxe siècle. Becky a affiné la recherche sur les paresseux en recourant à des techniques et de l'équipement modernes. Ainsi, pour étudier leur métabolisme, elle a utilisé pour ses expériences une chambre métabolique sur mesure ainsi qu'un thermomètre rectal, qu'elle a inséré dans la partie idoine d'un paresseux conciliant après l'avoir « lubrifié ». (Pour arracher ses secrets à un paresseux, il faut parfois sacrifier sa dignité.)

« Chaque fois que j'ai de nouvelles données, elles corroborent encore plus l'idée que les paresseux ne sont pas aussi inaptes à la survie qu'on le pense, m'a-t-elle expliqué, convaincue du bien-fondé de sa cause. Après tout, ça fait soixante-quatre millions d'années qu'ils sont là... S'ils étaient complètement incapables d'augmenter la température de leur corps, ils se seraient éteints il y a belle lurette. »

Selon Becky, le faible métabolisme du paresseux pourrait expliquer son ultime superpouvoir de survie : sa capacité apparente à frôler la mort sans y succomber. C'est là encore une rumeur très ancienne, mais qui pourrait bien contenir une part de vérité. Au fil des siècles, la réputation de trompe-la-mort du paresseux a de fait donné lieu à bien des conjectures. En 1828, un naturaliste britannique répondant au nom de Charles Waterton remarqua cette particularité. « De tous les animaux, écrivit-il, cette pauvre créature ébauchée est celle qui a la vie la plus dure. Elle existe longtemps après avoir reçu des blessures qui auraient fait périr tout autre animal[13]. » On rapporte aussi que des paresseux se sont écrasés au sol après une chute de trente mètres et s'en sont sortis indemnes, que d'autres ont survécu à une immersion de quarante minutes dans l'eau ou encore à un séjour en frigo de vingt-quatre heures. On raconte même que l'un d'eux a vécu trente heures après décérébration. Époustouflant, non ?

Les illustrateurs des premiers livres d'histoire naturelle ont pondu quelques dessins de paresseux remarquablement mauvais, leur attribuant souvent une apparence très humaine. Celui-ci, produit par George Edward et Mark Catesby dans les années 1770, a franchement l'air d'un hippie (hormis les griffes terrifiantes à la Freddy Krueger).

Même si nombre de ces anecdotes sont sans doute exagérées, Becky a reconnu que les paresseux sont extraordinairement coriaces. L'équipe du refuge costaricien a ainsi été témoin, depuis sa création, de guérisons quasi miraculeuses chez des animaux qui avaient eu des démêlés avec des lignes à haute tension, s'étaient fait attaquer par des chiens ou renverser par une voiture.

« Pourquoi et comment ils arrivent à se remettre après avoir subi des blessures aussi horribles, c'est encore une énigme », m'a avoué Becky. Une conversation avec le professeur Enrique Amaya, de l'université de Manchester, spécialiste de l'expression des gènes et de la régénération des membres chez le gecko, lui a toutefois fourni une piste passionnante. « Quand un gecko a besoin de faire repousser sa queue, il entre dans ce que le professeur appelle un "état embryonnaire" – en gros, il diminue son métabolisme et concentre ainsi toute son énergie sur la guérison. » Becky avait dans l'idée que le faible taux métabolique du paresseux pouvait œuvrer dans le même sens, mais elle n'a jusqu'ici pas réussi à étayer son hypothèse par des données expérimentales.

D'autres ont suggéré que le lent métabolisme du paresseux pourrait le protéger du cancer, ou favoriser l'évolution en permettant à des défauts de naissance de persister et de se transformer en nouvelles structures bénéfiques – comme son cou exceptionnellement long, qui possède plus de vertèbres que celui de tout autre mammifère, y compris la girafe. Grâce à lui, le paresseux peut tourner la tête à deux cent soixante-dix degrés et brouter les feuilles autour de lui sans perdre une énergie précieuse à bouger le reste du corps. Ce cou semble être le résultat d'une évolution par laquelle des vertèbres thoraciques ont été « cooptées » comme vertèbres cervicales – le genre d'anomalie importante qui est d'habitude éliminée par le système immunitaire d'un mammifère, mais qui a survécu chez le paresseux comme une adaptation.

Le métabolisme du paresseux est lent, c'est vérifiable, mais cela ne signifie pas qu'il dorme tout le temps. Même si on a longtemps affirmé que l'animal soi-disant le plus fainéant du monde passait quotidiennement une vingtaine d'heures à roupiller, une étude récente a montré que dans la nature les paresseux dorment en réalité moitié moins que ça, à savoir 9,6 heures par jour en moyenne[14].

« Ce n'est pas parce qu'ils ne bougent pas qu'ils dorment », m'a expliqué Becky avec l'autorité de quelqu'un qui a vécu longtemps aux côtés de ces folivores. « Les *Bradypus*, en particulier, ne dorment pas comme d'autres animaux neuf ou dix heures d'affilée. » Ils passent en fait le plus clair de leurs journées (et de leurs nuits) tranquillement suspendus aux branches des arbres dans un état « méditatif », sans bouger, les yeux ouverts et perdus dans le vide. Cet état de veille inactive joue un rôle crucial pour la conservation de leur énergie et donc, au bout du compte, leur survie.

Jusqu'ici, tout va zen. Mais comment cet acharné du farniente, ce sac quasi immobile rempli de feuilles en voie de fermentation, évite-t-il de se faire manger ?

Le principal prédateur du paresseux est la harpie féroce, une espèce d'aigle si terrifiante qu'elle tire son nom des esprits des vents qui, dans la mythologie grecque, apportaient les morts à Hadès. La harpie féroce, qui compte parmi les rapaces les plus gros et rapides au monde avec une envergure de deux mètres, possède des serres aussi grandes que des griffes de grizzly et peut atteindre en vol des pointes à cent trente kilomètres-heure. Elle est par ailleurs douée d'une vue particulièrement perçante et d'une couronne de plumes qui concentre les sons et lui permet de détecter le moindre bruissement de feuilles.

Face à ce superprédateur, le paresseux ne semble guère faire le poids. Avec son ouïe et sa vue médiocres, il vit dans une sorte de flou où tous les bruits sont assourdis. Il y a donc peu de chances que ses sens sérieusement émoussés l'avertissent à temps de l'arrivée d'un féroce assaillant ailé. Et avec un record de vitesse de moins de 1,5 kilomètre-heure, fuir devant le danger n'est clairement pas une option.

Son apparente absence de moyens de défense était l'un des gros reproches que Buffon faisait à notre mammifère. Le paresseux ne possédait « point d'armes pour attaquer ou se défendre », écrivait-il. « Point de dents incisives ni canines, les yeux obscurs et couverts », constatait-il encore, observant d'un ton caustique que son poil même était « semblable à de l'herbe séchée[15] ». Peut-être que s'il avait étudié des animaux vivants dans leur jungle natale plutôt qu'une série de vieilles dépouilles dans un musée, il aurait été plus indulgent vis-à-vis de leur coiffure.

Le paresseux, en fait, est un maître de l'illusion, capable de disparaître dans la forêt sous une cape d'invisibilité. Son pelage est un écosystème miniature qui n'a rien à envier à la barbe fleurie du vieil homme d'Edward Lear*.

* Allusion au poème humoristique d'Edward Lear, « There Was an Old Man with a Beard » (1846) : « Il était un vieil homme à la barbe fleurie / Qui disait "Voyez-vous, je vous l'avais bien dit ! / Un roitelet, quatre alouettes, / Deux hiboux et une poulette / Ont tous bâti leurs nids dans ma barbe fleurie !" » (*Poèmes sans sens. Nonsense Poems*, traduit par Henri Parisot, Aubier-Flammarion, 1974.)

Des sillons spéciaux sur leurs poils recueillent ainsi l'eau et font office de jardins hydroponiques pour quatre-vingts espèces différentes d'algues et de champignons. C'est ce qui donne à l'animal une teinte verdâtre. La fourrure du paresseux abrite aussi des insectes à foison : une étude a montré qu'un seul individu hébergeait neuf espèces de papillons, six de tiques, sept d'acariens et quatre de coléoptères – dont l'une était représentée par pas moins de neuf cent quatre-vingts individus ! (Pour ceux qui aiment chercher la petite bête, je précise que trois des espèces d'acariens résidaient, à proprement parler, dans l'anus de l'animal. Mais ne coupons pas les poils en quatre...)

Avec son pelage grouillant de bestioles et son air d'avoir été traîné à travers une haie, le paresseux n'est pas près de gagner un concours de beauté, mais cela lui permet d'avoir exactement l'air et l'odeur d'un arbre. Et la plupart du temps, il est d'ailleurs tout aussi immobile qu'un chêne centenaire. Quand il se décide à bouger, il ne le fait pas avec fracas comme un singe ; son ballet arboricole est aussi silencieux qu'une brise légère et si lent qu'il passe inaperçu, du moins le pense-t-on, aux yeux de la monstrueuse harpie qui vole en piqué au-dessus de la canopée, à l'affût du moindre mouvement.

Le premier à avoir mesuré l'intérêt de la stratégie de camouflage du paresseux fut le naturaliste américain William Beebe, partisan de l'étude des animaux dans leur habitat naturel et considéré par beaucoup comme le père de l'écologie de terrain. Beebe consacra une grande partie de sa vie à une série d'expéditions de plus en plus dangereuses, et fit le tour du monde afin de recueillir des informations sur les faisans – une étude qui lui coûta (temporairement) sa santé mentale et (plus définitivement) son mariage. Il sonda aussi les profondeurs de l'océan à plus de trente-cinq reprises, à bord d'un globe métallique d'allure précaire appelé « bathysphère », devenant le premier homme à plonger à une profondeur de plus de trois mille pieds, soit environ neuf cents mètres. À quatre-vingts ans bien tassés, il grimpait encore aux arbres des tropiques pour voir des nids d'oiseaux.

Il passa une bonne partie des années 1920 à observer les paresseux en Guyane britannique, expérience qui le conduisit à s'interroger sur les excentricités de cette créature plutôt qu'à la condamner. Suite à cela, il tourna en ridicule les idées étroites et archaïques de Buffon. « Nul doute qu'à Paris, écrivit-il, un paresseux réaliserait la prophétie du scientifique français. D'un autre côté, Buffon expirerait encore plus vite s'il était accroché tête en bas à une branche d'arbre dans la jungle[16]. »

Nombre des découvertes de Beebe sont encore citées aujourd'hui, même si ses méthodes étaient un peu, disons, *alternatives*. Par exemple, il fut l'un des premiers à rapporter que les paresseux savent nager – une trouvaille qu'il fit en en balançant un dans l'eau à de multiples reprises...

« L'une des phases les plus remarquables de l'histoire du paresseux, écrivait-il encore, est l'empressement avec lequel il se met à l'eau[16]. » Surtout quand il y est jeté par un homme ! Mais Beebe avait raison : les paresseux sont d'excellents nageurs. Leur système digestif unique produit un excès de gaz auquel l'évolution – Dieu la bénisse – a comme il se doit trouvé un usage ingénieux. Cette masse d'air captif fonctionne ainsi comme une bouée biologique intégrée : les paresseux peuvent grâce à cela avancer dans l'eau trois fois plus vite que sur terre, en utilisant leurs longs bras pour effectuer une nage du chien pas trop mauvaise. Aux dires d'un scientifique, si on les retourne ils font même un dos crawlé passable.

Quand Beebe ne balançait pas des paresseux dans l'eau, il leur tirait dessus. « J'ai fait feu près d'un paresseux endormi et d'un autre qui mangeait, et cela n'a guère éveillé leur attention. » D'où il concluait que les paresseux n'étaient pas tant sourds que « globalement indifférents à ce bruit ». Ils ne réagissaient même pas au bruit d'un prédateur, par exemple aux cris d'un faucon à proximité : « Ni la vue ni le bruit n'ont pénétré la terne aura d'opacité mentale qui investit les sens de ces mammifères[16]. »

Le père de la biologie de terrain, William Beebe, s'échauffe avant de lancer dans l'eau l'un de ses objets d'étude, histoire de jeter un œil à son dos crawlé.

Je le sais d'expérience ; j'ai moi aussi fait le test, non avec un fusil mais en criant : « Beuh ! » La seule réaction que j'aie obtenue, quand j'en ai obtenu une (oui, je l'ai fait plus d'une fois), a été un mouvement différé et particulièrement rêveur de la tête. L'impossibilité de faire sursauter ces maîtres de la coolitude pourrait bien être une autre tactique astucieuse de camouflage. Sauter au plafond chaque fois qu'elle voit une harpie féroce serait un réflexe contreproductif pour une créature qui souhaite rester cachée.

Les paresseux étant des êtres globalement solitaires, leur surdité apparente est peut-être aussi due au fait qu'ils ont fini par se passer de presque toute communication vocale, excepté dans une situation : les femelles *Bradypus* hurlent pour appeler un partenaire sexuel. La femelle excitée grimpe au sommet d'un arbre, où elle émet un cri aigu à déchirer les tympans, d'une portée de plusieurs kilomètres, pour annoncer sa période de fécondité. Nous devons à Beebe de connaître la note précise de cette vocalise : *ré* dièse. Il détermina qu'aucune autre, pas même le *ré* bémol, n'avait d'effet sur les mâles. « Ils sont réglés sur ce son, et seulement celui-là. J'ai fait un *do*, un *mi*, et même un *si* aigu, sans aucun succès. Et lorsque j'ai de nouveau sifflé le *ré* dièse, la réaction a été aussi instantanée qu'elle peut l'être chez un paresseux[16]. » Ce sifflement perçant, remarqua Beebe, imite parfaitement celui d'un oiseau, le tyran quiquivi – un nouvel exemple d'adaptation furtive qui permet aux paresseux de rester incognito, même quand une femelle proclame à pleins poumons l'endroit où on peut la trouver.

Beebe a peut-être entendu leurs chants d'amour, mais il n'a jamais vu de paresseux s'accoupler. Malgré leurs sonores vocalises pré-nuptiales, ils parviennent à s'ébattre en toute discrétion, ce qui ouvre la voie à bien des légendes. Sur Internet, une rumeur persistante affirme qu'ils sont si lents qu'il leur faut vingt-quatre heures pour s'accoupler : c'est faux. En tant que première personne à les avoir filmés en action dans la nature, je peux vous dire que chez les paresseux, le coït est étonnamment rapide et athlétique. Le mâle approche la femelle puis, après une brève démonstration de flamboyance, l'affaire est rondement menée en l'espace de quelques secondes. Apparemment, le sexe est la seule chose que les paresseux fassent vite.

Ce n'est pas très romantique, mais c'est très logique. Le mouvement de l'accouplement révélerait la position des paresseux furtifs aux prédateurs : il est donc sage d'en finir illico presto. Prolonger l'acte, ce serait aussi gâcher une précieuse énergie. Cela dit, les paresseux que j'ai observés ont remis le couvert plusieurs fois au cours de l'après-midi, s'accouplant toutes les demi-heures environ, le mâle se retirant pour grignoter une feuille de cecropia et piquer un bon roupillon entre deux assauts.

La plus grande controverse en matière de biologie du paresseux relève peut-être d'un domaine encore plus intime : elle concerne son curieux rituel de défécation. Notre folivore d'ordinaire si fainéant a pour habitude plutôt troublante de descendre à terre pour se soulager. Un processus long et extrêmement ritualisé au cours duquel, serrant dans ses bras la base de l'arbre, il remue son postérieur contre le sol pour creuser avec sa queue courte et épaisse un joli petit trou dans lequel il va pouvoir faire ses besoins. Après quoi il renifle en général un bon coup, recouvre soigneusement son œuvre avec des feuilles, puis reprend le long chemin du retour à la maison. Cinq à huit jours plus tard, il recommence.

Ce rituel extravagant est une composante si essentielle du comportement des paresseux que le refuge costaricien apprenait aux bébés orphelins à déféquer au pied de

« poteaux à caca » plantés dans la pelouse devant le centre. La personne en charge de cet aspect de leur éducation, Clare – une femme tout ce qu'il y a de moins « paresseux », et qui avait passé une bonne partie de sa vie à travailler avec les détenus d'une prison de haute sécurité aux États-Unis –, vibrait littéralement d'énergie. Elle avait trouvé son propre refuge parmi les paresseux à la faveur d'une retraite précoce, ce qui ne l'empêchait pas d'appréhender sa mission (enseigner la « danse du caca » aux plus jeunes) avec la détermination qu'on peut attendre d'une personne habituée aux conditions stressantes d'un établissement pénitentiaire. Clare m'a montré comment reconnaître un paresseux à la tâche rien qu'en voyant son air d'« extase totale » : son célèbre sourire, m'a-t-elle expliqué, « s'élargit un peu et on dirait qu'il se met à planer » (une expérience dans laquelle nous pouvons tous nous reconnaître).

Si les rituels de défécation du paresseux sont gratifiants, ils ont un prix : très coûteuse en énergie, la laborieuse expédition jusqu'au sol de la forêt peut aussi s'avérer très périlleuse. Abandonner la canopée dépouille le folivore de sa cape d'invisibilité et l'expose au regard perçant de prédateurs terrestres, tel le jaguar. On estime que plus de la moitié des décès des paresseux surviennent alors qu'ils font leurs besoins. Pour des animaux qui passent leur vie à essayer de rester invisibles et qui sont si parfaitement adaptés à leur existence arboricole qu'ils naissent, s'accouplent et même meurent suspendus aux arbres, il est étrange qu'ils ne se bornent pas à déféquer au même endroit, comme les singes.

Ce problème est à l'origine d'un vif débat parmi les chercheurs, divisés en plusieurs camps retranchés. Des employés du refuge m'ont expliqué que les paresseux descendent au sol pour fertiliser leur arbre préféré. C'est là une charmante vision, mais les crottes de paresseux, produit d'une digestion qui dure environ un mois, retournent à la forêt sous forme de briques de cellulose très compactes qui font un piètre compost. D'autres soutiennent que les paresseux descendent manger de la terre afin d'absorber des minéraux absents de leur régime à base de feuilles ; ce serait un vestige de l'époque où ils étaient des paresseux terrestres géants, mais cette théorie n'a pas connu un franc succès jusqu'ici.

En 2014, des écologues américains[17] ont fait sensation en affirmant qu'ils avaient une fois pour toutes résolu ce mystère scatologique. La réponse, selon eux, était cachée dans le lien discret qui unit le mammifère folivore à un papillon résidant exclusivement dans sa fourrure. À l'état sauvage, les paresseux grouillent de ces petites bestioles ternes qui leur rampent sur la figure et s'envolent en vibrants panaches gris argenté quand on les dérange. Or il semble exister une relation complexe entre le cycle de vie de ce papillon et l'étrange comportement de défécation du paresseux. Les larves de cet insecte sont coprophages, ou, pour le dire plus crûment, elles mangent des crottes. Les papillons adultes pondent donc leurs œufs dans les excréments du paresseux puis, une fois les larves métamorphosées, elles s'envolent dans les arbres pour se faire prendre en stop par un autre paresseux en chemin vers les toilettes. Et c'est ainsi que le cycle de vie se poursuit à l'infini.

Les mœurs particulièrement peu enviables des papillons à paresseux étaient connues depuis longtemps, mais les scientifiques américains ont introduit un aspect un peu plus alambiqué, alors je vous demande encore un peu de patience. Ils ont charitablement qualifié ces papillons de « guère plus que des "organes génitaux volants[18]" », puisque leur brève vie adulte tourne autour de leur reproduction : dès qu'ils s'accouplent, ils meurent. Le pelage du paresseux est donc bourré tant de papillons vivants que de papillons en décomposition, lesquels, selon nos écologues, servent d'engrais aux algues qui poussent dedans. Cela pourrait très bien être vrai, mais leur théorie allait plus loin.

En faisant un lavage d'estomac à des paresseux à deux et à trois doigts, les Américains ont découvert des algues. Ils en ont conclu que les paresseux broutaient certainement leur propre fourrure pour compléter leur alimentation pauvre en calories et déficiente en minéraux. De là, ils ont fait preuve d'une bonne dose d'imagination en supposant que les paresseux risquaient leur vie afin de pérenniser le cycle de vie du papillon, parce que ce dernier fertilise leurs « jardins d'algues[19] ». Ce qui ferait des paresseux les jardiniers les plus dévoués du règne animal, affrontant la mort pour assurer la santé de leurs cultures. Le fait qu'on n'ait jamais vu de paresseux lécher ou manger son pelage n'a pas refroidi l'enthousiasme des chercheurs ; ils ont tout bonnement supposé que les paresseux le faisaient la nuit, ou en secret.

La publication de leur article a eu beaucoup d'écho dans les médias : les paresseux et leurs excentriques rituels de pause-caca sont un sujet rêvé pour les jours où l'actu tourne au ralenti. La communauté scientifique était toutefois un poil plus sceptique quant aux supposés festins nocturnes et furtifs des paresseux. « C'est une très fâcheuse conclusion, a réagi Becky Cliffe. Quand on a un minimum observé les paresseux dans la nature, on sait que c'est faux. Ça donne l'impression qu'ils n'ont pas passé beaucoup de temps sur le terrain à observer par eux-mêmes des paresseux sauvages. Le fait qu'on trouve ces algues dans leur estomac me fait simplement penser qu'elles doivent exister dans la nature, qu'ils les ingèrent d'une autre façon. »

La théorie des écologues posait d'autres problèmes à Becky. Si les paresseux fournissaient seulement aux papillons un lieu de reproduction, pourquoi auraient-ils toujours besoin de retourner à la base des mêmes arbres ? « Dans la nature, les paresseux défèquent toujours aux mêmes endroits. En fait, on peut trouver plusieurs tas de crottes à la base de certains arbres », m'a expliqué la chercheuse. Elle avait même installé des caméras pour observer leurs habitudes à la dérobée. « J'ai mis en place des pièges photographiques à certains de ces endroits, et on y voit les paresseux faire de fréquents allers-retours. (Certes, ils sont tellement lents qu'ils ont parfois du mal à déclencher l'appareil !) Pourquoi est-ce qu'ils ne descendraient pas au pied de n'importe quel arbre ? Pourquoi se rendre à ces emplacements spécifiques ? »

Becky a sa propre théorie pour expliquer que les paresseux prennent autant de risques pour aller au petit coin : selon elle, cette histoire de fèces est une histoire de sexe.

Ça a fait tilt alors qu'elle menait ses recherches sur la digestion. Pour ce faire, elle recueillait à l'époque les excréments de plusieurs pensionnaires du refuge – la routine, pour une scientifique de terrain. Or la vie de chercheuse recèle bien des attraits, qui ne se limitaient pas ici à la collecte de crottes de paresseux : ils comprenaient aussi leur stockage dans la chambre de Becky, puisque son labo de fortune était aussi la cabane où elle vivait. Lui rendre visite impliquait donc de se frayer un chemin entre des dizaines de piles de crottes posées sur des feuilles de papier A4 pleines de griffonnages énigmatiques du style : « Brenda, Jour 4 ».

Une nuit qu'elle dormait au milieu de ses tas d'excréments, Becky a été réveillée par un « toc, toc, toc » à sa fenêtre. Quand elle a ouvert le rideau, elle a eu un choc en découvrant un paresseux qui la fixait tout en essayant apparemment de s'introduire dans sa chambre. Au matin, quand elle est sortie, il était toujours là. La nuit suivante, il a de nouveau tenté à toute lenteur de pénétrer dans sa cabane lorsqu'elle a ouvert la porte. Après avoir été harcelée plusieurs jours par ce mâle obstiné, elle a compris après quoi il en avait : le caca de Brenda.

Au moment de la collecte fécale, cela faisait des jours que Brenda poussait des hurlements. Becky en a conclu que les crottes de paresseux devaient contenir des phéromones et que leurs latrines jouaient probablement le rôle de panneaux d'affichage, comme chez de nombreuses autres espèces de mammifères : pour un paresseux, déposer un méga-tas de crottes fibreuses reviendrait à afficher une petite annonce de rencontre. Les femelles descendent ainsi à terre pour communiquer l'endroit où elles se trouvent, leur disponibilité pour l'accouplement et une foule d'autres informations personnelles, ainsi que pour jeter un œil à la concurrence – et les mâles en font autant. Pour les paresseux, un trajet aux toilettes serait donc, je suppose, l'équivalent de notre speed dating (la vitesse en moins[20]).

« Ça se tient, m'a assuré Becky : un gros risque, comme celui qui consiste à descendre des arbres, doit se traduire par une grosse récompense, et la plus grosse de toutes les récompenses, c'est la reproduction. »

Si Becky a raison, ce système de communication clandestin est encore un autre moyen pour les paresseux de se fondre dans la forêt humide afin de garder leur existence secrète – ce besoin qui régit leur vie et leur a assuré tant de réussite dans leur habitat naturel, tout en les rendant si difficiles à comprendre pour nous autres humains. Cela fait des siècles que, en grands singes bipèdes affairés que nous sommes, résolus à aller plus vite que la nature ne l'avait prévu, nous passons à côté du génie qu'il y a dans la furtive *success story* des paresseux. Je ne peux m'empêcher d'imaginer tout ce que ce mammifère arboricole, avec ses techniques de survie économes en énergie, aurait à nous apprendre si nous ralentissions un peu.

Il en va de même du prochain membre de ma ménagerie, la hyène : un animal pareillement condamné pour ses « choix » de vie, et qui aurait aujourd'hui bien des choses à nous apprendre. Comme nous allons le voir, il apparaît que la hyène est elle aussi un phénomène, un monstre merveilleusement réussi qui introduit une note étonnamment féministe dans la domination phallocentrique typique du règne animal.

4

La hyène

Espèce *Crocuta crocuta*

« La hyène, hermaphrodite, qui dévore les morts et se dévore elle-même, suit les vaches en gésine, qui rend boiteux en coupant le tendon du genou, toujours prête à vous mordre la figure la nuit pendant que vous dormez, au ricanement sinistre, qui traîne derrière les camps, puante, ignoble, avec des mâchoires qui broient les os laissés par le lion, le ventre à ras du sol, s'enfuyant sur la plaine brune, se retournant avec l'expression impudente d'un chien bâtard. »

Ernest Hemingway,
Les Vertes Collines d'Afrique[1], 1935

Plus encore que les paresseux, les hyènes sont depuis toujours victimes de scandaleuses contre-vérités. Considérées comme les voyous de la nature, elles ont été cataloguées à travers l'Histoire, les cultures et les continents comme de lâches crétines qui rôdent dans les sombres ruelles du règne animal en attendant, pour leur dîner, d'agresser de plus nobles bêtes.

Il en existe quatre espèces, aux mœurs bien différentes, mais la plus répandue et la plus incomprise de la meute est la hyène tachetée, *Crocuta crocuta.* Avec son pelage ébouriffé, son dos bossu et son grand rictus baveux, je dois bien admettre que celle qu'on surnomme la « hyène rieuse » n'est pas le plus beau des animaux. Mais notre dédain est viscéral : nous lui en voulons personnellement. Démêler les raisons de ce mépris, c'est mettre en lumière une rivalité immémoriale entre l'humanité et une confrérie de prédatrices teigneuses et super futées, qui disposent d'une arme anatomique secrète plutôt stupéfiante contre la domination des mâles.

En matière de biologie déconcertante, les hyènes sont les reines. Voilà un animal qui ressemble à un chien et qui chasse comme lui, mais qui est en fait un membre perfectionné de la famille des mangoustes, donc plus proche du chat en termes de parenté. Face à notre besoin compulsif d'imposer un ordre aux animaux, la hyène ricane et fait souffrir mille contrariétés à la tribu des taxonomistes, dont le chef, le grand Carl von Linné, se trouva contraint de protéger ses arrières en misant sur deux tableaux quand il fallut classer *Crocuta*. Au fil des différentes éditions de son ouvrage *Systema Naturae* [« Le Système de la nature »], ce Suédois excessivement organisé la classa ainsi comme un félin d'abord, puis comme un canidé. Il ne tomba jamais juste.

D'autres étiquetèrent la hyène comme une sorte d'hybride – grave stigmatisation puisque, si l'on se fie à sir Walter Raleigh, cela la disqualifiait pour monter dans l'Arche de Noé. Dans sa célèbre *Historie of the World* [« Histoire du monde »], publiée au XVIIe siècle et devenue un classique, l'explorateur anglais se débattait longuement et sérieusement avec la question de savoir comment faire entrer dans le canot de sauvetage du Seigneur l'ensemble du règne animal, la famille de Noé *et* suffisamment de nourriture pour tous. On y serait, supposait-il, serrés comme des sardines. Sa solution « rationnelle » pour gagner de la place consistait à laisser se noyer les hyènes (fruits contre-nature des amours de renards et de loups) : « Pour les bêtes qui [étaient] de nature mélangée, entonnait-il, il n'était pas besoin de les préserver puisqu'elles pourraient être à nouveau engendrées par d'autres[2]. »

Mais plus déroutante encore que la question de savoir quelle sorte d'animal était la hyène, il y avait la question élémentaire de son genre. « Le vulgaire croit que les hyènes sont hermaphrodites, qu'elles deviennent alternativement, d'année en année, mâles et femelles[3] », écrivait Pline l'Ancien dans son encyclopédie animale.

Dans son encyclopédie, Topsell était très désorienté par la hyène. Il s'agissait peut-être d'un ours. Ou d'un chien. Mais sa queue courte évoquait à l'ecclésiastique un grand singe, et la bête avait des pieds de femme. Topsell soutenait aussi que les hyènes lèvent la queue en permanence afin de mettre leur postérieur bien en vue – affichant ainsi leur hermaphrodisme.

Le naturaliste romain ne fut pas le premier (ni le dernier) à suggérer que la hyène était capable de changer de sexe selon les saisons. Cette rumeur allait bon train dans le folklore africain, et Aristote lui-même en avait débattu. Après tout, les hermaphrodites ne sont pas inconnus dans la nature. Chez de nombreuses espèces de vers, de limaces et d'escargots, les individus sont à la fois mâles et femelles ; il existe même toute une classe de poissons osseux qui peuvent alterner entre les sexes. D'après les connaissances scientifiques actuelles, il existerait plus de soixante-cinq mille espèces hermaphrodites. La hyène n'en fait pas partie.

Qu'est-ce qui a bien pu engendrer le mythe sexuel qu'on retrouve chez Pline ? Peut-être les organes génitaux externes fabuleusement originaux de la hyène tachetée femelle, qui arbore un fac-similé presque parfait de ceux du mâle. Le clitoris de la *Crocuta*, d'une longueur impressionnante de vingt centimètres, est en effet positionné exactement comme un pénis et il en a aussi la forme (on l'appelle donc, dans les cercles de biologistes polis, « pseudo-pénis »). Ces véritables femmes à bite peuvent même avoir des érections. Pour compléter cette panoplie de transsexuel, la hyène tachetée femelle semble arborer sa propre paire de testicules : les lèvres de sa vulve ont fusionné en un faux scrotum rempli de tissus adipeux que l'on prend à tort, de façon tout à fait compréhensible, pour des gonades mâles. Pas étonnant qu'elle se marre autant !

Les auteurs d'un article scientifique sur le mimétisme sexuel chez les hyènes tachetées ont déclaré que l'apparence des mâles et des femelles était « si proche que seule la palpation du scrotum permettait de déterminer le sexe avec certitude[4] ». Je leur laisse ce plaisir : peloter les parties tendres d'une hyène tachetée constituerait un passe-temps bien téméraire pour quiconque tient à ses mains. Voilà qui aide toutefois à comprendre le cafouillage de Pline : il est très improbable que ce plagiaire prolifique ait jamais vu de ses propres yeux les organes génitaux d'une hyène tachetée, et a fortiori qu'il en ait caressé. Il fallut attendre la fin du XIXe siècle pour que l'anatomiste Morrison Watson puisse mettre la main sur les parties intimes d'une hyène et que la rumeur de son hermaphrodisme soit enfin anéantie. Heureusement pour Watson, il survécut à ce contact rapproché.

Aujourd'hui, la hyène tachetée est le seul mammifère connu chez qui la femelle n'a pas d'ouverture vaginale externe. Elle doit uriner, copuler *et* mettre bas à travers son étrange pseudo-pénis multitâche. Ce dernier exploit, extrêmement pénible, peut se comparer à celui consistant à faire passer un melon dans un tuyau d'arrosage, et pour les primipares c'est la mort dans un cas sur dix. Le sort des petits est encore plus précaire, puisque le cordon ombilical est trop court pour une filière génitale qui non seulement est deux fois plus longue que celle des autres mammifères de taille comparable, mais qui présente en plus, à mi-parcours, un coquin virage en épingle à cheveux. Jusqu'à soixante pour cent des bébés meurent ainsi de suffocation pendant la mise bas. On voit facilement comment la vue d'une hyène « mâle » donnant naissance par le pénis a pu conduire au mythe de l'hermaphrodisme (ainsi qu'à quelques cauchemars tenaces). Mais avec tant de morts liées à la reproduction, il est plus difficile de comprendre pourquoi les parties génitales de la hyène ont suivi une trajectoire évolutive aussi étrange.

La tendance trans de la hyène femelle ne s'arrête pas à son faux pénis. Ce qui distingue encore les hyènes tachetées de tous les autres mammifères, c'est que les femelles sont significativement plus grosses que les mâles, et beaucoup plus agressives. « Être un mâle parmi les hyènes, ce n'est pas enviable », m'a confié Kay Holekamp. Et elle est bien placée pour le savoir. Professeure de biologie et d'éthologie évolutives à la Michigan State University, elle a passé plus de trente ans à étudier *Crocuta* dans la nature, ce qui lui a permis de peindre un autre portrait de cette créature décriée et valu la réputation de « Jane Goodall des hyènes ».

Chaque clan de hyènes est un matriarcat dirigé par une femelle alpha. Selon des règles hiérarchiques strictes, la position dominante se transmet par la lignée maternelle ; tout en bas de l'échelle, réduits au statut de parias soumis, les mâles adultes mendient l'acceptation du clan, la nourriture et les rapports sexuels. Autour d'un cadavre, où il arrive qu'une trentaine de hyènes rivalisent pour s'approprier leur kilo de chair, ils mangent en dernier – s'il y a des restes –, sous peine sinon de se faire violemment châtier par les membres de la gent féminine.

Pour Holekamp, le moteur de l'agressivité et de la domination des femelles réside dans cette intense compétition autour des carcasses. Une mêlée de hyènes déchaînées peut transformer un zèbre de deux cent cinquante kilos en une flaque sanguinolente en moins de trente minutes, et une hyène adulte peut engloutir jusqu'au tiers de son poids en un seul repas – soit quinze à vingt kilos de viande. C'est un spectacle frénétique et, par moments, carrément effrayant. Une femelle plus grosse et plus méchante a de meilleures chances que ses petits aient leur place au festin et s'en sortent sans blessure.

Ce n'est pas le seul « truc » dont disposent les femelles dominantes pour donner un avantage agressif à leur progéniture. Une étude récente a en effet montré que plus la femelle est puissante, plus ses fœtus sont exposés à de la testostérone pendant la dernière phase de la gestation. Ces androgènes sont produits par les ovaires de la mère, ce qui est déjà assez original. Mais d'après Holekamp, les bébés femelles sont aussi plus sensibles à leurs effets que les mâles. La gestation étant particulièrement longue chez ce mammifère, mariner dans un tel bain prénatal d'androgènes affecte le développement du système nerveux des bébés, de sorte qu'ils sont programmés pour se battre dès la naissance. Et ils ont déjà tout l'armement nécessaire : contrairement à la plupart des mammifères, ils sortent de leur mère les yeux ouverts, les muscles coordonnés, et les gencives déjà percées de dents avides de mordre. Ces nouveau-nés belliqueux se battent souvent à mort au moment du repas, et les cas de caïnisme sont fréquents.

Des scientifiques ont supposé que cet excès de testostérone prénatale était également à l'origine de la croissance démesurée du clitoris de la femelle. Mais quand ces mêmes chercheurs ont administré à des hyènes tachetées captives en gestation un régime bourré d'anti-androgènes (qui bloquaient donc l'hormone sexuelle mâle), les bébés femelles ne laissèrent pas de les étonner en surgissant de la filière génitale pourvus d'un « grand pénis pendant » et d'un « pseudo-scrotum normal[5] ».

Selon Holekamp, l'extraordinaire attirail sexuel de la hyène tachetée demeure « l'un des mystères les plus intéressants de la biologie ». Certains scientifiques ont suggéré que le pseudo-pénis de la hyène s'était développé au fil de l'évolution pour pouvoir être léché par les subordonnées, car c'est en général ainsi que les femelles se saluent (et reconnaissent les rapports de domination). Mais aussi séduisante que soit cette théorie, Holekamp ne voit pas comment cela pourrait constituer un moteur suffisamment puissant de l'évolution pour créer une structure aussi préjudiciable, du point de vue de la reproduction, que le pseudo-pénis. « Je suis convaincue que nous pouvons exclure toutes les hypothèses qui ont à ce jour été avancées dans la littérature scientifique : le pseudo-pénis n'est assurément pas un simple “effet secondaire” de l'exposition des femelles aux androgènes, pas plus qu'il n'est là pour permettre les comportements de salutation. »

La supposition éclairée de Holekamp (et cela reste une supposition), c'est que l'ambiguïté sexuelle des hyènes femelles est le résultat de la guerre immémoriale entre les sexes. Contrairement à ce qui se passe chez la plupart des animaux, où les mâles castagnent et où le vainqueur repart avec la belle, dans les clans de hyènes tachetées ce sont les femelles qui décident du partenaire, du moment et du lieu de l'accouplement. La copulation est un acte dépourvu de dignité pendant lequel le mâle, forcé de s'accroupir derrière la femelle, donne des coups de pénis à l'aveugle pour essayer d'introduire son vrai pénis en érection dans le long pseudo-pénis pendouillant de sa partenaire. C'est un peu comme s'il essayait de copuler avec une chaussette – exercice plutôt délicat, et absolument impossible à réussir sans la pleine coopération de la femelle. Il n'arrivera à rien par la seule force brute, contrairement aux mâles d'autres espèces de mammifères, tels les dauphins, chez qui les rapports non consentis sont étonnamment courants. Il se peut donc que le clitoris péniforme de la hyène tienne lieu de dispositif « anti-viol » lui permettant de choisir ses partenaires sexuels.

C'est plutôt pratique parce que – en plus des dangers tapis dans sa filière génitale – la hyène tachetée est confrontée à plusieurs autres problèmes reproductifs. Ses ovaires possèdent relativement peu de tissu folliculaire et produisent relativement peu d'ovules ; elle a donc tout intérêt à se montrer difficile – même si, à observer son comportement, on n'imaginerait jamais que c'est là sa stratégie, puisque la femelle hyène tachetée est très volage. Holekamp pense en fait que le pseudo-pénis permet à la femelle de choisir non seulement celui avec qui elle s'accouple, mais aussi, et c'est encore plus impressionnant, celui qui fécondera vraiment ses précieux ovules, et ce, en jouant un rôle de régulateur de naissances intégré. Son appareil reproducteur étrangement allongé, avec toutes ses sinuosités, ralentit la progression des spermatozoïdes vers leur but ultime ; si la femelle change d'avis sur un mâle après l'accouplement, elle n'a donc qu'à évacuer sa semence en urinant. *Go, sister !*

Pour le mâle de la hyène tachetée, le sexe, ce n'est pas de la rigolade. Introduire son pénis en érection dans le pseudo-pénis flasque de la femelle représente un défi aussi grand que ces jeux de fêtes foraines auxquels on ne gagne jamais. Pas étonnant que ce mâle courageux ait attiré un spectateur curieux de voir comment on fait.

« Je vois cela comme une course aux armements évolutive dans laquelle les mâles ne peuvent plus recourir à la force pour s'assurer une descendance, tandis qu'en parallèle les femelles veulent être sûres que seuls les meilleurs spermatozoïdes (ou les mieux assortis) fertiliseront leurs quelques ovules, m'a expliqué Holekamp. Il se peut que cette course aux armements ait conduit à l'agrandissement du clitoris et à sa position plus antérieure. Je soupçonne que celui-ci n'était qu'une partie d'un appareil reproducteur très étrange, long et alambiqué, qui a évolué à l'unisson chez les femelles, plein d'impasses et de culs-de-sac pour la plupart des spermatozoïdes. »

Je me demande si cette nouvelle image de la hyène tachetée, pionnière du féminisme qui se pavane dans la savane avec son imitation de zizi, tabasse les mâles soumis et prend le contrôle de sa destinée sexuelle, aurait paru moins sacrilège aux auteurs de bestiaires que le mythe de la hyène hermaphrodite. Sous la plume de ces scribes religieux, du fait de sa sexualité suspecte, cet animal s'était transformé en « vile brute[6] », et il était souvent utilisé pour mettre en garde contre les maux de l'homosexualité. Le décor était donc planté pour un portrait résolument à charge de la hyène, qui incluait souvent des récits macabres de déterrement de cadavres. Si cette habitude morbide fut pour la première fois mise en avant par Aristote, les auteurs des bestiaires n'hésitèrent pas à embellir leurs récits pour mieux servir leurs desseins moralisateurs. La hyène avait coutume, disait-on, « de vivre dans les sépulcres des morts et de dévorer leurs corps[6] ». C'était un terrible démon, « sans pitié pour les vivants et de mauvais augure pour les morts[7] ».

Le mythe du pillage de tombes perdura jusqu'au XIXe siècle. La hyène inspira ainsi à l'écrivain naturaliste victorien Philip Henry Gosse des morceaux de bravoure stylistique qui doivent plus à Mary Shelley et à la mode des récits d'horreur gothiques qu'à la vérité. Là-bas, « au

Lieu des Sépulcres, luisent deux yeux flamboyants », écrivait-il dans son immensément populaire *Romance of Natural History* [« Le Roman de l'histoire naturelle »]. « La crinière hérissée, montrant les dents, le monstre obscène lance sur vous un regard féroce et vous avertit qu'il faut battre en retraite tant qu'il est encore temps[8]. » D'autres naturalistes de l'époque se montraient un chouïa plus modérés, mais ils n'en décrivaient pas moins la hyène comme « un animal très mystérieux et affreux », « puant et grossier », aux « mœurs révoltantes ». Cette créature, décrétèrent-ils, était « conformée pour se gaver des substances animales les plus répugnantes, mortes ou vives, fraîches ou putrides », et en tant que telle, elle était « cordialement détestée par les indigènes de tous les pays[9] ».

Kay Holekamp m'a raconté qu'en Afrique de l'Est, en effet, il est arrivé que les hyènes tachetées déterrent des cadavres humains, et chez les Nuer du Soudan, un dicton dit que le seul chemin pour le Ciel passe par les intestins de la hyène. Certaines tribus encouragent même les hyènes à consommer leurs morts en couvrant les corps de graisse et en les laissant dehors, à un endroit facile à trouver – une coutume que les missionnaires occidentaux s'échinèrent à éliminer. Mais Holekamp insiste : les hyènes n'adoptent ce genre de comportement que lorsque les « temps sont durs ». La perpétuation de cette légende macabre est plutôt la marque de notre dégoût pour les charognards quels qu'ils soient.

La société occidentale admire de fait les animaux qui sont perçus comme des travailleurs acharnés, tel le castor, et qui gagnent leur pitance par le biais de la chasse ou de la cueillette. Pourtant, le métier de charognard, comme nous le verrons plus en détail à travers l'exemple du vautour, est tout à fait honorable : il assure le recyclage de l'énergie et empêche la propagation de maladies. Or la hyène est *très* douée pour ça. Elle est l'éboueuse des plaines d'Afrique, utilisant ses puissantes mâchoires et les acides de son estomac pour digérer ce que la plupart des autres animaux ne peuvent pas assimiler. Le fait qu'elle ne tombe même pas malade après s'être goinfrée d'une charogne bourrée de bacilles du charbon explique peut-être pourquoi de nombreuses cultures lui attribuent des pouvoirs magiques.

Dans la plupart des bestiaires du Moyen Âge, une enluminure très crue représente la hyène faisant le gros dos et montrant les dents au moment où elle force l'entrée d'une tombe pour se jeter sur un cadavre – une image choquante qui perpétua sa stigmatisation.

En termes de tonnage de viande consommée, les hyènes sont les carnivores terrestres les plus importants de la planète, mais seules la hyène brune et la hyène rayée sont avant tout des charognards. Les hyènes tachetées, elles, sont des prédateurs extrêmement performants : elles tuent quatre-vingt-quinze pour cent de la viande dont elles se nourrissent. En chassant en groupe, elles sont capables de venir à bout de dangereux animaux, comme le buffle, nettement plus gros qu'elles. On a toutefois déjà vu aussi des hyènes isolées attraper des proies de taille impressionnante ; une de leurs stratégies, très audacieuse, consiste à s'accrocher aux testicules de leur victime et à ne plus lâcher, tout en esquivant une rafale de coups de sabots défensifs, jusqu'à ce que la bête se vide de son sang.

Ce genre de tactique n'est pas pour les âmes sensibles, et pourtant les hyènes traînent toujours la réputation d'être une bande de poules mouillées. « Tous les auteurs s'accordent à dire que la hyène manque de courage[10] », écrivait ainsi un naturaliste en 1886. On peut faire remonter cette rumeur à Aristote, qui élabora une obscure théorie selon laquelle la bravoure d'un animal dépendait de la taille de son cœur. Selon son raisonnement, le courage était proportionnel à la température du sang, qui à son tour dépendait de la taille de l'organe chargé de le faire circuler dans le corps. Les animaux « qui ont un grand cœur sont lâches, alors que ceux qui l'ont petit ou moyen sont plus hardis ». C'est en tout cas ce que déclarait l'ancêtre de la zoologie dans son œuvre magistrale, *De Partibus Animalium* [« Les Parties des animaux »]. Il fourrait la hyène, de façon assez incongrue, dans le même sac que « le lièvre, le cerf, la souris », ainsi que « tous les autres animaux qui sont manifestement lâches ou qui ne sont malfaisants que par peur », parce qu'ils ont un cœur d'une grosseur disproportionnée[11]. Les subtilités persuasives de sa théorie ont peut-être été oubliées, mais l'idée que les hyènes sont lâches a persisté jusqu'à l'époque moderne. Même la bible du biologiste du XXe siècle, *Mammals of the World* [Mammifères du monde], d'E.P. Walker, parue dans les années 1960, affirmait avec autorité que les hyènes tachetées « sont lâches et ne se battent pas si la proie qu'elles ont en vue se défend[12] ».

Par un matin brumeux, au cours d'un safari près du lac Nakuru au Kenya, je me suis retrouvée près d'une meute de hyènes tachetées chassant un zèbre, leur proie favorite, et je dois reconnaître que c'était dur à regarder. À mon arrivée, elles avaient déjà arraché la peau du flanc droit de l'équidé, qui traînait derrière lui comme un vêtement à moitié enlevé ; avec ses tripes à l'air, on aurait dit une sculpture anatomique vivante de Gunther von Hagens. Les hyènes se contentaient globalement de suivre la bête à moitié éviscérée en attendant qu'elle s'écroule, ce qui finirait immanquablement par arriver. Il était certes difficile de ne pas anthropomorphiser les acteurs de ce drame : le zèbre plein de dignité face à la mort, les hyènes lâches et cruelles. Mais la survie est un sport où il n'y a pas de place pour les sentiments, et la stratégie de chasse de la hyène est fondée sur l'endurance. Elle implique souvent de « tester » la proie pour voir ce qu'elle a encore dans le ventre. Cela pourrait passer pour de la couardise, mais c'est en fait un élément clé de sa stratégie gagnante à long terme. À quoi bon courir le risque de recevoir un coup de griffes ou de sabot mortel quand tout ce dont on a besoin, c'est de patience ?

L'idée que la hyène passe son temps à rôder et à s'emparer du butin des animaux plus « nobles », comme le lion, est donc elle aussi erronée. Des études de terrain ont même montré que les lions volent davantage de proies aux hyènes tachetées que l'inverse. En revanche, l'animosité qui règne entre ces deux espèces est, elle, bien réelle : une lutte pour le territoire et la nourriture oppose ces deux ennemis jurés. Et si les lions possèdent l'avantage de la taille, les hyènes compensent par leur intelligence. « Les lions ne sont pas des lumières », pour reprendre les mots de Kay Holekamp. N'en dites rien aux studios Disney, qui ont représenté la hyène comme une pitoyable crétine dans *Le Roi lion*, mais ces curieuses bêtes féministes sont les cerveaux de la savane – et elles sont plus intelligentes que le carnivore moyen !

Il y a quelques années, j'ai eu l'occasion de passer deux ou trois jours à observer les hyènes tachetées sur la réserve nationale du Masai Mara, au Kenya, en compagnie de la chercheuse Sarah Benson-Amram, spécialiste de l'intelligence des hyènes. « Je pense que la réputation qu'elles ont d'être stupides tient beaucoup à leur démarche, m'a-t-elle expliqué. Elles courent en faisant des sortes de bonds, ce qui est très efficace en termes d'énergie ; elles peuvent ainsi courir sur de très longues distances. Mais ça leur donne cet air un peu maladroit et abruti. »

Pour savoir ce qu'il en était, Sarah a mis au point le premier test de QI pour carnivores : une boîte à problème métallique renfermant un morceau de viande qu'on ne peut atteindre qu'en se servant de sa cervelle, pas de ses muscles. Elle a posé sa boîte devant différents prédateurs, des ours polaires jusqu'aux panthères, afin d'évaluer leurs aptitudes à résoudre des problèmes, et elle a ainsi découvert que les animaux performants avaient en général une riche vie sociale. Selon Sarah, la sociabilité pourrait donc bien être la force évolutive responsable de l'intelligence supérieure de la hyène.

Les hyènes tachetées se rassemblent de fait en groupes sociaux plus grands que tous les autres carnivores. Leurs meutes peuvent compter jusqu'à cent trente individus, et on en a observé qui défendaient des territoires allant jusqu'à mille kilomètres carrés. On pourrait dire qu'elles sont plus tribales que des supporters de foot. Elles ne vivent qu'à travers le clan, dominé par les femelles, et tout ce qu'elles font est étroitement lié à la hiérarchie qui le sous-tend. Mais elles ne restent pas ensemble en permanence et passent en fait beaucoup de temps au sein de sous-groupes plus petits qui s'unissent pour combattre, chasser ou se nourrir. Or le maintien de cette structure sociale « de type fission-fusion », comme on l'appelle, nécessite des compétences complexes en matière de communication.

Le grand Buffon a peut-être comparé avec mépris les cris de la hyène aux « sanglots d'un homme qui vomirait avec effort[13] », n'empêche que les hyènes tachetées disposent de l'un des répertoires vocaux les plus riches de tous les mammifères terrestres, y compris les primates. Elles produisent un large éventail de sons, dont le fameux « ricanement » (en réalité un signe de soumission), mais le *whoop* – une sorte de huée typique de la savane – est leur signature acoustique. Cet écho fantomatique, porté par le vent jusqu'à cinq kilomètres, véhicule une multitude d'informations sur son auteur, notamment son identité, son sexe et son âge.

Au fil de l'évolution, les gros cerveaux des hyènes ont acquis la capacité de mémoriser l'identité et le rang de chaque membre de leur clan. Elles semblent en outre capables de se rappeler toute leur vie la voix et le statut de tous leurs congénères – un véritable exploit cognitif, qui leur assure le savoir-faire politique dont elles ont besoin pour distinguer au premier cri leurs amis de leurs ennemis, mais aussi pour se repérer dans la stricte hiérarchie sociale du clan en évitant les conflits permanents.

Sarah m'en a fait la démonstration près d'un repaire communautaire où une demi-douzaine de femelles et leur progéniture trompaient l'ennui dans la chaleur du jour. Les adultes somnolaient à l'ombre d'un acacia tandis que leurs petits s'ébattaient, l'air étonnamment mignons. Iphone à la main, Sarah a appuyé sur « *Play* », et le *whoop* d'une hyène étrangère au clan a surgi d'un haut-parleur portatif. Le son enregistré avait beau être légèrement déformé, il m'a quand même donné la chair de poule, réveillant une peur atavique profondément enracinée dans mon cerveau limbique. Quelques minutes suffiraient à une meute de hyènes pour nous transformer en chair à pâté ! Se faire passer pour un membre d'un clan rival, c'était chercher les ennuis… (Sarah ne prenait en réalité aucun risque : nous menions notre expérience bien à l'abri dans une grosse Land Rover arrêtée à une centaine de mètres du groupe au repos.)

Ça n'a pas manqué : dès qu'elles ont entendu l'enregistrement, les hyènes ont dressé les oreilles et regardé vers nous, instantanément sur le qui-vive. Après s'être levées, elles ont humé la brise, en quête d'autres informations. Leur odorat est puissant, mille fois plus que le nôtre, et chaque clan émet une odeur caractéristique, sorte de drapeau olfactif qu'il agiterait au vent. Une hyène particulièrement costaude s'est mise à galoper vers nous et à hurler. Les battements de mon cœur se sont accélérés, mais la hyène a dépassé notre véhicule sans s'arrêter, comme si elle ne l'avait même pas vu. Elle cherchait quelque chose qui avait l'air et l'odeur d'une hyène : ma tête dégoulinante de sueur qui dépassait du toit de la voiture de safari ne faisait pas l'affaire.

Sarah a démontré que les hyènes tachetées réagissent différemment selon qu'elles entendent les cris d'un, deux ou trois individus. Cela signifie que les membres de cette confrérie de femelles peuvent, en un sens, compter – un savoir-faire utile quand il s'agit d'évaluer s'il faut ou non aller combattre une bande rivale. La chercheuse a aussi établi que des clans rivaux utilisent leurs capacités de calcul et de communication pour se regrouper afin de repousser un ennemi commun, comme le lion.

Même si elles sont programmées pour l'agressivité, les hyènes tachetées se servent en effet de leur intelligence pour maintenir la paix et s'entraider. « Les hyènes sont très coopératives avec les membres de leur clan et leurs parents proches, m'a expliqué Sarah. On voit ainsi des sœurs qui passent beaucoup de temps ensemble : elles mangent, chassent et se reposent de conserve, elles entretiennent des relations très étroites à long terme. Même si elles peuvent avoir un très fort esprit de compétition, à bien des égards elles sont aussi très solidaires. »

En dernier ressort, l'extraordinaire capacité des hyènes à abattre de grosses proies, à intimider les lions et à élever leurs petits dans un environnement hostile dépend de leur aptitude au travail d'équipe. De récentes études de terrain suggèrent que les structures sociales des hyènes tachetées sont tout aussi complexes que celles des babouins, et des scanners ont confirmé que le cerveau des hyènes a évolué dans une direction comparable à celle des primates, avec un agrandissement de la région impliquée dans les prises de décisions complexes. Les hyènes ont même mieux réussi certains tests de résolution coopérative de problèmes que les chimpanzés. Cela conforte l'idée selon laquelle le fait de vivre dans une société complexe de type fission-fusion – comme les chimpanzés et les hyènes, donc, mais aussi les dauphins, d'autres grands singes et, bien sûr, les humains – est un facteur déterminant de l'accroissement de la taille du cerveau au fil de l'évolution. Cela pourrait même contribuer à expliquer pourquoi notre espèce a développé un cerveau sept fois plus gros que ce à quoi on s'attendrait pour un animal de notre taille.

Ce partage d'un bout de trajectoire évolutive pourrait aussi nous fournir la clé ultime de notre inébranlable mépris pour ces créatures calculatrices. Les humains et les hyènes sont des ennemis de longue date, et l'anthropologue australien Marcus Baynes-Rock, qui a passé plusieurs années en Éthiopie pour étudier les relations entre nos deux espèces, a sa petite idée sur la raison de cette hostilité. L'homme et la hyène sont tous deux des prédateurs sociaux très intelligents originaires de la savane africaine, m'a-t-il expliqué. Mais les hyènes étaient là les premières, donc lorsque nos lointains parents Hominini sont descendus des arbres, ils ont marché sur les plates-bandes de la hyène tachetée. « Il a dû y avoir d'énormes antagonismes, a continué Baynes-Rock. Rien qu'à voir la façon dont les hyènes et les lions s'entendent aujourd'hui – ils se haïssent –, on peut imaginer que c'était pareil au début entre les humains et les hyènes : ils ne pouvaient pas se blairer. » Les premiers Hominini risquaient aussi de finir dans le ventre des hyènes : « C'étaient des primates lents, gras, tout à fait comestibles, et la seule façon qu'ils avaient de se protéger, c'était de former de grands groupes. Les hyènes n'auraient assurément pas hésité un instant à manger un *Homo habilis* qui se serait égaré loin des siens. »

Selon Baynes-Rock, les mâchoires broyeuses d'os de la hyène pourraient même expliquer la rareté des traces laissées par les débuts de l'évolution humaine. « La plupart des restes d'Hominini se réduisent à des dents et des maxillaires. Quand on retrouve des dents, ça signifie presque à coup sûr que le mort est passé par le système digestif d'une hyène, parce que c'est tout ce qui en ressort. »

Nos premiers ancêtres ne disposaient que d'outils en pierre rudimentaires et pratiquaient sans doute plus le charognage que la chasse. Ils n'auraient donc pas été capables de repousser une meute de hyènes affamées pour protéger leur précieux repas – une théorie corroborée par la découverte d'ossements de cette période qui portent à la fois des entailles faites par des outils primitifs en pierre et par des dents de hyènes. Ce qui suggère qu'en plus de se moquer de nous, les hyènes nous piquent notre pitance depuis pas moins de deux millions et demi d'années. Pas étonnant que nous ne les aimions pas !

La hyène n'est toutefois pas le seul charognard dont il faille blanchir la réputation. Dans le chapitre suivant, nous allons en rencontrer un autre : le vautour. Depuis des siècles, son association avec la mort l'a exposé aux soupçons des hommes, qui l'ont tour à tour catalogué comme une créature extralucide, un fin limier, voire, très récemment, un espion international.

5

Le vautour

Ordre Accipitriformes

« L'aigle attaque ses ennemis ou ses victimes corps à corps ; [...] les vautours, au contraire [...], se réunissent en troupes comme de lâches assassins et sont plutôt des voleurs que des guerriers, des oiseaux de carnage que des oiseaux de proie. »

Buffon, *Histoire naturelle*[1], 1793

Le naturaliste Georges Buffon faisait preuve d'une grandiloquence toute particulière lorsqu'il s'agissait de décrire les vautours. « Ils sont voraces, lâches, dégoûtants, odieux et, comme les loups, aussi nuisibles pendant leur vie qu'inutiles après leur mort[2] », écrivait-il ainsi, affublant les vautours de tous les noms d'oiseaux dans une frénétique volée d'adjectifs. De toute évidence, le comte n'avait aucune admiration pour eux. Il faut bien dire qu'on les admire rarement. Pour les charognards en général, c'est déjà assez dur d'obtenir le respect de l'humanité, mais leurs airs de Faucheuse *et* leur appétit pour les morts n'ont guère encouragé une compréhension impartiale des magnifiques rapaces que sont les vautours, dont la réputation est depuis longtemps teintée d'un mélange de méfiance et de répugnance.

Le malaise que nous éprouvons face à la mort, avec laquelle ces oiseaux semblent tellement en harmonie, a comme déteint sur leurs silhouettes voûtées. Le tabou du contact avec les cadavres, que l'on retrouve chez les premiers chrétiens, a placé les vautours dans une singulière catégorie de monstruosité. L'Ancien Testament leur jetait l'opprobre parce qu'ils étaient impurs et « abominables[3] ».

On les considérait aussi comme des créatures surnaturelles douées de pouvoirs magiques. « Les vautours ont coutume de prédire la mort des hommes en voyant certains signes », affirmait un bestiaire du XIIe siècle. « Chaque fois que deux lignes de combat se dressent l'une contre l'autre en une guerre désolante [...], les oiseaux les suivent en une longue colonne [et] montrent par la longueur de cette colonne combien de soldats vont mourir dans la lutte[4]. » Ces dons de double vue servaient, selon le chroniqueur, leurs propres intérêts : « Ils montrent en réalité combien d'hommes sont destinés à composer le butin des vautours eux-mêmes. »

De fait, les vautours ne donnent pas dans le sentiment quand il s'agit de se mettre à table. Les champs de bataille de l'Europe médiévale, jonchés de dizaines d'hommes et chevaux morts, étaient l'équivalent pour eux d'un buffet à volonté. Il n'était pas rare que les combats fassent rage pendant des semaines, souvent l'été – ce qui coïncidait opportunément avec la période de nidification des rapaces nécrophages sur le continent. Les oiseaux arrivaient probablement en quantités hitchcockiennes, avant de décortiquer sans passion les cadavres pour se restaurer et nourrir leurs oisillons. Un observateur situé à une certaine distance pouvait donc peut-être déduire en partie quelle était la situation sur le champ de bataille rien qu'en comptant les vautours qui tournoyaient au-dessus. Mais, n'en déplaise à la mythologie populaire, les vautours ne traquent pas leur proie tant qu'elle est encore en vie, pas plus qu'ils ne sont capables de prédire la mort.

Par quel moyen ils savent où se rassembler reste de fait un mystère. Leur aptitude troublante à surgir de nulle part, en si grand nombre, sur les lieux de la mort a longtemps fait croire qu'ils possédaient des sens d'une acuité surnaturelle. Mais de quels sens exactement font-ils usage ? Cette question a été l'objet de l'une des plus longues et âpres querelles de l'ornithologie.

Cette représentation d'urubus à tête rouge (ou vautours aura), réalisée par Audubon pour sa célèbre encyclopédie des oiseaux, Birds of America *(1827-1838), est extrêmement ressemblante. Il est donc d'autant plus malheureux que le grand ornithologue ait confondu cette espèce avec l'urubu (ou vautour) noir – une erreur qui déclencha l'une des plus grandes controverses de l'histoire de l'ornithologie.*

Ce qui caractérise par-dessus tout leur nourriture, c'est qu'elle pue le rat crevé. On a donc longtemps pensé que c'était l'odorat du vautour qui lui donnait ce don de localiser les cadavres. Comme l'écrivit au XIIIe siècle le moine franciscain Barthélemy l'Anglais dans son bestiaire à succès, « chez cet oiseau le sens de l'odorat est le meilleur. Et ainsi il sent les charognes qui sont loin de lui, c'est-à-dire au-delà de la mer[5] ».

Les admirables capacités olfactives du charognard furent ensuite largement admises et rapportées dans les ouvrages d'histoire naturelle. En 1816 par exemple, Oliver

Goldsmith concédait à contrecœur, dans son *History of the Earth* [« Histoire de la Terre »], que même si la nature des vautours est peut-être « cruelle, impure et indolente », « leur odorat, cependant, est étonnamment puissant ». De ce talent supposé, il apportait même une preuve physiologique : « La Nature, dans ce dessein, leur a donné deux grandes ouvertures ou narines au-dehors, ainsi qu'une membrane olfactive étendue au-dedans[6]. »

Une décennie plus tard exactement, un ambitieux naturaliste américain du nom de John James Audubon – Jean-Jacques pour les Français – allait toutefois, et de manière plutôt spectaculaire, priver le vautour de son odorat. Célèbre pour ses dessins d'oiseaux exquis et si ressemblants, Audubon est aujourd'hui l'une des références de l'ornithologie, mais dans les années 1820 ce n'était encore qu'un jeune loup avide de gloire qui colportait ses peintures dans toute l'Europe. Il obtint satisfaction en suscitant la polémique, en 1826, lors d'une réunion de la vénérable Société d'histoire naturelle d'Édimbourg. Le titre provocateur, quoique un peu longuet, de l'article qu'il en tira par la suite trahissait bien son désir de faire sensation dans le petit monde guindé de la science d'alors : « Relation du comportement de l'Urubu à tête rouge (*Vultur aura*), notamment dans le but de réfuter l'opinion généralement admise quant à son extraordinaire odorat ».

Dans cette audacieuse publication, il expliquait que lors de son enfance en France à la fin du XVIIIᵉ siècle, on lui avait enseigné que les vautours se servaient de leur odorat pour trouver leur nourriture. Toutefois, aux yeux de notre naturaliste en herbe, cela n'avait pas de sens. Dans sa vision plutôt spartiate du monde, en effet, « la nature, bien que merveilleusement généreuse, n'avait pas accordé plus qu'il n'était nécessaire à un seul individu, et [...] aucun ne possédait deux sens poussés à un très haut degré de perfection ; [...] si un individu avait un bon odorat, il n'avait pas besoin de l'acuité de la vue[7] ». Des années plus tard, alors qu'il vivait en Amérique, il avait testé sa théorie sur des urubus à tête rouge sauvages (aussi connus sous le nom de vautours aura) en s'en approchant à pas de loup, et il avait constaté que seule son apparition subite, et non son odeur, semblait les effrayer. Il avait ensuite décidé de pousser plus loin sa recherche et s'était « engagé assidûment dans une série d'expériences afin de déterminer, au moins pour [lui]-même, le degré d'acuité de leur odorat, voire s'il existait tout bonnement[7] ».

Les ambitieuses expériences d'Audubon consistaient grosso modo en un jeu de cache-cache nauséabond entre des cadavres d'animaux et un comité d'urubus sauvages. D'abord, il empailla grossièrement un cerf et le laissa dans une prairie les quatre pattes en l'air. Il n'était pas très doué en taxidermie, mais la bête difforme attira rapidement un vautour, qui lança une attaque stérile contre les yeux en argile du mannequin, puis « se déchargea abondamment le ventre » avant de découdre quelques points sur le postérieur du cerf mort, ce qui fit sortir « beaucoup de fourrage et de foin[8] ». Détrompé, le rapace s'envola pour tuer un petit serpent en guise de compensation, prouvant par là même, à la grande satisfaction d'Audubon, qu'il s'était bien servi de ses yeux pour chasser.

Ensuite, par une chaude journée de juillet, Audubon prit l'odorat de l'urubu en ligne de mire. Il traîna dans les bois un cadavre de cochon en putréfaction, dont l'odeur était pestilentielle, et le cacha dans un ravin. Alors que plusieurs vautours le survolaient, aucun ne descendit pour savoir d'où venait la puanteur. Cela confirmait une fois de plus les soupçons d'Audubon : ces vautours ne trouvaient pas les charognes grâce à leur odorat.

Les résultats de ses expériences étaient loin d'être concluants, mais notre homme, véritable showman, avait le vent en poupe après le succès phénoménal de son livre *Les Oiseaux d'Amérique*, et de nombreux membres respectés de l'establishment ornithologique se ruèrent pour soutenir sa proposition. Une voix particulièrement véhémente, toutefois, ne suivit pas le troupeau : un aristocrate aventurier du nom de Charles Waterton, surnommé « the Squire » – « le Gentilhomme ».

Qualifier Waterton d'excentrique, ce serait l'enfermer dans une catégorie déjà bien remplie dont il devrait être l'unique occupant. Le récit extravagant de ses exotiques escapades, au cours desquelles il avait soi-disant chevauché un crocodile et cogné un boa sur la tête, lui avait déjà valu une réputation plutôt douteuse. Dans son domaine de Walton Hall, ses mœurs n'étaient pas plus conventionnelles. On racontait qu'il avait pour habitude de se cacher sous la table quand il recevait à dîner afin de mordre les jambes de ses invités, comme un chien, et qu'il prenait grand plaisir à faire des farces sophistiquées pour lesquelles il utilisait des animaux empaillés. L'une d'elles, particulièrement inspirée, consista à façonner l'effigie de l'un de ses (nombreux) ennemis à partir du postérieur d'un singe hurleur.

Malgré ses pitreries, Waterton était un naturaliste talentueux – grâce à ses opinions décalées, il avait une compréhension de la nature relativement exempte de préjugés. Il fut, par exemple, l'un des premiers à prendre la défense du paresseux : « sa conformation extraordinaire et ses mœurs singulières » offraient de fait, selon lui, la possibilité « d'admirer les œuvres merveilleuses du Tout-Puissant[9] ».

Contrarier « le Gentilhomme » n'apportait rien de bon. L'employé des douanes zélé qui eut l'audace de taxer les spécimens exotiques réunis par Waterton découvrit sa bobine façonnée à partir des fesses d'un singe hurleur et légendée « Individu quelconque ». La plaisanterie du taxidermiste fut immortalisée par cette gravure extraite de son livre Excursions dans l'Amérique méridionale *(1825).*

Comme Waterton avait vanté l'exceptionnel odorat de l'urubu à tête rouge dans son propre best-seller, *Excursions dans l'Amérique méridionale*, il considéra la réfutation du présomptueux Américain comme une mise en question de sa crédibilité certes un peu fragile. Il vola donc dans les plumes d'Audubon et s'engagea dans une très longue guerre contre lui, à coups de propos cinglants, voire spirituels. Publiées dans le *Magazine of Natural History* [« Magazine d'histoire naturelle »], ces piques sarcastiques furent l'équivalent à l'époque d'une prise de bec très publique sur Twitter.

« J'ai grand chagrin que le nez du vautour ait reçu un coup si terrible, parce que c'est à l'ensemble du monde que cette attaque soudaine et inattendue va faire subir une grande perte, écrivit notamment Waterton. De plus, j'éprouve un sentiment de solidarité, si je puis dire, envers ce noble oiseau[10]. »

En tant que chef autoproclamé de ce qu'on appela ensuite, dans les cercles ornithologiques, les « *nosarians** », le Gentilhomme proposa de « rassembler soigneusement les parties olfactives brisées, et de leur restituer leur forme d'origine et leurs magnifiques proportions[10] ».

Pour prendre la défense nasale de l'oiseau, Waterton passa au scalpel le flair expérimental d'Audubon, mais aussi sa réputation et même sa prose scientifique. « Sa grammaire est mauvaise, sa composition médiocre, et ses formulations laissent beaucoup à désirer, se plaignait-il. À mon avis, toute personne lisant son article avec un tant soit peu d'attention sera tentée de lui réserver le même sort que celui réservé par le curé et le barbier à la plus grande partie de la bibliothèque de Don Quichotte[11]. » Il traita en outre Audubon de menteur et de charlatan totalement incapable d'avoir écrit un livre à succès sur les oiseaux. « L'histoire, contée par M. Audubon, du serpent à sonnette qui avale un gros écureuil d'Amérique, la queue en premier, me reste en travers de la gorge, et je ne pourrai littéralement rien avaler d'autre tant qu'on n'aura pas réussi à me soulager de ce corps étranger[12]. »

Audubon garda ses distances tout du long, drapé dans un silence plein de dignité. Mais il encouragea sa troupe

* De *nose*, qui signifie « nez » en anglais.

grandissante « d'*anti-nosarians*[13] » à répondre à sa place aux attaques de Waterton. Parmi ses principaux partisans, un pasteur luthérien, le révérend John Bachman, tenta de mettre fin à la querelle en répétant les expériences d'Audubon devant un comité choisi d'érudits notables de sa ville de Charleston, en Caroline du Sud, non sans y ajouter quelques-unes de son invention. Et la brutalité de celles-ci n'eut d'égale que leur bizarrerie. Il fit par exemple réaliser un tableau représentant un « mouton écorché et ouvert[14] », qu'il posa dans son jardin à trois mètres d'un tas dissimulé d'abats avariés. La peinture avait beau être grossière – loin du raffinement des illustrations d'Audubon –, cela n'empêcha pas les vautours d'attaquer aveuglément, avec grand enthousiasme, l'œuvre d'art. Ils « paraissaient très déçus et surpris[15] » de ne pas trouver satisfaction, mais pas une fois ils ne se dirigèrent vers la viande qui pourrissait à côté. Le pasteur répéta cinquante fois la folle expérience, ce qui, si l'on en croit le récit qu'il fit ensuite de ces happenings ornithologiques pour le moins alternatifs, « s'avéra très amusant[15] » pour ses savants spectateurs (qui n'avaient peut-être pas beaucoup d'occasions de sortir).

En guise de bonus, il enrôla quelques « hommes de médecine[15] » pour rendre aveugle un vautour dans le but de tester la rumeur qui courait alors, selon laquelle le rapace pouvait régénérer ses mirettes en enfouissant tout simplement sa tête sous son aile. Après l'échec du triste oiseau à réaliser ce miracle, Bachman décida d'éprouver ses autres sens. Il relégua donc le vautour blessé dans une remise abritant un lièvre mort et attendit de voir si le pauvre volatile privé de ses yeux pouvait le détecter par le flair. La réponse fut non. Dans un élan de charité qui lui ressemble peu, le révérend admit que « la douleur infligée par l'opération affectait peut-être encore l'oiseau[16] ».

En effet ! Pour le reste, il ne manifesta aucun remords, s'inquiétant simplement que ses expériences pestilentielles puissent « finir par incommoder les voisins[17] ». Tourmenté par cette éventualité, il décida de mettre fin à ses recherches, estimant avoir clos le débat. Toutefois, avant de publier ses résultats, il prit une mesure assez radicale : il força ses hommes de médecine à signer une déclaration stipulant qu'ils avaient reçu la preuve irréfutable que les vautours trouvent les charognes « grâce à la vue et non à l'odorat[17] », ce qui montre bien que les techniques de campagne du pasteur étaient aussi singulières et implacables que sa quête de vérité scientifique.

Sans surprise, Waterton répondit à Bachman par le mépris. « Misérable, en effet, est le sort du vautour américain ! Dans le même temps qu'on déclare son odorat inutile dans la quête de nourriture, on prouve que sa vue est lamentablement défectueuse, bougonna-t-il. Je ne serais nullement surpris de recevoir de Charleston des récits dans lesquels des vautours attaquent les épaules de mouton sur les enseignes, tentent d'engloutir les saucisses peintes au-dessus des portes des boucheries, ou encore tirent de toutes leurs forces sur les yeux à moitié effacés de quelque portrait moisi de l'immortel Benjamin Franklin. » Aux yeux du Gentilhomme, il ne s'agissait pas là d'une entreprise scientifique, et il enfonça le clou en disant : « L'absurdité de tout cela doit sauter aux yeux de tous[18]. »

En l'espace de cinq ans, Waterton écrivit pas moins de dix-neuf lettres au *Magazine of Natural History* pour attaquer Audubon et tous ceux qui gravitaient autour de lui. Lorsque la revue cessa de les publier, on raconte qu'il les imprima et les distribua lui-même – en vain. Ses diatribes impénétrables, ponctuées de sardoniques arguments *ad hominem* et d'expressions latines incompréhensibles, lui valurent peu d'alliés. L'ayant catalogué comme « fou à lier[19] », les *antinosarians* d'Audubon refusèrent de changer d'avis sur l'Américain tapageur, et plus le Britannique Waterton criait fort, plus on l'ignorait. Il finit donc par renoncer.

C'est dommage, parce qu'il avait raison.

La science allait mettre près de cent cinquante ans à reconnaître le bien-fondé des conclusions de Waterton. Entre-temps, de plus en plus d'anatomistes, de naturalistes et d'ornithologistes gagnés à la cause d'Audubon se lancèrent dans des expériences toujours plus hallucinantes sur un éventail de plus en plus large d'oiseaux. Dans l'une des plus ridicules, on remplaça l'urubu à tête rouge par un dindon domestique, et l'on cacha sa nourriture dans une soucoupe contenant acide sulfurique et cyanure de potassium. Le dindon ne survécut pas assez longtemps aux vapeurs toxiques pour qu'on puisse dire s'il pouvait flairer ou non sa pitance.

Le débat s'élargit peu à peu aux autres sens du vautour, tant réels qu'imaginaires. Au début du XXe siècle, un certain P. J. Darlington soutint que le charognard se servait en réalité de ses oreilles, écoutant le lointain bourdonnement de centaines de mouches pour trouver son souper. Un autre théoricien, Herbert Beck, retourna au mysticisme médiéval dans un article de 1920 intitulé « The Occult Senses in Birds » [« Les sens occultes chez les oiseaux »], où il faisait l'hypothèse que le vautour était doué d'un mystérieux « sens détecteur de nourriture[20] », lequel échappait aux humains parce qu'ils en étaient privés.

L'odorat de l'urubu à tête rouge fut finalement réhabilité en 1964, quand l'Américain Kenneth Stager, autre scientifique de terrain franc-tireur, apporta un ensemble de preuves concluantes, obtenues grâce à des années d'expérimentation minutieuse et intelligente et une pincée de sérendipité. Il eut sa grande illumination au cours d'un échange avec un employé d'Union Oil, qui laissa échapper que, depuis les années 1930, la compagnie exploitait l'odorat très développé de l'urubu à tête rouge pour localiser les fuites de ses gazoducs. Elle ajoutait ainsi à son gaz naturel du mercaptan éthylique (la substance qui donne un parfum d'œuf pourri aux boules puantes et aux flatulences), parce que son odeur attirait immanquablement les vautours : en mettant le cap sur la source de cette odeur, ces derniers révélaient les fuites avant que les humains ne puissent les détecter. Stager se rendit compte que le même composé se dégageait des charognes, et quand il utilisa un diffuseur de mercaptan pour lâcher des pets putrides dans l'air californien, ça ne manqua pas : les urubus aura ne tardèrent pas à rappliquer.

On peut expliquer ces décennies de controverse sur l'odorat du vautour par une poignée de malentendus. D'abord, il semblerait que le plus renommé des ornithologues américains n'ait pas été aussi attentif à ses oiseaux qu'on pourrait le penser. En effet, certains spécimens décrits par Audubon pourchassaient des animaux vivants, en plus de rechercher des charognes. Cela suggère qu'il s'agissait de vautours ou urubus noirs (*Coragyps atratus*) et non, comme il les identifia à l'époque, d'urubus à tête rouge ou vautours aura (*Cathartes aura*) au plumage noir. Ensuite, on supposait que tous les vautours posséderaient des aptitudes olfactives comparables, mais en réalité il n'en est rien. Les vingt-trois espèces de vautours se répartissent en deux groupes distincts : d'un côté les vautours de l'Ancien Monde, qui vivent en Afrique, en Europe et en Asie, de l'autre ceux du Nouveau Monde, qui vivent aux Amériques. Même s'ils se ressemblent et se comportent de façon semblable, ces deux groupes sont apparentés seulement de façon lointaine ; ils n'appartiennent même pas à la même famille, ni a fortiori au même genre, du règne animal. Or il s'avère que si tous les vautours chassent à vue, seule une poignée d'espèces du Nouveau Monde utilisent leur odorat. C'est le cas de l'urubu à tête rouge, mais pas de l'urubu noir, justement. Enfin, et malgré ce qu'en dit la sagesse populaire, les vautours ne mangent pas la première charogne venue. Comme nous, ils préfèrent les herbivores morts aux carnivores, et ils ne les aiment pas *trop* pourris. Une énième expérience plutôt excentrique, réalisée dans les années 1980, consista à cacher soixante-quatorze poulets dans une jungle panaméenne. Elle montra que l'urubu à tête rouge aimait sa volaille *al dente*, deux jours après sa mort – ni plus ni moins, c'était là le degré de putréfaction idéal. Il se peut donc bien que les vautours aura aient boudé le cochon d'Audubon et les abats avariés de Bachman pour la simple raison que la viande était trop faisandée.

Plus récemment, les talents de détective olfactif des urubus à tête rouge ont poussé la police criminelle allemande à concevoir un projet dans lequel ces charognards remplaceraient les chiens de détection. Cette idée singulière est venue au policier Rainer Herrmann après la diffusion d'un documentaire animalier vantant l'odorat du rapace. Il espérait que ces vautours, équipés de GPS et suivis par une flotte de 4×4, pourraient couvrir plus de terrain, et plus vite, que les chiens.

Un vautour aura d'un zoo local fut ainsi recruté pour l'expérience pilote. On le surnomma « Sherlock », sans surprise, et on lui attribua un dresseur dévoué du nom de German Alonso. Avec un casting aussi original, le projet fut largement couvert par les médias, et les services de l'urubu ne tardèrent pas à être réclamés par quarante unités de police réparties dans tout le pays.

Alonso avait quand même quelques réserves au sujet de son élève et craignait que celui-ci ait du mal à distinguer les cadavres humains des cadavres animaux, ce qui pourrait provoquer quelques fausses alertes. En revanche, le dresseur semblait étonnamment peu inquiet à la perspective que le charognard détruise des preuves en les engloutissant. « Ça arrivera forcément, on ne peut rien y faire », déclara-t-il à un grand quotidien, avant d'ajouter fort à propos : « Mais ils ne feront pas disparaître le cadavre en totalité, ils ne peuvent pas manger autant. Et s'ils grignotent un peu, tant pis, on ne pourra de toute façon plus rien pour la victime[21]. » Des propos peu susceptibles d'apaiser la mère d'un disparu ou de satisfaire un médecin légiste qui a besoin d'indices intacts...

German Alonso encourage Sherlock, l'apprenti détective, à exploiter son odorat pour retrouver des disparus (sans s'attaquer à leurs yeux ou à leur anus, espère-t-on).

Sherlock, toutefois, se montra peu enthousiaste pour son nouveau travail. Il n'aimait pas voler lors des séances d'entraînement (dont le matériel consistait en un drap mortuaire déjà utilisé). Au lieu de ça, il sautillait sur le sol, explorant nerveusement une petite parcelle de terrain, et il était parfois si anxieux qu'il se cachait dans les bois ou se carapatait quand on lui donnait l'ordre de chercher. Pour lui procurer le sentiment d'appartenir à une grande famille de vautours détectives, on enrôla deux spécimens plus jeunes, Miss Marple et Columbo[22]. Ils ne firent que se battre.

Ainsi, les urubus à tête rouge sauvages sont peut-être doués pour détecter les fuites de gaz, mais on ne peut pas compter sur une poignée de vautours captifs, quels que soient les petits noms dont on les affuble, pour résoudre des crimes grâce à leur odorat. Cette anecdote montre qu'aujourd'hui encore, les aptitudes sensorielles du vautour sont sujettes à exagération. Le policier Herrmann croyait que les urubus à tête rouge seraient capables de flairer une souris morte à plus d'un kilomètre. C'est en réalité peu probable, une récente étude ayant montré qu'ils devaient voler bas pour détecter l'odeur des carcasses. Alors, même s'il est vrai que les vautours aura trouvent les charognes grâce à leur odorat – comme l'affirmait Waterton –, leur flair est loin d'être aussi bon que celui des chiens de détection, et il n'est même peut-être pas tellement meilleur que celui des humains.

La vue du vautour a elle aussi acquis un statut mythique. En Afrique australe, on raconte encore aujourd'hui que le charognard est doué d'une vision si perçante qu'il possède ce qu'on appelle le don de « double vue » – la faculté de voir l'avenir. Il y a quelques années, j'ai visité le plus grand marché de médecine traditionnelle (ou *muti*) de

Johannesburg pour en savoir un peu plus. Au milieu d'un océan d'étals exposant des parties d'animaux démembrés, j'ai découvert que des dizaines de vendeurs proposaient de petites fioles de cervelle de vautour, et on m'a expliqué que les gens les fumaient ou les sniffaient pour obtenir le don de double vue. Depuis l'arrivée du loto, elles étaient devenues numéro un des ventes sur ce marché – une chose que les défenseurs des vautours n'auraient jamais pu prédire, même en inhalant de grandes quantités de cervelle !

Légèrement plus crédible, la capacité souvent citée de notre rapace à repérer un cadavre d'animal à une distance de quatre kilomètres est un grand classique des sites Internet qui lui sont consacrés. Or en disséquant des yeux de vautours, des anatomistes ont été surpris de découvrir que leur vue n'est peut-être en fait que deux fois meilleure que la nôtre. Leur vision binoculaire est limitée et, du fait d'une arcade sourcilière saillante qui protège leurs yeux du soleil (et leur confère leur regard féroce caractéristique), leur champ visuel comporte d'importants angles morts.

La terrifiante capacité des vautours à arriver si vite et en masse sur le théâtre de la mort s'explique en fait par l'assistance d'un autre organe très développé : leur cerveau. Ce sont des créatures malignes, qui s'observent et apprennent les unes des autres. Le plus souvent, un vautour ne découvre pas lui-même une charogne : il repère en réalité une colonne de congénères spiralant dans le ciel, visible pour le coup à plusieurs kilomètres, et met le cap sur elle. Les jeunes vautours passent un certain temps à apprendre de leurs parents les techniques des charognards, et les familles d'oiseaux restent proches, les clans d'oiseaux apparentés nichant ensemble. Différentes espèces de vautours nichent aussi les unes avec les autres au sein de grandes colonies, et des scientifiques ont suggéré que ces amicales assemblées de charognards étaient un moyen pour eux d'obtenir des informations sur l'emplacement de leurs éphémères ressources alimentaires.

Que les grands rassemblements de vautours soient véritablement des lieux d'échange d'informations sur la nourriture reste à prouver. Ce qui est certain, en revanche, c'est que leur arrivée est rarement bienvenue, même dans notre monde moderne. Ainsi, lorsqu'un groupe d'environ cinq cents urubus à tête rouge, poussés vers le nord par le réchauffement climatique, ont décidé d'ajouter Staunton à leur trajet migratoire hivernal, les résidents de cette coquette ville historique de Virginie n'ont pas franchement apprécié.

« Ils sont dégoûtants[23] », confia une habitante au *Washington Post* pour décrire ses nouveaux voisins. Les oiseaux avaient fait de son allée minutieusement entretenue un tableau géant de Jackson Pollock en la tapissant d'excréments. Rien d'étonnant à ça : les vautours aura sont de prodigieuses machines à déféquer. Ils pratiquent l'urohydrose, un euphémisme scientifique signifiant qu'ils se font caca sur les pattes pour se rafraîchir. Si ce n'est pas la technique de régulation thermique la plus élégante, cela reste un astucieux substitut à la transpiration, dont les oiseaux sont incapables.

Les résultats de l'urohydrose ne choquent pas seulement la vue. « Ils sentent l'ammoniac et les égouts », récriminait un autre habitant de Virginie, dont la puanteur n'était pas le seul motif de plainte : « Ils sont moches comme mon ***. Je tourne au coin de la rue, et là j'en vois cinquante qui sifflent, posés sur les tombes du cimetière. On se croirait dans un film d'horreur. Si ça ne dépendait que de moi, je les tuerais tous[24]. »

Malheureusement pour ceux qui, à Staunton, auraient la gâchette facile, les urubus à tête rouge sont protégés aux États-Unis, et on ne peut les tuer sans encourir de lourdes amendes. Un habitant excédé imagina donc de leur tirer dessus avec des billes de peinture, ce qui lui valut de découvrir que ces oiseaux ont une technique de défense peu ragoûtante : « [Le vautour] a vomi sur mon fils, s'indigna-t-il auprès d'un journaliste du *Washington Post*. On aurait dit qu'il avait une demi-livre de steak haché sur l'épaule. C'était immonde ! On a retiré le dégueulis. On lui a enlevé sa chemise. Et on l'a calmé pour qu'il arrête de hurler[25]. »

Le premier moyen de défense des vautours, quand ils ont l'estomac plein, consiste en effet à vous régurgiter leur dîner dessus. Étant donné que le menu n'en était déjà sans doute pas très appétissant – les urubus à tête rouge de Virginie se nourrissaient probablement de bêtes tuées sur la route et d'excréments d'animaux –, on comprend pourquoi, pour leurs voisins humains, cette stratégie du dégueulis défensif a pu faire déborder la coupe. La « police environnementale » du département de l'Agriculture fut finalement appelée à Staunton pour chasser ces délinquants aviaires de la ville. On suspendit des cadavres de vautours dans les sites où ils se rassemblaient, on tira des pétards, puis, dans un ultime affrontement spectaculaire, on expédia carrément un certain nombre de ces créatures dans l'autre monde.

Comme les bons citoyens de Virginie l'ont découvert à leurs dépens, le vautour possède donc un arsenal d'habitudes qui heurtent nos sens depuis longtemps. « La paresse, la saleté, la voracité de ces oiseaux dépassent presque l'entendement », crachait Buffon, jamais à court de grands mots, dans une de ses tirades contre les oiseaux nécrophages[26]. Même Charles Darwin, qui contrairement à lui se laissait rarement ébranler par ses émotions, avait du mal à digérer les mœurs du rapace. Dans *Le Voyage du Beagle*, il décrit le vautour aura comme un « oiseau dégoûtant, à la tête dénudée et écarlate, bien faite pour se plonger avec délices dans la chair putride[27] ». Non seulement cette description était teintée de préjugés, mais elle était aussi probablement erronée. D'autres oiseaux charognards – dont le pétrel géant – arrivent en effet très bien à se vautrer dans le sang avec la tête couverte de plumes. Il se peut que le crâne dégarni du vautour l'aide plutôt à se rafraîchir, rejoignant l'urohydrose sur la liste des adaptations esthétiquement éprouvantes destinées à réguler sa température.

Les apparences sont parfois trompeuses. Ce n'est pas parce que ces grands oiseaux charognards se baladent avec les pattes recouvertes de leurs propres fientes qu'ils sont sales. Et la nécrophagie, bien qu'extrêmement rebutante pour les naturalistes parisiens snobinards, n'est pas un moyen dégradant de se nourrir. C'est même l'opposé, comme je l'ai appris avec la défenseure de l'environnement Kerri Wolter, directrice d'un refuge pour vautours en Afrique du Sud où elle travaille depuis près de quinze ans.

Kerri s'est donné pour mission de changer l'image publique de ces créatures tant calomniées avant qu'il ne soit trop tard. À l'échelle mondiale, les vautours constituent la catégorie d'oiseaux qui connaît le déclin le plus rapide. Sur les neuf espèces que l'on trouve en Afrique australe, toutes sauf une sont aujourd'hui menacées d'extinction.

Il ne faut pas longtemps pour aller en voiture de l'aéroport de Johannesburg au refuge, bizarrement niché à la limite des étendues bétonnées de Pretoria. Kerri s'y occupe d'environ cent trente oiseaux, rescapés d'électrocution sur des lignes à haute tension ou d'empoisonnements accidentels. La plupart sont des vautours chassefientes, également appelés vautours du Cap ou *Gyps coprotheres*, une espèce de l'Ancien Monde en danger critique d'extinction. Je suis arrivée juste à temps pour leur déjeuner, et Kerri m'a immédiatement enrôlée pour pousser dans l'enclos principal, qui abritait une dizaine de rapaces, un chariot contenant une carcasse de vache fraîchement tuée.

La première chose qui m'a frappée, c'est leur taille. Avec sa dizaine de kilos et son mètre de hauteur environ, le chassefiente est le plus grand des vautours de l'Ancien Monde en Afrique australe, et l'un des oiseaux volants les plus corpulents au monde. Être gros, c'est important pour un carnivore qui dépend de sources de nourriture éparses et peu fréquentes. Si on ne peut pas sortir tuer une proie quand on a faim, il est utile de pouvoir se gaver quand on en a l'occasion et vivre sur ses réserves de graisse. La taille est aussi un atout pour intimider les autres charognards se disputant une part du festin commun, et assurément, ces vautours m'intimidaient. En pénétrant dans leur cage, j'étais déjà en proie à une certaine appréhension lorsque Kerri m'a conseillé de chausser mes lunettes de soleil, des fois que mes yeux feraient envie à ses pensionnaires…

Chez les oiseaux charognards, m'a-t-elle expliqué, s'est développée une spécialisation très poussée des comportements, en vertu de laquelle les espèces se répartissent en différentes « guildes » selon la forme de leur bec. « Déchireurs », « picoreurs » et « tireurs-fouilleurs » se retrouvent ainsi autour d'une même carcasse et travaillent en équipe, dans une atmosphère tendue et belliqueuse, pour en venir à bout. J'ai supposé que les *tireurs* étaient les plus susceptibles de s'intéresser à mes yeux, et il s'est avéré que j'avais raison.

« En Afrique du Sud, les oricous sont les couteaux », a précisé Kerri. Ces déchireurs sont capables de fendre des cuirs durs grâce à leur cou très court et à leur bec étroit et puissant (capable d'exercer une pression de 1,4 tonne par centimètre carré). Quant aux chassefientes, ce sont effectivement des tireurs, dont le long cou musculeux et le bec pointu sont idéaux pour pénétrer en profondeur dans la carcasse et engloutir la chair tendre et les organes. Mais, malgré leur taille imposante, ils ne peuvent pas ouvrir le cadavre eux-mêmes. Alors s'il n'y a pas d'oricous dans le coin, ils ne peuvent accéder à leur repas que par un orifice naturel – comme les yeux ou l'anus. « Ils aiment les parties molles », m'a expliqué Kerri. J'ai bien ajusté mes lunettes de soleil et je me suis plaquée contre la clôture.

Kerri était fière de ses protégés. « Les vautours sont les charognards les plus efficaces. Ils sont pourvus d'adaptations spéciales pour arracher la viande des os avec leurs langues munies de petits crochets. Ils ont des pattes puissantes pour se tenir debout et plaquer les cadavres au sol, et certains ont de longs cous dénudés pour plonger dans la carcasse et la manger de l'intérieur », s'est-elle enthousiasmée. Elle m'a signalé qu'une espèce a même acquis, au fil de l'évolution, la faculté de consommer les os, une fois que les picoreurs et les tireurs ont enlevé toute la chair.

Cette division du travail explique que l'on voie parfois des vautours, l'air un peu idiots, debout sans rien faire près d'une carcasse toute fraîche – comportement qui a contribué à accréditer le mythe selon lequel ils préfèrent la chair putride. « Un cadavre d'éléphant peut rester là pendant des jours sans que les vautours y touchent, m'a confié Kerri. Pour la simple raison, non qu'ils préfèrent la viande pourrie, mais qu'ils ne peuvent pas l'ouvrir. Alors ils attendent qu'il ramollisse pour pouvoir le déchirer. »

Une fois qu'ils accèdent à l'intérieur du corps, leur frénésie peut être impressionnante. Buffon disait qu'ils « s'acharnent sur les cadavres au point de les déchiqueter jusqu'aux os[28] ». Pour ma part, les voir manger m'a fait penser à une comédie noire à la Quentin Tarantino, où des *angry birds* en chair et en os se goinfreraient avec l'avidité grincheuse de participants à un concours américain de mangeurs de hot dogs. Ça se pavanait, ça sifflait, ça bavait, ça éternuait, ça prenait des poses, ça picorait. Et pendant ce temps-là, la vache disparaissait à vitesse grand V sous une masse affairée de cous spaghettis et de crânes sanguinolents qui grouillaient de mouches.

Les habitudes alimentaires des vautours nous révulsent, et ce n'est pas sans raison. Si nous devions nous repaître de chair pourrie, nous attraperions certainement très vite tout un tas de saloperies, pour certaines impitoyables, comme la maladie du charbon ou le botulisme. Les vautours survivent en détruisant les bactéries porteuses de maladies grâce aux acides présents dans leur estomac, qui comptent parmi les plus puissants du règne animal avec un pH comparable à celui de l'acide de batterie. Cette acidité rend en prime leurs excréments tellement caustiques qu'ils n'ont qu'à déféquer sur leurs pattes après avoir mangé pour les désinfecter. Kerri m'a assuré que les fientes de vautour étaient un désinfectant si efficace que je pouvais me laver les mains avec avant de passer à table. J'ai préféré la croire sur parole.

Telle une solution hydroalcoolique incongrue, ces rejets fétides participent non seulement à l'hygiène de l'oiseau, mais ils empêchent aussi la propagation des maladies. En absorbant la pestilence et en « chiant » de la pureté, les vautours nettoient en deux temps trois mouvements leur propre scène de crime. Une centaine d'entre eux peut faire disparaître un cadavre en vingt minutes, avant que les bactéries n'aient eu le temps de proliférer ou de se propager bien loin, et le peu qui s'est fixé sur eux est emporté dans un flot d'ordure purificateur.

Parce qu'ils mangent vite, le repas des vautours a été décrié par les naturalistes comme un « spectacle révoltant où éclate la gourmandise égoïste[29] ». Kerri trouve, elle, qu'on devrait le présenter comme un acte de générosité héroïque. De récentes études ont de fait démontré que dans les zones où il n'y a pas de vautours, les carcasses mettent trois à quatre fois plus de temps à se décomposer, ce qui favorise la propagation des maladies. En définitive, ces rapaces charognards nous font donc faire, à nous humains, d'énormes économies en matière de santé et de ramassage des ordures.

On peut observer très nettement les coûts entraînés par leur disparition dans les régions où leurs populations ont été décimées. « Regardez ce qui se passe en Inde et au Pakistan, où le gouvernement a dépensé plus de trente-quatre milliards de dollars pour la santé parce que les vautours y ont pratiquement été éliminés », m'a fait remarquer Kerri. En Inde en effet, ils ont été accidentellement empoisonnés en consommant du bétail mort qui avait été traité au diclofénac, un anti-inflammatoire ; on estime que jusqu'à quatre-vingt-dix-neuf pour cent des trois principales espèces y ont été éliminés. Or moins de vautours, ça veut dire une surabondance de charognes, ce qui a entraîné une augmentation massive du nombre de chiens sauvages et une énorme recrudescence de la rage.

« Entre ce qu'on dépense pour lutter contre le braconnage des rhinocéros et ce que l'on consacre à la sauvegarde des vautours, il y a une différence colossale, a regretté Kerri. On finance très peu la défense des charognards parce que les gens ne les aiment pas. C'est aberrant, parce que si nos rhinos disparaissent, ce sera triste, bien sûr… mais la Terre continuera de tourner. Tandis que si on perd nos vautours, il y aura de fortes perturbations écologiques à travers toute l'Afrique, et le monde entier sera affecté. Voilà ce que les gens ne comprennent pas. Il faut changer les mentalités. C'est un peu comme un concours de beauté : il faut élire Miss Monde, et tout le monde soutient la femme la plus belle, mais cette femme ne va pas changer le monde. C'est possiblement la personne qui reste en coulisse qui en a la capacité. »

Cela aide que Miss Monde – et le rhinocéros, d'ailleurs – ne vomisse pas sur les petits enfants et ne se fasse pas caca sur les jambes. Mais rien de tout ça ne dissuade Kerri de poursuivre sa croisade, ni de trouver que le vautour est un oiseau magnifique. « Je les trouve charismatiques, a-t-elle insisté. Pour moi, ils symbolisent la liberté. » Et pour vraiment apprécier la beauté d'un vautour, a-t-elle continué, il faut le regarder voler.

Lorsqu'ils sont en quête de leur prochain repas, les chassefientes doivent pouvoir couvrir de grandes distances en économisant le plus d'énergie possible. Or peser à peu près autant qu'un enfant de deux ans ne facilite pas franchement les choses dans ce domaine. Prendre son envol est déjà une affaire délicate, alors imaginez un peu ce que cela représenterait de parcourir des milliers de kilomètres en s'épuisant à battre des ailes pendant des heures. L'évolution a permis aux vautours de résoudre ce problème : ils peuvent planer à des vitesses allant jusqu'à quatre-vingts kilomètres-heure, et ce, en ne dépensant presque aucune énergie.

Pour comprendre comment ils accomplissent ce miracle aérodynamique, j'ai été encouragée à sauter du haut d'une montagne. L'expérience, m'ont assuré Kerri et son compagnon Walter, adepte de parapente, me montrerait ces oiseaux dans toute leur splendeur et me révélerait aussi un aspect différent, plus grégaire, de leur caractère. L'idée m'a paru raisonnable jusqu'à ce que j'arrive au site de décollage, sur la crête du Magaliesberg, une chaîne de falaises quasi verticales cent fois plus vieilles que l'Everest et atteignant presque neuf cents mètres de hauteur.

Les plus imposantes espèces de vautours, comme ceux du Cap qui nichent dans les contours rocheux de cet escarpement ancien, se servent de l'altitude pour s'élancer dans les airs avec un minimum d'effort. Forts d'une impressionnante envergure de deux mètres cinquante, ils se font ensuite porter par des ascendances thermiques qui les propulsent, tels des ascenseurs invisibles, à des centaines de mètres d'altitude. Ce que j'allais accomplir, sanglée à Walter sous son fidèle parapente, ne serait guère différent.

M'avançant au bord de la falaise, j'ai jeté un coup d'œil à la vallée chatoyante en contrebas. Je ne m'étais jamais moins sentie « oiseau » de ma vie, mais j'ai quand même docilement attaché sur ma tête le casque en plastique que me tendait Walter, tout en songeant que cet équipement censé me rassurer m'offrait sans doute encore moins de protection que ne l'avait fait tout à l'heure mon short en coton contre une éventuelle entrée par effraction à coups de bec dans mon corps par la porte de derrière…

Le parapente est un sport contre-intuitif. Nous avons dû courir pour littéralement nous jeter dans le vide, comme le font les personnages de dessin animé – un suprême acte de foi, suivi par une sensation d'apesanteur terrifiante. Puis la toile du parapente a pris un courant ascendant et nous avons spiralé vers le haut.

Au début, nous étions seuls à voler dans les thermiques. Puis, surgis de nulle part, des vautours ont rejoint un à un notre tandem. Comme Kerri l'avait prédit, ils semblaient différents dans le ciel, curieux et très joueurs. Et il fallait bien l'avouer : ils étaient vraiment splendides. Les ascendances thermiques nous secouaient comme des montagnes russes invisibles et imprévisibles, et l'altimètre de Walter n'arrêtait pas de biper. Nous étions cahotés, ballottés par des courants capricieux. Les vautours, eux, ne faisaient qu'un avec le vent, leurs ailes massives remuant à peine lorsqu'ils descendaient en piqué pour nous lorgner un bon coup, avant de virer et de s'élancer au-dessus de nous, comme pour nous faire admirer leur perfection aérienne.

Les ailes du vautour sont si bien adaptées au vol plané qu'elles ont servi de modèle à Wilbur Wright pour stabiliser les ailes de son premier aéronef réussi, qu'il développa après avoir passé des heures à observer des urubus à tête rouge. De nos jours, malheureusement, dans notre ciel surpeuplé, les descendants conceptuels de la première machine volante des frères Wright entrent en collision avec ceux qui l'ont inspirée.

Le risque aviaire, comme on l'appelle dans la filière aéronautique, coûte au gouvernement américain plus de neuf cents millions de dollars par an et a causé la destruction de trente avions depuis 1985 ; en ce sens, les oiseaux sont bien plus dangereux que les terroristes. Cela explique peut-être pourquoi l'armée américaine teste la résistance aux impacts d'oiseaux de son dernier modèle d'avion à réacteur en le bombardant de poulets à bout portant avec un canon spécial. Des poulets morts, peut-on supposer.

Afin de mieux comprendre « l'ennemi » et prévoir ses mouvements, le Feather Identification Lab [« Laboratoire d'identification de plumes »] de la Smithsonian Institution, à Washington, prend l'ornithologie médico-légale très au sérieux. Par le biais du séquençage d'ADN, les chercheurs essaient ainsi d'établir quels oiseaux représentent les menaces les plus fréquentes pour les avions. Chaque semaine, l'Institut reçoit des centaines de paquets de ce qu'on appelle « *snarge* » dans le jargon, à savoir les résidus sanguinolents des impacts. L'urubu à tête rouge remporte la palme de l'oiseau le plus nuisible à la flotte aéronautique américaine, ce qui ne l'aide pas franchement à gagner en popularité auprès des pilotes.

Les cas de *snarge* les plus mystérieux pourraient sortir d'un épisode d'*X-Files*. Une Scully de la Smithsonian a notamment confié au magazine *Wired* : « Nous avons eu des grenouilles, des tortues, des serpents. Et même un chat, une fois, qui a été heurté à assez haute altitude[30]. » Après moult grattements de tête pour tâcher de comprendre comment des créatures aussi typiquement terrestres avaient pu être frappées à plus d'un kilomètre d'altitude, les chercheurs ont réalisé que ce devait être des animaux perdus en vol par des oiseaux de proie aux serres un peu lâches. Ainsi les aigles magnanimes de Buffon seraient-ils tout aussi responsables de l'abattage d'avions américains que les vautours.

Au fil des ans, les enquêteurs de la Smithsonian Institution ont identifié comme *snarges* environ cinq cents espèces d'oiseaux et quarante de mammifères terrestres, dont un lapin qui heurta un avion à cinq cents mètres d'altitude. Mais le cas le plus incroyable est peut-être celui d'un vol commercial forcé d'atterrir en urgence en Côte d'Ivoire après une collision à onze mille mètres d'altitude – le vol le plus haut jamais enregistré pour un oiseau. Après analyse des restes, les spécialistes annoncèrent en fanfare qu'il s'agissait de ceux d'un vautour de Rüppell. Le rapace a gagné sa médaille (en même temps qu'une triste fin) grâce à une forme d'hémoglobine spécialement adaptée qui permet à son sang d'absorber l'oxygène à des pressions si basses que la plupart des autres animaux tomberaient dans les pommes.

Cet individu était vraisemblablement un phénomène rarissime de haut vol, mais il y eut des exemples de vautours volant à des altitudes plus traditionnelles et néanmoins vertigineuses de six mille mètres. En montant d'ascendance en ascendance, ils peuvent pourchasser la saison sèche à mesure qu'elle progresse à travers le continent africain et fait des ravages parmi les animaux infirmes.

Dans le cadre d'une récente étude, on a observé qu'un vautour de Rüppell avait voyagé vers le nord à la recherche de nourriture depuis son nid en Tanzanie jusqu'à une région du Soudan et de l'Éthiopie, en passant par le Kenya. À traverser de la sorte les frontières, ces rapaces (et leurs sauveurs humains) se sont parfois mis dans un drôle de pétrin, politiquement parlant. Ainsi, un projet de longue date visant à réintroduire les vautours fauves menacés dans leur habitat natif en Israël s'est heurté à une véritable paranoïa politique. Des chercheurs de l'université de Tel Aviv ont commencé à marquer et à retracer les déplacements des charognards, mais les relations internationales sont si tendues au Moyen-Orient que ces derniers ont été capturés et accusés d'être des agents du Mossad. En 2011, le gouvernement saoudien a arrêté un oiseau dont il était persuadé qu'il faisait partie d'un complot sioniste. Trois ans plus tard, un autre vautour était détenu au Soudan. Et en 2016, l'ONU a dû intervenir pour renvoyer en Israël un vautour appréhendé par des villageois libanais qui soupçonnaient sa balise GPS d'être un appareil photo dissimulé.

Ohad Hatzofe, l'écologiste à l'origine du projet, a fait remarquer, exaspéré, que ce n'était pas franchement discret d'étiqueter votre adresse électronique sur les pattes de votre espion. À un journal de la région qui l'interrogeait sur le sujet, il a répondu, plutôt sarcastique, que s'il recrutait réellement des agents secrets, il en choisirait peut-être qui seraient « moins intéressés par les cadavres de chèvres et de chameaux[31] ».

Il semble que nous autres humains éprouvions une irrésistible méfiance à l'égard des vautours, qui n'ont pourtant rien fait pour la mériter. Et même si l'idée d'un vautour espion peut apparaître comme une énième histoire farfelue à ajouter à notre florilège, la vérité c'est que nous avons bel et bien essayé, au cours de l'Histoire, d'enrôler des animaux dans nos manœuvres militaires. Préparez-vous à faire la connaissance d'une autre créature que nous adorons détester : la chauve-souris, qui fut réellement mise à contribution par l'armée américaine durant la Seconde Guerre mondiale, avec des résultats incendiaires…

6

La chauve-souris

Ordre Chiroptera

« Un des matelots nous dit qu'il avait vu le Diable, qu'il décrivit en ces mots : "… il avait des cornes et des ailes, cependant il se traînait si lentement dans l'herbe que si je n'avais pas eu peur, j'aurais pu le toucher." Nous découvrîmes bientôt que le pauvre homme avait vu une chauve-souris, qui est presque entièrement noire, et aussi grosse qu'une perdrix ; et que ses propres craintes avaient pourvu son Diable de cornes. »

Capitaine James Cook, *Voyages of Discovery*[1]
[« Voyages de découverte »], 1770

Le seul mammifère volant au monde est devenu une improbable star sur YouTube. Il ne le doit pas à son joli minois velu, ni à son sourire tout en dents, mais à quelque chose de beaucoup plus sombre : son intrusion dans nos foyers. On trouve ainsi sur Internet tout un sous-genre de vidéos de lutte contre l'envahisseur ailé, lesquelles montrent généralement un père de famille dépassé par les événements, obligé de passer en mode défensif dans une tentative désespérée de calmer ses proches affolés. Des mères hystériques se couvrent la tête et se traînent par terre en sanglotant, des bébés sont enfermés dans des salles de bain, et tout ce petit monde hurle comme une bande d'adolescents maudits dans un film d'horreur. La plupart du temps, les pères arborent un arsenal inefficace de maniques mal ajustées, balais et couvertures. Mais on trouve aussi une vidéo dans laquelle un Texan – trop effrayé, malgré sa carrure d'Incroyable Hulk, pour attraper avec un sac plastique un animal pas plus grand que son pouce – finit par tirer à la carabine sur la chauve-souris, dans sa cuisine, tandis qu'un bambin en chaise haute gémit : « Non ! »

Telles sont les vidéos ultra-violentes d'aujourd'hui. Sauf

que le monstre terrifiant de ces films d'horreur domestique n'est guère plus qu'un minuscule insectivore désorienté.

Les chauves-souris s'invitent très vraisemblablement dans nos foyers depuis que nous en construisons (en fait, depuis la première fois où nous avons cherché refuge dans une grotte douillette – ce qui fait de nous, à proprement parler, les véritables envahisseurs de leurs foyers). Elles cherchent simplement un endroit où se percher, ou bien elles chassent les insectes : nous, humains, ne les intéressons aucunement. Depuis des siècles, pourtant, le folklore associe ces intrusions inattendues avec l'annonce de la mort et cela suffit à faire hurler tout le monde.

Aujourd'hui, la peur tenace des chauves-souris constitue un syndrome reconnu. On appelle ça la chiroptophobie, du grec *chiroptera*, qui signifie « main ailée », trait morphologique caractérisant l'ordre taxonomique qui englobe les quelque onze cents espèces connues de chauves-souris. On trouve sur Internet un tas de thérapeutes, officiant pour la plupart aux États-Unis, qui proposent de soigner cette phobie et ce dégoût irrationnel par le biais d'une exposition contrôlée à une foule de chauves-souris rassemblées dans une pièce. Un cauchemar digne des trips sous acide les plus flippants de Hunter S. Thompson !

Les chiroptophobes ne se limitent toutefois pas à une poignée d'Américains déséquilibrés. Une association de protection des chauves-souris a montré dans une enquête récente que vingt pour cent des Britanniques parfaitement sains d'esprit déclaraient aussi détester les chiroptères[2]. Ces petits mammifères sont souvent considérés comme des nuisibles volants ou, selon les termes du comédien Louis C. K., comme des « rats avec des ailes en cuir[3] ». Et les Britanniques interrogés étaient tous persuadés que les chauves-souris sont des créatures aveugles et malveillantes, résolues à se coincer dans leurs cheveux, à leur sucer le sang et à leur refiler la rage – ce qui est en grande partie faux et absurde. En réalité, les chauves-souris sont plus proches des humains que les rongeurs, en termes de parenté, elles voient parfaitement bien, merci beaucoup (certaines d'entre elles, frugivores, ont même une vision des couleurs trois fois meilleure que la nôtre), et elles sont dotées d'un système d'écholocation finement réglé qui les empêche d'aller s'égarer dans les tignasses même les plus volumineuses. Pour finir, seules trois espèces ont des propensions vampiriques, et on court plus de risques d'attraper la rage à cause d'un chien ou d'un raton laveur qu'à cause d'elles (moins de 0,05 pour cent des chauves-souris sont porteuses de la maladie).

Autant dire que leur réhabilitation ne s'est que trop fait attendre. Voisins des plus magnanimes, amis des plus charitables, et amants parmi les plus généreux du règne animal, ces soi-disant vampires démoniaques tiennent en réalité plus du Bouddha que de Belzébuth. En mangeant des insectes qui causent des maladies dévastatrices et détruisent les récoltes, les chauves-souris nous font économiser des milliards par an. Elles jouent aussi un rôle clé dans la pollinisation de nombreuses fleurs tropicales, dont celles des bananiers, des avocatiers et des agaves. Sans elles, pas de tequila (ce qui serait peut-être une bonne chose pour l'humanité… ou pas). Franchement, le meilleur ami de l'homme, ce sont elles, pas le chien !

Quelle injustice, alors, que leur histoire soit une histoire d'épouvante, avec en vedette un curé armé d'une paire de ciseaux affûtée, un dentiste marginal à l'origine d'un plan diabolique et, dans le rôle de l'innocente victime, une chauve-souris bienveillante et donneuse de sang dont les génitoires sont singulièrement imposants.

La chauve-souris n'a jamais eu la partie facile, question image publique. Avec le vautour, elle est l'un des rares animaux déclarés comme impurs dans la Bible, ce qui est un peu rude pour une créature qui passe jusqu'à un cinquième de son temps à faire sa toilette et qui est sans doute beaucoup plus propre que ne l'étaient la plupart des pieux copistes du Livre saint.

Un auteur de l'Antiquité romaine alla plus loin en écrivant : « Les chauves-souris sont, par nature, apparentées au Diable[4]. » La faute en incombe en partie à leur apparence physique. L'agencement de leur corps, de leurs membres et de leur tête, leurs yeux qui regardent droit devant et leur sourire denté paraissent à la fois étrangement humains et décidément non humains. Et une fois que les artistes se furent mis à représenter le Diable sous les traits d'un personnage à ailes de chauve-souris – comme dans la célèbre représentation de l'*Enfer* de Dante –, l'image des chiroptères devint irrécupérable.

Le fait que les livres d'histoire naturelle du Moyen Âge aient été écrits par de fervents croyants qui considéraient avec une grande méfiance son statut d'entre-deux-êtres n'a rien fait pour améliorer la réputation du mammifère volant. Au XVIIe siècle, l'ecclésiastique et naturaliste britannique Edward Topsell se sentit obligé d'inclure cette créature ailée peu orthodoxe dans son livre sur les oiseaux, *The Fowles of Heaven* [« Les Oiseaux du ciel »], mais le refus de la chauve-souris de se conformer au modèle de ses angéliques cousins à plumes le plongea dans une profonde consternation. Il était particulièrement troublé par les mamelles, les dents et l'amour de l'obscurité de ce minuscule mammifère, des caractéristiques qui ne faisaient pas « oiseau » du tout et encouragèrent toutes sortes de comparaisons sataniques. Les préoccupations de Topsell transparaissent jusque dans ses dessins : on y voit des créatures bizarres à la poitrine généreuse, qui arborent de larges sourires méchants. Dans un dernier passage hallucinatoire, il accusa même ces bêtes dévoyées de siffler l'huile des lampes de son église.

Avec leurs mamelles et leurs crocs, les chauves-souris de Fowles of Heaven *(vers 1613), de Topsell, n'ont pas du tout l'air d'oiseaux, mais elles ont décidément l'air bien diaboliques.*

Alors que la science s'acheminait vers les Lumières, l'anatomie anormale de la chauve-souris, qui défiait la classification, continua de perturber les biologistes. Comme on pouvait s'y attendre, l'impérieux Georges Buffon ne se priva pas d'accabler la pauvre bête dans son encyclopédie. « Un animal qui, comme la chauve-souris, est à demi quadrupède, à demi volatile, et qui n'est en tout ni l'un ni l'autre, est, pour ainsi dire, un être monstre, écrivait-il par exemple. Il n'est qu'imparfaitement quadrupède, et il est encore plus imparfaitement oiseau. Un quadrupède doit avoir quatre pieds, et un oiseau a des plumes et des ailes[5]. » Buffon était aussi choqué par les parties intimes de la chauve-souris, qui semblaient empruntées à une autre espèce – la sienne, aurait-on dit, ce qui était plutôt inquiétant. « Sa verge [...] est pendante et détachée, ce qui est particulier à l'homme et aux singes[6]. »

Comme le comte, j'ai moi-même été très décontenancée la première fois que j'ai vu le pénis d'une chauve-souris. C'était il y a une dizaine d'années, dans un coin reculé de l'Amazonie péruvienne où j'avais rejoint Adrian Tejedor, un chercheur cubain spécialiste des chiroptères, qui posait des filets japonais pour les attraper. L'opération consistait à tendre ce qui ressemblait à un filet de badminton très grand et très fin dans une ouverture de la forêt tropicale, puis à attendre, telles des araignées, que des chauves-souris se prennent dans notre piège (dont elles ne pouvaient détecter la toile arachnéenne). Nous sommes restés assis plusieurs heures dans la nuit sombre et moite, nos lampes-torches éteintes pour ne pas effrayer les chiroptères : exercice de résistance à l'ennui digne d'un paresseux, quoique je me rappelle avoir été divertie par un champignon surréaliste, phosphorescent comme les stickers qu'on colle aux murs de sa chambre quand on est enfant.

La première invitée à voler dans notre filet fut un phyllostome des sous-bois. Adrian était tout excité : cela faisait neuf ans qu'il n'en avait pas vu. Quant à moi, j'étais excitée par la taille de son pénis, qui pendouillait presque jusqu'à ses genoux et me parut tout sauf aérodynamique. Grisé par cette prise, Adrian m'informa que « chez les mammifères, la longueur du pénis semble corrélée avec le degré de promiscuité sexuelle des femelles ». Mesdames les phyllostomes doivent être de sacrées coquines, alors, parce que les mâles sont connus pour la longueur de leur appendice. Plus leur pénis est long, plus ils peuvent introduire leur sperme loin dans la femelle et donner ainsi à leur semence une petite avance sur celle de leurs rivaux.

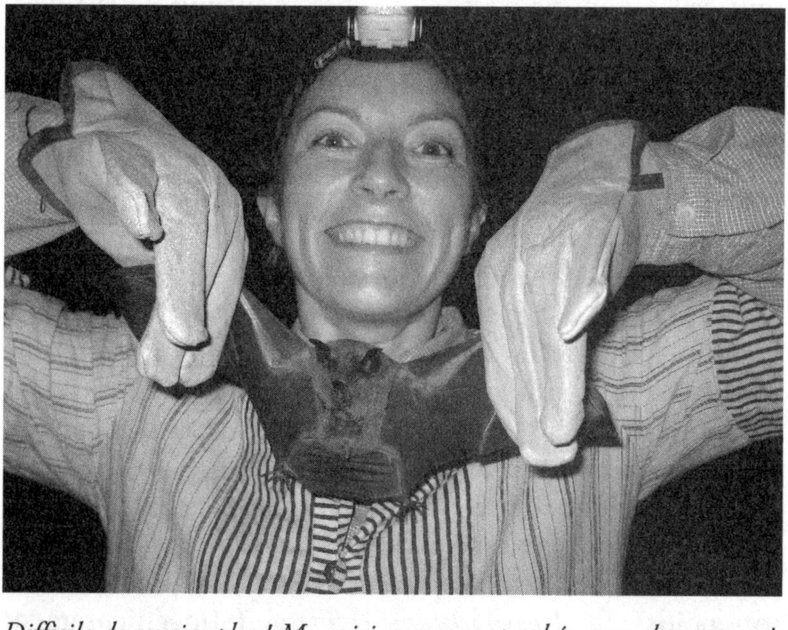

Difficile de sourire plus ! Me voici avec mon trophée, une chauve-souris montée comme un étalon, récoltée en posant des filets japonais dans la nuit amazonienne, au Pérou (la chauve-souris n'a pas l'air aussi réjouie que moi de cette exhibition).

Ayant rencontré le Rocco Siffredi des chauves-souris pour mon premier rendez-vous nocturne avec un chiroptère, je me disais que j'avais peut-être une vue biaisée de leurs bijoux de famille. Or les travaux d'une autre spécialiste que je connais, Kate Jones, professeure d'écologie et de biodiversité à University College, à Londres, ont révélé que certaines chauves-souris ont non seulement des pénis pendants, mais aussi, en prime, de gros testicules protubérants. Dans la guerre des sexes, augmenter la mise, en termes de production de sperme, peut constituer une autre tactique utile pour les mâles qui essaient de jouer au plus fin avec les femelles extrêmement volages – surtout celles, comme c'est le cas chez beaucoup de chauves-souris, qui ont la capacité sournoise de stocker le sperme.

Kate Jones en connaît un rayon sur les parties génitales des chiroptères : elle a fait partie d'une équipe qui a méthodiquement mesuré les gonades et le cerveau de trois cent quarante-quatre espèces de chauves-souris. En tant qu'animaux à sang chaud et volants, celles-ci vivent sur le fil du rasoir, énergétiquement parlant. Or les gonades et le cerveau sont très onéreux sur le plan métabolique. L'équipe de Jones avait l'intuition qu'il y avait donc une sorte de compromis entre les deux organes, et c'était vrai : d'après les résultats de cette étude, les espèces de chauves-souris monogames ont de petits testicules et de gros cerveaux, tandis que chez les espèces volages, c'est l'inverse. Il existe même une espèce de débauchées chez laquelle le mâle arbore des testicules représentant 8,4 pour cent de son poids : le *Corynorhinus rafinesquii* (ingénieusement appelé « chauve-souris à grandes oreilles de Rafinesque », en référence à son *autre* particularité morphologique) vole de-ci, de-là en traînant entre ses cuisses l'équivalent d'une paire de grosses citrouilles pour un homme, et ce, guidé par des facultés mentales inversement proportionnelles.

Il convient de noter ici que le degré de polygynie des mâles chauves-souris n'est pas déterminant dans ce compromis « cervelle contre testicules ». Non, ce sont les mœurs légères des femelles qui influent sur l'évolution de la taille du cerveau et des gonades de ces messieurs. Quant à savoir si rapport il y a avec l'évolution humaine, c'est difficile à dire, mais mesdames, on vous aura prévenues.

Les prouesses pornographiques des chiroptères ne s'arrêtent pas là. Les chauves-souris font en effet partie d'un groupe choisi de mammifères connus pour pratiquer les rapports bucco-génitaux. La femelle *Cynopterus sphinx* fut la première qu'on observa en train de faire une fellation à son partenaire, et les mâles entrèrent dans la danse quelques années plus tard, quand on documenta la pratique du cunnilingus chez un autre chiroptère frugivore, la chauve-souris géante d'Inde. Surprise chez les scientifiques ! Les seuls autres mammifères dont ils pouvaient établir qu'ils s'adonnaient régulièrement à ce type de pratiques sexuelles étaient des primates, et il paraît qu'ils « se réunirent de nombreuses fois pour discuter des fonctions »[7] de ce comportement.

La conclusion de ces croustillantes séances de remue-méninges fut que les rapports bucco-génitaux prolongeaient l'acte sexuel, augmentant les chances de fécondation. Ils peuvent être aussi, notamment chez les chauves-souris géantes d'Inde, un moyen pour le mâle d'aspirer le sperme d'un concurrent avant de lâcher le sien. Dans l'article exposant le fruit de leurs recherches (avec une description des ébats des chiroptères, fellation par fellation, propre à faire rougir une écolière), les auteurs de l'étude concluaient que de nouvelles séances de voyeurisme s'imposaient : « Une observation rapprochée est nécessaire pour déterminer si la langue du mâle pénètre ou non dans le vagin[8]. » Euh, tout à fait…

Les détails de la sexualité débridée des chiroptères auraient sans doute beaucoup stimulé les auteurs ecclésiastiques des bestiaires du Moyen Âge, toujours à l'affût de gaillardises animales pour en tirer de nobles jugements moraux. Edward Topsell, par exemple, jugeait la chauve-souris lubrique pour la seule raison que ses ailes étaient dénudées. L'énormité de ses organes génitaux et son penchant pour les rapports bucco-génitaux auraient fourni à l'homme d'Église des arguments autrement plus substantiels à se mettre sous la dent.

La physiologie troublante des chiroptères a de tout temps eu presque aussi mauvaise presse que leur régime alimentaire. L'une des rumeurs les plus ridicules dans ce domaine les accusait de convoiter notre lard. Ce mythe médiéval très répandu fut colporté par l'une des premières encyclopédies de la nature, *Hortus sanitatis* [« Le Jardin de santé »], publiée en Allemagne en 1491. L'ouvrage illustrait même son propos par une éclairante gravure sur bois (nichée entre de solennels récits de dragons et un exposé des vertus diagnostiques de l'urine) où l'on voyait une demi-douzaine de chauves-souris tourner avidement autour d'un jambon suspendu. Ce soi-disant goût irrépressible pour les salaisons se reflétait dans le nom allemand de l'animal : *Speckmaus*[9], littéralement « souris à lard ».

Ce sobriquet trompeur collait tellement à la peau des chauves-souris qu'un duo de scientifiques allemands jugea nécessaire de le soumettre à vérification. Au début du XIXe siècle, alors que d'autres chercheurs se confrontaient à de grandes questions comme l'origine des espèces ou la classification périodique des éléments, ces messieurs très sérieux contribuèrent au progrès de la science en servant à de prétendues voleuses de lard captives une ration quotidienne de bacon. Laquelle fut résolument rejetée par les prisonnières, qui moururent d'inanition au bout d'une semaine. Cette grève de la faim mortelle rassura cependant les Allemands : leurs jambons adorés n'avaient rien à craindre des *Speckmaus*.

Une demi-douzaine de chiroptères gagnent leur nom de « souris à lard » en se regroupant avidement autour d'une pièce de cochonnaille dans l'encyclopédie allemande Hortus sanitatis *(1491), ce qui alimenta la croyance paranoïaque selon laquelle les chauves-souris en avaient après notre bacon.*

La réputation des chauves-souris ne fit toutefois qu'empirer lorsque la nouvelle se répandit que certaines espèces se nourrissaient d'un mets bien plus sinistre que la cochonnaille : le sang d'autres animaux. L'association entre les chiroptères et un certain comte des Carpates allait porter un coup fatal aux relations entre l'homme et la chauve-souris.

Les explorateurs du Nouveau Monde furent les premiers à rapporter en Europe des récits hauts en couleur de bêtes assoiffées de sang. En 1526, Gonzalo Fernández de Oviedo y Valdés, l'historien et écrivain espagnol qui calomnia avec obstination notre ami le paresseux, décrivit ainsi des chauves-souris qui « suçaient une si grande quantité de sang de la blessure que [c'était] difficile à croire, à moins de l'avoir soi-même observé[10] ». Et l'année suivante, on raconta que le conquistador espagnol Francisco Montejo y Álvarez et ses troupes furent victimes d'« une invasion de chauves-souris qui attaquèrent non seulement les bêtes de somme mais aussi les hommes eux-mêmes, leur suçant le sang pendant leur sommeil[11] ».

Ces récits fondateurs remportent clairement la palme du mélodrame, mais pas de la vraisemblance. Pour commencer, les chauves-souris vampires ne sucent pas le sang : elles le lapent sur une plaie ouverte, comme un chat lape le lait. Et si elles sont capables, au cours d'une orgie de sang, de boire en trente minutes presque l'équivalent de leur poids, comme elles ne sont pas plus grandes que des souris, leur ration liquide ne dépasse guère une cuillerée – une quantité insignifiante par rapport aux litres de sang qui circulent dans le corps d'un mammifère de la taille d'un homme. D'autre part, elles attaquent rarement les gens : elles sont bien plus susceptibles de prélever leur nourriture sur des animaux domestiques, bétail ou volailles par exemple. Les conquérants du Nouveau Monde s'intéressaient donc manifestement bien plus à l'or et à l'accaparement des terres qu'à l'exactitude de leurs esquisses zoologiques. Mais si leurs contes macabres firent connaître au monde ces bêtes diaboliques, il fallut attendre quelque temps pour qu'on accole aux chauves-souris leur infamante épithète.

Le mot *vampir*, qui signifie littéralement « ivresse de sang[12] », est d'origine slave, mais on trouve des légendes de vampires dans un certain nombre de cultures anciennes, de Babylone aux Balkans en passant par l'Inde et la Chine. Cela suggère l'existence d'une peur profondément ancrée dans la psyché humaine. Ces êtres surnaturels, qui erraient toute la nuit en vidant les humains de leur sang et possédaient le pouvoir de se métamorphoser, ne prenaient toutefois jamais la forme de chauves-souris. Non, les alter ego des vampires étaient une improbable bande qui aurait bien du mal aujourd'hui à intégrer le casting d'un film d'horreur : c'étaient souvent des chevaux, des chiens et des puces, même si l'on racontait aussi que les vampires pouvaient prendre la forme de pastèques (pas franchement mordantes) et d'outils (tous aux abris, la truelle attaque !).

Néanmoins, dès la fin du XVIIe siècle et tout au long du XVIIIe, le vampirisme devint une obsession dans une bonne partie de l'Europe de l'Est. C'était une époque où sévissaient de mystérieux fléaux, telles la peste noire et la variole, dont les effets mortels étaient souvent considérés comme l'œuvre des « morts vivants ». Les journaux traitaient le vampirisme comme un fait établi ; des souverains envoyaient leurs délégués enquêter sur des « épidémies de vampirisme[12] » en Hongrie, en Prusse, en Serbie ou encore en Russie. Il fallait bien qu'à un moment les histoires des suceurs de sang folkloriques et celles des amateurs de sang authentiques se rencontrent. Lorsque cela se produisit, ce fut un sacré bazar !

Le grand taxonomiste Carl von Linné baptisa officiellement les chiroptères de leur titre infamant en 1758. Dans la dixième édition de sa bible de la classification, *Systema Naturae*, il décrivit *Vespertilio vampyrus* comme l'espèce qui « suce de nuit le sang de ceux qui dorment[13] ». Suivirent, des quatre coins du globe, une flopée de chauves-souris aux noms similaires : *Vampyressa* (1843), *Vampyrops* (1865) et autres *Vampyrodes* (1889), qui étaient toutes des variations sur le même thème. Johann Baptist von Spix, conservateur du département de zoologie à l'université de Bavière, montra un peu plus d'imagination en nommant la nouvelle espèce qu'il avait recueillie au Brésil *Sanguisuga crudelissima*[14] – soit « suceuse de sang très cruelle » (ou « vampire à longue langue[15] » en anglais). Spix affirmait qu'il en avait vu « planer tels des fantômes dans les profondes ténèbres de la nuit[16] ».

Le problème, c'est qu'aucune de ces chauves-souris n'avait jamais siroté ne serait-ce qu'une goutte de sang. C'étaient toutes d'innocentes frugivores, condamnées pour l'éternité scientifique à porter le lourd fardeau d'un nom d'hématophage.

S'il était plutôt facile d'identifier la scène d'une attaque de chauve-souris vampire – l'anticoagulant contenu dans la salive du chiroptère fait suffisamment saigner la plaie pour laisser un gros indice sanguinolent au matin –, surprendre la coupable en pleine orgie nocturne s'avérait toutefois bien plus difficile. Les taxonomistes européens, qui s'efforçaient d'identifier le vrai vampire à partir d'une rangée de suspects desséchés et des « témoignages » fortement sujets à caution des explorateurs du Nouveau Monde, commirent en outre une erreur fatale : ils supposèrent que les suceurs de sang étaient les chiroptères les plus gros qu'on leur envoyait (alors qu'il s'agissait de végétariens inoffensifs). Cerise sanglante sur le gâteau, quand un naturaliste mit enfin la main sur une vraie chauve-souris vampire, personne ne voulut croire qu'elle buvait du sang.

C'est le cartographe et commandant militaire espagnol

Félix de Azara qui réussit à recueillir au Paraguay, en 1801, la créature qui allait être connue sous le nom de « vampire commun ». Ce naturaliste amateur de talent découvrit au long de sa vie des centaines d'espèces. Il avait toutefois osé critiquer le grand Buffon, dénonçant la présence de « notices vulgaires, fausses et erronées[17] » dans la monumentale *Histoire naturelle* de l'aristocrate français. Cette impudence passa mal dans le cercle fermé des naturalistes européens, dont Buffon était le prince autoproclamé. Et lorsque l'Espagnol affirma avoir saisi l'insaisissable et infâme « vampire », l'establishment scientifique s'empressa donc de l'ignorer. L'animal fut nommé *Desmodus rotundus* en référence à ses incisives fusionnées, et aucune mention ne fut faite de son appétit pour le sang.

À l'aube du XIXe siècle, grâce à la mode insidieuse de la littérature d'horreur gothique, les vampires avaient fermement pénétré la conscience populaire. Des ailes semblables à celles des chauves-souris qui vous étreignent, des mouvements évoquant ceux des chiroptères et – enfin – de véritables chauves-souris : dans ces récits, voilà qui était décidément bien plus effrayant que des melons suceurs de sang. Et qui raviva de vieilles légendes. Suite à l'immense succès du *Dracula* de Bram Stoker, chauve-souris réelle et vampire imaginaire devinrent à jamais liés, et une innocente chauve-souris frugivore devint l'incarnation du méchant maléfique. Il en résulta quelques quiproquos décevants.

Ainsi, en juillet 1839, les Jardins zoologiques du Surrey réalisèrent un très beau coup en faisant l'acquisition d'un « vampyre », qu'ils présentèrent fièrement comme « le premier spécimen vivant jamais vu en Angleterre[18] ». Ces jardins hébergeaient une ménagerie éclectique qui avait appartenu à l'impresario Edward Cross, dont les animaux avaient dû quitter le Strand, à Londres, après qu'un éléphant souffrant d'une vilaine rage de dents avait tué son gardien. Cross cherchait un nouveau départ après ce scandale. Quant aux jardins, ils espéraient attirer les foules en exposant l'abominable chauve-souris. Le comportement de la bête légendaire laissa cependant la presse plutôt de marbre. « Bien que cet animal soit la chauve-souris *vampyre*, à laquelle on a attribué tant de caractéristiques sanguinaires, lisait-on dans une dépêche, son apparence est loin d'être féroce. » Elle était même « docile » et « paraissait beaucoup aimer se faire remarquer ». Enfin, comble de la déception : elle « dévorait des cerises » et rien d'autre[18]. Le *vampyre* était une chauve-souris frugivore, en fin de compte.

Des « comptes rendus scientifiques » délicieusement sanguinaires sur les chauves-souris vampires avaient promis à leurs lecteurs une « espèce redoutable[19] » qui volait jusque dans les chambres à coucher pour en attaquer les occupants à leur insu. « Si elles tombent sur une partie dénudée du corps, elles ne manquent pas de s'y accrocher, insinuent leur langue acculée dans une veine avec l'art du chirurgien le plus expérimenté, et continuent à sucer le sang jusqu'à ce qu'elles soient rassasiées [19] », expliquait l'une des encyclopédies animalières les plus populaires de l'époque. Et l'auteur de porter ensuite son regard acéré sur un épisode de vampirisme : « Il arrive souvent que des personnes, une fois sorties de leur sommeil (à cause de la perte de sang), n'aient plus la force de bander l'orifice. Si la piqûre est imperceptible, c'est parce que, tout en suçant le sang, le *vampyre* continue d'agiter l'air avec ses ailes de telle sorte qu'une brise rafraîchissante entraîne la victime dans un sommeil plus profond encore. » Voilà donc ce que le public attendait... et voulait voir.

Si les Jardins zoologiques du Surrey avaient réussi à mettre la main sur un authentique vampire, il ne se serait pas davantage conformé au fantasme gothique de l'encyclopédiste que l'imposteur frugivore. Plusieurs points laissent toutefois penser que son comportement réel donne encore plus la chair de poule que son comportement fantasmé.

Les chauves-souris vampires n'attaquent en général pas leur victime par les airs : elles les approchent subrepticement par le sol. Elles se servent de leurs mains ailées démesurées pour se traîner, tout en effectuant des bonds sur leurs pattes arrière rabougries. Cela peut paraître malaisé, mais elles sont capables d'avancer étonnamment vite à pied. Un scientifique inspiré a notamment eu l'idée de poser des chauves-souris vampires sur un tapis de course – ce qui en a sans doute fait tiquer plus d'un dans la salle de gym : selon ses mesures, elles atteignaient l'impressionnante vitesse de deux mètres par seconde (soit cinq fois plus qu'un paresseux lancé à fond de train). Non seulement ces minuscules chiroptères battent donc haut la main notre folivore préféré à la course, mais ils peuvent aussi s'élancer à la verticale en partant du sol, tel un avion d'attaque Harrier Jump Jet, histoire de filer vite fait.

Vient ensuite la question de leur emblématique alimentation liquide. Les vampires ne choisissent généralement pas leur cible au hasard ; ils utilisent des capteurs infrarouges spéciaux, au niveau du nez, pour détecter la chaleur du sang coulant tout près de la peau – et donc plus accessible. Leurs points chauds favoris, propices à l'incision, sont ceux où ne poussent ni poils ni plumes : pieds (ça chatouille), oreilles (ça agace), anus (mon Dieu !). Comme si ce n'était pas assez inquiétant, les chauves-souris vampires ont pour habitude de retourner se nourrir au même endroit plusieurs nuits de suite, guidées par leur faculté unique de guetter et de mémoriser le profil respiratoire de leur victime préférée.

Des mordeurs de fesses sanguinaires qui traquent leur proie en les écoutant respirer peuvent paraître encore plus maléfiques que Dracula lui-même. Pourtant, dans la réalité, les chauves-souris vampires sont l'un des animaux les plus généreux du règne animal.

La vie de mammifère volant est une vie énergétiquement coûteuse, pour laquelle un régime alimentaire strictement hématophage est loin de fournir le combustible idéal : composé d'eau à quatre-vingts pour cent, le sang ne contient en effet aucune graisse. Les chauves-souris vampires possèdent un système digestif spécialement adapté, capable d'éliminer rapidement l'excès d'eau par urination à mesure qu'elles se nourrissent. Ce n'est pas très alléchant selon des critères humains, mais cela permet aux chiroptères de consommer un maximum de protéines plasmatiques en un seul repas, sans que leur estomac explose (perspective encore moins attrayante). Revers de la médaille : sans lipides, et sans possibilité de constituer des réserves de graisse, ils doivent s'alimenter au moins toutes les soixante-dix heures, sinon ils meurent. Or il n'est pas si facile de trouver un pied ou un anus dénudés (ce n'est pas pour rien que les sabots et les queues existent). Jusqu'à trente pour cent des vampires rentrent donc l'estomac vide. Et échouer à se nourrir deux nuits de suite, c'est presque assurément mourir de faim.

L'un des grands spécialistes mondiaux des chiroptères, le professeur Gerald Wilkinson, de l'université du Maryland, a cependant découvert une adaptation qui augmente leurs chances : les chauves-souris ont en effet développé au fil de l'évolution un système de partage de nourriture par le biais duquel les vampires victorieux régurgitent du sang coagulé pour leurs voisins affamés. L'idée de vomissements type *Exorciste* vous retourne peut-être l'estomac, mais c'est une véritable providence pour la chauve-souris affamée. Wilkinson m'a expliqué que « les chauves-souris semblent *rivaliser entre elles* pour donner du sang ». Plus curieusement, elles régurgitent pour des membres de leur colonie qui n'appartiennent même pas à leur famille, et elles sont davantage susceptibles de partager avec des partenaires ayant déjà régurgité du sang qu'avec leurs propres parents. « Les liens de parenté n'ont rien à voir là-dedans, m'a-t-il expliqué. Ce qui permet davantage de prédire un comportement de partage, c'est de savoir si la chauve-souris a déjà été aidée par tel ou tel individu. » Les membres de cette communauté partageuse, bienveillante et vomisseuse de sang forment entre eux des liens très forts. « On peut presque dire qu'ils sont amis. »

Chez les chauves-souris vampires, donc, les liens du sang sont plus forts que… les liens du sang. Et cet altruisme réciproque bat en brèche les modèles conventionnels de ce que les biologistes appellent « la sélection de parentèle », selon lesquels les animaux sont censés ne rendre service qu'à ceux avec qui ils partagent des gènes. Les exemples d'altruisme réciproque sont extrêmement rares chez les animaux. Comme me l'a fait remarquer Wilkinson, « ailleurs que chez les primates – babouins et chimpanzés –, il est très difficile d'en trouver. » La verge pendante n'est donc pas notre seul point commun avec les chiroptères. « Comme les primates, les vampires ont recours au toilettage pour établir des relations sociales. Cela joue sur la question de savoir qui aide qui, et sur la formation de coalitions », a poursuivi le spécialiste des chauves-souris.

Si vous êtes une chauve-souris vampire, ce n'est cependant pas un brin de toilette qui vous permettra de vous faire inviter à une petite sauterie de régurgitation sanguine. Un étudiant de Wilkinson a récemment découvert que les liens entre chiroptères mettent énormément de temps à se former : les chauves-souris forcées de partager un enclos avec de parfaites inconnues ne commencent ainsi à partager la nourriture qu'après deux bonnes années. « Elles ne se fient pas à n'importe qui », selon Wilkinson. Or les vampires ont une espérance de vie extrêmement longue pour un animal de leur taille – trente ans, contre deux ou trois pour une souris du même gabarit –, et il semblerait bien qu'elles mettent à profit ce temps pour développer un large cercle d'amitiés durables et charitables, ce qui contredit totalement leur réputation de vilains êtres antisociaux.

L'une des raisons pour lesquelles les chauves-souris se sont si facilement coulées dans le folklore des vampires, c'est qu'elles semblent posséder des pouvoirs occultes, du moins de notre point de vue sensoriel. Leur inquiétante aptitude à naviguer dans le noir les a conduites à être cataloguées comme démons familiers des sorcières : au Moyen Âge, une dame seule qui recevait leur visite avait donc vraiment des raisons de s'inquiéter. En 1332, dame Jacaume fut même brûlée publiquement à Bayonne après que ses voisins eurent observé une « affluence de chauves-souris[20] » voletant autour de sa propriété.

Différents petits bouts de chiroptères étaient souvent utilisés en sorcellerie. Les sorcières de Shakespeare, dans *Macbeth*, citaient le « poil de chauve-souris[21] » dans leur célèbre incantation, mais c'était une entorse à la recette traditionnelle : le sang était l'éternel favori de toute apprentie-sorcière aux dents longues. C'était aussi un ingrédient essentiel de « l'onguent de vol[22] », censé empêcher la sorcière de se cogner partout dans le noir sur son balai. Malgré la popularité de cette concoction du XVe au XVIIIe siècle, il n'y a aucune chance qu'une femme ait quitté terre, et encore moins qu'elle ait pu filer à toute bringue dans la nuit telle une chauve-souris, grâce à elle. Mais d'autres ingrédients du baume, comme la belladone, ont fort bien pu donner à certaines de ces dames *l'impression* qu'elles volaient, à cause de leurs effets psychotropes.

Il fallut assez longtemps à la science pour comprendre l'origine des pouvoirs « surnaturels » du chiroptère. Toutes les espèces de chauves-souris n'utilisent pas l'écholocation : la plupart des *Pteropodidae*, qu'on appelle aussi roussettes et qui sont frugivores, se dirigent à vue comme des mammifères normaux. Celles qui utilisent l'écholocation forment quant à elles une image acoustique complexe de leur environnement en écoutant l'écho de leurs cris et en évaluant les distances par la qualité des ondes sonores qui leur sont renvoyées. C'est en soi assez hallucinant, mais le concept était d'autant plus difficile à imaginer pour les scientifiques que les chauves-souris elles-mêmes paraissent silencieuses. En fait, elles volent en hurlant à pleins poumons, vingt décibels plus fort environ qu'un concert de Black Sabbath (de quoi rabattre le caquet à Ozzy Osbourne, célèbre chanteur du groupe et mangeur de chauves-souris). Mais comme leurs cris suraigus tombent presque exclusivement en dehors de la plage des fréquences audibles par l'oreille humaine, nous ne pouvons pas les entendre.

Il fallut donc attendre les années 1930 et la mise au point d'un détecteur de sons spécial par un biologiste de Harvard du nom de Donald Griffin, avec l'aide d'un ingénieur, pour que nous puissions enfin écouter les hurlements silencieux des chauves-souris et que soit balayée l'idée selon laquelle elles possédaient une sorte de « sixième sens[23] » surnaturel. Cela marqua une avancée décisive, quoique tardive, pour les énigmatiques chiroptères, auxquels on avait infligé bien plus d'un siècle de tortures dans le but de leur extorquer les secrets de leur sonar naturel.

Leur supplice avait commencé au XVIIIe siècle, avec un prêtre italien armé d'une curiosité insatiable, d'une paire de ciseaux aiguisée et d'un CV à faire pâlir un biologiste sadique. Lazzaro Spallanzani a en effet tranché la tête de sept cents escargots afin de découvrir si elles repousseraient (il affirmait qu'elles le pouvaient), il a forcé des canards à avaler des billes de verre creuses pour essayer de comprendre le broyage opéré par leur gésier, et il a aussi été le premier à ramener à la vie l'organisme bizarrement indestructible connu sous le nom de tardigrade, seul animal capable de survivre à la congélation, aux rayonnements et au vide spatial (ainsi qu'à la curiosité de Spallanzani). Vu sa passion pour la dissection et la résurrection, il n'est sans doute guère étonnant qu'il ait cherché le soutien de l'Église. Elle contribua de fait à financer ses entreprises et lui assura un certain degré d'absolution.

En 1793, à l'âge de soixante-quatre ans, Spallanzani appliqua son esprit outrageusement curieux à la chauve-souris et à son aptitude à se repérer dans le noir. Il avait remarqué que son hibou perdait tout sens de l'orientation et fonçait droit dans les murs si la chandelle éclairant la pièce était soufflée. Pourquoi n'en était-il pas de même pour la chauve-souris ? Afin de répondre à cette question, le prêtre aiguisa son sécateur en vue d'une série d'expériences atroces.

Tout commença plutôt innocemment. Spallanzani façonna un assortiment de minuscules cagoules pour ses sujets, choisissant différents styles et types de tissus de manière à obscurcir la vue des chiroptères à des degrés divers. Pour corser les choses, il relâcha ses chauves-souris cagoulées dans une pièce contenant un parcours d'obstacles maison, constitué de longues branchettes et de fils de soie pendus au plafond. Les cagoules désorientèrent les chiroptères, un peu comme son hibou, mais était-ce parce qu'ils volaient à l'aveuglette ou parce que leurs couvre-chefs étaient un peu trop serrés ? Notre naturaliste ne savait pas trop. Alors il passa logiquement à l'étape suivante : il aveugla les chauves-souris.

« Nous pouvons aveugler une chauve-souris de deux façons », annonçait-il gaiement dans une lettre de sa longue et sanglante correspondance avec son collaborateur suisse, le professeur Jurine (un nom qui ne s'invente pas !) avant d'inventorier ses méthodes de supplice moyenâgeuses : « Brûler la cornée à l'aide d'un fin fil de fer chauffé au rouge, ou [...] retirer le globe oculaire et le sectionner[24] ».

Jamais l'ombre d'un dilemme moral ne transparaît dans la prose crue des missives adressées par le prêtre à Jurine. C'est peut-être dû au caractère pseudo-satanique de la chauve-souris – ou pas du tout. Car si les actes de Spallanzani peuvent nous sembler d'une cruauté choquante, il faut savoir que cet homme, pour comprendre l'action de ses propres sucs gastriques, était déjà allé jusqu'à avaler des sachets en toile remplis de nourriture et attachés à de longues ficelles, qu'il pouvait remonter une fois qu'ils avaient bien mariné. Que représentaient donc quelques paires d'yeux de chiroptères dans sa quête du savoir ? Surtout quand les résultats des expériences s'avéraient si exaltants :

> Avec une paire de ciseaux, j'ôtai complètement les globes oculaires d'une chauve-souris [...] Lancé en l'air

> [...] l'animal s'envola rapidement [...] avec l'assurance et la vitesse d'un animal indemne. Ma stupéfaction devant cette chauve-souris qui voyait parfaitement, bien que privée de ses yeux, est indicible[25].

Cette révélation tenait bel et bien du miracle. D'autant que, trois précautions valant mieux qu'une, Spallanzani avait rempli les orbites de ladite chauve-souris avec de la cire chaude avant de les couvrir de minuscules lunettes en cuir...

Ayant déduit que le malheureux chiroptère ne pouvait vraiment pas se diriger à vue, Spallanzani et le professeur Jurine entreprirent d'éliminer un par un, en faisant preuve d'une grande créativité, les autres sens de l'animal. Pour commencer, ils s'attaquèrent au toucher, un prétendant plausible au titre de sixième sens merveilleux de la chauve-souris, puisqu'on racontait à l'époque que les aveugles trouvaient leur chemin « sains et saufs dans les rues d'une ville » en sentant « les changements à travers la peau[26] ». Spallanzani enduisit ainsi « tout le corps d'une chauve-souris énucléée, y compris le museau et les ailes », de vernis pour meubles. Sans surprise peut-être, l'animal lourdement badigeonné vola d'abord avec difficulté, mais il « retrouva bientôt sa vigueur » et se mit à voler librement. Afin de ne rien laisser au hasard, le prêtre répéta l'expérience avec encore plus de vernis. « Il est à noter, écrivit-il à son confident scientifique, qu'une deuxième puis une troisième couche de vernis n'empêchent pas le vol normal de l'animal[26]. »

Lorsqu'il tenta ensuite de neutraliser l'odorat de la chauve-souris, Spallanzani se heurta à sa première grosse déconvenue expérimentale. « Je bouchai les narines, expliqua-t-il à Jurine, mais la créature ne tarda pas à tomber à terre, terrassée par la difficulté qu'elle éprouvait à respirer. » Les chauves-souris avaient donc besoin de respirer ; confronté à cet embarrassant problème, l'Italien fut forcé d'improviser. Il fixa « de petits morceaux d'éponge » imbibés de sels très odorants devant les narines des chiroptères. Ils « volèrent aussi librement que jamais[27] », rapporta-t-il.

Les tests pour le goût furent présentés de façon nettement plus désinvolte : « L'ablation de la langue ne donna aucun résultat[27]. »

Une chose, toutefois, avait des conséquences sur le vol des chauves-souris : la suppression de leur ouïe. Pour ce faire, l'Italien eut recours à un éventail de méthodes dignes de l'Inquisition espagnole. Il coupa ou brûla les oreilles de ses victimes, les cousit, les remplit de cire chaude et les perça avec des « clous à chaussure chauffés au rouge ». Cette dernière approche fit vraiment déborder le vase pour la chauve-souris qui, « lancée en l'air, tomba à la verticale[28] ». Elle mourut le lendemain matin, ce qui souleva de pénibles questions quant à savoir si le désagrément non négligeable provoqué par ces expériences n'expliquait pas la maladresse de son vol. Spallanzani, qui n'était pas du genre à s'avouer vaincu, imagina une autre solution ingénieuse : il réalisa des cornets acoustiques miniatures en cuivre, qu'il pouvait soit remplir de cire (pour supprimer les sons), soit laisser vides (pour servir de cas témoins).

Ce sont les expériences avec ces minuscules cornets acoustiques qui permirent finalement à nos deux intrépides enquiquineurs de chiroptères d'affirmer avec assurance que ces mammifères volants avaient besoin d'entendre pour voir dans le noir. Le seul problème, c'était que le vol des chauves-souris était apparemment silencieux. Cela turlupina beaucoup le prêtre. « Mais comment, si Dieu m'aime, pouvons-nous expliquer, ou même concevoir, cette hypothèse de l'audition[29] ? » s'interrogeait Spallanzani. Il finit par supposer que le bruit des battements d'ailes des chauves-souris était d'une façon ou d'une autre renvoyé par les objets, et que ces dernières « [appréciaient] les distances d'après la qualité de ce son[30] ». Il se trompait. Mais comment aurait-il pu savoir que les chiroptères hurlent en réalité plus fort qu'une alarme à incendie, à une fréquence inaudible par l'oreille humaine ? À l'époque, l'étude des sons en était encore à ses balbutiements, même si d'importantes avancées étaient imminentes.

Vu l'ingéniosité et la méticulosité des expériences de Spallanzani et Jurine, sans parler des sacrifices littéralement exorbitants faits par les chauves-souris, il est regrettable que ces travaux aient été en grande partie ignorés par l'establishment scientifique. Ce fut pourtant le cas : pendant les cent vingt années qui suivirent, il fut communément admis que les chiroptères se dirigeaient non grâce à l'ouïe, ni même grâce à la vue, mais grâce au toucher.

On peut faire remonter cette conviction à un homme, le respecté zoologiste et anatomiste français Georges Cuvier (frère de Frédéric, le gardien de castors que nous avons déjà rencontré). Pour des raisons connues de lui seul, Georges n'était pas convaincu par les mutilations méthodiques de Spallanzani et Jurine. En 1800, sans procéder lui-même à aucune expérience, le Français déclara ainsi avec autorité, dans l'un des cinq volumes de son ouvrage d'anatomie comparée : « Il nous semble que leurs organes du toucher suffisent à expliquer tous les phénomènes [d'évitement d'obstacles] que présentent les chauves-souris[31]. »

L'étoile de Cuvier étant alors à son zénith, sa parole était sans appel. Dans le tumulte du Paris postrévolutionnaire, l'ambitieux scientifique avait l'oreille de Napoléon, lequel l'avait chargé de développer un programme scientifique national. Les rares voix dissidentes, telle celle du physiologiste britannique sir Anthony Carlisle – convaincu par ses propres expériences que les chauves-souris évitaient les obstacles « grâce à l'extrême acuité de leur ouïe[32] » –, furent largement ignorées. Une réaction plus typique fut incarnée par un certain George Montagu qui, en 1809, demanda avec sarcasme : « Si les chauves-souris voient par les oreilles, entendent-elles par les yeux[32] ? »

Ce genre de raillerie académique dut certes grandement contrarier nos « batmen » dévoués, mais les chauves-souris endurèrent des outrages bien plus graves : elles eurent de fait à subir tortures et mutilations pendant encore un siècle après ça. Partout dans le monde, des investigateurs se mirent à reproduire les expériences du duo de choc. D'innombrables chiroptères furent à leur tour rasés et enduits de vaseline, leurs yeux fermés avec de la colle ou arrachés, leurs oreilles excisées ou bouchées avec des sortes de ciment. Chaque tentative se solda par un échec. En fin de compte, le salut (tant pour les chauves-souris que pour les chercheurs) vint d'un événement remarquable : le naufrage du *Titanic*.

Sir Hiram Stevens Maxim, ingénieur américain naturalisé britannique, avait un don pour l'innovation. Son cerveau atypique était apparemment capable d'imaginer des gadgets en veux-tu en voilà : la première mitrailleuse portable (pour les garçons), des fers à friser (pour les filles), des extincteurs automatiques à eau (pour les consciencieux), des pièges à souris qui se réarment automatiquement (pour ceux qui le sont moins)... Son projet le plus sophistiqué fut une machine volante à vapeur qui « vola » brièvement avant de s'écraser, en 1894. À partir de là, peut-être s'intéressa-t-il de plus près aux catastrophes, parce que à la suite de la collision entre le *Titanic* et un iceberg non détecté en 1912, il chercha à concevoir un moyen d'empêcher que de pareilles tragédies se reproduisent. Il trouva toute son inspiration chez les chauves-souris.

« Le naufrage du *Titanic* nous a causé à tous un choc immense et douloureux, écrivit-il à l'époque. Je me suis demandé : "La science a-t-elle atteint ses limites ? N'y a-t-il aucun moyen d'éviter de si regrettables dégâts matériels et humains ?" » L'inventeur ne se posa pas longtemps la question. « Quatre heures plus tard, il m'est venu à l'esprit que les bateaux pourraient être équipés de ce qu'il conviendrait d'appeler un sixième sens, lequel détecterait les grands objets présents dans leur voisinage sans l'aide d'un projecteur[33]. »

C'est en lisant attentivement les travaux longtemps ignorés de Spallanzani que Maxim eut cette idée du sixième sens. Frappé par le bon sens de la proposition selon laquelle les chauves-souris s'orientaient par l'ouïe, il en conclut qu'elles devaient écouter l'écho du bruit de leurs ailes, et que si elles nous apparaissaient silencieuses, c'était parce que les sons qu'elles émettaient se situaient en dehors des fréquences audibles par les humains. Là, l'ingénieur commit une erreur cruciale : il supposa que la hauteur des sons des chauves-souris était *inférieure* à ces fréquences, et non supérieure. Il supposa aussi à tort que ces sons étaient produits par les ailes des chiroptères plutôt que par leur bouche et leur nez. Il avait en revanche raison de penser qu'ils se situaient *en dehors* de la gamme de fréquences que nous pouvons entendre ; c'était la pièce manquante du puzzle, et son hypothèse ouvrit la voie à la vague de recherches suivante. Quelques années plus tard, le physiologiste britannique Hamilton Hartridge suggéra que les chauves-souris émettaient des sons de haute fréquence inaudibles. Leur sonar secret n'allait plus le rester longtemps.

Le sonar artificiel fut toutefois mis au point avant cela. Peu après que Maxim eut fait connaître sa supposition, deux inventeurs déposèrent en effet un brevet pour un système de navigation acoustique qui, comme les chauves-souris, détectait les sons réfléchis par les objets pour évaluer leur taille et leur éloignement. En 1914, un iceberg fut ainsi détecté à une distance de trois kilomètres au cours d'un essai sur le terrain. Si Cuvier n'avait pas éclipsé les épouvantables recherches de Spallanzani, le sonar nautique aurait peut-être été inventé une bonne décennie plus tôt, et la vie des mille cinq cents personnes qui ont coulé avec le *Titanic* aurait peut-être pu être sauvée. Le cours de l'Histoire aurait peut-être été changé, mais nous ne le saurons jamais.

Il y a toutefois une chose que l'Histoire nous a apprise : les chauves-souris sont une meilleure source d'inspiration pour sauver des vies que le contraire.

Sir Hiram Maxim ne fut pas le seul inventeur franc-tireur dont les chauves-souris enflammèrent l'imagination. Malheureusement, il fut peut-être le plus sain d'esprit. Car pendant la Seconde Guerre mondiale, un projet farfelu consistant à utiliser des milliers de chauves-souris comme dispositifs incendiaires pour faire sauter des villes japonaises s'avéra beaucoup moins fructueux.

Le docteur Lytle S. Adams, un dentiste de soixante ans originaire de Pennsylvanie, était sur la route du retour de ses congés au Nouveau-Mexique, le 7 décembre 1941, lorsque éclata la nouvelle : le Japon avait attaqué la flotte américaine amarrée à Pearl Harbor. Choqué, indigné, il se mit à réfléchir à un projet de représailles. Il se rappela alors les nuées de chauves-souris qu'il avait vues quitter les célèbres grottes de Carlsbad pendant ses vacances. Et si l'on attachait de minuscules bombes à des milliers de chauves-souris avant de les relâcher dans une ville japonaise ? Les chiroptères chercheraient naturellement refuge dans les coins et recoins des foyers, les bombes exploseraient, et elles tueraient dans leur sommeil les citoyens japonais qui ne se douteraient de rien.

Qu'est-ce qui pourrait aller de travers ?

Un tas de choses, s'avéra-t-il. La technologie de l'époque n'avait pas encore permis de mettre au point une bombe plus légère qu'une boîte de haricots en conserve ; un animal pas plus grand qu'une souris aurait donc toutes les peines du monde à soulever une telle arme du sol, et encore plus à la porter sur un long trajet. En outre, le mécanisme de détonation à distance en était encore à ses balbutiements, et puis il y avait le problème délicat des chauves-souris elles-mêmes, qu'on ne peut pas dresser, contrairement à d'autres animaux enrôlés dans l'armée tels que pigeons, marsouins et chiens. Ces engins balistiques naturels n'en feraient qu'à leur tête.

Malgré ces failles criantes, l'armée américaine autorisa le financement du projet. Il faut dire qu'Adams avait des amis très haut placés : quelques années plus tôt, ce dentiste, inventeur à ses heures, avait persuadé la première dame, Eleanor Roosevelt, de jeter un coup d'œil à la solution qu'il proposait pour livrer et relever le courrier d'un avion sans qu'il soit obligé d'atterrir. Sa démonstration avait produit une certaine impression. Alors quand Adams détailla son projet de chauves-souris incendiaires dans une lettre adressée à Franklin D. Roosevelt, sa missive ne partit pas directement à la poubelle comme elle aurait dû. Non : elle fut transmise au National Defense Research

Committee – le groupe à l'origine du projet Manhattan – accompagnée d'une note de recommandation personnelle. « Ce type n'est pas cinglé », écrivait le président américain, avant de conclure, quelque peu hardiment : « L'idée a l'air extravagante, mais elle vaut la peine d'être examinée[34]. »

La « Proposition pour une attaque-surprise » imaginée par Adams était, en fait, plus que tordue. Il promettait un peu hystériquement « d'effrayer, de démoraliser et d'enflammer les préjugés des sujets de l'empire du Japon », tout en donnant une utilité aux « abjects » mammifères ailés de la planète. « La forme la plus basse de vie animale est la chauve-souris, qui a été associée dans l'Histoire aux enfers et aux régions des ténèbres et du mal. Jusqu'à aujourd'hui, les raisons de sa création sont restées inexpliquées, écrivait-il. Tel que je l'envisage, les millions de chauves-souris qui depuis des lustres habitent nos clochers, nos tunnels et nos grottes y ont été placées par Dieu dans l'attente de cet instant. » Il terminait sa lettre avec un fanatisme approprié : « Aussi invraisemblable que vous puissiez juger cette idée, je suis convaincu qu'elle fonctionnera[34]. »

Dans son courrier à la Maison-Blanche, Adams s'autorisait toutefois une petite inquiétude quelque peu obsédante : il fallait garder à l'esprit que son plan « pratique et bon marché » pour détruire les « nuisibles japonais » pourrait facilement « être retourné contre [les États-Unis] si le secret n'[était] pas soigneusement gardé[34] ». Le projet farfelu fut donc dûment estampillé « top secret » et reçut un nom de code digne d'un bouquin de science-fiction : « Projet X-Ray ». On constitua ensuite une équipe avec la crème des officiers supérieurs, experts en armement, ingénieurs et biologistes (parmi lesquels Donald Griffin, le scientifique de Harvard qui avait résolu l'énigme de l'écholocation chez les chauves-souris dans les années 1930), et ensemble, ils entreprirent de franchir les obstacles les plus vertigineux du projet.

La première étape consista à capturer des milliers de molosses du Brésil dans des grottes du sud-ouest des États-Unis, où ils se regroupaient en colonies gigantesques – par millions d'individus. Puis il fallut développer une bombe assez légère pour être transportée par ces petites bêtes de douze grammes. Dans un mélange des genres typiquement américain, certaines pièces du minuscule engin furent fabriquées dans une usine dont le propriétaire n'était autre que le célèbre crooner Bing Crosby.

En réalité, les chauves-souris de cet énorme réseau de grottes avaient déjà été enrôlées lors de conflits antérieurs. Ou plutôt, leurs excréments. Quiconque visite une grotte à chauves-souris se rend péniblement compte que leur guano est très concentré en azote : une odeur âcre d'ammoniaque vous prend à la gorge dès que vous entrez. Pendant la guerre de Sécession, quand les États confédérés étaient arrivés à court de provisions, ils avaient improvisé en utilisant cet azote pour fabriquer leurs explosifs. Il est peu probable que les bombes à Crosby aient elles aussi été confectionnées avec du caca de chiroptère, mais ça aurait été de circonstance.

Une fois réglée la question des bombes et des chauves-souris, il ne restait plus qu'à les assembler. Les explosifs miniatures devaient être attachés avec de la simple ficelle – solution rudimentaire qui reposait sur l'idée que les chauves-souris allaient « voler pour se cacher dans les habitations et autres structures, ronger la ficelle et repartir en laissant les bombes ». Ce n'était là qu'une des nombreuses et dangereuses suppositions quant à la capacité de ces petits insectivores volants – qui n'étaient pas spécialement friands de ficelle – à suivre des ordres. Les brillants scientifiques présumèrent également qu'ils pourraient contrôler leurs recrues animales en s'appuyant sur leur biologie. Ils les placèrent donc dans des frigos, les forçant à entrer en hibernation pour faciliter leur manipulation et leur transport, mais choisir le bon timing pour leur dégel se révéla une autre paire de manches. Plusieurs essais avec des bombes factices firent flop parce que les chiroptères se réveillèrent soit trop tard (et s'écrasèrent lamentablement au sol avec leur chargement), soit trop tôt (et s'échappèrent de la base).

Développer une bombe assez petite pour être transportée par une chauve-souris de 12 grammes ne fut que l'un des nombreux problèmes associés à l'utilisation de chiroptères comme dispositifs incendiaires air-sol pendant la Seconde Guerre mondiale. Leur incapacité à suivre les ordres en était un autre (et elle eut bien sûr des conséquences explosives).

Qu'à cela ne tienne, un essai avec de vrais dispositifs incendiaires eut lieu en juin 1943, moins de deux ans après qu'Adams eut mijoté son plan. Mais rien ne se passa comme prévu : dans un compte rendu, un certain capitaine Carr déclara quelque peu évasivement qu'on « mit fin à l'essai [...] quand le feu détruisit une grande partie du matériel de test ». Ce que le capitaine omettait de préciser, c'est que la caserne, la tour de contrôle et de nombreux autres bâtiments de la base aérienne auxiliaire de Carlsbad furent incendiés par une bande de bombes-chauves-souris en cavale. La nécessité du secret militaire ne fit que mettre de l'huile sur le feu, puisqu'on empêcha les pompiers civils de pénétrer sur les lieux. Il n'y eut donc plus qu'à se replier à bonne distance et à regarder les flammes bondir d'un bâtiment à l'autre, détruisant une grande partie de la base. Comme un ultime pied de nez, une paire de missiles vivants disparut de la circulation, avant d'aller se nicher sous le véhicule du général et, bien sûr, d'exploser.

J'aime penser à ce jour comme à celui où les chauves-souris ont pris le contrôle de leur destinée et fait sauter le diabolique rêve de mort d'Adams. De fait, le projet ne s'est jamais vraiment remis de cet ignominieux revers. Il s'est poursuivi cahin-caha une année de plus, sous l'égide des marines, avant d'être finalement annulé en 1944. Après avoir organisé une trentaine d'essais et dépensé deux millions de dollars, les Américains portèrent finalement leurs efforts sur le développement d'une bombe exploitant les pouvoirs de l'atome – qui s'avéra un peu plus facile à contrôler que les chiroptères.

Adams était amèrement déçu. Il maintint que des incendies déclenchés par les bombes-chauves-souris auraient pu avoir des effets plus destructeurs sur les villes japonaises que les deux bombes atomiques. « Imaginez des milliers d'incendies éclatant simultanément dans un rayon de trente kilomètres autour de chaque bombe larguée ! se lamenta-t-il plus tard. Le Japon aurait pu être dévasté, et ce avec peu de pertes humaines[35]. »

Quel qu'eût été le bilan humain, les chauves-souris auraient sans doute eu du mal à survivre à leur mission balistique si elle avait été maintenue. Quand le Projet X-Ray fut abandonné, ce n'est pas seulement la vie de nombreux chiroptères qui fut épargnée, mais aussi leur réputation dans l'un des rares endroits de la planète où on ne les clouait pas au pilori. Au contraire, sous l'influence de la culture chinoise, les chauves-souris étaient populaires au Japon. On les considérait traditionnellement comme des porte-bonheur. Les transformer en milliers de petits kamikazes aurait forcément suscité les mêmes préjugés que ceux dont elles sont victimes ailleurs dans le monde à cause de leur manie de débouler dans les foyers humains.

Les bêtes qui débarquent chez nous sans invitation sont souvent calomniées – surtout quand elles arrivent de façon soudaine ou menaçante. C'est assurément le cas du prochain membre de ma ménagerie, la grenouille. D'Aristote aux Lumières, l'apparition soudaine de multitudes de batraciens surgis de nulle part a toujours beaucoup perturbé les naturalistes, qui concoctèrent de folles théories en guise d'explication. De nos jours, c'est plutôt la disparition massive des grenouilles et autres anoures* qui préoccupe la science – un mystère qui cache une vérité encore plus dingue que toutes les théories sur leur apparition.

---

* Les anoures sont un ordre d'amphibiens dépourvus de queue à l'état adulte. Ils comprennent ce qu'on appelle communément les grenouilles, les crapauds et les rainettes.

7

La grenouille et le crapaud

Ordre Anura

« Chose singulière ! Au bout de six mois de vie, [les grenouilles] se résolvent en limon sans qu'on s'en aperçoive ; puis on les voit reparaître dans les eaux au printemps telles qu'elles étaient, par un procédé de la nature qui reste inconnu, bien qu'il se renouvelle tous les ans. »

Pline l'Ancien, *Naturalis Historia*[1],
77-79 ap. J.-C.

J'ai passé une bonne partie de l'an 2000 à la recherche d'un monstre mythique au nom énigmatique, le *Telmatobius culeus*, alias la grenouille scrotum aquatique.

La première fois que j'ai entendu parler de cette créature, je séjournais en Uruguay chez un écologiste qui avait un bon carnet d'adresses. Il m'a raconté que dans les années 1960, un ami à lui, Ramón « Kuki » Avellaneda, avait parcouru les vastes étendues du lac Titicaca, très haut dans les Andes à la frontière de la Bolivie et du Pérou, à bord d'un mini sous-marin avec le commandant Cousteau en personne. Ils cherchaient l'or perdu des Incas, en vain. Toutefois, en guise de consolation, ils avaient découvert des grenouilles aquatiques gigantesques : aussi grandes que des voitures trois portes, selon lui.

Les anoures font partie de mes animaux préférés. Ce sont pour moi les premiers vrais explorateurs, car ils ont accompli un bond évolutif qui les a menés de l'eau à la terre. Ils ont surmonté leur biologie, vulnérable par nature, pour coloniser certains des coins les plus inhospitaliers de la planète grâce à des adaptations vraiment futées. Parmi les quelque six mille sept cents espèces d'anoures, il y en a qui sécrètent leur propre écran solaire, d'autres qui fabriquent leur propre antigel et quelques-unes qui savent même voler. Les premiers amphibiens étaient de véritables géants qui se nourrissaient de bébés dinosaures et mesuraient près de dix mètres de long. Peut-être Kuki et Cousteau avaient-ils découvert une relique, une Nessie batracienne au fond du lac le plus haut du monde ?

J'ai retrouvé la trace de Kuki. Il coulait ses vieux jours à se prélasser parmi la jet-set, pas loin de la très hype station balnéaire de Búzios, au Brésil. Comme toutes les années passées sous l'eau l'avaient rendu sourd comme un pot, j'ai communiqué avec lui au téléphone par l'intermédiaire de son fils, qui m'a ôté mes illusions en m'apprenant que les grenouilles scrotum de son père étaient grandes comme des assiettes, pas comme des voitures. J'ai eu du mal à cacher ma déception.

En réalité, *Telmatobius culeus* fut découvert en 1867. Son nom latin, qui prête à rire, fait référence à son look de scrotum plutôt flasque, avec lequel il n'est pas près de gagner un concours de beauté mais qui lui permet de réussir un numéro d'endurance à faire pâlir le grand Houdini.

Le lac Titicaca est un lieu de vie inhospitalier. Situé à quelque quatre kilomètres au-dessus du niveau de la mer, le soleil y est impitoyable, et l'air pauvre en oxygène. Ce n'est pas un endroit fait pour un amphibien à sang froid et à la peau délicate. Mais *Telmatobius* y survit en vivant presque entièrement sous l'eau, protégé des féroces UV et des fluctuations spectaculaires de température par cette grosse couverture liquide. Il remonte rarement à la surface et respire quasi exclusivement par la peau. Au fil de l'évolution, celle-ci s'est développée en amples plis qui se drapent autour de sa maigre carcasse pour maximiser sa surface. Lorsqu'il a besoin de plus d'oxygène, au lieu de remonter aspirer une goulée d'air comme le ferait une grenouille ordinaire, *Telmatobius* fait des pompes au fond du lac pour augmenter la circulation d'eau fraîche et oxygénée autour de ses plis et replis dermiques.

Le Telmatobius culeus *ne se doute heureusement pas qu'il doit son nom à son look de scrotum flasque, ni qu'il risque fort de finir sa vie dans un mixer sous forme de Viagra de contrebande.*

Quand Cousteau a exploré le lac à bord de son mini-sous-marin en 1969, il a rapporté la présence de plusieurs « milliers de millions[2] » de ces gros batraciens qui mesuraient en moyenne, selon lui, cinquante centimètres de long. Aujourd'hui, les pêcheurs du coin racontent que les géants de Cousteau ont disparu depuis longtemps et qu'il est même de plus en plus difficile de trouver leurs petits descendants.

De nos jours, le meilleur endroit pour trouver une grenouille scrotum aquatique, c'est dans un mixer à Lima, la capitale du Pérou. Ces batraciens tout ridés sont en effet l'ingrédient essentiel d'une recette traditionnelle de Viagra de contrebande, prisée dans tout le pays et particulièrement dans la capitale. C'est comme ça qu'à l'aéroport, je me suis retrouvée à supplier un chauffeur de taxi de foncer à l'autre bout de la ville, pendant mes deux heures de correspondance, pour m'emmener dans son bar à jus de grenouille préféré. Alors que nous traversions la ville à tombeau ouvert, j'ai brusquement réalisé qu'en insistant pour goûter l'aphrodisiaque à l'amphibien favori de mon chauffeur, je donnais peut-être l'impression de le draguer. J'ai donc essayé de maintenir la conversation sur le terrain scientifique, mais comme je parle mal espagnol, que lui ne parlait pas anglais et que le nom vernaculaire de la grenouille est assez évocateur, cela relevait franchement du défi !

En arrivant au bar à jus, qui n'était guère plus qu'une petite pièce délabrée donnant sur une rue de marché animée, j'ai entrevu pour la première fois la bestiole légendaire. Ce géant tout droit sorti des profondeurs s'est révélé être une petite grenouille tachetée d'un vert terreux dans un réservoir en verre sale, qui fixait tristement l'extérieur de ses yeux globuleux.

Le chauffeur de taxi a commandé son remontant habituel du vendredi après-midi ; avec la dextérité de Tom Cruise dans *Cocktail*, la barmaid a prestement attrapé par les pattes arrière un *Telmatobius* à l'air misérable, puis elle l'a assommé sur le comptoir, épluché comme une banane et balancé dans un mixer en y ajoutant des herbes et du miel.

Avec une étincelle perceptible dans le regard, mon guide m'a tendu le smoothie à la grenouille. Dans l'intérêt de la science et de l'investigation, j'en ai bu une petite gorgée. C'était sucré, crémeux, et ça n'avait pas du tout le goût de grenouille. C'était même bon... jusqu'à ce que je me rappelle la composition. Mais ça ne m'a pas excitée pour un sou. Même si beaucoup d'amphibiens sécrètent des substances qui s'avèrent extrêmement utiles à la science, il est peu probable que *Telmatobius*, comme de nombreux remèdes traditionnels, ait une quelconque valeur médicinale. C'est un truc culturel. Chez les peuples des Andes, ces grenouilles sont depuis longtemps associées à la fertilité, et l'imagerie liée aux anoures remonte encore plus loin que l'époque où les Incas régnaient dans la région.

Les Andins ne sont d'ailleurs pas les seuls à établir un lien entre batraciens et fécondité. Dans l'Angleterre médiévale, mettre une grenouille dans sa bouche était considéré, non comme un aphrodisiaque, mais comme un excellent moyen de contraception. Difficile de comprendre comment c'était censé marcher, mais cela dissuadait certainement votre soupirant de vous embrasser. En Chine, dans les années 1950, le ministre de la Santé du gouvernement communiste encouragea dans la même veine l'ingurgitation d'une poignée de têtards vivants comme méthode privilégiée de contrôle des naissances. Cela représentait un net progrès comparé à une vieille prescription chinoise qui recommandait de faire préalablement revenir les têtards dans le mercure – moyen assurément très efficace de prévention des grossesses, par empoisonnement de toutes les personnes impliquées ! La nouvelle méthode méritait toutefois d'être peaufinée, et le ministre fit donc réaliser de sérieux tests d'efficacité des larves contraceptives sur des souris, des chattes et des femmes. Quarante-trois pour cent des femmes testées tombèrent enceintes dans les quatre mois, si bien qu'en 1958 on déclara officiellement que les têtards vivants ne possédaient aucune vertu contraceptive, sans doute au grand soulagement des femmes (et des têtards) de tout le pays.

Dans toutes les cultures et sur tous les continents, dans le folklore comme dans les sciences, grenouilles et crapauds ont depuis tous temps été associés au sexe et à la fertilité. Grossesse, pestilence et épidémie ravageuse figurent en bonne place dans l'histoire de cette longue association pleine de malentendus.

Cela fait au moins cinq mille ans que les hommes vouent un culte aux anoures, dieux de la fertilité. Chez les Aztèques, un crapaud géant appelé Tlaltecuhtli, une divinité de la Terre-mère, incarnait le cycle infini de la naissance, de la mort et de la renaissance. Leurs voisins de la Mésoamérique précolombienne adoraient pour leur part une divinité amphibienne encore plus ancienne, Centeotl, patron des accouchements et de la fertilité, qui prenait la forme plutôt troublante d'un crapaud arborant une rangée de grosses mamelles. À l'autre bout du monde, dans l'Égypte antique, la déesse de la fécondité et de la naissance, Heqet, était quant à elle représentée sous forme de grenouille.

L'origine la plus probable de ces mythes très répandus est la pratique, chez les anoures, de la « reproduction explosive », une habitude aussi spectaculaire que son nom le suggère. Leur tactique de survie consiste en effet à vaincre leurs prédateurs en se rassemblant en très grand nombre pour produire collectivement tellement d'œufs qu'ils ne pourront pas tous être mangés. Cela peut donner lieu à un sacré spectacle : une masse grouillante d'ardents batraciens agrippés les uns aux autres par deux, trois ou plus, pendant des jours entiers !

Puisque tous les amphibiens ou presque doivent se reproduire dans l'eau, ces partouzes grenouillesques coïncident souvent avec la saison des pluies ou avec des inondations, lesquelles sont également importantes pour les paysans. Dans l'Antiquité, par exemple, les Égyptiens dépendaient de la crue annuelle du Nil pour leur agriculture. En se retirant au printemps, les eaux de crue laissaient derrière elles un riche sol noir qui nourrissait les cultures... ainsi que des milliers de grenouilles qui avaient le feu au derrière. La fécondité des grenouilles, la terre et la population étaient donc indissociablement liées dans les esprits.

Mais la grande énigme, c'était de savoir d'où venaient toutes ces bestioles.

Leur apparition soudaine et massive perturbait les philosophes de l'Antiquité, lesquels avancèrent que cette débauche de batraciens jaillissait de la terre elle-même, les grenouilles étant le produit d'une alchimie féconde entre l'eau et la boue. Cette idée, selon laquelle la vie pouvait surgir de la matière inorganique, ne concernait pas seulement les grenouilles – nous l'avons déjà rencontrée dans l'histoire de l'anguille. Elle était en effet généreusement appliquée à un large éventail d'animaux qui, comme la grenouille et l'anguille, n'avaient pas d'organes sexuels clairement visibles ou subissaient des métamorphoses incompréhensibles. Cela faisait un moment que des réflexions de ce genre traînaient en Chine, en Inde, à Babylone et en Égypte, mais il fallut attendre Aristote pour qu'elles soient rassemblées en une théorie mûrement réfléchie, quoique erronée, de la génération spontanée.

Selon l'*Historia Animalium* du grand philosophe grec, certains animaux inférieurs « viennent non pas d'animaux, mais par génération spontanée, les uns de la rosée tombant sur les feuilles [...], d'autres de la boue et d'excréments putréfiés, d'autres dans du bois, les uns dans du bois sur pied, les autres dans du bois déjà sec [...], d'autres dans [les] résidus [d'animaux] et, parmi ces derniers, les uns dans des résidus qui ont été expulsés, les autres dans ceux qui sont encore à l'intérieur des animaux[3] ».

La théorie d'Aristote, comme la plupart de ses enseignements, fut reçue avec vénération. En plus d'élucider le mystère des grenouilles, elle permettait d'expliquer comment la viande pourrie se mettait brusquement à grouiller d'asticots, ou pourquoi l'on voyait apparaître de manière troublante des vers intestinaux dans les excréments humains. Les naturalistes qui marchèrent dans son sillage, notamment Pline l'Ancien, s'emparèrent de cette idée, étoffant la liste des animaux concernés et décrivant la génération spontanée des insectes à partir d'un large éventail de matières, de la « vieille cire » à la « poussière humide » et aux « livres », en passant par la « lie du vinaigre[4] ». On croyait aussi que certains petits animaux naissaient des cadavres de certains gros animaux : ainsi les chevaux se muaient-ils en frelons, les crocodiles en scorpions, les mules en locustes et les taureaux en abeilles. Les carcasses étaient un populaire « générateur de vie » sous toutes les formes possibles et imaginables.

Aussi ridicule qu'elle paraisse aujourd'hui, la théorie de la génération spontanée s'avéra increvable. Elle régna même sans partage jusqu'aux XVIe et XVIIe siècles. Pendant deux mille ans de gestation dans une matrice intellectuelle très inventive, les idées d'Aristote engendrèrent ainsi un lot d'instructions surréalistes pour créer la vie, car tout philosophe naturel qui se respectait tenait absolument à participer au jeu de la génération spontanée. En 1665 par exemple, dans son opus *Mundus Subterraneus*, le jésuite allemand Athanasius Kircher recommandait à ses lecteurs tout un tas de recettes, pour certaines pas plus compliquées qu'un sachet de nouilles instantanées. Pour créer des grenouilles, il suffisait de ramasser de l'argile dans un fossé où avaient vécu des grenouilles, de la faire incuber dans un grand récipient en y ajoutant de l'eau de pluie et, abracadabra, on obtenait un bocal d'amphibiens instantanés.

Comme certaines espèces sont connues pour hiberner dans la boue en période de sécheresse, il est possible que quelqu'un ait un jour « créé » une grenouille de cette façon. On ne peut toutefois sans doute pas en dire autant des instructions très imaginatives proposées par Jan Baptist van Helmont, un chimiste flamand du XVIIe siècle qu'on pourrait qualifier de Gordon Ramsay* de la génération spontanée, même si ses recettes n'étaient pas précisément appétissantes. Parmi ses préparations de choix figurent des arachnides venimeux qu'on pouvait, disait-il, faire naître en remplissant un trou de brique avec un bouquet de basilic, puis en le couvrant avec une autre brique et en laissant le tout au soleil. Quelques jours plus tard, « l'odeur de basilic, agissant comme un ferment, changera[it] l'herbe en véritables scorpions[5] ». Pour créer des souris en revanche, il fallait mettre du blé et de l'eau dans un récipient, le recouvrir de la robe d'une « femme sale[6] », et vingt et un jours plus tard on

* Célèbre chef cuisinier britannique.

obtenait un petit rongeur de compagnie. Des recettes de chiots auraient peut-être eu davantage de succès...

La théorie de la génération spontanée était si largement admise que, en 1646, lorsque le grand pourfendeur britannique de mythes ancestraux, sir Thomas Browne, osa contester qu'on puisse réellement créer des souris de cette manière, on se moqua de lui. « Il doute que les souris soient engendrées par la putréfaction ! s'offensa un partisan courroucé d'Aristote. Il pourrait alors tout aussi bien douter que les vers soient générés dans le fromage ou le bois de construction ; ou que les papillons, les criquets, les sauterelles, les coquillages, les escargots, les anguilles et ainsi de suite soient engendrés par de la matière putréfiée [...] Douter de cela, c'est mettre en doute la Raison, le Bon Sens, l'Expérience[7]. »

Au milieu du XVIIe siècle, l'arrivée du microscope rendit des mondes minuscules accessibles à l'exploration des cyniques en quête de vérités nouvelles, comme Browne. Une bande de microscopistes et biologistes expérimentaux se proposa ainsi de répudier les modes de pensée occultes et archaïques en menant les premières vraies investigations scientifiques. Parmi les plus éminents se trouvait le naturaliste italien Francesco Redi. Ce dernier se chargea de contester la théorie d'Aristote en réalisant des expériences qui figurent sans doute parmi les plus nauséabondes jamais entreprises (à l'exception notable, peut-être, du petit jeu de cache-cache d'Audubon avec le cochon pourri).

Lors d'un été torride en Italie, Redi se procura autant de cadavres d'animaux – des grenouilles jusqu'aux tigres – qu'il put en trouver. Après quoi il suivit consciencieusement les recettes de génération spontanée des différents philosophes naturels, transformant par la même occasion son domicile en cuisine malodorante dédiée à la création de la vie. Aussi bizarres ou puantes qu'aient été les méthodes, Redi les respecta scrupuleusement, les testant même plusieurs fois pour voir si elles ne recelaient pas le secret de la genèse. Dans les notes qu'il prit au cours de cet été-là, il rapporta par exemple comment il suivit les indications d'un compatriote, Giambattista della Porta, selon lequel « le crapaud est engendré d'un canard en putréfaction sur un tas d'excréments d'animaux ». Ce qu'il testa non pas une fois, mais trois. Malheureusement, écrivit-il, les essais « ne donnèrent aucun résultat ». Force lui fut de conclure que Porta, « par ailleurs un écrivain fort intéressant et profond », avait « été trop crédule[8] ».

Quelle que soit la nature de la viande fétide utilisée, tout ce que Redi réussit de fait à créer, ce furent des asticots et des mouches. « Je poursuivis des expériences semblables avec de la chair crue et cuite de bœuf, de cerf, de buffle, de lion, de tigre, de chien, d'agneau, de chevreau, de lapin ; et parfois avec de la chair de canard, d'oie, de poule, d'hirondelle, etc., expliqua-t-il. Je fis enfin l'expérience avec différentes sortes de poissons, tels que l'espadon, le thon, l'anguille, la sole, etc. À chaque fois j'assistai à l'éclosion de l'une ou l'autre des espèces de mouches déjà mentionnées[9]. »

Redi en fut conduit à proposer à son tour une explication très imaginative, qui nous paraît évidente aujourd'hui mais qui était radicale à l'époque : les mouches tournant autour de la viande étaient les génitrices des asticots. « Ayant réfléchi à tout cela, écrivit-il, je commençai à croire que tous les vers que l'on trouve dans la viande dérivent directement des chiures de mouche, et non de la putréfaction de la chair. Ma conviction fut encore raffermie par l'observation que, bien avant que les vers ne se mettent à grouiller dans la viande, des mouches avaient rôdé au-dessus, de la même sorte que celles qui naissaient ensuite à l'intérieur[9]. »

À ce stade, Redi entreprit une ultime expérience afin de tester son hypothèse. Ce dut être le comble de la puanteur :

> Je mis un serpent, des poissons, des anguilles de l'Arno et une tranche de veau nourri au lait dans quatre grands flacons à large embouchure ; après les avoir hermétiquement fermés, je remplis le même nombre de flacons des mêmes ingrédients, à la seule différence que je les laissai ouverts. Il ne se passa pas longtemps avant que la viande et le poisson, dans ces derniers récipients, se couvrent de vers et que l'on puisse voir des mouches y entrer et en sortir à loisir ; mais dans les flacons fermés, je ne vis pas un seul ver, alors que de nombreux jours s'étaient écoulés depuis que la chair morte y avait été placée[9].

Le génie simple de cette expérience – qui prouvait que les cadavres protégés des mouches ne produisaient pas d'asticots, alors que ceux laissés à découvert ne tardaient pas à en être envahis – marqua le début de la fin de la théorie de la génération spontanée.

Hélas, de ses cendres naquit un dogme nouveau mais tout aussi erroné. Place aux partisans de la préformation, qui se donnaient pour but d'expliquer la génération de *toute* vie animale ! Ils croyaient que chaque être vivant se développait à partir d'une version miniature de lui-même appelée « homonculus », laquelle était contenue dans la graine de l'animal, et que la germination reflétait uniquement une augmentation des dimensions de ce mini-moi. Les préformationnistes se répartirent en deux camps opposés : les ovistes, pour qui l'homonculus était contenu dans l'ovule de la femelle, et les animalculistes ou spermatistes, pour qui il résidait dans la semence du mâle.

L'idée selon laquelle le sperme et l'ovule étaient tous deux nécessaires à la vie n'était à l'époque défendue que par une minorité – jusqu'à ce qu'enfin, dans les années 1780, notre biologiste brandisseur de ciseaux préféré, j'ai nommé Lazzaro Spallanzani, intervienne. Nous l'avons déjà vu à l'œuvre avec des escargots et des oreilles de chauves-souris. Dans la série d'expériences qui nous intéresse ici, il trouva un usage plus créatif à son instrument de torture en confectionnant de petits pantalons en taffetas pour anoures.

Pour les spermatistes : un homonculus blotti dans un spermatozoïde. Illustration de Nicolas Hartsoeker dans son Essai de dioptrique *(1694).*

Notre curé était obsédé par le sexe – et plus particulièrement celui des grenouilles. Il pensait que les ébats de ces batraciens révéleraient les secrets de toute conception. Chez les grenouilles, en effet, la fécondation est externe ; la conception peut donc être plus facilement observée et, plus important encore, contrôlée.

Mais à l'époque, même cette vérité très élémentaire prêtait à controverse. Le célèbre taxonomiste Carl von Linné avait déclaré : « Dans la nature, en aucun cas, chez aucun être vivant, la fécondation ou imprégnation de l'œuf ne se produit en dehors du corps de la mère[10]. » Spallanzani dégaina donc ses ciseaux et entreprit de s'immiscer dans les accouplements d'amphibiens pour vérifier les affirmations du Suédois. Il attrapa des grenouilles femelles, les ouvrit d'un coup de lame et récupéra leurs ovules non pondus. Ceux-ci, observa-t-il, ne se développaient jamais en têtards, mais dégénéraient en « une masse putride et repoussante[10] ». Les ovules émis pendant que le mâle étreignait la femelle, au contraire, se transformaient toujours en têtards. C'était la preuve que la fécondation se produisait nécessairement à l'extérieur et, même si tout ce que le mâle semblait faire, c'était de se cramponner à sa partenaire (le sperme de grenouille est invisible dans l'eau), Spallanzani supputa qu'il devait bien être pour *quelque chose* dans ce processus. Il fallait seulement trouver quoi.

Pour ce faire, notre entreprenant homme d'Église emprunta l'idée d'un scientifique français, René Antoine Ferchault de Réaumur, qui, trente ans auparavant, s'était donné beaucoup de mal pour traquer la substance, si substance il y avait, émise par la grenouille mâle pendant l'accouplement. Ce qu'il avait accompli d'une façon très ingénieuse en forçant des mâles à porter des caleçons amphibies confectionnés par ses soins, lesquels agissaient comme des sortes de préservatifs enveloppant tout le corps. Heureusement pour Spallanzani (et pour nous), ce minutieux scientifique français tenait très méticuleusement le registre de ses différents prototypes de sous-vêtements.

« Le 21 mars, on a donné une culotte de vessie bien fermée, écrit Réaumur dans ses notes, qui surtout bouche le derrière[11]. » La vessie animale était une combinaison gagnante, car elle était bien extensible et facile à enfiler sur les amphibiens. Mais une fois que les grenouilles se mirent à l'eau, elle devint trop « molle et lâche[11] » et commença à se désagréger. Comme le scientifique n'était pas sûr que « la grenouille soit adéquatement couverte[11] », ce premier caleçon biologique fut mis au rancart.

Le taffetas ciré, matière imperméable utilisée pour la confection des parapluies, s'avéra un choix plus durable. Malheureusement, il manquait d'élasticité pour un parfait ajustement. Avec une frustration palpable, le Français écrivit : « Une fois les culottes confectionnées et enfilées, les grenouilles les abandonnèrent sous mes yeux[11]. » Les trous qu'il avait faits pour les pattes étaient trop grands et, à sa grande consternation, les amphibiens pouvaient enlever leur caleçon en remontant leurs pattes à travers, avant de se libérer d'un bond.

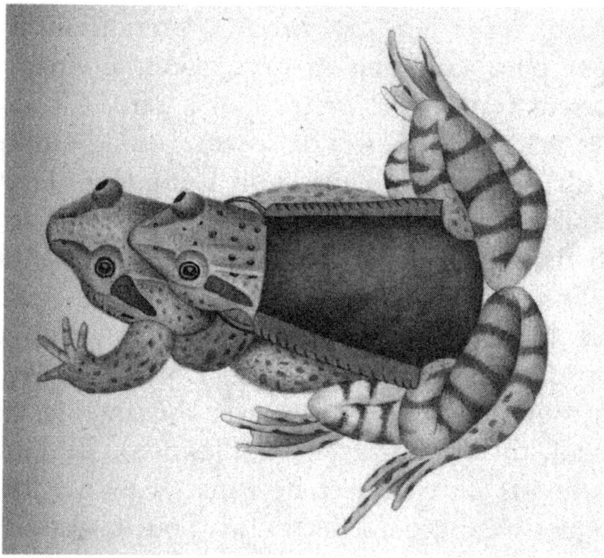

Le scientifique français Réaumur était si content du caleçon amphibie sur mesure qu'il avait inventé qu'il chargea une artiste, Hélène Dumoustier, d'immortaliser cette tenue grenouillesque originale, avec bretelles et tout. Et comment lui en vouloir ?

Mais s'il y a une chose qu'on puisse dire de Réaumur, c'est qu'il était plein de ressources. Il résolut donc le problème en confectionnant de minuscules bretelles qui se glissaient sur les épaules des grenouilles et maintenaient leur accoutrement bien en place. Inspiré par la lecture attentive de ses notes, Spallanzani conçut de semblables atours pour ses propres anoures amoureux. « L'idée de caleçons, toute saugrenue et ridicule qu'elle pût paraître, ne me déplaisait pas, et j'ai résolu de la mettre en pratique. Les mâles, malgré cette gêne, recherchent les femelles avec autant d'empressement et accomplissent, aussi bien qu'ils le peuvent, l'acte de génération[12]. »

Après que les grenouilles eurent fait leur affaire, Spallanzani leur retira leur caleçon avec précaution et scruta l'intérieur pour examiner sa prise. Contrairement à son prédécesseur français, le prêtre italien réussit à récupérer quelques précieuses gouttes de sperme, qu'il s'empressa de frotter sur un amas d'ovules non fécondés – lesquels se transformèrent en têtards, ce qui suggérait que le résidu recueilli dans les culottes était bel et bien essentiel à la fécondation. Doué d'un esprit systématique, Spallanzani ne laissa toutefois rien au hasard. Il démontra ensuite que rien d'autre n'aurait pu donner vie à ces ovules, en frottant toute une série de frais avec du sang, du vinaigre, de l'alcool, du vin (différents millésimes), de l'urine ou encore du jus de citron et de lime. Il essaya même de leur donner vie grâce à l'électricité. Tous ces essais furent stériles, au sens propre du terme.

Les aventures vestimentaires de Spallanzani avec les grenouilles marquèrent une étape décisive dans l'étude de la fécondation. Moins d'un siècle plus tard, de retour dans les laboratoires, des amphibiens allaient une fois de plus servir à révéler s'il y avait eu ou non fécondation – mais chez les humains, cette fois.

Cela peut paraître aussi douteux que les remèdes populaires bidon des bestiaires du Moyen Âge, mais des années 1940 aux années 1960, le premier test de grossesse fiable au monde fut un petit crapaud aux yeux exorbités. Quand on lui injectait l'urine d'une femme enceinte, il ne se colorait pas en bleu, aucune ligne n'apparaissait sur sa peau, mais il expulsait des ovules huit à douze heures plus tard, signe que le résultat était positif.

Il n'existait pas de test du crapaud à faire chez soi. L'injection était réalisée par des testeurs de grossesse professionnels qui passaient leur temps, dans les sous-sols et les annexes de nombreux hôpitaux et centres de planning familial, à côté de réservoirs remplis de ces crapauds prédicteurs. Audrey Peattie, une pétillante vieille dame de quatre-vingt-deux ans, ancienne testeuse de crapauds du Hertfordshire, m'a raconté ses trois années de service auprès des batraciens de l'hôpital de Watford.

Travailler dans un labo plein d'urine et d'amphibiens était plutôt inhabituel pour une jeune femme des années 1950. Alors que la plupart de ses amies devinrent secrétaires après le lycée, à dix-sept ans, Audrey partit exercer à Watford un métier un peu plus « bizarre » et « embarrassant à décrire », selon ses termes, mais qui l'enchantait néanmoins.

« On faisait une quarantaine de tests par jour. Les crapauds nous glissaient souvent entre les mains, mais on les attrapait entre les pattes arrière puis on faisait les injections sous la peau et dans leurs cuisses charnues, se rappelait encore Audrey. Ensuite on les mettait dans un récipient numéroté, on les laissait au chaud jusqu'au lendemain et on les examinait au matin pour voir s'ils avaient pondu. S'il n'y avait que quelques ovules, on répétait le test avec un autre. Mais les crapauds n'étaient presque jamais en faute. »

Selon Audrey, ces crapauds sibyllins n'étaient pas « du genre de ceux qui traînent dans votre jardin », mais des xénopes du Cap, aussi appelés xénopes lisses (*Xenopus laevis*), bien plus exotiques : une très vieille espèce d'anoure aquatique d'Afrique subsaharienne. Avec leurs longues griffes, leur corps aplati et des sortes de points de suture à la Frankenstein sur les côtés, ils ne sont pas franchement jolis. Comme leurs yeux globuleux sont dépourvus de paupières, ils dansent dans l'eau de leur bac en suivant vos allées et venues dans le labo d'un regard quelque peu menaçant.

C'est l'endocrinologue britannique Lancelot Hogben qui découvrit le don des xénopes pour détecter les grossesses, alors qu'il était en poste à l'université du Cap à la fin des années 1920. Il s'était servi jusque-là d'anoures européens pour étudier les hormones, mais une fois en Afrique du Sud, il entreprit de nouvelles expériences avec la faune locale. Il découvrit ainsi que *Xenopus*, exactement comme les tests de grossesse qu'on trouve aujourd'hui en pharmacie, réagissait de façon spectaculaire à la présence d'hormone chorionique gonadotrope humaine, ou hCG, laquelle est sécrétée après la fécondation d'un ovule. Pour Hogben, le potentiel du xénope comme test de grossesse était une « aubaine[13] ». Il était tellement entiché du batracien qu'il donna par la suite son nom à sa maison.

Le « test de Hogben », comme on l'appela, remplaça rapidement le « test de la lapine », beaucoup moins fiable, qui consistait à injecter de l'urine à une lapine, puis à la disséquer quelques heures plus tard pour rechercher des traces d'ovulation dans ses ovaires. Cette technique, m'expliqua Audrey, était bien moins pratique : « Imaginez un peu, garder assez de lapines sous la main pour faire quarante tests par jour ! » Les xénopes étaient en outre réutilisables, ce qui représentait un net avantage.

Audrey Peattie (à droite) dans les années 1950, au laboratoire du centre de planning familial de l'hôpital de Watford, où elle était chargée d'une mission un peu scabreuse : inciter des crapauds à lui dire si une femme était enceinte ou pas.

Autre atout du test du crapaud : les xénopes lisses, petits, pouvaient être conservés dans des aquariums en attendant leur rendez-vous avec le prélèvement hormonal d'une femme incertaine. Après leur numéro de divination, ils avaient droit à de petites vacances sans hormones, m'a confié Audrey, « trois semaines environ ». Pendant ce temps, « ils nageaient tranquillement » et on les « nourrissait de foie haché ». Puis ils étaient de nouveau mobilisés pour jouer les oracles.

À lui seul, le xénope du Cap révolutionna les tests de grossesse en réhabilitant un procédé autrefois associé à la mort d'animaux, et en le rendant réalisable à une plus grande échelle que jamais dans l'Histoire. Mais l'importance scientifique de ce batracien ne se limite pas à ça. Des centaines de milliers de spécimens furent par la suite exportés d'Afrique vers les laboratoires de test d'Europe et d'Amérique, où leur présence attira l'attention d'autres scientifiques, notamment ceux qui travaillaient dans le champ naissant de la biologie du développement – les descendants intellectuels de Spallanzani – et dont les expériences pour tenter de décrire le processus de croissance de l'embryon nécessitaient d'énormes quantités d'œufs. Jusque-là, ils utilisaient des amphibiens à reproduction saisonnière, ce qui limitait sérieusement leurs recherches. Or voilà un anoure qu'on pouvait amener à pondre des dizaines de milliers d'ovules sur commande, en lui injectant tout simplement de l'hCG (une recette ultra-moderne de génération spontanée, en quelque sorte). En prime, les œufs du xénope lisse étaient exceptionnellement gros – dix fois plus que des œufs humains –, donc parfaits pour la microchirurgie et la manipulation génétique. Et comme les têtards étaient transparents, cela permettait aux biologistes du développement d'observer plus facilement le processus interne de leur croissance. Pour couronner le tout, les adultes, très résistants aux maladies, pouvaient vivre jusqu'à vingt ans en captivité. Les scientifiques étaient au septième ciel.

Xenopus laevis allait ainsi rejoindre la souris et la drosophile parmi les organismes modèles les plus étudiés de la planète, avec des colonies de spécimens vivants présentes dans les laboratoires de quarante-huit pays répartis sur cinq continents. Dans les années 1980, il était devenu l'amphibien doté de l'aire de répartition la plus large sur Terre. Après avoir été décodé, disséqué et documenté sous toutes les coutures, il a aussi été le premier vertébré à être cloné, et il est même allé dans l'espace.

Mais il y avait une chose essentielle que les scientifiques ignoraient encore à son sujet. Une chose qu'ils ne découvrirent, malheureusement, que lorsqu'il fut trop tard : cet anoure globe-trotter ne voyage pas en solitaire.

À la fin des années 1980, les herpétologistes remarquèrent quelque chose de très curieux. Des populations entières d'amphibiens d'Australie et d'Amérique centrale disparaissaient, parfois très brusquement, d'environnements intacts, et ce sans laisser de cadavres. Comme s'ils s'étaient volatilisés. Cela faisait soixante-cinq millions d'années que les amphibiens étaient sur Terre ; ils avaient survécu au météore qui avait exterminé les dinosaures, à une série de périodes glaciaires, ainsi qu'à bon nombre de fluctuations climatiques spectaculaires. Qu'est-ce qui pouvait à présent les tuer aussi massivement ?

Après d'intenses années de conjectures, on a fini par identifier le coupable : un champignon aquatique primitif, *Batrachochytrium dendrobatidis*, alias Bd, un chytride. En infectant la peau de l'anoure – un organe extrêmement sensible que l'animal utilise pour respirer –, le Bd provoque une maladie qui empêche l'absorption d'oxygène et d'électrolytes essentiels, ce qui finit par causer un arrêt cardiaque.

Au cours des trois décennies qui suivirent, les scientifiques assistèrent, horrifiés, à l'apparition de ce chytride sur tous les continents – sauf l'Antarctique, où il n'y avait pas d'amphibiens. Son expansion a déclenché le déclin catastrophique, voire l'anéantissement complet d'au moins deux cents espèces. Même en ces temps qui voient les extinctions se multiplier, cette apocalypse batracienne a été décrite comme « la pire maladie infectieuse jamais enregistrée chez les vertébrés[14] ».

D'où était donc venu ce champignon tueur d'anoures, et comment s'était-il propagé si loin et si vite ? Il y a quelques années, je me suis rendue au Chili, pays durement frappé par le chytride, pour rencontrer Claudio Soto-Azat, un jeune et prometteur scientifique déterminé à trouver les réponses à ces grandes questions et à sauver les batraciens de son pays. Claudio fait partie de ces gens qui débordent de joie, ce qui est un gros atout lorsqu'on se consacre à un sujet aussi déprimant que l'extinction massive de ses animaux préférés.

Comparé à ses voisins, le Chili n'offre pas une liste vertigineuse d'amphibiens (seulement cinquante espèces), mais ceux qu'il recèle sont presque tous absolument uniques. C'est parce que ce pays est, au fond, une longue île étroite, isolée au nord par le désert, au sud par des glaciers, à l'ouest par l'océan et à l'est par les Andes. Bien que vivant sur un vaste continent bourré d'anoures, les amphibiens du Chili ont donc évolué dans une bulle, ce qui les rend particulièrement vulnérables à l'extinction.

J'ai accompagné Claudio dans une expédition à la recherche d'une des bêtes les plus fabuleuses du pays, l'incroyablement rare grenouille de Darwin, ou rhinoderme de Darwin, découverte par le grand barbu lui-même en 1834 lors de son épique voyage à bord du *Beagle*. Ce qui rend cette grenouille si extraordinaire, c'est qu'elle a troqué la classique métamorphose en étang contre une modalité digne de la science-fiction : après l'accouplement, le mâle monte la garde sur les œufs jusqu'à ce qu'ils soient près d'éclore, et alors il les engloutit. Six semaines plus tard, comme dans une scène d'*Alien*, il dégobille des bébés grenouilles. En dehors de l'hippocampe, la grenouille de Darwin est le seul animal chez qui le mâle donne naissance, quoique par la bouche.

Claudio et moi avons pris l'avion jusqu'à un aéroport miteux de Patagonie, en réalité guère plus qu'une piste d'atterrissage poussiéreuse, telle une éraflure dans la terre encadrée de sommets enneigés. Je me souviens qu'il m'a montré la frontière avec l'Argentine : un portail métallique branlant sur un petit chemin au milieu des champs et des montagnes. On avait vraiment l'impression d'avoir débarqué au milieu de nulle part. De là, nous avons roulé quatre heures pour atteindre les forêts où la grenouille de Darwin est chez elle – un mélange surréaliste d'épais bambous, de rhubarbes géantes aux feuilles assez grandes pour faire comme un toit, de fuchsias sauvages pétillants de fleurs rose vif, et de hauts arbres dégoulinant de longues vrilles de mousse vert clair flottant au vent. Un épais brouillard planait dans l'air. On se serait cru dans *Le Seigneur des anneaux*.

Le point positif, c'est que nous avons vite trouvé notre grenouille, ce qui tenait du miracle vu qu'elle mesure trois centimètres de long et que son camouflage lui donne l'apparence d'une feuille de bambou, y compris la tige, qu'imite à la perfection son nez long et fin. Le point négatif, c'est que l'analyse en labo des prélèvements effectués par Claudio sur nos petites amies vertes a par la suite révélé la présence du chytride.

Contracter le chytride n'est pas automatiquement synonyme de condamnation à mort pour un anoure. Chose exaspérante, ce champignon est un tueur lunatique à l'efficacité imprévisible. Certains amphibiens, pour une raison ou une autre, semblent immunisés et capables de résister à son étreinte suffocante. Nous pouvions seulement espérer que la grenouille de Darwin, aux mœurs largement terrestres, ne serait pas exposée à des niveaux létaux de spores du champignon (lesquelles sont portées par l'eau). Une cousine à elle, *Rhinoderma rufum*, n'avait pas eu cette chance : malgré un habitat moins reculé, plus proche de la capitale Santiago, cette grenouille tout aussi bizarre, à incubation buccale, n'avait pas été vue depuis trois décennies. Claudio présumait qu'elle avait disparu à l'état sauvage et pointait du doigt le chytride. Et il avait sa petite idée sur la façon dont ce champignon était arrivé au Chili.

Étape suivante de notre tour de l'apocalypse batracienne : une petite ferme à Talagante, zone semi-rurale à quarante kilomètres au nord de Santiago. Le bruit courait qu'on y avait vu un mystérieux envahisseur, le suspect numéro un de Claudio dans la propagation du champignon tueur de grenouilles. Il voulait y jeter un coup d'œil.

Arrivés au plus fort de la chaleur, nous avons été accueillis par un agriculteur répondant au nom de Jurgen, un homme assez âgé aux yeux bleu délavé, à la longue barbe blanche et au sourire chaleureux. Il nous a remis un sac de têtards, un seau plein de crapauds, et nous a raconté que sa propriété était infestée par ces étranges batraciens depuis la fin des années 1970. D'une voix où perçait l'émotion, il s'est rappelé comment, deux ans après l'arrivée de ces crapauds, il avait connu son premier « printemps silencieux » : les chœurs chantants de ses amphibiens autochtones bien-aimés s'étaient complètement tus. Il les avait cherchés dans des endroits autrefois noirs de têtards : rien. Ils avaient purement et simplement disparu.

Quand j'ai scruté l'intérieur du seau, une paire d'yeux exorbités a posé sur moi un regard vide qui m'était familier. Tiens, tiens, *Xenopus* ! Mais qu'est-ce que tu fous ici ?

Claudio m'a expliqué que cette invasion était considérée par la population comme un improbable crime à mettre sur le compte déjà chargé du tristement célèbre dictateur chilien, le général Pinochet. On raconte que peu après la prise de contrôle de l'aéroport de Santiago par la junte militaire en 1973, une cargaison de xénopes y avait atterri, destinée aux laboratoires de la capitale. Ignorant le protocole à suivre lors de la réception d'une bande d'anoures étrangers, les soldats les avaient relâchés. Ces xénopes et leurs descendants étaient en cavale depuis lors.

Les caractéristiques qui font de *Xenopus* un animal de labo idéal font aussi de lui l'espèce exotique envahissante typique. C'est-à-dire extrêmement adaptable, résistante aux maladies, et prolifique. Les femelles peuvent se reproduire en toute saison, pondant jusqu'à huit mille œufs par an. Quand j'ai demandé à Claudio combien il y avait de xénopes du Cap aujourd'hui au Chili, il a répondu avec résignation : « Des millions, si ce n'est des milliards. C'est impossible à dire, mais c'est énorme. Dans un petit lac, par exemple, la population est estimée à vingt et un mille individus. »

On a trouvé des xénopes jusqu'à quatre cents kilomètres de Santiago. Ils semblent progresser à une vitesse de dix kilomètres par an environ. En période de grosses pluies, ils migrent en masse, pénétrant toujours plus loin dans de nouveaux territoires. C'est au cours de l'un de ces épisodes qu'un gardien de parc, m'a raconté Claudio, a assisté à une scène digne de la Bible : deux mille xénopes traversant une route !

Prédateurs voraces, les xénopes lisses avalent tout sur leur passage, ravageant des populations autochtones de poissons, têtards et anoures. Cette irrésistible armée batracienne possède une arme secrète avec laquelle anéantir la faune des grenouilles locales : un grand nombre de xénopes en cavale au Chili sont en effet testés positifs au chytride, face auquel ils semblent avoir développé une immunité. Mais la part de responsabilité de *Xenopus* dans la pandémie de chytride n'a pu être clairement établie que très récemment.

Dans le cadre d'un astucieux travail d'investigation scientifique, Claudio et une poignée d'autres enquêteurs internationaux ont réalisé des tests sur une série de suspects *Xenopus* conservés en bocal dans plusieurs musées du monde entier. Ils ont ainsi découvert que des spécimens collectés pour certains dès 1933 étaient déjà porteurs du champignon – occurrence la plus ancienne de la maladie jamais enregistrée, qui remonte donc à l'époque où les xénopes furent pour la première fois exportés d'Afrique pour servir de tests de grossesse. Mais nombre de ces « crapauds » ne restèrent pas enfermés dans leurs bocaux de laboratoire. Quand le test de Hogben fut détrôné par celui à la petite ligne bleue, des milliers de xénopes au chômage furent relâchés par des employés bien intentionnés qui voulaient leur rendre leur liberté après une vie de bons et loyaux services. D'innombrables xénopes se sont aussi tout bonnement échappés, ou ont été libérés par des foyers qui n'en voulaient plus comme animaux de compagnie. On a enregistré l'avancée de populations envahissantes de xénopes du Cap à travers quatre continents, et les dernières recherches en date ont établi un lien entre certaines de ces invasions, comme au Chili et en Californie, d'une part, et d'autre part l'arrivée du chytride et la disparition d'anoures autochtones. D'autres amphibiens envahissants très répandus, telle la grenouille-taureau d'Amérique du Nord – élevée partout dans le monde pour ses cuisses charnues –, ont peut-être aussi été porteurs de la maladie, mais il semble que l'exode des xénopes africains ait pu être le déclencheur de la crise mondiale.

C'est une situation terrible. Notre compréhension de la fécondation et du développement embryonnaire doit beaucoup à *Xenopus*, mais en acquérant ces nouvelles connaissances, nous avons sans le vouloir causé la disparition d'espèces extraordinairement originales, comme *Rhinoderma rufum*. Les eaux de haute altitude où habite la grenouille scrotum ont également été infectées par le champignon. « Nous vivons une époque d'homogénéisation de la faune et de la flore, a constaté Claudio avec un gros soupir. Avec la mondialisation et la croissance de la population humaine, il y a encore plus de possibilités de translocations d'espèces animales et végétales à travers le monde… et de leurs maladies. »

Comme il me l'a expliqué, la construction de barrages pour l'agriculture industrielle moderne favorise le mode de vie de *Xenopus*, qui prospère dans les eaux calmes et stagnantes. L'agriculteur auquel nous avons rendu visite, Jurgen, possédait un petit étang d'irrigation qu'il appelait « le trou de l'enfer ». En regardant cette mare putride qui grouillait de xénopes, j'ai réalisé combien, pour expliquer leur apparition soudaine, la théorie saugrenue de la génération spontanée d'Aristote pouvait paraître plus plausible que l'histoire véridique de ce globe-trotter, test de grossesse vivant infecté par un pathogène.

En cinq mille ans, la grenouille et ses cousins anoures avaient parcouru un long chemin. Peut-être les agriculteurs égyptiens rendaient-ils un culte à la grenouille pour sa fécondité, mais aux yeux de Jurgen, *Xenopus* était plutôt l'incarnation de la malédiction vociférée par le Tout-Puissant dans l'Exode : « Je frapperai tout ton territoire par des grenouilles. Le fleuve pullulera de grenouilles ; elles en sortiront et pénétreront dans ta maison, dans ta chambre à coucher et dans ton lit, chez tes serviteurs et chez ton peuple, dans tes fours et dans tes pétrins[15]. »

Il est une autre créature biblique qui « connaît dans les cieux sa saison » : la cigogne, dont l'association avec la fécondité a donné lieu là aussi à toute une série d'inquiétudes et de confusions. Et en plus d'inspirer des mythes où il est question de métamorphoses et d'oiseaux sous-marins ou spationautes, ses mystérieuses allées et venues lui ont même valu quelques persécutions politiques...

8

La cigogne

Espèce *Ciconia ciconia*

« Chez diverses sortes d'oiseaux, leur absence est telle que nous ignorons où ils vont, et d'où ils viennent ; ils sont pour ainsi dire lâchés du ciel sur nous comme par miracle. »

Charles Morton,
« An Essay into the Probable Solution of this Question: Whence Comes the Stork[1] », 1703

Par un matin on ne peut plus ordinaire du mois de mai 1822, le comte Christian Ludwig von Bothmer chassait dans le domaine de son château de Klütz, en Allemagne, lorsqu'il abattit une cigogne blanche plutôt singulière. Elle avait en effet déjà subi une attaque quasi fatale – venant non d'un fusil, arme de prédilection de l'aristocrate, mais d'une lance en bois de près d'un mètre de long, qui était restée fichée dans son long cou fin, façon kébab. Le comte apporta sa cigogne embrochée à un professeur du coin, qui parvint à la conclusion que l'arme primitive, grossièrement taillée dans du bois dur exotique et pourvue d'une lame métallique rudimentaire, avait été lancée par « les mains d'un Africain[2] ». Quel fait extraordinaire ! Non seulement l'animal avait survécu à l'attaque, mais il avait trouvé la force de voler ensuite sur des milliers de kilomètres, jusqu'en Europe, avec son extravagant piercing au cou. Tout ça pour se faire abattre par un comte à son arrivée…

Ce jour incontestablement funeste pour l'oiseau courageux fut toutefois à marquer d'une pierre blanche pour la science. Car l'examen de la cigogne empalée contribua à résoudre l'un des mystères les plus tenaces du monde naturel : la disparition saisonnière des oiseaux.

Cette célèbre Pfeilstorch, *ou « cigogne à flèche », abattue en Allemagne en 1822, apporta la preuve irréfutable que les oiseaux migrent à travers l'Afrique – et son expression d'épuisement témoigne bien de son sacrifice héroïque à la science.*

La cigogne blanche, ou *Ciconia ciconia*, est une créature qui ne passe pas inaperçue. Parés d'un saisissant plumage noir et blanc, les adultes se dressent à bien plus d'un mètre de hauteur sur leurs longues pattes écarlates. Tout chez ces oiseaux est voyant, notamment leurs nids gigantesques, qui peuvent mesurer jusqu'à deux mètres cinquante de diamètre, perchés en évidence sur les plus hauts bâtiments de bien des villes européennes. Les cigognes ont également coutume d'entrechoquer avec une joie tonitruante leurs grands becs rouge vif pour saluer leurs partenaires au moment de la parade nuptiale, au début du printemps.

Ce sont de grands oiseaux tapageurs – ce qui rend leur absence, quand vient l'automne, d'autant plus remarquable. Après avoir passé l'été à élever leurs cigogneaux à la vue de tous, ils disparaissent pendant plusieurs mois, pour réapparaître au début de la nouvelle année. Il nous paraît évident aujourd'hui qu'entre-temps, ils ont effectué une migration de vingt mille kilomètres pour rejoindre l'Afrique australe, en quête d'opportunités d'alimentation plus sûres. Mais l'escamotage saisonnier des cigognes, de même que celui de tous les autres oiseaux migrateurs, a donné lieu à certaines des tergiversations scientifiques les plus longues de l'histoire naturelle.

Aristote fut le premier à réfléchir sérieusement à la question, bien déterminé à comprendre pourquoi certains oiseaux semblaient se volatiliser à l'arrivée d'une nouvelle saison pour réapparaître, comme par enchantement, au début d'une autre. Le grand philosophe s'abstint de trancher en proposant un trio de théories. Certains oiseaux, supposa-t-il, telles les grues, les cailles et les tourterelles, recherchaient des climats plus chauds durant le froid hiver européen. Il remarqua même au passage que les oiseaux engraissaient avant leur voyage – et il aurait dû s'en tenir à cette idée gagnante. Mais, peut-être à cause de l'invraisemblance de cet acte d'endurance biologique, l'ancêtre de la zoologie éprouva le besoin de proposer deux autres explications, qui non seulement étaient erronées, mais eurent cours dans le monde scientifique bien au-delà de leur date de péremption.

L'alternative la plus ingénieuse d'Aristote fut l'idée

de la transmutation. Dans son *Historia Animalium*, il déclarait ainsi que certaines espèces d'oiseaux se transformaient en espèces différentes d'une saison à l'autre. Les fauvettes des jardins de l'été, par exemple, devenaient les fauvettes à tête noire de l'hiver, et les rouges-gorges de l'hiver, les rouges-queues à front blanc de l'été. De taille et de couleurs similaires, ces oiseaux présentaient une ressemblance superficielle et, fait ô combien suspect pour le philosophe, ils n'étaient jamais vraiment présents en même temps (exactement comme Clark Kent et Superman). Les rouges-queues à front blanc migrent de fait en Afrique subsaharienne au moment où les rouges-gorges, qui se reproduisent plus au nord, viennent passer l'hiver en Grèce. Aristote en concluait qu'ils étaient en quelque sorte des changeformes aviaires.

La transmutation selon Aristote était toutefois bien tiède comparée aux théories fantaisistes qui apparurent dans son sillage. Quatre siècles après lui, Alexandre de Myndos, un autre Grec, affirma que les vieilles cigognes se transformaient en humains. Ce que Claude Élien rapporta solennellement, au IIe siècle, comme un fait établi : « Il ne me semble pas que ce soit là une fable », déclarait-il dans son encyclopédie animale, *De Natura Animalium* [« De la nature des animaux »]. « Car quel intérêt Alexandre aurait-il eu d'inventer des prodiges, quand il n'avait absolument rien à y gagner ? » poursuivait-il, un peu sur la défensive. Avant d'ajouter : « D'ailleurs il n'eût pas été convenable, de la part d'un homme intelligent, de préférer un récit de mensonges à la vérité[3]. » Il vaut la peine de noter que dans le même livre, Élien – qui doit compter parmi les encyclopédistes les plus crédules de l'Histoire – évoquait aussi des moutons qui changeaient de couleur selon la rivière à laquelle ils s'abreuvaient, des pieuvres qui devenaient grosses comme des baleines, et « l'inimitié[4] » qui opposait la tortue à la perdrix.

Les cigognes n'étaient pas les seuls oiseaux qui passaient pour se transmuer. Des histoires encore plus abracadabrantes mettaient en scène la bernache nonnette, parfois appelée « oie bernache », dont on sait aujourd'hui qu'elle migre chaque hiver depuis d'obscures mers arctiques jusqu'aux côtes britanniques. Ses aires de reproduction très septentrionales, sur les hautes falaises du Groenland, ne furent bien sûr jamais observées par les auteurs européens de bestiaires médiévaux, qui défendirent l'idée plutôt saugrenue selon laquelle la bernache nonnette naissait de la charpente pourrie des navires.

« La nature les produit, à l'encontre de ses propres lois, de la façon la plus extraordinaire qui soit[5] », écrivait ainsi au XIIe siècle le chroniqueur Giraud de Barri. Et c'était peu dire, vu la théorie qu'il avançait : « Elles naissent du bois de sapin charrié par la mer. » L'ecclésiastique soutenait avoir lui-même été témoin de la genèse phénoménale de cet oiseau au cours d'une expédition en Irlande. « Elles se suspendent ensuite par le bec comme une algue attachée aux rondins, entourées de coquilles afin de croître plus librement. Et ainsi, au fil du temps, s'étant revêtues d'un solide manteau de plumes, elles tombent dans l'eau ou s'envolent librement dans les airs[5] », décrivait-il avec assurance.

Ce que Giraud avait vu, en réalité, c'étaient des anatifes, soit des crustacés de l'ordre taxonomique Pedunculata. Comme le suggère leur nom anglais [« bernaches-cou d'oie »], ces animaux filtreurs grands comme le doigt ressemblent à de petits becs perchés au sommet de longs cous nus, qui s'accrochent à un support dans la zone de marée. Le pouvoir d'association de l'esprit humain est si fort que le respecté botaniste du XVIe siècle John Gerard affirma qu'il avait, en disséquant des spécimens, « trouvé des créatures vivantes qui étaient très nues, de la forme d'un oiseau ». Certaines de ces créatures supposées étaient, selon lui, « couvertes d'un duvet doux, la coquille à moitié ouverte, et l'oiseau prêt à en tomber[6] ».

On racontait que les oies bernaches naissaient des arbres ainsi que de bois pourri. Ces oiseaux figuraient donc souvent dans les livres de botanique et (plus important) étaient opportunément autorisés à la consommation lors des nombreux jours sans viande du calendrier médiéval.

Ce mythe devait aussi sa popularité à un certain opportunisme : il autorisait en effet la consommation d'oie rôtie les jours de jeûne, où il était strictement interdit de manger de la viande. Comme elles poussaient sur la charpente pourrie des bateaux, ces bernaches n'étaient pas classées comme de la chair, « parce qu'elles [n'étaient] pas nées de la chair », expliquait Giraud de Barri. Grâce à cette logique sournoise, les « évêques et les religieux [n'avaient] aucun scrupule à les manger les jours de jeûne[7] ». Étant donné qu'au Moyen Âge trois jours de la semaine étaient jeûnés, sans compter la totalité du carême, on comprend aisément pourquoi les hommes d'Église affamés avaient à cœur de propager la légende disant que ce gros oiseau goûteux était en réalité parfaitement adapté à un repas végétarien.

Mais qu'en était-il de la bruyante cigogne blanche ? Où allait-elle passer l'hiver ?

La troisième théorie d'Aristote pour expliquer la disparition des oiseaux, moins extravagante, fut considérablement plus tenace. Dans *Historia Animalium*, il suggérait que les cigognes, ainsi qu'un certain nombre d'autres espèces, « se cachent » pour échapper au froid, un peu comme des oiseaux fugitifs. Le philosophe grec poursuivait en expliquant que ces oiseaux étaient dans un état de « torpeur[8] ». Des philosophes naturels avaient de fait déjà observé que beaucoup de mammifères – à sang chaud, comme les oiseaux – hibernaient, notamment les chauves-souris, qu'on classait alors souvent parmi les oiseaux. Alors pourquoi pas les cigognes ?

C'est une bonne question, pour laquelle la science moderne n'a pas de réponse définitive. Cela s'explique sans doute par une combinaison de facteurs : un métabolisme et un rythme cardiaque relativement élevés, alliés à la difficulté d'emmagasiner suffisamment de graisse, rendraient sans doute l'hibernation physiquement délicate pour la cigogne. Sans parler du fait que cet échassier ne dispose pas des outils nécessaires pour creuser un terrier adapté dans lequel dormir. En revanche, il possède une bonne paire d'ailes, capable de l'emmener sous des cieux plus cléments.

Il existe bien une poignée d'oiseaux – colibris, oiseaux-souris et martinets, par exemple – qui entrent en léthargie pendant de courtes périodes, a-t-on découvert. Mais jusqu'ici, les connaissances scientifiques n'ont confirmé l'existence que d'une espèce d'oiseau capable d'hiberner : l'engoulevent de Nuttall, présent dans des habitats arides de l'Ouest américain. Certains engoulevents migrent, afin d'éviter les pénuries alimentaires de l'hiver, mais ils se retrouvent alors en concurrence avec de nombreux autres oiseaux migrateurs sur les sites d'hivernage bien trop fréquentés du Mexique. Les autres évitent cette concurrence en diminuant leur métabolisme et en passant l'hiver à dormir au milieu des rochers, adaptation qui a valu à cet oiseau d'être baptisé « le dormeur » dans la langue des Indiens Hopis[9].

Malgré le manque d'éléments permettant de démontrer l'existence de l'hibernation chez tous les autres oiseaux, les ornithologues ont débattu de cette question depuis l'Antiquité jusque bien après le début du XIXe siècle. L'oiseau qui se retrouva au cœur de la tempête scientifique ne fut toutefois pas la cigogne mais une autre messagère du printemps : l'hirondelle rustique.

Aristote affirmait que les hirondelles, ces tout petits oiseaux, hibernaient dans des trous, « complètement dépouillées de leurs plumes[10] ». Si l'idée que les hirondelles passent l'hiver à dormir nues pour survivre au froid peut sembler idiote, les théories qui s'épanouirent au fil des deux millénaires suivants le furent encore plus. Certains grands esprits des Lumières, qui ne sont rien de moins que les pères de la zoologie moderne, étaient en effet convaincus que les hirondelles hibernaient au fond des lacs et des rivières, comme les poissons. « Il paraît constant [que l'hirondelle] s'engourdit pendant l'hiver, et même qu'elle passe cette saison au fond de l'eau des marais[11] », écrivit ainsi au XIXe siècle Georges Cuvier dans son très influent ouvrage, *Le Règne animal*.

Il n'est pas franchement surprenant que Lazzaro Spallanzani, le biologiste aux ciseaux, ait été intrigué par le tour d'escamotage de l'oiseau, et qu'il se soit appliqué à l'élucider par de nombreuses expériences, avec le talent de sadique qui le caractérise. Il essaya donc d'inciter les hirondelles à hiberner en les emprisonnant dans des cages en osier, qu'il enfouit sous la neige en laissant seulement un petit trou par lequel les oiseaux pourraient respirer. À ce cruel jeu de l'oie, les hirondelles sautèrent la case « léthargie » pour atterrir directement sur la case « mort » en moins de deux jours. En France, le comte de Buffon tenta une expérience du même genre, plaçant des hirondelles dans une glacière, avec des conséquences tout aussi fatales.

La barbarie atteignit son comble en Amérique, avec un médecin du nom de Charles Caldwell qui, assisté de son « inestimable ami », le docteur Cooper, attacha du lest aux pattes d'une paire d'hirondelles avant de les balancer dans une rivière. Dans son sinistre compte rendu de l'expérience, il rapporta que les oiseaux, qu'il appelait « nos deux petites prisonnières », coulèrent comme des cailloux en « montrant les signes d'angoisse et les convulsions des animaux en train de se noyer ». Au bout de trois heures, on les repêcha et les hommes de science tentèrent de les réanimer. Force leur fut de constater, sans le moindre soupçon d'ironie, que les hirondelles étaient en fait « réduites, non à un état de léthargie, ou d'animation suspendue, mais à la mort absolue[12] ».

Pendant de nombreuses années, une université allemande offrit comme récompense le poids en argent de l'oiseau pour toute hirondelle trouvée sous l'eau et ranimée. La récompense n'a jamais été réclamée. Pourtant, la légende, contrairement à toutes les hirondelles des expériences, a survécu. Comment cette folle rumeur d'hirondelle aquatique avait-elle donc commencé ?

Le coupable semble être un obscur évêque suédois du XVIe siècle, Olaus Magnus. Cet ecclésiastique n'envisageait pas la possibilité de la migration, même si d'autres donnaient à entendre que c'était peut-être là la clé de la disparition saisonnière des oiseaux. « Bien que les écrivains de nombreuses choses de la nature aient rapporté que les hirondelles changent les lieux de leur établissement pour aller, lorsque vient l'hiver, dans des contrées plus chaudes, écrit-il dans *Historia de Gentibus Septentrionalibus* [« Histoire des peuples du Nord »], dans les eaux septentrionales, les pêcheurs remontent souvent par accident dans leurs filets une profusion d'hirondelles, pelotonnées ensemble telle une masse agglutinée. » Cette boule de piafs géante, expliquait le saint homme, se formait lorsque les hirondelles descendaient dans les profondeurs telles de minuscules danseuses folkloriques. « Au commencement de l'automne, elles se rassemblent parmi les roseaux ; là, se laissant couler dans l'eau, elles s'accrochent bec contre bec, aile contre aile et pied contre pied[13]. »

L'évêque suédois Olaus Magnus n'était pas homme à laisser la vérité faire obstacle à une bonne histoire. Son livre à succès de 1555, Historia de Gentibus Septentrionalibus, *est bourré de fables ridicules présentées comme des faits établis. Ici, par exemple, des pêcheurs remontent du lit d'une rivière des hirondelles en hibernation.*

Malheureusement pour les hirondelles, l'œuvre majeure de Magnus connut un énorme succès. Et les vingt-deux volumes de son encyclopédie mélangeaient allègrement la fable et le réel, transformant son pays gelé en un lieu fantastique où il pleuvait des souris et où des serpents géants rôdaient au large des côtes. Les récits à sensation de l'évêque suédois plaisaient à une nouvelle vague de lecteurs qui avaient désormais accès aux livres suite au développement de l'imprimerie au milieu du XVe siècle. Traduite dans une dizaine de langues, son œuvre répandit ses légendes invraisemblables dans toute l'Europe.

Mais ce fut la toute nouvelle Royal Society de Londres qui frappa du sceau de la crédibilité l'histoire des hirondelles sous-marines. En 1666 – soit six petites années après sa création –, cette corporation des plus éminents philosophes naturels du monde décida de creuser la question et de déterminer « dans quelle mesure il est vrai [...] que l'on trouve en hiver des hirondelles congelées sous l'eau, lesquelles revivent si on les en repêche et qu'on les expose au feu. » Leur conclusion : « Il était tout à fait certain que les hirondelles s'immergent dans des lacs aux environs de l'automne[14]. » Une telle assertion peut surprendre de la part de cette vénérable institution historique, du moins jusqu'à ce que l'on apprenne que l'homme chargé d'examiner la question n'était pas un naturaliste, mais un astronome dont l'analyse reposa en grande partie sur la consultation d'une de ses connaissances, qui était professeur à l'université d'Uppsala, ancienne ville d'un certain... Olaus Magnus ! La chance d'obtenir une réponse impartiale de la part de ce loyal établissement était à peu près aussi grande que celle de trouver une hirondelle passant l'hiver sous l'eau. Et la légende était si profondément enracinée dans le folklore suédois que même Linné – autre ancien étudiant de l'université d'Uppsala – la présentait encore comme une réalité un siècle plus tard.

Tout le monde ne gobait pourtant pas cette histoire d'hibernation. L'un de ses plus véhéments détracteurs fut Charles Morton, formé à Oxford, auteur au XVIIe siècle d'un abrégé de physique très estimé qui fut utilisé à Harvard pendant près d'un demi-siècle. Avec la logique imparable d'un physicien, Morton fit remarquer que du fait des températures glaciales et du manque d'air, l'idée selon laquelle les hirondelles « reposent dans des mottes de glaise au fond des rivières[15] » était absolument ridicule. Il avançait une hypothèse plus rationnelle selon laquelle les hirondelles, ainsi que d'autres oiseaux saisonniers comme la cigogne, migraient en fait vers la Lune.

« Les cigognes, lorsqu'elles se sont reproduites et que les petits ont toutes leurs plumes [...] s'élèvent toutes ensemble et volent, en une seule immense volée [...] d'abord près de la Terre, puis plus haut [...] jusqu'à ce qu'enfin cette grande nuée [...] apparaisse de moins en moins dans le lointain, et disparaisse entièrement », méditait Morton, avant d'entrer dans le vif du sujet : « Or donc, où iraient ces créatures si ce n'est sur la Lune[16] ? »

Où donc, en effet ? Les preuves avancées par Morton pour accréditer l'idée de ce séjour céleste étaient plutôt minces. Il arguait que puisque personne ne savait où se trouvaient les oiseaux migrateurs pendant les mois d'hiver, c'est tout bonnement qu'ils devaient se cacher ailleurs que sur Terre. On pouvait glaner d'autres indices dans leur comportement. Au moment du départ, leur « gaieté sembl[ait] laisser entendre qu'ils [avaie]nt à l'esprit quelque noble dessein » (celui de s'aventurer là où aucun autre oiseau n'était encore allé, peut-être ?), « à savoir, de s'élever au-dessus de l'atmosphère en toute hâte, et de s'envoler vers l'autre monde[16] ».

Son hypothèse saugrenue était le reflet de son époque. Les scientifiques du XVIIe siècle étaient en effet fascinés par la Lune. Grâce à l'un des tout premiers télescopes, Galilée avait pu observer que la surface lunaire n'était pas lisse comme celle d'une bille, mais parsemée de montagnes et de vallées, comme la Terre. Dans son ouvrage *Le Monde dans la Lune*, John Wilkins, ancien collègue de Morton à l'université et membre fondateur de la Royal Society, rapportait lui aussi avec enthousiasme que la géographie lunaire ressemblait beaucoup à celle de la Terre, avec des mers, des cours d'eau, des montagnes – et peut-être des formes de vie. Pour Morton, la Lune, loin d'être une masse de roche sans vie et dépourvue d'atmosphère, était donc une destination séduisante pour passer l'hiver.

L'idée de migration dans l'espace recueillait d'autres

suffrages, ses défenseurs se disputant par lettres interposées à la Royal Society sur la question de savoir quel corps céleste était la destination la plus vraisemblable des oiseaux. Le pasteur puritain Cotton Mather jugeait pour sa part la Lune un peu trop lointaine. Il suggérait à la place que les oiseaux volaient « jusqu'à un satellite inconnu qui accompagne la Terre à une faible distance[17] ». En Nouvelle-Angleterre, l'homme était connu pour ses sermons érudits, mais aussi pour avoir attisé les flammes de l'hystérie au moment des procès des sorcières de Salem, notamment par une vigoureuse défense des « preuves spectrales ». Il n'est donc guère surprenant qu'il ait aussi cru à l'existence d'oiseaux voyageant dans l'espace.

Charles Morton se distingua de son côté par la persévérance avec laquelle il poursuivit cette idée, se livrant à de minutieux calculs – par moments très judicieux – pour le compte des astronautes aviaires, afin d'étudier les paramètres de leur migration extraterrestre. Il divisa ainsi l'année en trois parties. L'aller-retour jusqu'à la Lune occupait quatre mois, soit soixante jours dans chaque sens, ce qui laissait aux oiseaux quatre mois de vie sur Terre et quatre sur le satellite. Comme la Lune mettait un mois à tourner autour de notre planète, Morton estimait que les oiseaux s'élançant droit vers elle « la trouver[aient] dans la même direction que celle où elle se trouvait lorsqu'ils [avaient] commencé leur voyage[18] ». C'était bigrement pratique !

Des réserves de graisse fournissaient le carburant nécessaire aux deux mois de mission, et l'impulsion du départ était donnée par des changements de température et de disponibilité de la nourriture. Ce qui n'est pas dénué de fondement quand on parle des migrations d'oiseaux confinées à la Terre.

Morton estimait la distance jusqu'à la Lune à 179 712 miles

(soit environ 289 000 kilomètres). Pas si mauvais, comme supposition : la distance entre le point le plus proche de l'orbite elliptique lunaire et la Terre est en fait d'environ 226 000 miles (c'est-à-dire 363 000 kilomètres).

Pendant leur vol lunaire, les oiseaux de Morton n'étaient pas soumis à la pesanteur ; ils ne se heurtaient donc pas à la résistance de l'air et pouvaient voyager à des vitesses avoisinant les deux cents kilomètres-heure – un beau record comparé aux trente kilomètres-heure dont ils sont plus coutumiers. Là, notre homme ne tenait pas compte du fait que pour échapper à la gravitation terrestre, ses cigognes spationautes devraient voler deux cents fois plus vite que la vitesse maximale qu'il avait calculée, un exploit irréalisable sans l'aide de *jet packs* attachés dans leur dos. Et puis il y avait ces petits problèmes que sont le vide spatial, les rayonnements et les températures extrêmes auxquelles les cigognes seraient confrontées dans l'espace – létaux pour tout animal autre que la bizarre créature microscopique réanimée par Lazzaro Spallanzani, le décidément indestructible tardigrade.

Pour la génération de Morton, bien sûr, voyager dans l'espace n'était encore qu'un rêve. Il faudrait attendre trois cents ans pour que l'on puisse confirmer ou démentir la présence de cigognes, hirondelles et autres volatiles en orbite autour de la Terre, tels des satellites en chemin pour la Lune. Mais Morton vivait aussi à l'époque des Grandes Découvertes, où des explorateurs européens au regard acéré commençaient à rapporter qu'ils avaient vu des oiseaux saisonniers de leur terre natale alors qu'ils naviguaient sur des mers étrangères et exploraient des contrées lointaines. En 1686, par exemple, les survivants d'un navire hollandais échoué au large des côtes sud-africaines racontèrent qu'on « trouvait là-bas [des cigognes] à la période où elles ne sont pas en Hollande, quoique pas en très grand nombre[19] ».

Ces témoignages oculaires étaient facilement rejetés par les incrédules. Le Très Honorable Daines Barrington, membre de la Royal Society, fut l'une des voix anti-migration les plus véhémentes. Il se délectait à repousser les affirmations des explorateurs et ne légitimait les siennes qu'en les assenant de manière péremptoire. À l'observation faite par sir Charles Wager, Premier Lord de l'Amirauté, d'une immense volée d'hirondelles se posant sur le gréement de son vaisseau, Barrington répondit en retournant sournoisement cette preuve à son avantage. Cela montrait simplement selon lui que les oiseaux n'étaient pas aptes à migrer sur de longues distances. « Ils sont, en réalité, toujours si fatigués que lorsqu'ils croisent un navire en mer, ils oublient toute appréhension et se livrent aux marins[20]. »

Ancien juge, Barrington était capable de démontrer que le noir était blanc, et il avait une réponse franchement absurde pour toute suggestion sensée qui lui parvenait aux oreilles. Il rejetait l'idée de la migration pour la simple et bonne raison que c'était trop dangereux pour qu'on y croie, et prétendait qu'il n'y avait pas assez de témoins de ces faits « hautement improbables[20] » pour qu'on puisse y ajouter foi. Ceux qui suggéraient que les oiseaux volaient trop haut pour être vus (ce qu'ils font pour pouvoir profiter des courants d'air favorables) se faisaient descendre en flammes parce qu'ils étaient « dépourvus de la moindre preuve oculaire[20] ». Quant à ceux qui supposaient, à juste titre, que la migration se faisait de nuit (une façon d'éviter les prédateurs), ils étaient jugés ridicules puisque, selon le juge, tout le monde savait que les oiseaux, comme les humains, dorment la nuit (pas vrai non plus).

Face à des bouledogues anti-migration aussi enragés que Barrington, ce qu'il fallait pour clore le débat, c'était une preuve matérielle bien tangible. Et c'est là qu'intervient la cigogne du comte Christian Ludwig von Bothmer avec son piercing sophistiqué. Voilà un oiseau, en effet, qui portait sur lui un souvenir irréfutable de son séjour à l'étranger, une preuve qui finirait par conduire à un changement de paradigme dans l'ornithologie.

Il s'avéra que la cigogne héroïque du comte n'était pas un monstre isolé ; ce n'était que l'une des vingt-cinq *Pfeilstorch* (cigognes à flèche) tout aussi stoïques qu'on abattit en Europe au fil des XIXe et XXe siècles. Inspirés par ces oiseaux transpercés, les ornithologues lancèrent leur propre système de marquage, en utilisant quelque chose d'un peu plus « convivial » qu'une flèche : une bande d'aluminium gravé qu'on pouvait attacher autour de la patte de l'oiseau. Cette petite bague révolutionna l'ornithologie et finit par livrer des preuves concluantes de la migration saisonnière des cigognes et d'autres oiseaux.

Parmi les pionniers de cette pratique, le plus important fut Johannes Thienemann, un pasteur protestant allemand exceptionnellement haut en couleur. Il ne fut pas le premier à utiliser le baguage – la palme en était revenue quelques années plus tôt à un instituteur danois –, mais bien le premier à le faire à grande échelle et sur des oiseaux qui effectuaient de longues migrations jusqu'en Afrique. Personnage flamboyant ayant une prédilection pour la chasse et les culottes de golf en tweed, Thienemann n'était pas un chercheur tout à fait ordinaire. En réalité, il n'avait absolument aucune qualification, ce qui ne l'empêcha pas, grâce à son enthousiasme sans bornes et à son don pour l'autopromotion, de créer une nouvelle forme d'établissement scientifique : le 1er janvier 1901, il ouvrit ainsi les portes du premier observatoire ornithologique permanent du monde.

Dédié à l'étude des oiseaux migrateurs, le centre se situait à Rossitten, dans un coin reculé de Prusse-Orientale. L'objet d'étude favori de Thienemann était la cigogne blanche – « oiseau prédestiné à l'expérimentation[21] » –, parce que c'était un migrateur prévisible, très aimé par la population, et qui ne passait vraiment pas inaperçu.

La passion contagieuse de Thienemann pour l'observation des oiseaux et ses talents de communicant lui permirent de lever une armée de bénévoles à travers l'Allemagne pour l'aider à marquer deux mille cigognes avec un numéro unique et le lieu de leur baguage. Ça, c'était la partie facile ; le reste échappait quelque peu à son contrôle. Tout ce qui lui restait à faire, c'était regarder les oiseaux s'envoler en espérant que quelqu'un, quelque part sur le vaste continent noir, les trouverait, remarquerait la bague et ferait connaître le fruit de sa découverte pour que celle-ci retrouve le chemin du quartier général de marquage, en Prusse.

La grande vision de notre ornithologiste fonceur n'avait toutefois pas que des partisans. Le rédacteur en chef de l'influent journal scientifique *Kosmos* monta au créneau avec une virulence particulière. Il postula que les bagues en aluminium allaient blesser les oiseaux et qualifia l'entreprise de « vaine arnaque scientifique » qui se solderait par un « massacre de cigognes[22] ». Mais pour que la nouvelle de son ambitieuse expérience se répande partout, Thienemann avait besoin d'un maximum de publicité, quitte à ce qu'elle soit négative. Les téléphones étaient rares, la télévision n'existait pas : s'il voulait avoir un retour sur ses précieuses bagues, il devait compter sur les dépêches des journaux internationaux et le corps bureaucratique des colonies africaines. Ça ne pouvait pas faire de mal qu'un missionnaire ou un fonctionnaire colonial quelconques soient à l'affût de monceaux de cadavres de cigognes.

Et voilà que, à peine quelques mois plus tard, les premières informations concernant une bague gravée parvenaient à Thienemann. Avec l'oiseau auquel elle était attachée. Plutôt mort, l'oiseau. Ce n'était pas franchement comme ça que le pasteur s'était imaginé retrouver ses bagues, mais on pouvait tout de même parler de succès.

Le voyage de retour de ses anneaux de marquage ne fut pas moins épique que leur migration initiale vers le sud. Avant de retourner à leur origine, à Rossitten, ils passèrent en effet par les mains de missionnaires, fonctionnaires coloniaux, marchands et directeurs de journaux, donnant naissance au fil de leur périple à une forme de nouvelle mythologie. Beaucoup furent découverts par des chasseurs africains, qui crurent que ces mystérieux objets métalliques avaient une « origine céleste[23] ». On raconte notamment qu'un chef portait une bague de cigogne sur le manche de sa lance en guise de porte-bonheur : il la jugeait si précieuse qu'elle ne parvint à Thienemann qu'après la mort du chef en question.

Entre 1908 et 1913, d'après les informations du pasteur, il y eut quarante-huit récupérations de bagues. En localisant les sites sur une carte, il mit pour la première fois en évidence l'impressionnante étendue de la migration des cigognes, le long du Nil et plus loin encore, jusqu'à la pointe australe de l'Afrique. Mais alors même que l'énigme de la cigogne était résolue, l'oiseau lui-même commença à disparaître des villes et villages de l'ouest et du nord de l'Europe. Et cette fois, sa disparition semblait définitive.

Migrer devenait de fait dangereux. Le voyage annuel des cigognes leur faisait traverser des nations désormais en guerre, des régions où les habitants affamés chassaient avec avidité de gros oiseaux à mettre dans la marmite (d'où l'augmentation du nombre de cigognes arrivant en Europe avec des flèches souvenirs). En 1930, Thienemann mentionnait avec consternation le déclin de « nos chères cigognes[23] », victimes de la chasse par les populations autochtones.

Il émettait aussi l'hypothèse que l'empoisonnement des criquets par le gouvernement sud-africain était responsable de la diminution du nombre de ses sujets d'étude favoris. Et il avait raison : les méthodes modernes de l'agriculture industrielle étaient l'ennemi de la cigogne blanche. Triste sort pour un oiseau que l'on surnommait « l'ami du cultivateur » à cause de sa prédilection goulue pour les nuisibles des champs... À titre d'exemple, on a chronométré une cigogne qui dévora à elle seule jusqu'à trente criquets par minute ; et une autre qui liquida quarante-quatre souris, deux hamsters et une grenouille en une heure seulement. On estime qu'une volée entière est capable d'engloutir une invasion de chenilles légionnaires d'Afrique – plus de deux millions de larves – en une journée. L'introduction des pesticides a donc non seulement mis la cigogne au chômage, mais elle lui a aussi donné une indigestion mortelle.

Au cours du XXe siècle, les pesticides, la pollution et le drainage des zones humides pour la culture ont provoqué la chute de la population européenne de cigognes. Le dernier couple reproducteur a été observé en Belgique en 1895, en Suisse en 1950 et en Suède en 1955. De nombreux villages se sont affligés de ne plus voir les cigognes revenir, leur disparition saisonnière notoire les ayant depuis longtemps fait entrer dans le folklore. Elles annonçaient le printemps, elles étaient des porte-bonheur. Partout en Europe, les gens les encourageaient à nicher sur leur toit, persuadés qu'elles apportaient harmonie, santé et prospérité au foyer.

On peut toutefois se demander s'ils s'estimaient toujours aussi chanceux une fois qu'elles s'étaient installées chez eux. Génération après génération, les cigognes blanches retournent en effet au même nid, auquel elles ajoutent chaque année des matériaux. S'ils sont principalement constitués de brindilles, un inventaire des objets trouvés dans les nids de cigognes réalisé par Thienemann comprenait « un gant de femme, une mitaine d'homme, du crottin de cheval, un manche de parapluie, une boule de jeu de quilles et une pomme de terre[24] ».

Les structures résultant de cette accumulation sont énormes. Les « supernids » des cigognes peuvent ainsi peser jusqu'à deux tonnes et mesurer plus de deux mètres cinquante de profondeur, ce qu'ont du mal à supporter les habitations modernes, a fortiori médiévales... Pourtant, certains ont traversé les siècles (certes avec un bon coup de pouce de notre part). Dans la ville allemande de Langensalza, l'un d'eux est notamment resté fièrement perché au sommet d'une tour pendant quatre cents ans ; un document datant de 1593 mentionne la somme allouée pour ses réparations et son entretien, ce qui suggère que les habitants étaient tenus de maintenir en bon état le tas de branchettes de deux tonnes qui écrasait leur logement.

Les cigognes, c'est bien connu, sont associées à la fécondité. Dans de nombreux pays d'Europe, on a longtemps cru que si un couple avait des cigognes qui nichaient sur son toit, il aurait la chance d'avoir un bébé sous peu. Aujourd'hui encore en Allemagne, on met souvent une cigogne en bois portant un ballot dans son bec devant les maisons où une naissance vient d'avoir lieu, et on dit des femmes enceintes qu'elles ont été « mordues à la jambe par une cigogne ». La popularité de cette croyance peut néanmoins engendrer quelques malentendus. Un reportage diffusé récemment sur la chaîne américaine Fox News s'intéressait au cas d'un couple allemand qui avait consulté un centre de procréation médicalement assistée parce qu'il n'arrivait pas à avoir d'enfants ; il leur a été dit que pour avoir un bébé, il fallait d'abord avoir des rapports sexuels. Ils croyaient que la cigogne suffisait...

La légende de la cigogne porteuse de bébés a ses racines dans la culture païenne. Les grands échassiers blancs réapparaissent à chaque printemps, or c'était en général une période florissante pour les naissances. Le solstice d'été, le 21 juin, était dans le temps une fête traditionnelle du mariage et de la fécondité : nombre de liaisons amoureuses se nouaient ce soir-là, et neuf mois plus tard les bébés arrivaient, ce qui coïncidait avec le retour des cigognes. Les deux événements sont devenus liés, et les gens se sont mis à penser que c'étaient elles qui apportaient les bébés.

Cela fait plusieurs décennies maintenant que le taux de natalité diminue en Europe, et il en a été de même pour les populations de cigognes du continent (même si ces deux évolutions ne sont pas corrélées). Depuis trente ans, cependant, on assiste à la mise en place d'efforts de protection coordonnés. Par un jour de pluie torrentielle de juin 2016, je me suis rendue à Diss, dans le Norfolk, pour me renseigner sur l'un de ces programmes. Le défenseur de l'environnement Ben Potterton est venu me chercher à la gare, puis il m'a emmenée par les petites routes de campagne inondées jusqu'aux Shorelands

Wildlife Gardens, qui abritent son très personnel et inventif projet de réintroduction des cigognes dans le paysage britannique.

Ben a un don avec les animaux. Il a réussi à faire se reproduire les espèces les plus rares, les plus réticentes, et fournit donc régulièrement des animaux à des zoos et autres programmes de protection de la nature. Il a un faible pour « les petits machins marron » – comme il appelle les espèces dénuées de charisme que négligent les grandes campagnes de protection. Sa réserve naturelle est un endroit où règne la cacophonie et où grouillent d'obscures créatures couleur cacao, des ouistitis pygmées aux bernaches à cou roux, dont beaucoup sont libres d'aller et venir. La première rencontre que j'y ai faite fut celle d'une cane à la langue bien pendue qui s'obstinait à nier sa propre nature en fuyant la pluie : elle est restée assise avec nous, à l'abri dans la cafétéria, pendant que Ben m'exposait la façon dont il voyait l'avenir des cigognes blanches en Grande-Bretagne.

En 2014, il avait été contacté par un refuge polonais qui cherchait un nouveau foyer pour ses cigognes blanches surnuméraires. La plupart avaient été victimes d'électrocution sur des lignes à haute tension – voilà ce qu'on risque quand on tente le diable en nichant au sommet des pylônes électriques ! Ces oiseaux éclopés ne pouvaient plus migrer, ils ne survivraient pas au froid de l'hiver polonais, mais le refuge avait du mal à trouver quelqu'un qui soit disposé à accueillir vingt-deux cigognes handicapées. Ben s'était dit que ces oiseaux polonais pourraient donner naissance à des poussins tout à fait valides, et ainsi repeupler les rives britanniques, d'où la cigogne avait disparu. Il s'était donc rendu en Pologne, avait empaqueté les échassiers dans de grands cartons-penderies – « parfaits pour les cigognes, m'a-t-il confié, puisqu'elles peuvent être transportées individuellement » –, puis rapporté les oiseaux en Angleterre.

Nous avons bravé la pluie pour rejoindre ses immigrées polonaises. Réunies en un grand groupe débraillé, la plupart arpentaient un champ voisin, mais deux d'entre elles s'étaient séparées du gros de la troupe pour construire un nid. Avec une grande fierté, Ben m'a montré le méli-mélo de branchettes perché sur un monticule boueux derrière l'enclos des cygnes chanteurs. Cette installation inhabituellement terrestre abritait les premiers cigogneaux nés en Grande-Bretagne depuis quelque six cents ans. De fait, la présence de cigognes nicheuses en Grande-Bretagne n'avait plus été enregistrée depuis 1416, en haut de la cathédrale Saint-Gilles d'Édimbourg. Ben m'a expliqué que leur disparition n'était pas seulement due aux risques de la migration, mais aussi à des dangers bien plus domestiques. Car, contrairement à d'autres pays d'Europe, où l'on vénérait tellement les cigognes que leur faire du mal pouvait mener à la potence, la Grande-Bretagne persécutait activement les grands oiseaux blancs.

« Il y avait un véritable plan de l'Église et de nos dirigeants, les politiciens de l'époque, pour les faire disparaître, m'a raconté Ben. Ça ne leur plaisait pas que les cigognes apportent les bébés, parce que seul *Dieu* les apporte. » Les oiseaux étaient dangereusement associés à des croyances païennes, contraires à la chrétienté, que le clergé local avait à cœur d'éradiquer. Contrairement à ce qui se passait ailleurs en Europe, où l'on considérait que la présence d'un nid sur le toit d'une maison portait bonheur, en Angleterre c'est peu à peu devenu le signe qu'un membre de la maisonnée commettait l'adultère. Étant donné qu'au Moyen Âge celui-ci était puni au mieux par le bannissement (pour l'homme), au pire par l'ablation du nez et des oreilles (pour la femme), on se doute qu'un couple bruyant de cigognes nicheuses n'était pas le bienvenu, loin de là.

Les cigognes étaient aussi critiquées à cause de leurs « préférences » politiques : selon une rumeur tenace, ces oiseaux se reproduisaient seulement dans les républiques ou les pays sans monarque. Les conflits religieux jouèrent également un rôle. Les cigognes étaient un symbole important dans la culture islamique, et on croyait qu'elles migraient à La Mecque, exactement comme les musulmans pieux. Visitant l'Empire ottoman en 1823, l'écrivain voyageur écossais Charles MacFarlane rapporta même que « ces oiseaux sagaces [étaient] parfaitement conscients de cette prédilection » et montraient leur allégeance aux Turcs musulmans en construisant leurs nids sur les mosquées et les minarets, « mais jamais sur le toit d'un chrétien[25] ! ».

En Angleterre, les cigognes vagabondes qui arrivaient du continent étaient donc considérées avec suspicion et tirées à vue. L'une de ces insurgées débarqua un jour sur le seuil du grand pourfendeur de mythes sir Thomas Browne, dans le Norfolk, en 1668, peu après que l'Angleterre eut elle-même brièvement flirté avec le républicanisme grâce aux bons soins d'Oliver Cromwell. Browne accueillit l'oiseau blessé, le soigna, le nourrit à la main de grenouilles et d'escargots, et finit par nouer un véritable lien avec l'animal. Ses voisins étaient plus méfiants. Avec un peu de chance, l'oiseau n'annonçait pas l'avènement d'une nouvelle république ! plaisantaient-ils nerveusement. Browne, toujours aussi logique, rejeta cette « erreur vulgaire », laquelle n'était à ses yeux qu'une « jolie idée permettant de propager une politique populaire[26] ». Puis il énuméra, pour faire bonne mesure, les monarchies où la cigogne était connue pour nicher, de l'Égypte antique à la France moderne.

Ben espérait que ses oiseaux seraient mieux acceptés dans le Norfolk d'aujourd'hui. La semaine où j'ai visité sa réserve, la Grande-Bretagne a voté pour la sortie de l'Union européenne, dans un climat hystérique de peur de l'immigration ; il n'en était que plus facile d'imaginer que ces oiseaux migrants pourraient être à nouveau considérés comme des intrus. « Les cigognes polonaises viennent chez nous voler nos grenouilles ! », lirait-on dans les journaux. Ce qui m'a frappée, pourtant, c'est qu'à bien des égards ces échassiers polonais abîmés contribuaient à recréer la bonne vieille Angleterre dont les partisans du Brexit semblaient nostalgiques : des vestiges archéologiques indiquent que les cigognes étaient présentes en Grande-Bretagne dès le milieu du pléistocène (il y a trois cent cinquante à cent trente mille ans). Mais Ben m'a expliqué qu'après la sortie de l'UE, les projets de remise à l'état sauvage comme le sien, qui reposent sur l'importation d'animaux, seraient beaucoup plus difficiles à mettre en œuvre à cause des tracasseries administratives.

La grande question est de savoir si les oiseaux de Ben migreront en Afrique. D'éminents zoologistes, dont Charles Darwin, pensaient que la migration était le fruit d'un instinct strictement inné, mais aujourd'hui les scientifiques considèrent que pour des oiseaux planeurs comme la cigogne blanche, l'apprentissage social joue aussi un rôle important : les jeunes oiseaux éprouvent peut-être le besoin, gravé en eux, de s'envoler vers le sud, mais ce n'est pas suffisant. La complexité de leur itinéraire, et notamment les endroits où ils peuvent s'arrêter et se nourrir, ils les apprennent en suivant leurs parents. C'est un luxe auquel les cigognes de Ben n'auront pas accès, mais il reste optimiste. Chaque année, la côte du Norfolk accueille quelques cigognes blanches de passage, comme celle de Thomas Browne, en provenance du Danemark. L'espoir de Ben, c'est que ces échassiers danois reprennent le cours de leur migration naturelle et que ses oiseaux à lui les suivent jusqu'en Afrique.

Ce n'est pas garanti, toutefois, puisque de nouvelles études montrent que les habitudes migratoires des cigognes d'Europe sont en train de changer. Beaucoup troquent leur vie traditionnelle au long cours contre une existence plus sédentaire : elles restent à la maison et mangent des cochonneries.

Il y a deux ans, Andrea Flack, chercheuse à l'Institut Max-Planck d'ornithologie, en Allemagne, a passé un mois à migrer aux côtés d'un groupe de jeunes cigognes. « Nous avons marqué soixante juvéniles avant leur départ du nid, m'a-t-elle expliqué. J'ai accompagné une volée de vingt-sept individus, que j'ai suivis à la trace au volant de ma voiture. »

Avec l'aide des pompiers du coin, Flack a commencé, près de son centre de recherche, par équiper les cigogneaux de petits localisateurs GPS. Ce n'était pas une mince affaire : les parents possessifs, pas chauds du tout pour la laisser toucher à leurs petits, lui donnaient des coups de bec alors qu'elle vacillait à l'extrémité d'une très longue échelle. Mais une fois que les jeunes oiseaux s'étaient mis à voler de leurs propres ailes, elle avait pu les suivre partout.

Les cigognes, comme les vautours, planent sur les ascendances thermiques. Elles voyagent donc de jour, quand le soleil est haut, et peuvent couvrir de longues distances quand les conditions sont bonnes. Mais elles ne suivent pas forcément les autoroutes… « J'ai beaucoup roulé, m'a confié Flack. J'attendais jusqu'à huit ou neuf heures du soir, puis je sautais en voiture et je faisais des centaines de kilomètres pour les rattraper. » Elle conduisait souvent de nuit, en terrain inconnu. « Je suivais des pistes en terre battue pendant des heures et des heures, et tout à coup je me retrouvais dans un élevage de porcs, où je découvrais des centaines de cigognes. »

On ne peut qu'admirer son courage, à se balader ainsi de nuit, seule au milieu de nulle part, dans un pays étranger. « Le plus effrayant, c'étaient les chiens. Ils sont bien sûr là pour protéger la ferme, et on entend beaucoup d'aboiements dans le noir. » En général, Flack dormait dans sa voiture jusqu'à l'aube, puis elle essayait d'expliquer à l'éleveur, dont elle ne parlait pas la langue et vice versa, qu'elle n'avait pas de mauvaises intentions, qu'elle suivait juste un vol de cigognes qui avait atterri sur son exploitation pour chercher à manger.

Plus elle roulait vers le sud, plus la population humaine s'amenuisait et plus il devenait difficile de localiser les oiseaux migrateurs. Elle les trouvait dans des oasis secrètes, absentes de sa carte. « Notamment en Espagne, c'est une région très aride – très sèche et poussiéreuse. On roule pendant des heures, il n'y a rien, et puis on tombe sur un étang magnifique, verdoyant, agréable, entouré de flamants et de cigognes. Ils arrivent à trouver ces toutes petites mares au milieu de nulle part. » Flack n'en est pas sûre, mais elle pense que les cigognes localisent ces coins retirés en voyant leurs congénères tournoyer haut dans le ciel, portées par les courants d'air chaud.

Le road trip peu orthodoxe de Flack a en tout cas révélé que les cigognes blanches sont de vraies mangeuses opportunistes, qui font des arrêts ravitaillement au cours desquels elles engloutissent tout ce qu'elles trouvent, des grenouilles à la nourriture pour cochons. Leur tour d'Europe gastronomique a été plein de surprises, mais le plus étonnant a été le choix de leur ultime cantine : les sites géants d'enfouissement de déchets d'Espagne.

Les plus grandes villes de ce pays – Madrid, Barcelone et Séville – sont entourées d'énormes décharges, dont les montagnes de déchets organiques, agrémentés par les insectes et les rongeurs qui rôdent autour, constituent le nec plus ultra du buffet à volonté. « Une fois qu'elles arrivent là, les cigognes restent deux ou trois semaines, voire un mois, a découvert Flack. Parfois elles ne migrent même pas plus loin. »

Satisfaits de ce fast-food hypercalorique, la moitié des oiseaux de Flack n'ont ainsi pas pris la peine de pousser jusqu'en Afrique. Ils sont restés là tout l'hiver à s'adonner à la malbouffe. Et quand le printemps est revenu, certains n'ont même pas repris le chemin du nord de l'Europe. Ils ont tout bonnement arrêté de se déplacer. La migration se situe sans doute à une série d'étapes évolutives de la stagnation, étapes au cours desquelles les ancêtres des cigognes de Flack ont peu à peu changé soit de zones de reproduction, soit de sites où se nourrir pendant l'hiver, pour échapper à la concurrence ou se mettre en quête de mannes éphémères. Il se peut toutefois qu'aujourd'hui, certaines cigognes d'Europe soient en train de renoncer à leur migration à longue distance.

J'ai moi-même été témoin de ce profond changement de comportement – mais contrairement à Flack, je n'ai pas parcouru l'Europe tous azimuts pour le faire. En fait, je n'ai pas eu besoin de quitter mon canapé londonien, et vous pouvez faire de même. L'Institut Max-Planck a développé une application pour smartphone très addictive, Animal Tracker, qui reçoit les données GPS des cigognes de Flack ainsi que d'un tas d'autres animaux, et retrace leurs déplacements sur une carte. Depuis 2015, je suis ainsi une cigogne appelée Odysseus (Ulysse) : marqué en Allemagne, ce mâle semble avoir renoncé à sa nature migratrice et fait mentir son nom. Depuis son arrivée dans les décharges du sud de l'Espagne en septembre 2015, il a à peine bougé. De temps en temps il fait un saut de l'autre côté du détroit de Gibraltar pour se remplir la panse sur les décharges du nord du Maroc, mais c'est tout. Pour son frère Felix, marqué dans le même nid, c'est à peu près la même chose.

Ces nouvelles technologies de suivi inaugurent un âge d'or de l'étude des migrations ; elles ouvrent la possibilité de révéler la totalité du parcours non seulement de la cigogne blanche, mais aussi des mille huit cents espèces connues d'oiseaux migrateurs au long cours. Certaines de ces études confirment déjà l'existence d'actes d'endurance autrement inconcevables. On a récemment suivi des martinets qui ont passé dix mois en vol, mangeant et somnolant en l'air sur le chemin aller et retour de l'Afrique du Sud, ne posant pas même pied à terre une fois arrivés. Les sternes arctiques remportent quant à elles le record du plus long trajet, avec un aller-retour annuel de presque cent mille kilomètres entre l'Angleterre et l'Antarctique – plus de deux fois la circonférence de la Terre, et ce, pour un oiseau plus léger qu'un iPhone ! Au cours de sa vie, ce petit pilote aérien accumule environ trois millions de kilomètres de vol, soit l'équivalent de quatre allers-retours vers la Lune. Quand on sait ça, le défi spatial de Charles Morton paraît tout de suite un peu moins ambitieux.

D'autres études, comme celle de Flack, mettent en évidence des changements radicaux des comportements de migration en temps réel. Au Royaume-Uni, on ne pourrait plus prendre les fauvettes à tête noire d'Aristote pour des fauvettes des jardins transmutées : les hivers plus chauds que le pays a connus dernièrement, conjugués à une provision constante de nourriture dans les mangeoires, ont fait disparaître chez ce migrateur traditionnel de l'été le besoin de quitter les rives britanniques. Les hirondelles sont elles aussi de plus en plus réticentes à quitter la Grande-Bretagne pour retourner en Afrique. Mais leur nombre, de même que celui de dizaines d'oiseaux migrateurs au long cours à travers l'Europe, l'Asie et l'Amérique, connaît une diminution alarmante, due aux effets combinés du réchauffement climatique, de la destruction des habitats, de la chasse et des pesticides. Certains scientifiques ont suggéré que la migration longue distance pourrait bientôt appartenir au passé. Les numéros d'auto-escamotage extraordinaires des oiseaux, qui nous ont si longtemps déconcertés, pourraient donc eux-mêmes disparaître comme par magie, alors qu'ils viennent tout juste d'être élucidés.

Sous notre influence avachissante, la cigogne est donc devenue pantouflarde. C'est tout le contraire qui s'est produit avec l'animal que nous allons rencontrer maintenant, l'hippopotame, monstre largement incompris que les caprices d'un baron de la cocaïne célèbre dans le monde entier ont transformé en improbable globe-trotter.

9

L'hippopotame

Espèce *Hippopotamus amphibius*

« Certains disent qu'il a cinq coudées de haut et des sabots de bœuf, trois dents saillant des deux côtés de la bouche, qu'il est plus massif que toute autre bête, qu'il a les oreilles, la queue, le hennissement du cheval, qu'il est pour le reste semblable à l'Éléphant ; il a une crinière, un groin recourbé, en dedans il n'est point différent du cheval, ou de l'âne, sans poils. »

Edward Topsell,
The History of Four-Footed Beasts[1], 1607

Dans son bestiaire à succès du XVIIe siècle, l'ecclésiastique Edward Topsell acceptait sans trop de peine l'existence des licornes et des satyres, qu'il décrivait avec force détails. En revanche, l'hippopotame le laissait franchement sceptique. Et comment lui en vouloir ? À l'époque, rares (voire inexistants) devaient être les naturalistes à en avoir vu un, et les descriptions extravagantes de l'hippopotame qui circulaient alors offrent peu de ressemblance avec l'animal que nous connaissons.

Depuis l'époque de l'Empire romain, ce mammifère, *Hippopotamus amphibius*, était dépeint comme un « cheval de rivière[1] » monstrueux, doté d'une crinière ; il pouvait « vomir du feu[1] », et du sang suintait de sa peau. L'auteur grec Achille Tatius racontait qu'il « ouvrait grand les naseaux et soufflait une fumée rougeâtre comme s'il était en feu[2] ». On pourrait pardonner à l'auteur s'il avait lui-même fumé quelque chose pour que son imagination s'enflamme à ce point, mais il est probable qu'il avait tout simplement bien lu sa bible. Le puissant et terrible Béhémoth du Livre de Job ressemble en effet de façon troublante à ces hippopotames antiques, et il est communément admis qu'il en est l'inspiration : « Il se couche sous les lotus, il se cache dans les roseaux et les marécages » ; « Vois : sa force est dans ses reins et sa vigueur dans les muscles de son ventre[3] », tonnait le Tout-Puissant dans le récit de la triste histoire de Job.

La description biblique de ce monstre mythique enchérissait sans doute sur les spéculations farfelues concernant la taille de l'hippopotame et ses talents de cracheur de feu. Quant au fait qu'il suait du sang, c'était une erreur plus crédible, probablement née de vraies observations. Le naturaliste romain Pline l'Ancien en fournit une analyse pleine d'imagination dans *Naturalis Historia*, sa grande encyclopédie achevée en 77 de notre ère :

> Quand une abondance continuelle d'aliments l'a rendu trop gras, il vient sur la rive pour chercher des roseaux récemment coupés ; dès qu'il voit une tige très aiguë, il s'y appuie, et s'ouvre une veine à la jambe. S'étant ainsi, par l'écoulement du sang, débarrassé du malaise qui le gênait, il couvre la plaie de limon[4].

Ce qu'on pourrait prendre, à lire ces lignes, pour la tragédie d'un hippopotame souffrant de sérieux problèmes de poids et porté à l'automutilation était en fait la description de l'art ancien de la saignée – une technique utilisée pendant près de trois mille ans dans le traitement d'un large éventail de maladies. Que vous ayez été atteint d'une fièvre dans la Grèce antique ou de la peste bubonique dans l'Angleterre médiévale, le remède vedette de votre docteur était en effet de vous inciser une veine pour épancher un peu de votre sang. Avec *beaucoup* de chance, des sangsues pouvaient remplacer l'utilisation d'un bâtonnet en bois pointu. La saignée était pratiquée par les Égyptiens, mais selon Pline c'est l'hippopotame, cet autre résident célèbre de la vallée du Nil, qui avait montré l'exemple. « L'hippopotame est [...] l'inventeur de la saignée[5] », affirme-t-il, non pas une fois mais deux, dans son encyclopédie.

On peut certes se moquer du naturaliste romain quand il soutient que l'hippopotame a initié l'une des modes thérapeutiques les plus populaires de l'Antiquité, mais la vérité c'est que ce gros animal amphibie a bel et bien lancé un remède à la mode, quoique plutôt aujourd'hui que du temps de Pline (et surtout, un truc qui marche vraiment !).

Le liquide que les anciens voyaient suinter de la peau de l'hippopotame ressemble singulièrement à du sang, c'est vrai ; je me suis complètement fait avoir la première fois que j'en ai vu. Mais ça n'en est pas. Pas du tout, même. Non, cette substance visqueuse et cramoisie est produite par des glandes spéciales nichées sous la peau épaisse de l'animal. Après avoir longtemps cru que c'était une sorte de sueur rouge gluante destinée à rafraîchir l'hippopotame, les scientifiques ont récemment découvert qu'elle jouait un rôle bien plus remarquable encore.

Son apparence sanguinolente est due à des pigments rouges et orange, des polymères instables qui, d'abord incolores, changent de forme et de couleur à mesure qu'ils absorbent et réfléchissent les rayons ultraviolets. C'est plutôt pratique, parce que cela signifie que l'hippopotame sécrète son propre écran solaire – une adaptation innovante pour cet énorme mammifère sans poils régulièrement exposé au soleil éclatant de l'Afrique subsaharienne.

4 DELLA FLEBOTOMIA

Chi ſia ſtato l'inuentore della Flebotomia.

Cap. III.

Dicono i naturali, che l'inuentore della Flebotomia è ſtato l'Hippopotamo animale, che habita preſſo il fiume Nilo, di grandezza ſimile à qual ſi voglia cauallo di Friſia, & è di terreſtre, & acquatica natura, il quale, quando ſi ſente aggrauato dalla copia del ſangue, và in vn canneto, ò coſa ſimile, & per iſtinto di natura ſi feriſce la vena, & ne laſſa vſcir tanto ſangue, fin che ſi ſenta ſgrauato: poi troua la belletta, ò ſango, & iui ſi imbelletta, & ſi ſtagna, e ſerra la ferita della vena..

Ce manuel de médecine italien (1642) attribue à l'hippopotame l'invention de la phlébotomie. L'animal (« de la taille d'un cheval frison », lit-on) perce instinctivement une veine, laisse couler le sang « jusqu'à ce qu'il se sente revigoré », puis se vautre dans la boue en attendant que la blessure soit guérie. Hygiénique, n'est-ce pas ?

On pense aussi que ce fluide visqueux contient des agents antibactériens – ce qui expliquerait pourquoi les blessures de guerre de cet animal amphibie s'infectent rarement, bien qu'il aime se prélasser dans une eau pleine de ses propres excréments. Et malgré leur goût pour les crottes de toutes sortes, les mouches laissent en général les hippopotames tranquilles, ce qui suggère que ce truc super gluant pourrait être, cerise sur le gâteau, un répulsif à insectes.

Autant dire que cette formule trois-en-un est bien plus sophistiquée que la lotion vendue à un prix prohibitif dans votre supermarché du coin. En fait, il s'agit d'une substance tellement révolutionnaire que Christopher Viney, scientifique spécialiste du biomimétisme en Californie, essaie d'en faire le prochain produit phare de la catégorie « écrans solaires ». « C'est cette combinaison exceptionnelle de propriétés qui la rend si intéressante, m'a-t-il expliqué : écran total, répulsif anti-insectes et antiseptique en même temps ! »

« Les matières les plus réussies de la nature ont bénéficié de beaucoup de temps pour être optimisées. Si la nature fabrique un bon soin pour la peau, il nous sera donc très difficile de faire mieux », a-t-il ajouté. Bien sûr, il y a quelques problèmes à régler. « La gageure consiste à recueillir un échantillon qui ne soit pas contaminé par des excréments. » Sinon, comment recréer le même parfum de vacances estivales que celui concocté par ses rivaux pharmaceutiques ?

Qu'à cela ne tienne, j'ai décidé de mettre les travaux du chercheur à l'épreuve en m'enduisant la peau du fluide visqueux que je venais de recueillir sur un hippopotame – une petite orpheline particulièrement docile du nom d'Emma, pensionnaire d'un refuge sud-africain. J'étais en train de la nourrir quand j'ai remarqué des traînées rouges qui coulaient sur son dos et s'accumulaient dans les replis de graisse de son cou. Alors j'ai décidé de me servir. Le liquide avait la consistance poisseuse du blanc d'œuf et formait une mousse crémeuse que ma peau a rapidement absorbée. Mes mains étaient malheureusement si abîmées par le soleil qu'il était difficile de savoir si c'était une bonne crème solaire, mais j'avais désormais une main nettement plus soyeuse que l'autre.

La propriétaire du refuge était elle aussi fan du pouvoir hydratant de la crème d'hippopotame. Elle m'a confié qu'elle l'utilisait comme baume à lèvres et ne jurait que par elle.

Emma, l'hippopotame orpheline, se laisse soudoyer par de la nourriture, juste avant que je rafle un peu du fluide gluant cramoisi qui suinte de sa peau pour tester sur moi ses vertus anti-UV.

On ne connaît aujourd'hui aucun autre mammifère qui sécrète son propre écran total. Ils n'en ont pas besoin : en général, les poils et la fourrure arrivent plutôt bien à protéger la peau. Mais le fait que ce « cheval de rivière » soit sensible au soleil, au point qu'il a développé une supersueur sophistiquée en guise de protection, suggère que la classification de l'hippopotame était une autre erreur de Pline – erreur tout à fait compréhensible, puisque l'hippopotame cache un secret de famille si choquant qu'il a, jusque très récemment, continué à susciter la controverse.

Quand j'étudiais la zoologie au début des années 1990, j'ai appris que l'hippopotame était plus proche du cochon que du cheval. Cela paraissait plausible… mais c'était faux aussi, malheureusement. Les plus proches parents de l'hippopotame dans l'arbre taxonomique sont un groupe d'animaux si improbable que mon ancien professeur à l'université, Richard Dawkins, a écrit à ce sujet dans *Il était une fois nos ancêtres* : « J'ai maintenant appris une chose qui est si scandaleuse que je répugne à l'admettre, mais il semble bien que je vais devoir m'y résigner[6]. »

En réalité, les plus proches parents de l'hippopotame sont les baleines.

Cela faisait des siècles que les scientifiques essayaient de classer l'hippopotame en procédant aux analyses habituelles des dents et des os. Toutefois, il s'est avéré qu'il existait un autre moyen de faire cracher son choquant secret à l'hippo : lui *parler*.

Bill Barklow a consacré vingt ans de sa vie à déchiffrer ce que les gros mammifères amphibies se racontent, ce qui fait de lui le plus grand expert mondial – le seul, en fait – de la communication hippopotamesque, un domaine aujourd'hui encore fort peu développé.

Je l'ai rencontré en Ouganda alors que je préparais pour la télévision une série d'émissions sur la communication animale. Même s'il approchait désormais les soixante-dix ans, j'ai réussi à le tirer de son cocon de retraité pour qu'il m'enseigne quelques phrases d'hippo – pas une mince affaire, vu que je sais à peine aligner trois mots en français, malgré des années d'efforts. On ne s'ennuie vraiment jamais avec Bill, et il fait d'excellentes imitations des grognements, ébrouements et mugissements comiques des hippopotames, perfectionnées au fil des nombreuses années qu'il a passées seul en compagnie de ces bêtes amphibies.

Son regard bleu pétillant s'est éclairé quand il a évoqué son rôle dans la grande affaire de la classification de l'hippopotame. « Quand on est scientifique, on rêve tous d'avoir un *eurêka*, une idée que personne n'a jamais eue avant », m'a-t-il confié alors que nous remontions le fleuve à bord d'un bateau à moteur en direction de la source du Nil, dans la chaleur suffocante d'un après-midi africain. « Mais ça n'arrive pas à grand-monde. »

Pour lui, c'est arrivé tout à fait par accident, en 1987. Il étudiait les plongeons huards – ces oiseaux d'Amérique du Nord célèbres pour leurs vocalisations obsédantes qui rappellent la voix humaine –, lorsqu'il décida de s'offrir les vacances de ses rêves : un safari en Afrique. Un matin, tandis qu'il observait des hippopotames pour la première fois de sa vie, il remarqua quelque chose de plutôt troublant : quand l'un des mâles lançait son énorme cri territorial, dans les minutes qui suivaient, les autres hippopotames émergeaient des profondeurs pour lui répondre. « Je me suis dit : comment font-ils ? Ils enfreignent les lois de la physique ! »

Du fait de la différence de masse volumique entre l'eau et l'air, les sons émis en dessous et au-dessus de l'eau sont réfléchis par la surface. Donc ceux qui sont émis dans l'air ne peuvent être entendus sous l'eau, et vice versa. Et pourtant, il était apparu à Bill que les bêtes qui se trouvaient sous l'eau entendaient le bruit que le mâle avait fait au-dessus, puisqu'ils avaient répondu à son appel. « En rentrant chez moi, j'ai foncé à la bibliothèque pour éplucher la littérature existante sur les sons émis par les hippopotames et leur communication. Mais j'ai eu beau creuser, je n'ai rien trouvé. »

Comme tout vrai scientifique qui se découvre un nouveau dada, Bill a dit au revoir à ses huards pour aller s'installer en Afrique et consacrer le reste de sa vie à découvrir comment faisaient les hippopotames pour défier les lois de la physique. Il lui fallut près de dix ans, mais il a fini par trouver la réponse : ces mammifères sont des communicateurs amphibies. Ainsi, quand ils se vautrent dans les eaux peu profondes (dont seuls leurs narines, leurs yeux et leurs oreilles dépassent), les mugissements des hippopotames se propagent dans l'air par leurs narines, mais aussi dans l'eau par l'intermédiaire d'une grosse masse de graisse qu'ils ont sur la gorge. Comme le gras a grosso modo la même masse volumique que l'eau, le son se propage directement des cordes vocales à la graisse puis à l'eau de la rivière, avec peu de distorsion. Les hippopotames immergés captent ces grondements sonores grâce à leur mâchoire, qui est reliée à leur oreille interne.

Bill m'en a fait la démonstration en diffusant l'enregistrement d'un appel d'hippopotame par un gros haut-parleur embarqué sur notre minuscule bateau. Nous nous étions postés le plus près que nous osions d'un petit groupe d'animaux à moitié immergés, qui se relaxaient dans les eaux peu profondes du fleuve. C'était la fin de l'après-midi, l'air était chaud et soporifique. Le son tonitruant du grognement a fait voler la tranquillité en éclats : il n'a pas dû se passer une minute avant que le premier hippo mugisse en réponse. Puis, comme par magie, toute une succession de têtes d'hippopotames isolés a surgi à la surface pour se joindre au chœur. L'effet s'est propagé en aval à perte de vue, telle une onde, avec une dizaine d'individus sortant un par un des eaux boueuses pour dire bonjour.

En poursuivant ses recherches, Bill a compris que ces bêtes amphibies, connues pour leurs rugissements tonitruants, réalisent la majeure partie de leur communication sous la surface de l'eau. En utilisant un haut-parleur étanche et un micro grossièrement attaché au bout d'une longue perche pour pouvoir être immergé, il m'a montré comment il avait pénétré leur secret univers sonore. Grâce à cette installation sous-marine, il avait enregistré une étonnante cacophonie de coassements, de clics et de cris aigus que les hippopotames produisaient en faisant passer de l'air sur leurs cordes vocales ou en faisant battre leurs narines. Ces bruits, qu'on ne s'attend résolument pas à trouver chez eux, mais aussi la façon dont ils se propageaient à travers la graisse et dont ils étaient captés par l'intermédiaire de la mâchoire, ont singulièrement rappelé à Bill un groupe de mammifères aquatiques éloignés : les cétacés, à savoir les baleines et les dauphins. Était-il possible que les deux groupes soient apparentés ? Bill pensait que oui.

Sa découverte attira l'attention de John Gatesy, un biologiste moléculaire qui essayait depuis un moment de rassembler des données moléculaires pour appuyer la thèse selon laquelle hippopotames et cétacés partagent un ancêtre commun exclusif. Sans surprise, cette reconsidération radicale de l'arbre taxonomique avait fait beaucoup de vagues dans les cercles zoologiques. Gatesy était à la recherche de preuves physiologiques pour étayer sa théorie. Il cherchait des *synapomorphies*, c'est-à-dire des caractères partagés uniquement par les hippopotames et les cétacés qui pourraient leur avoir été transmis par cet ancêtre commun. Or Bill avait précisément ce dont il avait besoin.

« J'avais découvert que les hippopotames émettent sous l'eau des clics, ou des trains de clics, qui ressemblent beaucoup à ceux qu'utilisent tous les cétacés pour leur sonar, m'a-t-il expliqué. En outre, ils n'ont pas de poils, les femelles mettent bas et allaitent leurs petits sous l'eau, et ils ont un très large répertoire de sons subaquatiques. Toutes ces caractéristiques pourraient être des synapomorphies et ainsi indiquer l'existence de caractères hérités de leur ancêtre commun par les hippopotames *et* les cétacés. » La théorie « whippo* » – qui plaçait les cétacés et les hippopotames dans un même groupe évolutif – a été accueillie avec mépris par certains paléontologues, qui contestaient les preuves tant synapomorphiques que moléculaires, et les chamailleries taxonomiques ont duré des décennies, dressant les scientifiques qui étudiaient le passé contre ceux qui recherchaient des indices dans le présent.

L'un des principaux os, si l'on peut dire, sur lesquels tombait cette théorie, c'était que le registre fossile de la lignée des hippopotames était incomplet : il semblait disparaître au-delà de vingt millions d'années. Or les traces fossilisées des cétacés ancestraux remontent à bien plus loin. Mais en 2015, plusieurs dents d'un Hippopotamidae ancien, retrouvées au Kenya, ont permis une avancée capitale dans la reconstitution de la généalogie de l'ani-

* Mot-valise créé à partir des noms « whale » et « hippopotamus » (respectivement « baleine », ou « cétacé », et « hippopotame » en anglais).

mal : les molaires reliaient sans ambiguïté l'hippopotame à l'arbre généalogique des cétacés.

Il peut paraître ironique, au terme du récit généalogique de l'hippopotame, que le tristement célèbre Béhémoth s'avère être le frère de cet autre monstre du chaos évoqué dans le Livre de Job, Léviathan (largement identifié comme une baleine). Et que les deux mastodontes bibliques aient selon toute vraisemblance évolué à partir d'un ancêtre qui était probablement assez petit, d'une taille comparable à celle d'un épagneul.

Les mythes et légendes entourant l'hippopotame ont engendré de telles confusions au fil des siècles que le célèbre naturaliste français Buffon s'efforça de remettre les compteurs à zéro lorsqu'il s'attela à la rédaction de son œuvre maîtresse, *Histoire naturelle*, publiée dans la seconde moitié du XVIIIe siècle. « Quoique l'hippopotame ait été célébré de toute antiquité, [...] il n'était cependant qu'imparfaitement connu des anciens, y notait-il. Ce n'est que vers le milieu du XVIe siècle que l'on a eu quelques indications précises au sujet de cet animal[7]. »

L'encyclopédie de Buffon représentait bien sûr la première tentative de classification du monde naturel selon des principes scientifiques modernes, le comte s'étant efforcé d'en éliminer les superstitions populaires dont les bestiaires médiévaux étaient infestés. La condescendance de son ton est certes un peu fâcheuse, étant donné que presque tout ce qu'il écrivit ensuite sur l'hippopotame était faux. Il n'est toutefois pas inutile d'examiner ses affirmations d'un peu plus près, parce qu'elles ont très longtemps influencé la perception que nous avons de cet animal.

L'hippopotame a donné autant de fil à retordre aux illustrateurs d'histoire naturelle d'antan que le paresseux, comme le montre ce spécimen bizarroïde, aux lèvres poilues et aux yeux d'homme, figurant dans The Gentleman's Magazine *sous le nom d'« heppepotame » (1772).*

Pour commencer, il observe que l'hippopotame « nage plus vite qu'il ne court, il chasse le poisson et en fait sa proie[8] ». Erreur : les hippopotames sont végétariens et peuvent tout au plus faire la nage du chien. Par contre, en état de quasi-apesanteur dans l'eau, ils avancent par bonds sur les lits des cours d'eau, comme dans une sorte de *moonwalk* aquatique.

Buffon écrit aussi que ses dents sont « très fortes et d'une substance si dure qu'elle fait feu contre le fer ;

c'est vraisemblablement ce qui a donné lieu à la fable des Anciens, qui ont débité que l'hippopotame vomissait le feu par la gueule[9] ». Bien essayé, Buffon, mais toujours faux ! Depuis l'Antiquité égyptienne, l'ivoire des dents d'hippopotame est très recherché ; quoique plus dures que les défenses d'éléphant, on peut facilement les sculpter à la main et elles possèdent l'avantage de ne pas jaunir avec le temps. En fait, si le célèbre naturaliste avait perdu ses dents, il aurait tout à fait pu se retrouver avec un râtelier en dents d'hippo : cela faisait fureur au XVIIIe siècle – même George Washington en avait un. (Mais à ma connaissance, personne n'a jamais raconté que le premier président américain « vomissait le feu ».)

Ce n'est pas fini. « Avec d'aussi puissantes armes [...], poursuit Buffon, l'hippopotame pourrait se rendre redoutable à tous les animaux ; mais il est naturellement doux[10]. » Là encore, faux, archi-faux. Connus pour leur mauvais caractère, les hippopotames sont des brutes extrêmement territoriales qui n'hésitent pas à se servir de leurs énormes défenses pour se battre. Pesant à peu près le poids d'une voiture familiale et capables, malgré leur taille, d'accélérer presque autant, ils n'ont aucun mal à courir plus vite que nous. La violence de leurs charges, conjuguée à leur penchant pour l'attaque des bateaux, leur a valu la réputation redoutable d'animal le plus dangereux d'Afrique. Comme il semble peu vraisemblable qu'on ait pu produire des statistiques pour l'ensemble des pays africains où vivent les hippopotames, je soupçonne cette légende souvent citée d'être un mythe du Web. Mais ayant moi-même été chargée par un hippopotame (pour m'être aventurée dangereusement près de la mare du Béhémoth), je peux témoigner qu'ils sont loin d'être doux.

Enfin, Buffon avance que cette espèce « ne se trouve guère que dans les fleuves de l'Afrique[11] » : encore faux, ainsi qu'il apparaît aujourd'hui. Toutefois, même Nostradamus n'aurait pu prédire la dernière péripétie du mystérieux conte évolutif de l'hippopotame, à savoir qu'un coin reculé de Colombie allait devenir, au XXIe siècle, un havre pour cet animal semi-aquatique.

Il y a deux ans, j'ai pris l'avion pour Medellín afin d'enquêter. Nichée dans les Andes à mille cinq cents mètres d'altitude, la deuxième ville de Colombie est étonnamment fraîche et humide pour un coin situé si près de l'équateur. Mon cœur s'est d'ailleurs un peu serré quand, en posant le pied sur le tarmac, j'ai vu le même ciel lourd et gris que celui que je croyais avoir quitté à l'aéroport de Londres. J'ai été accueillie par Carlos Valderrama, un séduisant vétérinaire d'une trentaine d'années qui a acquis une connaissance plus qu'intime des hippopotames… pour des raisons que j'expliquerai bientôt. Nous avons commencé notre safari par quatre heures de voiture à travers de luxuriantes collines émeraude, avant de descendre dans la vallée du fleuve Magdalena et de nous enfoncer en plein pays cow-boy. Pendant le périple, Carlos a amplement eu le temps de me raconter comment on en était arrivé à la situation actuelle.

En 2007, le gouvernement colombien avait commencé à recevoir des appels téléphoniques du département rural d'Antioquia signalant la présence d'une créature très singulière. « Les gens disaient que c'était très gros, avec de petites oreilles et une très grande gueule », se souvenait Carlos.

Spécialiste des conflits hommes-animaux, il avait été envoyé sur place pour calmer les inquiétudes des gens du coin. Et s'était retrouvé à devoir expliquer aux habitants éberlués que cette bête étrange était un animal d'Afrique. Un hippopotame.

Tout aussi troublé qu'eux, Carlos s'était demandé d'où pouvaient provenir ces spécimens. Et tout le monde lui avait fourni la même réponse : de l'Hacienda Nápoles.

Stratégiquement située à mi-chemin de Medellín et de la capitale du pays, Bogotá, et s'étendant sur près de vingt kilomètres carrés, l'Hacienda Nápoles a été construite par le tristement célèbre baron de la drogue Pablo Escobar. C'est depuis ce domaine qu'il contrôlait l'exportation de quatre-vingt-dix pour cent de la cocaïne américaine, commerce qui fit de lui l'un des hommes les plus riches de la planète, avec une fortune estimée une année par le magazine *Forbes* à plus de trois milliards de dollars. Le ranch était son terrain de jeu privé ; il y donnait des fêtes somptueuses, y entreposait sa collection de voitures d'époque et y avait même créé un parc de dinosaures pour son fils, avec des créatures en amiante grandeur nature. Comme beaucoup de mégalomanes, il avait eu envie de posséder sa propre ménagerie. Et il avait procédé comme seul un baron de la drogue milliardaire peut le faire.

La légende veut qu'Escobar, ayant mis la main sur un énorme avion-cargo russe, l'ait fait envoyer en Afrique et remplir d'animaux clandestins (sous sédation), tel un Noé bien tordu des temps modernes. Il avait ensuite fallu que « l'Arche » revienne en Colombie avant le réveil des voyageurs, tâche qui s'avéra extrêmement compliquée car la piste d'atterrissage de son hacienda, construite pour de petits jets privés chargés de cocaïne, était trop courte. Il ordonna donc qu'elle soit prolongée sur-le-champ afin que l'avion et ses passagers somnolents puissent atterrir.

Au fil des ans, Escobar fit ainsi entrer illégalement lions, tigres, kangourous et, ce qui nous intéresse davantage ici, quatre hippopotames : trois femelles et un mâle bien porté sur la chose qu'il baptisa El Viejo (« Le Vieux »), un surnom populaire dans la mafia colombienne. Les mammifères semi-aquatiques furent introduits dans un petit lac à côté de la maison principale. Et ils y sont toujours. Mais lorsque je suis allée rendre visite à El Viejo, son harem s'était bigrement agrandi.

Escobar fut abattu par la police militaire au début des années 1990. Après la chute de son empire, l'ensemble de sa ménagerie fut recasé dans des zoos de toute l'Amérique du Sud… à l'exception des hippopotames. Transporter un animal qui peut peser jusqu'à quatre tonnes et demie représente de fait un sacré défi, même quand on meurt d'envie d'en avoir un. Au cours des deux décennies qui suivirent, les mastodontes d'Escobar restèrent donc barboter dans leur mare tandis que l'immense ranch de leur maître, victime de pillages répétés, tombait en ruine, avant d'être transformé par le gouvernement en une combinaison surréaliste : un parc d'attractions centré sur le baron de la drogue (ouvert aux fans d'Escobar et pourvu de toboggans à eau), doublé d'une prison de haute sécurité (ouverte aux apprentis Escobar et dépourvue de toboggans).

Pendant tout ce temps, les hippopotames prospérèrent. Carlos m'a expliqué que leur nombre doublait tous les cinq ans et qu'ils étaient désormais peut-être plus de soixante. Je n'en ai compté que vingt dans la mare d'El Viejo. Les autres, m'a confié le vétérinaire, avaient défoncé la fragile clôture de barbelé entourant l'hacienda et se déchaînaient dans la campagne colombienne.

Les hippopotames sont extrêmement territoriaux. Alors

dès qu'un de ses fils atteint la maturité sexuelle, le Vieux le chasse de l'étang familial, loin de son harem. La vallée environnante du Magdalena est sillonnée de puissants cours d'eau, véritables autoroutes à hippopotames qui permettent à ces jeunes étalons excités de parcourir des centaines de kilomètres à l'intérieur des terres. En Afrique, ce serait parfaitement normal : les jeunes mâles quittent le groupe pour se mettre en quête de la femelle de leur cœur. Mais en Colombie, où la nature ne compte pas d'hippopotames, ces Don Juan frustrés causent des ravages.

Carlos m'a emmenée rencontrer l'un de ces mâles privés d'amour, un gros adolescent qui se languissait dans un bassin, à cent mètres seulement de l'école d'un village. Comme je m'approchais pour mieux voir, l'animal a ouvert grand sa gueule menaçante et poussé un mugissement agressif. Et tandis que j'essayais de me rappeler les leçons de langue hippo de Bill Barklow, il s'est mis à foncer vers moi si vite que de grosses vagues se sont formées autour de lui. La signification de son cri était sans ambiguïté : les intrus, dehors ! Ça ne m'a pas étonnée d'apprendre que les gamins de l'école ne se baignaient plus dans l'étang. Un garçon m'a même raconté que la semaine précédente, sa grand-mère s'était fait courser par l'hippopotame en mal d'amour, au point qu'elle avait failli s'évanouir.

Mais tout le monde n'avait pas peur. La BBC a ainsi rapporté les propos d'un jeune garçon à un journal local : « Mon père en a capturé trois. C'est bien d'avoir un petit animal à la maison. Ils ont une peau très glissante, si on verse de l'eau ils produisent une sorte de liquide visqueux, et quand on les touche c'est comme du savon[12]. »

Carlos était persuadé que les Colombiens étaient plus

vulnérables que les Africains aux attaques des mastodontes parce qu'ils s'étaient habitués à les voir comme des animaux câlins dans les films de Disney. « Avec leur petit côté potelé, tout le monde les trouve mignons. Mais ils ne le sont pas ! » s'est-il exclamé. Pour lui, les hippopotames de Colombie étaient une vraie « bombe à retardement ».

La sécurité des humains n'était toutefois pas la seule préoccupation du vétérinaire. Ce qui l'inquiétait le plus, c'était l'effet que les hippopotames pourraient avoir sur la flore et la faune locales, car ces éco-ingénieurs ont le pouvoir de transformer radicalement leur environnement.

En Afrique, les hippopotames n'ont pas la vie facile. Ils doivent survivre à une intense saison sèche. Leurs étangs s'assèchent, la nourriture devient rare, et ils doivent protéger leurs petits des crocodiles et des hyènes affamés. Rien de tel pour l'ex-ménagerie d'Escobar : la Colombie, chaude et humide, reçoit des pluies toute l'année. Il y a donc de l'herbe à foison pour les hippopotames, plein d'étangs peu profonds où se vautrer toute la journée, pas de prédateurs et relativement peu de concurrence de la part de leurs congénères. Ils mènent la belle vie, et cela modifie leur comportement. Alors qu'en Afrique ils deviennent en général sexuellement actifs entre sept et onze ans, les hippopotames d'Escobar se reproduisent dès l'âge de trois ans. Et on rapporte que des femelles donnent naissance à un petit par an, au lieu d'un tous les deux ans comme c'est le cas en Afrique. Pour citer Carlos, la vallée du Magdalena est devenue le « paradis des hippopotames ».

Quand une espèce exotique envahissante se déchaîne et menace les espèces natives, la réponse normale est de l'éliminer. Partout dans le monde, des gouvernements n'ont ainsi pas lésiné sur les moyens pour éradiquer rats, fourmis, moules et tout un tas d'autres envahisseurs. On a même loué l'ingéniosité du gouvernement de Guam quand il a parachuté sur une île une armée de chats commandos pour éliminer les indésirables serpents *Boiga irregularis*. Et le gouvernement des Galápagos s'est servi de chèvres dites « de Judas » (en référence à l'apôtre qui a trahi le Christ) pour attirer des chèvres envahissantes en terrain découvert, où elles ont été abattues par des tireurs d'élite embarqués dans des hélicoptères. Le gouvernement américain a quant à lui joyeusement tout essayé, du poil à gratter au poison en granulés, pour éradiquer les étourneaux sansonnets – en vain. (En 1890, un pharmacien new-yorkais qui rêvait malencontreusement d'introduire en Amérique toutes les espèces d'oiseaux mentionnées par Shakespeare en avait relâché dans Central Park. Les soixante spécimens d'origine se sont multipliés pour atteindre des dizaines de millions d'étourneaux.)

Pourtant, lorsque l'armée colombienne a abattu son premier hippopotame solitaire, cela a suscité un tollé, et la nouvelle s'est propagée dans les médias du monde entier. Pour un pays impatient de tourner la page de son passé sanglant, abattre la star des films de Disney était un très mauvais coup de pub. Le programme d'éradication a été suspendu sur-le-champ.

Carlos est l'homme à qui était échue la lourde tâche de mettre en œuvre le plan B : un programme radical de castration. Même si châtrer l'un des animaux les plus dangereux au monde était une idée complètement folle, notre vétérinaire – un homme qui avait des *cojones*, clairement – avait tenté le coup. Il avait jusqu'alors réussi à castrer un seul mâle solitaire, qui terrorisait les pêcheurs deux cent cinquante kilomètres en aval de l'hacienda.

L'opération, d'une durée de six heures, avait été compliquée par un certain nombre de bizarreries biologiques inattendues chez le mammifère amphibie. « En temps normal, une castration prend trente minutes, m'a expliqué Carlos. Mais les hippopotames sont difficiles à tout point de vue. »

D'abord, malgré leur taille, ils ne sont pas commodes à anesthésier. La tâche nécessite une dose importante mais précise d'anesthésiant et, comme ils ont beaucoup de graisse (qui absorbe le produit), il y a un grand risque de surdosage. Il a fallu cinq flèches à Carlos pour endormir son animal. Administrer le médicament s'est aussi avéré délicat : plusieurs flèches ont rebondi sur le cuir épais de l'hippopotame, et celles qui l'ont transpercé n'ont fait qu'enrager encore plus la bête, connue pour son irascibilité. « On avait des leurres pour détourner son attention, mais il nous a quand même coursés deux ou trois fois, m'a confié Carlos. Ça fichait vraiment la frousse. » Bel euphémisme, s'il en est.

Une fois l'animal endormi, les problèmes du vétérinaire ne faisaient pourtant que commencer. Ces animaux massifs étant sujets à la surchauffe quand ils sont hors de l'eau, et opérer sous l'eau n'étant pas une option, il fallait travailler vite. Autant que possible, du moins. Car les hippopotames ont des gonades internes, cachées sous une grosse épaisseur de peau et de graisse (comme leurs cousines les baleines). Pour compliquer encore les choses, leurs testicules ont été qualifiés d'« extrêmement mobiles[13] » du fait de leur tendance à se balader, surtout quand l'animal se sent menacé ; la variation de leur position peut atteindre jusqu'à quarante centimètres. Carlos m'a raconté qu'il a dû émousser pas moins de trois scalpels pendant l'opération. Et il lui a fallu quelque chose comme deux heures pour localiser ses cibles mouvantes – bien qu'elles soient aussi grosses que des melons –, puis encore une heure pour tout recoudre.

Un vieil hélico russe lui avait été prêté pour ramener le mâle castré à l'Hacienda Nápoles. Baptisé Napolitano, l'énorme eunuque vit désormais dans le grand bassin. Visiblement, il ne dérange plus El Viejo, ce qui fait apparaître son long supplice comme une victoire improbable.

Malheureusement, l'opération a coûté plus de cent cinquante mille dollars à l'État colombien, un tarif prohibitif pour un pays en développement confronté à de multiples problèmes qui pèsent déjà beaucoup sur ses finances. Selon Carlos, il y avait peu de chances qu'on procède à beaucoup d'autres castrations. Les ministères semblaient se refiler la patate chaude, aucun ne voulant prendre la responsabilité de régler le problème. Les hippopotames étaient apparemment en Colombie pour rester. S'ils continuent à prospérer dans une situation d'isolement génétique, ils finiront, à la longue, par devenir une nouvelle sous-espèce colombienne, baptisée peut-être *Hippopotamus amphibius escobarus* – ce qui constituerait un legs ô combien inattendu du roi de la cocaïne, ainsi qu'un exemple fascinant du genre d'événement aléatoire qui peut provoquer la division d'une espèce en deux.

Dans la catégorie des grandes et grosses bêtes, l'hippopotame n'est pas le seul à avoir un caractère dangereux. La réputation de l'orignal est presque aussi redoutable, surtout quand il est ivre. Mais comme nous allons le voir dans le chapitre qui suit, le soiffard le plus tristement célèbre du règne animal a contribué à empêcher que l'Amérique ne soit cataloguée comme une terre de dégénérés de la nature, et il ne mérite pas (tout à fait) sa réputation d'animal dépravé.

10

L'orignal

Espèce *Alces alces*

« Les Allemands appellent cette Bête "Ellend", ce qui dans leur langue signifie misérable ou malheureux... »

Edward Topsell,
The History of Four-Footed Beasts[1], 1607

L'orignal, ou élan, a acquis jadis la réputation d'être le rabat-joie de la nature. « C'est une Bête mélancolique », écrivait ainsi le naturaliste Edward Topsell dans sa grande encyclopédie des animaux. Une bête si cafardeuse qu'elle avait le pouvoir de transmettre sa tristesse aux humains par sa simple consommation. « Sa chair, mettait en garde Topsell, engendre la mélancolie[2]. »

Les orignaux ont de quoi être de mauvais poil. Leur nom commun américain, *moose*, signifie « mangeur de branchettes » dans la langue des Indiens Algonquins – pas très glamour, comme étiquette. Au fil de l'évolution, cette espèce, la plus grande de la famille des cervidés, est devenue apte à survivre dans les inhospitalières contrées subarctiques – de l'Amérique du Nord à l'Asie, en passant par l'Europe – grâce au régime alimentaire le plus misérable qui soit. Il n'y a aucune raison, toutefois, pour que l'orignal soit plus lugubre que le castor ou le bison moyens. C'est juste une question d'apparence.

L'évolution n'a cure des goûts esthétiques des humains : demandez donc au blobfish ! Sa longue et sinueuse trajectoire aboutit aux solutions les plus adéquates à la survie, à défaut d'être les plus agréables à l'œil. L'orignal doit être capable de parcourir de longues distances dans la neige épaisse pour flairer sa pitance végétale, et la réponse évolutive à ce défi posé par l'écosystème a des allures franchement idiotes : avec ses pattes grêles qui évoquent des échasses, son dos bossu et son long museau pendant, l'orignal affiche un air plutôt sinistre et résigné sur lequel il est facile de se méprendre.

Topsell attribuait cette mélancolie, de manière tout à fait aléatoire, à une épilepsie chronique. « Il se trouve dans une situation fort misérable et malheureuse, car tous les jours de l'année il souffre du mal caduc[3] », écrivait-il. C'était d'autant plus infortuné pour cette créature aux longues pattes qu'elle avait soi-disant été privée de genoux. Selon l'ecclésiastique naturaliste, les orignaux n'avaient pas « d'articulations aux jambes pour les plier », ce qui avait des conséquences plutôt fâcheuses pour leur dignité : « Lorsqu'ils sont au sol, ils ne peuvent plus jamais se relever[3]. »

Cette absence fantaisiste de charnières aux guiboles avait cependant été mentionnée une première fois par un homme à qui il y avait peu de chances qu'on reproche de raconter des histoires à dormir debout : le grand général romain Jules César. Ce dernier avait croisé des élans dans la vaste forêt hercynienne. Les *alces*, comme les appelaient les Romains, étaient alors très répandus dans toute l'Europe. « Leurs jambes n'ont ni jointures ni articulations, observait le général dans ses *Commentarii de Bello Gallico* [Commentaires sur la guerre des Gaules], les arbres leur servent à se gîter ; ils s'y appuient en se penchant un peu, et c'est ainsi qu'ils dorment[4]. »

En réalité, les orignaux ont des genoux plutôt souples, bien plus que tous les autres cervidés. Avec leurs pattes puissantes, ils peuvent donner des coups dans toutes les directions, même sur le côté. En réponse à leur handicap inexistant, les Romains les jetèrent dans le Colisée. En l'an 244 de notre ère, parmi les cinq mille bêtes exotiques promises à un combat mortel et sanglant, il y avait soixante lions, trente-deux éléphants, trente léopards, vingt zèbres, dix orignaux et un hippopotame. Les bookmakers ont dû s'en donner à cœur joie...

Confrontée à pareille infortune, n'importe quelle bête se mettrait à boire. Et de fait, le misérable orignal a acquis la réputation d'être le plus grand alcoolique du règne animal.

A Compleat History of Druggs, *en 1737, représente un élan victime d'une crise d'épilepsie. On racontait que l'animal malade se soignait lui-même en fourrant son sabot fendu dans son oreille gauche. Ce traitement devint aussi la norme pour les humains atteints du « mal caduc ». Voilà bien ce dont a besoin une personne qui fait une crise : qu'on lui fiche un gros sabot bien sale dans l'oreille !*

Septembre est un mois chargé pour la police suédoise. C'est la saison où les fruits tombent à terre, ce qui, pour l'agent de police Albin Naverberg, annonce une chose et une seule : le début de la nouba des orignaux. « Tout comme les humains aiment le vin, les orignaux aiment les fruits fermentés », m'a-t-il expliqué tandis que nous traversions Stockholm pour aller enquêter sur leur dernière incartade tapageuse.

Il y a en Suède environ quatre cent mille orignaux, qu'on appelle dans ce pays, comme dans le reste de l'Europe, « élans » (c'est-à-dire *elk*, en anglais) même s'il s'agit de la même espèce, *Alces alces*. Les élans/orignaux suédois passent le gros de l'année cachés au plus profond de la forêt, loin des chasseurs enthousiastes du pays, mais à l'automne, sous l'influence de l'alcool, ils semblent subir une transformation à la Dr Jekyll et Mr Hyde. Des gangs d'élans maraudeurs envahissent ainsi villes et villages, terrorisant les habitants telle une bande de jeunes en goguette. « C'est un gros problème en cette saison, m'a confirmé Albin. À Stockholm, on reçoit chaque automne une cinquantaine d'appels pour des élans. »

Nous nous sommes rendus dans une petite ferme à la périphérie de la capitale suédoise. Un coin de paradis champêtre, avec une maison en bois rustique nichée dans un verger de taille modeste. Une odeur entêtante de fruits trop mûrs emplissait l'air. Albin m'a tendu une pomme tombée à terre. « C'est pour ça qu'ils sont là. Mais ils ne mangent pas les pommes vertes, ils ne choisissent que les marron et les ramollies, celles qui ont commencé à fermenter. »

Les propriétaires des lieux nous ont rapporté qu'une femelle et son petit avaient squatté leur jardin pendant deux jours et s'étaient gorgés de fruits tombés au sol. Le troisième jour, en sortant, ils avaient trouvé le faon mort et la mère enfuie.

« Les élans restent longtemps dans les jardins, entre une à deux semaines, m'a expliqué le policier. Et pas moyen de leur faire lâcher les fruits fermentés ! Ils estiment qu'ils sont à eux. Ils s'énervent s'ils pensent qu'on essaie de les leur prendre. Ils peuvent devenir violents. »

On ne plaisante pas avec un tel animal. Même s'il ne faisait peut-être pas le poids face à une meute de lions au Colisée, ne vous y trompez pas : quand il est menacé, le plus grand des cervidés est un sacré teigneux. Les plus grands mâles pèsent près d'une tonne, font deux mètres de haut et arborent une paire de bois entre lesquels on pourrait suspendre un petit hamac. Ils utilisent ces immenses ramures pour affronter les autres mâles pendant le rut, la saison des amours. Pour nous autres humains, c'est des pattes qu'il faut se méfier : avec la puissance de quatre marteaux-piqueurs, ces ninjas déliés du genou peuvent vous assener une volée de coups digne de Mike Tyson. Écoutez plutôt le conseil d'un biologiste : « Considérez chaque orignal comme un tueur en série planté au milieu du chemin avec un fusil chargé[5]. » Cela peut paraître alarmiste, mais en Alaska on dit qu'il y a plus d'attaques d'orignaux que d'ours (à noter que je me suis décarcassée en vain pour trouver des données sur le sujet).

À en croire Albin, les élans sont encore plus dangereux quand ils sont ivres. Ces dernières années, des gangs d'individus imbibés ont notamment terrorisé un groupe de randonneurs norvégiens et fait le siège d'une maison de retraite suédoise (la police armée a dû intervenir pour chasser les truands à ramures). Fait divers particulièrement insolite, un homme a été emprisonné pour l'assassinat de sa femme, dont le coupable, s'est-il avéré plus tard, n'était autre qu'un élan qui avait apparemment abusé de pommes fermentées.

Les élans ne sont pas les seuls cervidés qu'on accuse de comportements délictueux sous l'emprise d'une drogue. Le bruit court depuis longtemps que les rennes recherchent activement les amanites tue-mouches, dont la consommation les ferait se « comporter comme des ivrognes, courir sans but et faire de drôles de bruits[6] ». Difficile, pourtant, d'imaginer en quoi un état psychédélique peut créer un avantage évolutif. Si la rumeur est vraie, on peut penser que d'autres toxiques présents dans le célèbre champignon vénéneux rouge à pois blancs contribuent à éliminer les parasites internes auxquels ces ruminants sont particulièrement sujets.

Les chamans saamis de Scandinavie utiliseraient aussi les propriétés hallucinogènes de l'amanite pour leurs cérémonies. Leur méthode d'ingestion favorite ? Boire une gorgée d'urine d'un renne qui s'est shooté au champignon. Les substances les plus toxiques de l'amanite étant décomposées par le système intestinal de l'animal, tandis que les éléments psychoactifs restent intacts, c'est une façon « sûre » (quoique peu ragoûtante) d'avoir sa dose.

L'apparente absence de pudeur des élans plaît aussi beaucoup à la presse suédoise, qui prend son pied à publier des articles aux titres grivois relatant leurs dernières cabrioles. « Des élans pris en flagrant délit de plan à trois dans un jardin : la Suède choquée », titrait ainsi le journal *The Local*, avant de rapporter les propos de Peter Lundgren, trente-quatre ans, directeur de marketing. Les élans « étaient en train de manger des pommes, et puis tout à coup ils se sont mis en position[7] », s'offusquait-il. Sous ses yeux, un jeune mâle avait monté une femelle plus âgée tandis que celle-ci faisait de petites gâteries buccales à un autre jeune mâle qui lui présentait ses fesses.

Mais ce qui peut paraître choquant aux yeux d'un humain directeur de marketing n'est pas forcément exceptionnel pour les élans. Un zoologiste suédois confiait ainsi au journal que, s'il était « extrêmement rare » de les voir s'accoupler dans une zone résidentielle, il n'était pas inhabituel pour eux d'avoir des rapports sexuels en public. « En général, il y a plusieurs mâles en compétition pour se mettre avec la femelle en chaleur. Le plus fort gagne, et les autres se contentent de regarder, déclarait le consultant en sexologie des élans. C'est un comportement tout à fait normal[7]. »

Jeter l'opprobre sur les orignaux, voilà une pratique qui présente d'étranges similarités morales avec celle des bestiaires médiévaux, lesquels ne cherchaient pas tant à informer leurs lecteurs sur la vie des bêtes qu'à leur inculquer d'importantes leçons de morale par le biais des animaux. On peut penser que les anecdotes animalières ont le même statut pour les tabloïds d'aujourd'hui. Ironiquement, les scribes du Moyen Âge se servaient de l'élan pour mettre en garde contre les dangers de l'alcool.

À cette époque, les élans étaient beaucoup plus répandus qu'aujourd'hui. Présents dans toute l'Amérique du Nord, l'est de l'Asie et l'ouest de l'Europe, jusqu'en Allemagne, en Suisse et en France, ils étaient connus sous une variété de noms encore plus déconcertante : *alg*, *elch*, *hirvi*, *tarandos*, *javorszarvas*… Au XIIe siècle, un bestiaire écrit en latin, « Le Livre des bêtes », faisait en outre mystérieusement référence à une « antilope » qui, d'après les historiens d'aujourd'hui, était vraisemblablement un élan. Cette « antilope » y était louée pour son « incomparable célérité, tant et si bien que nul chasseur ne [pouvait] jamais l'approcher[8] » – une affirmation que démentiraient solennellement les têtes d'orignaux empaillées accrochées au-dessus de nombre de cheminées. Mais s'ils ne peuvent pas forcément courir assez vite pour échapper à une balle ou une flèche, les élans sont en effet rapides, plus rapides que les lévriers, même, et capables de piquer des pointes à un petit peu plus de cinquante-cinq kilomètres-heure.

En vertu de leur rapidité, surtout dans la neige épaisse, et d'une étonnante facilité de domestication, les orignaux furent employés au XVIIe siècle, de manière tout aussi brève qu'improbable, comme courriers royaux. Selon le naturaliste écossais sir William Jardine, la cour du roi Charles IX de Suède utilisa ainsi ces grands cervidés pour tirer les traîneaux de ses messagers. Le monarque envisagea même de fonder une cavalerie d'élans, ce qui aurait eu l'attrait de la nouveauté, à défaut d'autre chose.

« Le Livre des bêtes » expliquait encore que l'élan « possède de longs bois en forme de scies » qui « peuvent couper de très gros arbres et les abattre[8] ». Voilà une assertion plus étrange : les élans ne sont pas réputés pour leurs talents de bûcherons, même si les mâles ont de fait pour habitude, juste avant le rut, de frotter vigoureusement leurs bois contre les arbres afin d'en retirer le revêtement duveteux. L'auteur du bestiaire s'est vraiment décarcassé pour expliquer le comportement du cervidé par une allégorie religieuse, assimilant les deux bois de l'élan aux deux testaments de la Bible, que l'on peut utiliser pour scier « tous les vices charnels », notamment « l'ivrognerie et la luxure ». « Prends garde au buisson Alcool[9] ! » avertissait-il : les bois du cervidé peuvent s'emmêler dans ses longues branches, et la créature autrement si rapide se retrouvera alors prise au piège et mourra aux mains du chasseur.

Dans cette illustration du bestiaire de Northumberland (1250-1260), « l'antilope » obtient ce qu'elle mérite (la mort aux mains du chasseur) pour s'être retrouvée empêtrée dans le « buisson Alcool » corrupteur.

Prenez garde, en effet. Albin m'a raconté qu'il fallait souvent tirer les élans ivres de toutes sortes de situations inextricables. Ou quand la réalité dépasse la fiction… « J'en ai vu suspendus à des arbres après avoir dégringolé de collines, m'a-t-il dit. Ils s'empêtrent souvent dans des filets de cage de foot et des cordes à linge. » De tels accidents sont rarement mortels, mais la dignité des victimes en sort rarement indemne.

À Anchorage, en Alaska, il était fréquent de voir Buzzwinkle, un orignal du coin, tituber dans les rues de la ville avec de longues guirlandes de Noël lumineuses accrochées à sa ramure après ses orgies nocturnes de pommes. Et en Suède, un spécimen peu reluisant a acquis une notoriété internationale après avoir été surpris complètement empêtré dans le « buisson Alcool ». Immortalisée par un photographe amateur, cette posture particulièrement dégradante est devenue virale après sa diffusion sur CNN, portant à un niveau inouï l'humiliation publique des élans.

Certains ont qualifié ces histoires de « ce qu'il y a de mieux sur Internet ». Mais ce n'est pas parce que ces grandes bêtes dégingandées aux yeux troubles – qui peuvent diverger, par nature – ont l'air bourrées qu'elles le sont vraiment !

Les fables morales dans la presse populaire d'aujourd'hui : cet infortuné orignal est devenu mondialement connu pour s'être empêtré dans un pommier, à Göteborg en Suède, en 2011. Il s'était soi-disant enivré de fruits fermentés et a dû être secouru par les pompiers (qui n'ont cependant rien pu pour son amour-propre).

Les orignaux ne sont pas les seuls animaux qu'on ait accusés de se soûler aux fruits fermentés. Les journaux sont truffés d'anecdotes mettant en scène toutes sortes d'animaux en état d'ébriété, des perroquets pintés qui tombent des arbres dans le nord de l'Australie aux orangs-outans qui se biturent à Bornéo en buvant l'alcool écœurant produit par les durians trop mûrs. On a même parlé en Allemagne d'un blaireau qui perturbait la circulation en faisant des embardées sur une grande artère après avoir abusé de cerises fermentées.

En creusant un peu, je me suis aperçue que la plupart de ces histoires étaient de seconde main, et à peu près aussi fiables que la parole d'un orignal soûl. Il y en avait cependant une qui n'arrêtait pas de montrer le bout de sa trompe. On prétend depuis longtemps que les éléphants d'Afrique prennent des cuites de fruits de marula fermentés, ce qui, selon une vieille bible de la chasse de 1875, les fait se conduire comme des ados faisant la bringue en ville un samedi soir. « Très éméchés, ils errent en titubant, font toutes sortes de bouffonneries, poussent des hurlements qui s'entendent à des kilomètres, et il n'est pas rare que d'énormes bagarres éclatent entre eux[10]. »

En 1974, un documentaire animalier intitulé *Animals Are Beautiful People* [« Les animaux sont des gens magnifiques »] a acquis une triste notoriété en immortalisant les cocasseries d'éléphants, d'autruches et de tout un tas d'autres bêtes ivres. Le film anthropomorphisait ses sujets de façon ridicule, enchaînant les scènes où, après s'être copieusement beurrés au marula, les animaux erraient d'un pas chancelant, pattes flageolantes et yeux mi-clos, le tout sur une musique à la *Benny Hill*. Les images étaient suffisamment captivantes pour trouver une seconde vie sur YouTube, où la vidéo a été vue par plus de deux millions d'internautes.

La première personne à se pencher sur la véracité de cette histoire fut le légendaire psychopharmacologue Ronald K. Siegel. En matière d'ébriété animale, ce monsieur avait déjà un casier chargé : en tant que professeur associé à l'université de Californie, à Los Angeles, il a passé sa vie à réaliser des expériences sur les effets de l'alcool et des drogues – essentiellement sur des volontaires humains, qu'il appelait ses « psychonautes », sans se priver toutefois d'une incursion occasionnelle dans le reste du règne animal. Il a ainsi fait mâcher à des singes des chewing-gums à la cocaïne, et affirme avoir enseigné à des pigeons « comment nous dire ce qu'ils voient quand ils sont sous LSD[11] ». La réponse est plutôt banale : des triangles bleus.

En 1984, Siegel entreprit une étude bien plus périlleuse pour déterminer ce qui arrive quand on donne accès à une quantité illimitée d'alcool à un groupe d'éléphants captifs « sans antécédents de consommation d'alcool ». Il découvrit qu'ils buvaient volontiers l'équivalent de trente-cinq cannettes de bière par jour, ce qui suffisait à leur faire adopter des « comportements inappropriés[12] », comme s'enrouler dans leur trompe, s'appuyer contre des objets en fermant les yeux ou lâcher la queue de l'éléphant qui se trouve devant eux, un exercice équivalent à la « marche en ligne droite pour les éléphants dressés[13] », selon Siegel.

Tenir le bar pour un troupeau d'éléphants n'était pas sans danger. Un jour, un consommateur agressif – un gros mâle baptisé Congo – poursuivit ainsi la jeep de Siegel et l'attaqua avec un tonneau vide quand ce dernier essaya de lui couper la bière. Une autre fois, le psychopharmacologue dut intervenir dans une bagarre entre Congo et un rhinocéros qui n'avait pas bu mais s'était aventuré au mauvais moment dans le débit de boissons favori de l'éléphant. « Je savais qu'un affrontement extrêmement grave était imminent », écrivit Siegel. Le scientifique décida de s'interposer au volant de sa jeep, évitant de justesse de se retrouver pris dans le conflit. « J'aurais dû me méfier[14] », reconnut-il plus tard. Cette journée enseigna à tous de précieuses leçons, en particulier celle, espérons-le, qui dit de ne pas donner de substances enivrantes à des animaux dangereux au nom de la science.

La conclusion plutôt saugrenue que tira Siegel de cette soûlographie sophistiquée, c'était que les éléphants buvaient en effet jusqu'à l'ivresse, peut-être pour oublier « le stress environnemental[15] » lié au rétrécissement continu de leur territoire et à la compétition pour la nourriture. Mais ce n'est pas parce que les pachydermes se soûlent quand on leur fournit de l'alcool à gogo qu'ils font de même avec des fruits fermentés dans la nature.

Un groupe de biologistes britanniques qui assistaient à un congrès de physiologie en Afrique du Sud décida donc de découvrir le fin mot de cette légende, adoptant une approche scientifique plus sobre et responsable que Siegel : au lieu d'administrer à des éléphants des quantités illimitées d'alcool, ils recoururent à des statistiques. En créant différents modèles mathématiques basés sur le poids moyen d'un éléphant et la teneur en alcool des fruits de marula, ils calculèrent qu'un éléphant devrait manger une quantité de fruits équivalente à quatre cents pour cent de sa ration alimentaire normale pour se biturer. « Bien que ces modèles aient été fortement biaisés en faveur de l'ébriété, ont écrit les chercheurs, ils ne démontrent pas que les éléphants peuvent habituellement s'enivrer[16]. » Selon eux, l'histoire des éléphants ivres de fruits de marula était un nouvel exemple de mythe zoologique engendré par notre désir d'humaniser les animaux. Apparemment, si les stars bourrées du documentaire *Animals Are Beautiful People* étaient dans les vapes, c'est qu'on leur avait injecté un anesthésique vétérinaire. « Les gens ont tout simplement envie de croire aux éléphants soûls[17] », concluaient les biologistes.

Il semble qu'il en soit de même pour l'élan. Un professeur suédois m'a en effet appris qu'aucun test n'avait jamais mis en évidence une forte alcoolémie chez un quelconque spécimen. « Quand vous me montrerez une étude présentant des données sur l'alcoolisation d'un élan qui a consommé des pommes, je prendrai ça plus au sérieux. À ce stade, je pense que cette idée reflète plutôt la relation problématique entretenue avec l'alcool dans les pays germaniques et scandinaves. »

Selon un biologiste canadien, une explication plus probable de leurs mésaventures serait que les orignaux souffrent d'une acidose provoquée par la consommation rapide d'une quantité anormalement élevée de nourriture irrésistible et riche en sucre. Il en découle une accumulation d'acide lactique dans leur système digestif, laquelle peut provoquer des symptômes du type dilatation des pupilles, difficulté à se tenir debout et dépression sévère[18] – ce qui rappelle singulièrement les portraits de l'élan dressés par les premiers naturalistes. Il semblerait bien que l'animal qu'ils décrivaient n'était ni alcoolique ni mélancolique, mais qu'il souffrait simplement d'une crise de foie.

Cela ne signifie pas qu'aucun orignal n'ait jamais pris de cuite. En fait, il semble qu'il y en ait eu au moins un : un élan de compagnie qui appartenait à l'astronome danois du XVIe siècle Tycho Brahe, dont les observations pré-télescopiques très précises ont jeté les fondations de l'astronomie moderne.

Cela peut paraître un peu étrange d'avoir un élan comme animal domestique, mais il y avait chez Tycho très peu de choses qu'on pourrait qualifier de normales. Ayant perdu son nez quand il était étudiant dans un duel pour une querelle de maths, il fut obligé par la suite d'en porter un faux, fabriqué en cuivre. Il invitait régulièrement les grands de ce monde à de somptueuses fêtes dans le château qu'il s'était fait construire, avec laboratoire souterrain, sur l'île de Ven ; ses illustres convives y étaient divertis par un nain extralucide, appelé Jepp, et par l'élan de Tycho qui, si l'on se fie à ce qu'écrivit l'astronome dans son journal, était d'excellente compagnie : « Il prospère, gambade et danse, toujours de fort bonne humeur [...] tout comme un chien[19] ! »

Bien qu'il fût très attaché à son animal, Tycho accepta d'en faire don à son mécène afin d'améliorer son rang dans la société. L'élan mourut en chemin, dans un château à Landskrona où, soi-disant rond comme une queue de pelle après avoir bu de la bière, il aurait fait une culbute mortelle dans l'escalier. Ce fut peut-être le seul cas d'élan réellement ivre. Mais à bien y réfléchir, un élan complètement sobre aurait peut-être eu tout autant de mal à descendre les marches...

Étant donné sa réputation d'ivrogne délinquant, il est poignant que le voyou du règne animal se soit retrouvé sur le devant de la scène quand il s'est agi d'éviter aux colonies américaines nouvellement indépendantes d'être cataloguées comme une nation de dégénérés. Pourtant, à la fin des années 1780, aussi improbable que cela paraisse, c'est un cadavre d'orignal plutôt mal en point qui défendit l'honneur des États-Unis.

Le Vieux Continent se méfiait à l'époque beaucoup du Nouveau Monde, par lequel il se sentait vraiment menacé. Cette attitude défensive fut cristallisée en une belle doctrine scientifique par le péremptoire comte de Buffon lui-même dans son *Histoire naturelle*, où il ébaucha la très litigieuse « Théorie de la dégénération américaine ». En Amérique, écrivait-il, « la Nature vivante [...] est [...]

beaucoup moins agissante [...] beaucoup moins forte ». Non seulement il y a moins d'espèces dans le Nouveau Monde, mais « tous les animaux y sont incomparablement plus petits que ceux de l'Ancien Continent[20] ». Pour les espèces présentes sur les deux continents, celles du Nouveau Monde sont plus « dégénérées[21] ». Enfin, concluait-il, l'Amérique ne peut s'enorgueillir de posséder des géants sensationnels : « Il n'y [...] a aucun [animal] en Amérique qu'on puisse comparer à l'éléphant, au rhinocéros, à l'hippopotame, au dromadaire, à la girafe, au buffle, au lion, au tigre[22]. »

Buffon n'avait jamais mis les pieds au Nouveau Monde, mais comme d'habitude, cela ne l'empêchait pas d'échafauder des théories. Il tirait ses informations sur la petitesse de la faune américaine principalement de l'observation de spécimens empaillés et de récits de voyageurs, qui n'étaient connus ni les uns ni les autres pour leur exactitude excessive. Il avait toutefois développé un système de validation bien particulier : s'il lisait le même « fait » dans au moins quatorze récits de voyage, alors, selon ses calculs de probabilités, il en acquérait la « certitude morale[23] ».

La cause du nanisme inhérent à l'Amérique était, décréta-t-il, environnementale. Cela ne faisait pas longtemps que le continent s'était élevé au-dessus du niveau de la mer, et il consistait surtout en marais : contrairement à l'Europe, il était encore en train de sécher. Voilà pourquoi les animaux et les plantes y étaient plus petits, plus faibles et moins variés. Les seules créatures qui croissaient quelque peu étaient les insectes et les reptiles : « Toutes les espèces d'animaux qui se traînent dans la fange, dont le sang est de l'eau, et qui pullulent par la pourriture, sont plus nombreuses et plus grandes dans toutes les terres basses, humides et marécageuses de ce Nouveau Continent[24] », écrivait-il. Les chiens d'Amérique étaient, par exemple, à la fois petits et « absolument muets[25] ». Et, insulte française suprême, le comte proclamait que la chair de l'agneau qu'on y élevait était « moins succulente[25] ».

Les peuples autochtones étaient, selon Buffon, tout aussi dégénérés : faibles d'esprit, le corps dénué de poils, sans « ardeur », les organes génitaux « faibles et petits[26] ». Même s'il n'allait pas jusqu'à le dire, on pouvait penser, en le lisant, que tout Européen qui se rendrait en Amérique subirait les mêmes effets, puisque tous les animaux transportés là-bas « se resserrent, se rapetissent sous ce ciel avare et dans cette terre vide[27] ».

Avec sa théorie, le Français donnait une vraie gifle à la nouvelle nation américaine. La perspective d'insectes géants et d'un rabougrissement des parties génitales n'était pas un formidable coup de pub pour un pays qui (à l'époque) essayait désespérément d'attirer les immigrants. Qui plus est, ces railleries calomnieuses de cour de récréation étaient prononcées avec une autorité péremptoire : naturaliste le plus célèbre de son temps, Buffon était une figure de proue des Lumières, dont l'Encyclopédie connut un succès international ; sa « Théorie de la dégénération américaine » se répandit donc comme une traînée de poudre et fournit une justification scientifique fort opportune à la croyance des Européens selon laquelle leur continent demeurait supérieur au splendide Nouveau Monde.

Au nom de la virilité américaine, il fallait agir. C'est là qu'entre en scène Thomas Jefferson, futur président des États-Unis, qui trouva le temps, entre la rédaction de la Déclaration d'indépendance, ses fonctions de gouverneur de Virginie et celles d'ambassadeur à Paris, de s'attaquer aux affirmations méprisantes de Buffon. Jefferson aimait la nature presque autant que la politique. Il était donc idéalement placé pour riposter, par des preuves irréfutables de la grandeur américaine, au rabaissement de sa nation bien-aimée.

Il écrivit à ses co-Pères fondateurs pour les presser d'aller dans la nature, munis d'un compas, et de mesurer les animaux d'Amérique afin de pouvoir contrer le naturaliste français avec leur propre série de données diplomatiques. Les hommes politiques acceptèrent cette mission originale avec enthousiasme. James Madison, par exemple, envoya à Jefferson une longue missive dans laquelle il débattait d'abord des mérites respectifs des différentes formes de gouvernement représentatif, avant de se lancer dans une description extraordinairement précise d'une belette de Virginie, donnant les mesures en trois dimensions de toutes ses parties sans exception, y compris la « distance entre l'anus et la vulve[28] ». Il concluait que les statistiques sur la belette « contredi[saient] assurément l'assertion de Buffon selon laquelle, parmi les animaux communs aux deux continents, ceux du nouveau sont dans tous les cas plus petits que ceux de l'ancien[28] ».

Peu après, alors qu'il officiait comme ambassadeur américain en France, Jefferson fut invité dans la résidence d'été du comte à Paris. La soirée dut être tendue. Après avoir essayé de s'ignorer dans le jardin, les deux hommes entrèrent en collision dans la bibliothèque. Jefferson était prêt à dégainer ses munitions intellectuelles chèrement acquises, mais avant qu'il ait pu éblouir Buffon avec ses statistiques comparées sur la belette, le Français laissa tomber un énorme pavé devant lui, la dernière version de son encyclopédie, en déclarant : « Quand M. Jefferson aura lu ceci, il sera convaincu que j'ai raison[29]. » Un débat sur l'orignal absorba le reste de la soirée.

Buffon confia qu'il « ignor[ait] tout[29] » de l'orignal américain et qu'il pensait que c'était tout simplement un renne mal classé. À quoi Jefferson rétorqua, un peu inconsidérément, « que le renne pourrait passer sous le ventre de notre orignal[29] ». Le Français lui rit au nez, non sans raison, avant de se radoucir et de lui lancer un défi de taille : si Jefferson pouvait lui offrir un orignal « avec des bois d'un pied de long[29] », il rétracterait sa « Théorie de la dégénération américaine » dans le prochain tome de son histoire naturelle.

Jefferson savait depuis un moment que l'orignal était sa carte maîtresse. Afin de collecter des informations, il avait déjà fait circuler sur le cervidé une enquête comprenant seize questions sur des sujets cruciaux, du genre : « Fait-il entendre un cliquetis quand il court[30] ? ». Il avait aussi prié ses alliés politiques d'abattre, d'empailler et de lui envoyer leur spécimen le plus grand – « de sept à dix pieds de haut », avec « des bois d'une taille très extraordinaire[31] ». Il voyait vraiment les choses en grand !

Un certain général John Sullivan s'était révélé comme le principal « atout orignal » de Jefferson. Après sa rencontre avec Buffon, le futur président américain le contacta avec un sentiment d'urgence exacerbé. « L'empressement avec lequel vous avez entrepris d'obtenir pour moi la peau, le squelette et les bois de l'orignal », lui écrivit-il depuis Paris le 7 janvier 1786, « m'enhardit à vous demander à nouveau ces objets, dont l'acquisition serait ici *plus précieuse que vous ne pouvez l'imaginer*[32] » (c'est Jefferson qui soulignait). Il décrivait ensuite jusque dans les moindres détails comment il convenait de préparer l'orignal afin de préserver sa grandeur. « Laissez aussi les os de la tête dans la peau, attachés aux bois, préconisait-il dans sa longue liste d'instructions, afin qu'en recousant la peau du cou et du ventre, nous puissions obtenir la vraie forme et la vraie taille de l'animal[32]. » Malheureusement, lorsque Sullivan se procura enfin un orignal de plus de deux mètres, cela faisait déjà deux semaines que la bête voyageait. Le général n'ayant aucun talent pour la taxidermie, il eut un mal de chien à réparer les dégâts causés par les cahots du trajet sur le cadavre de la bête, qui était « en état de putréfaction[33] ». Plus grave encore, la ramure magnifique du cervidé manquait. Sullivan fut donc obligé d'envoyer la carcasse putride avec une paire de bois de substitution, plus petite. « Ce ne sont pas les bois de cet orignal », avouait-il à Jefferson, avant d'ajouter avec désinvolture : « Mais on peut les y fixer à sa guise[33]. »

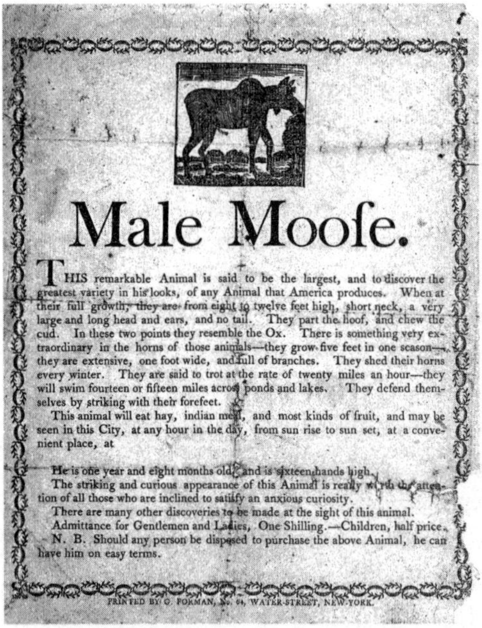

Cette réclame de 1778 vantant la grandeur de l'orignal mâle était sans doute une tentative pour réfuter la « Théorie de la dégénération américaine » de Buffon, qui accusait de faiblesse les créatures du Nouveau Monde. Elle prétend que « cet animal remarquable » peut atteindre plus de 3,5 mètres de haut. Une vraie folie des grandeurs !

Après encore d'autres mésaventures, qui faillirent notamment entraîner sa perte au niveau des docks, l'orignal finit par arriver à Paris en octobre 1787, dans un état franchement déplorable : difforme, pratiquement pelé, et privé de sa massive ramure. Optimiste malgré tout, Jefferson le fit parvenir à Buffon, accompagné d'une note justifiant l'apparence inhabituellement pitoyable du grand animal, et notamment de ses bois, qui étaient « particulièrement petits ». Il eut même le cran d'ajouter avec vantardise : « J'en ai assurément vu qui devaient peser cinq ou six fois plus[34]. »

Dans son journal, Jefferson écrivit que Buffon avait bien reçu l'orignal et que, malgré sa piteuse apparence, « il promit de rétablir l'exactitude des choses dans son prochain tome[35] ». Mais le moment tombait tragiquement mal : Buffon mourut très peu de temps après, en 1788, sans avoir ajouté un mot de rétractation à imprimer dans son encyclopédie monumentale. On ne peut toutefois nier au cadavre d'orignal dégénéré de Jefferson le rôle influent qu'il a joué dans la défense de la grandeur américaine. Dans ses *Observations sur l'État de Virginie*, le Père fondateur développa son argumentation et publia une longue table de statistiques comparées sur les animaux du Nouveau Monde et ceux du Vieux Continent. Ce livre remporta à son tour un grand succès, et la Théorie de la dégénération tomba en déchéance.

L'orignal n'est pas le seul animal à avoir effectué un tour de piste sur la scène des relations internationales. Dans le chapitre qui suit, nous allons rencontrer le panda, principal animal politique de la planète, dont les talents diplomatiques hors pair ont contribué à répandre une image totalement fausse de lui-même.

11

Le panda

Espèce *Ailuropoda melanoleuca*

« Les pandas ne sont pas doués pour le sexe et ils sont difficiles question nourriture [...] Les femelles ne sont en chaleur que quelques jours par an ; les mâles ont autant de savoir-faire que des adolescents boutonneux. Ces inadaptés génétiques seraient peut-être morts depuis longtemps s'ils n'avaient pas été si adorables. »

The Economist[1], 2014

Au cours du XXe siècle, il est devenu banal de s'apitoyer sur le panda géant, ce malheureux accident de l'évolution – un animal incapable d'accomplir jusqu'aux fonctions les plus essentielles à la survie. Considéré comme un ours d'opérette, il est aussi mignon qu'un personnage de BD, ce qui lui vaut une adoration universelle, mais son approche apathique de la chose sexuelle et son régime végétarien déviant attirent les moqueries. Plusieurs naturalistes respectés ont même déclaré que « ce n'est pas une espèce forte[2] » et osé réclamer sa disparition. Aucun autre animal n'a autant été contraint de justifier sa propre existence que le panda, lequel, sans notre secours, s'en irait sûrement rejoindre les dinosaures et le dodo dans les poubelles de l'évolution.

Vraiment ?

Cette image pitoyable du panda est un mythe très récent. Il y a, en fait, deux pandas[3]. Celui qui vit dans les zoos, la coqueluche des médias, est un personnage de notre propre création, un pitre inoffensif et maladroit qui a en effet besoin de l'homme pour exister. L'autre panda est un survivant magnifique qui existe dans sa forme actuelle, naturelle, depuis au moins trois fois plus longtemps que les humains, et qui est parfaitement adapté à son mode de vie (certes) excentrique. Ce panda sauvage est un étalon secret, adepte des plans à trois et des rapports brutaux ; il ne dédaigne pas la viande et possède un redoutable coup de mâchoire. Mais il habite des forêts impénétrables dans un pays énigmatique, ce qui a permis à un imposteur de lui voler la vedette. Résultat : l'une des icônes animales les plus facilement identifiables de la planète est en fait un usurpateur.

Malgré sa célébrité prodigieuse, cela fait étonnamment peu de temps que la science s'intéresse au panda. Il y a encore cent cinquante ans de cela, il languissait dans un quasi-anonymat : les références à son existence étaient extrêmement rares, même dans sa Chine natale. Tout a changé en 1869, quand un missionnaire français lança la fusée rhétorique qui allait propulser le panda au rang de star internationale.

Le père Armand David aimait la nature presque autant qu'il aimait Dieu. « Il est incroyable que le Créateur ait pu placer sur Terre tant d'organismes différents, écrivait-il dans son journal, simplement pour permettre à l'homme, son chef-d'œuvre, de les détruire à jamais[4]. » Le bon père assouvit ses deux passions en explorant la Chine, un pays où il pouvait convertir de nombreux « infidèles » à sa variante particulière du catholicisme, tout en recherchant de nouvelles espèces à envoyer au Muséum d'histoire naturelle de Paris. On ignore combien d'âmes chinoises il a sauvées, mais le missionnaire au regard perçant a assurément découvert un nombre impressionnant d'espèces, avec un score personnel de cent insectes, soixante-cinq oiseaux, soixante mammifères, cinquante-deux rhododendrons et un anoure (« qui aboie comme un chien[4] »). Son legs le plus mémorable aurait peut-être été d'avoir donné au monde les gerbilles – une espèce incontestablement prolifique –, s'il n'avait par hasard effectué une autre rencontre qui allait lui assurer une place dans l'histoire de la zoologie.

Un après-midi, alors qu'il prenait le thé chez un chasseur des montagnes du Sichuan, le père David tomba sur la fourrure d'un « fort bel ours noir et blanc » qui, croyait-il, pourrait constituer « une nouveauté intéressante pour la science[5] ». Quelques jours plus tard, ses « chasseurs chrétiens » lui rapportèrent un spécimen qui n'avait « pas l'air très féroce » et dont l'estomac était « rempli de feuilles[6] ». Il le baptisa *Ursus melanoleucus* (littéralement « ours noir et blanc ») et en envoya la peau à Alphonse Milne-Edwards, directeur du Muséum d'histoire naturelle de Paris, en vue de sa classification.

L'animal, inconnu de la science, était une sacrée trouvaille, mais le choix taxonomique opéré par le missionnaire ne convainquait pas Milne-Edwards. Les dents et le dessous des pattes, inhabituellement poilu, évoquaient ceux d'un autre mammifère mangeur de bambou découvert récemment dans ces mêmes montagnes de Chine, un parent du raton laveur qu'on avait baptisé « panda roux » (*Ailurus fulgens*). Le directeur du Muséum déclara donc que cet ours noir et blanc devait rejoindre le panda roux dans sa propre famille, celle des *Ailuropoda* (ou « pied de panda »), distincte de la famille des ours.

Pendant plus d'un siècle, le statut de l'ambigu panda géant allait connaître une série de va-et-vient taxonomiques. Comme pour tout ce qui toucherait de près ou de loin au panda, les arguments allèrent du strictement scientifique au carrément subjectif. Les biologistes moléculaires se disputèrent ainsi autour de l'ADN mitochondrial et des protéines plasmatiques ; d'autres, qui manquèrent peut-être de sagesse, choisirent une approche plus instinctive. C'est le cas du respecté biologiste et défenseur de l'environnement George Schaller, qui, malgré toutes les preuves écrasantes du contraire, persista à déclarer que « même si le panda géant est un très proche parent des ours, [il] pens[ait] que ce n'[était] pas *juste* un ours[7] ». Au fond de lui, Schaller avait l'impression que mettre le panda dans la même catégorie que les autres *Ursus* allait abolir son caractère unique. Il formulait ainsi son avis professionnel sur le sujet : « Le panda est un panda. [...] Tout comme j'espère, écrivait-il, que le yéti existe mais qu'on ne le trouvera jamais, j'aimerais que le panda conserve cette petite part de mystère[7]. »

Malheureusement pour lui, les généticiens déversèrent sur ses rêves des preuves ancestrales irréfutables. Le séquençage du génome du panda permit de mettre en évidence l'appartenance de l'animal à la famille des ursidés. Le père David avait donc raison : le panda n'était pas un panda ; c'était le plus ancien de tous les ours, une ramification précoce de la lignée des *Ursus* qui avait divergé il y a quelque vingt millions d'années. Mais le nom « panda » lui est resté, renforçant le mythe de son altérité.

Quand on gratte un peu, le panda géant n'est pas si différent de ses frères ours. Son cycle reproductif original, avec une brève période de fécondité et la capacité de différer l'implantation de l'embryon, se retrouve chez les autres ursidés. À leur naissance, les bébés ont franchement l'air inachevés – roses, aveugles, à peu près gros comme une taupe –, comme les autres ours, dont les minuscules nouveau-nés représentent moins d'un pour cent de la corpulence des adultes. Cette observation avait conduit les premiers naturalistes, comme Claude Élien au IIIe siècle de notre ère, à conclure que l'ourse « accouche [d']un paquet de viande, une ébauche indistincte et informe », « qu'elle façonne pour ainsi dire en la léchant[8] » – une erreur témoignant d'une grande imagination, à l'origine de l'expression « ours mal léché ».

À la voir, on pourrait croire que cette ourse d'un bestiaire français (vers 1450) s'adonne à une petite séance de coprophagie, qu'elle est en train de vomir, ou les deux. En fait, elle illustre le mythe selon lequel les oursons sont à la naissance une masse informe que leur mère lèche pour leur donner l'allure d'un ours – bien léché, bien sûr.

Élien le sophiste avait un art consommé des mots, qu'il appliqua avec autant d'efficacité que d'inexactitude à sa description du comportement des ours. Il observa que la femelle aime hiberner sans eau ni nourriture, à cause de quoi « ses boyaux se recroquevillent et se soudent », et qu'elle les réactive en mangeant de l'arum sauvage. Cela, poursuivait Élien, lui donne « des flatulences », jusqu'à ce qu'elle « mange des fourmis et vide [son ventre] facilement[9] ». Les pandas n'hibernent pas plus qu'ils ne pratiquent l'automédication, mais à proprement parler, les autres ours non plus. Une poignée d'espèces – les ours noir, brun et polaire – entrent effectivement dans un long sommeil hivernal connu sous le nom de léthargie, au cours duquel la température de leur corps chute, ils jeûnent et n'excrètent pas, mais ce n'est pas considéré comme une réelle hibernation.

Sur le plan alimentaire, le panda végétarien est peut-être « difficile », mais il n'est pas non plus si bizarre que ça. La plupart des ours, même s'ils sont classés parmi les carnivores, sont en fait des omnivores opportunistes, dont les plantes représentent soixante-quinze pour cent de l'alimentation. Le panda a poussé cette option à l'extrême en se nourrissant quasi exclusivement de bambous, qui poussent à profusion dans ses montagnes natales. D'autres ours sont tout aussi difficiles que lui. L'ours lippu, par exemple, est adapté à une alimentation constituée uniquement de termites (il a perdu ses incisives pour en faciliter l'aspiration grâce à sa langue extrêmement longue), et l'ours polaire aime se délecter presque exclusivement de phoques annelés. La spécialisation alimentaire du panda ne signifie toutefois pas qu'il a perdu le goût de la viande. Quand George Schaller l'étudiait dans la nature, il appâtait ses pièges avec de la viande de chèvre : il avait vite appris que c'était un moyen infaillible de l'attirer. J'ai pour ma part vu des images de panda sauvage boulottant un cerf mort. Panda bouffant Bambi : on est bien loin des représentations du nounours végétarien préféré des bambins, mais telle est la stricte, quoique peu digeste, réalité.

Toujours est-il que c'est l'appétit sexuel du panda géant qui est le plus mal compris. À l'origine de sa mythique apathie, on trouve tout un défilé de pandas parachutés dans les zoos du monde entier où, à cause de nous, ils ont été les acteurs d'une farce sexuelle digne d'une sitcom des années 1970 qui les a fait accéder, eux et leur risible vie sexuelle, à la célébrité.

Les premiers ours bicolores à avoir honoré de leur présence un sol étranger débarquèrent aux États-Unis juste avant la Seconde Guerre mondiale, apportant avec eux une dose de joie dont les Américains avaient bien besoin après les années de souffrance de la Grande Dépression. Il y eut d'abord un bébé rondouillard nommé Su-Lin (« petit bout mignon »). L'effet produit par l'exotisme extrême de cette femelle et ses cabrioles anthropomorphes fut amplifié par la personnalité de son chaperon – la créatrice de mode et mondaine Ruth Harkness. Pour ravir de ses propres mains nues la petite boule de poils noir et blanc aux montagnes chinoises, cette exploratrice improbable avait affronté le deuil, les bandits et les méandres de la bureaucratie, sans parler de l'indignité d'un voyage en brouette. Le délicieux parfum de scandale entourant ce kidnapping de panda, avec rumeurs d'amours clandestines et apparition d'un ignoble concurrent (qui aurait tenté de faire sortir de Chine un panda en contrebande, avant Harkness, en le teignant en marron), avait fourni de la matière à la presse pendant des mois. Alors quand l'exploratrice et l'ours débarquèrent enfin de leur bateau, Su-Lin reçut un accueil digne d'une star de ciné.

Et le public ne fut pas déçu par la Shirley Temple

du monde animal. Les humains sont programmés pour vouloir prendre soin de tout ce qui présente des traits néoténiques (ou traits de bébé) : en l'occurrence, un grand front bombé, de grands yeux positionnés assez bas sur la face, et de bonnes joues bien rondes. C'est une police d'assurance neurochimique destinée à garantir que nous nous occupions de nos propres bébés, qui sont exceptionnellement vulnérables, la grande taille de notre cerveau impliquant une naissance à un stade précoce du développement pour que notre tête plutôt énorme puisse sortir de la filière génitale sans dommages. Cet instinct est si profondément ancré en nous, et malgré tout si imprécis, que même des objets inanimés présentant vaguement ce genre de caractéristiques éveillent de la tendresse en nous – comme la Coccinelle Volkswagen.

Les pandas, avec leurs taches distinctives et leur façon décidément très humaine de s'asseoir et de manger, auraient pu être génétiquement conçus pour réveiller à coup sûr cet instinct nourricier. Ils arrivent à duper notre cerveau et à activer notre système de récompense, celui-là même qui réagit si agréablement aux drogues et au sexe. En gros, les bébés pandas géants, avec leurs gestes maladroits et enfantins, sont comme un shoot instantané de mignonnerie. Et le spectacle de Su-Lin, nourrie au biberon par sa « mère » humaine et se comportant comme une petite gamine capricieuse sous l'objectif des caméras, fit fondre les Américains.

Elle fut bientôt rejointe par Mei-Mei, sa « petite sœur », puis par un soupirant potentiel du nom de Mei Lan. Les efforts accomplis par l'équipe du zoo de Chicago pour les faire s'accoupler furent entravés par le fait que tous les trois étaient en réalité des mâles. Alors que le monde entier retenait son souffle, guettant les signes d'une idylle naissante, les deux mâles nouvellement arrivés ne firent que décevoir, et la presse rapporta leur moindre tentative ratée. « Amours de pandas : Mei-Mei cherche en vain à séduire son soupirant », titrait ainsi comme bien d'autres le magazine *Life*, semant par la même occasion les premières graines du mythe du panda peu porté sur la chose.

Un sort semblable attendait le « couple reproducteur » du zoo du Bronx, qui arriva en fanfare en 1941 : Pan-dee et Pan-dah – l'un des tout premiers exemples illustrant bien pourquoi il ne faut jamais demander l'avis de la population lorsqu'il s'agit de nommer quelque chose d'important – n'étaient pas un petit garçon et une petite fille, mais deux femelles. « Les différences externes examinées par les employés du Bronx étaient manifestement des caractères individuels plutôt que de véritables différences sexuelles[10] », expliqua obligeamment le zoologiste Desmond Morris dans son livre des années 1960, *Men and Pandas* [« Des hommes et des pandas »].

Déterminer le sexe des pandas allait s'avérer un art notoirement difficile, d'où d'innombrables autres erreurs à la source de nouvelles déceptions sexuelles. La vérité n'a pas non plus beaucoup arrangé le cas du panda : il va sans dire que la possession d'un pénis pratiquement impossible à distinguer des organes génitaux de la femelle n'a guère contribué à promouvoir la virilité du panda aux yeux de ceux qui jugeaient l'ours selon des critères humains.

Lorsque par bonheur un mâle et une femelle se retrouvaient dans la même cage, les résultats n'étaient franchement pas plus satisfaisants, ni moins publics. La protagoniste d'une de ces liaisons ratées les plus célèbres fut une certaine Chi-Chi.

Arrivée au zoo de Londres en 1958, la jeune Chi-Chi s'était retrouvée à jouer le rôle principal d'un programme télé à succès qui suivait ses moindres gestes à l'intention d'un public fervent. Après plusieurs années de bains moussants et de matchs de foot soigneusement orchestrés avec son gardien, il fallait une histoire d'amour pour pimenter le feuilleton de sa vie. À l'époque, le seul autre panda en captivité hors de Chine était An-An, un résident du zoo de Moscou. Au plus fort de la Guerre froide, une improbable union fut donc planifiée entre l'Est et l'Ouest, à la grande joie de la presse internationale.

Chi-Chi était cependant plus que réticente. Une fois arrivée à Moscou pour son rendez-vous galant, elle se battit à plusieurs reprises avec An-An, repoussant chacune de ses avances pataudes. C'est que Chi-Chi, apparut-il, n'était pas attirée par les pandas ; son désir semblait être dirigé vers les humains, surtout ceux qui portaient un uniforme. Quand le gardien de zoo soviétique entra dans sa cage, Chi-Chi « leva la queue et le postérieur en signe de réponse sexuelle », rapporta ainsi Oliver Graham-Jones, le curateur des mammifères du zoo de Londres – à la « grande confusion[11] » du Russe.

Ce n'était pas la première fois que cela arrivait. « Sexuellement, Chi-Chi apparaissait quelque peu dévoyée », se rappelait Graham-Jones. Elle était plus attirée par le personnel du zoo, « voire par de parfaits inconnus[11] », que par sa propre espèce. C'étaient les sixties, le règne de l'amour libre, mais après trois tentatives avortées il apparut clairement qu'il n'y aurait pas d'accomplissement sexuel pour la superstar du zoo. La Société zoologique de Londres dut finalement publier un communiqué précisant : « À cause du long isolement dans lequel Chi-Chi a vécu par rapport à ses congénères, son "empreinte" sexuelle s'est faite sur les êtres humains[11]. »

Scène romantique en 1959 : Chi-Chi avec son véritable amour, le gardien de zoo londonien Alan Kent, qui lui donne tendrement à manger un bambou de sa propre bouche. Une décennie plus tard, le zoo dut reconnaître que l'empreinte sexuelle de son célèbre panda femelle s'était faite sur la mauvaise espèce.

L'idylle maudite de Chi-Chi et An-An ne fut pas un cas isolé. Peu après qu'elle eut tourné en eau de boudin, un autre couple de pandas très en vue, Hsing-Hsing et Ling-Ling, arriva au Zoo national de Washington chargé d'une mission capitale : sauver l'ensemble de leur espèce. Chi-Chi avait inspiré le célèbre logo du WWF (World Wildlife Fund), et la reproduction en captivité représentait une composante majeure du plan de survie dessiné par le mouvement de protection des pandas, alors en pleine croissance. Malheureusement, les ours n'avaient pas lu le programme, et leur idylle très médiatisée se limita une fois de plus à des cabrioles improductives. Hsing-Hsing manifesta un « problème d'orientation », d'où il résulta que l'oreille, le poignet et le pied droit de Ling-Ling furent la cible de ses élans amoureux. Mais ces échecs n'étaient plus seulement un problème de couple : ils témoignaient du sort de l'espèce tout entière. La presse réagit par des grivoiseries, et le public offrit aux pandas un matelas à eau.

Pendant les deux décennies suivantes, de grands zoologistes en quête d'explications se penchèrent sur la biologie des pandas de Washington, tandis que les médias et la population réclamaient à hauts cris des bébés. Il fut révélé que l'œstrus de Ling-Ling durait moins de deux jours par an – une période de fécondité désespérément courte, à qui on fit en grande partie porter le chapeau. Puis, quand les pandas de la capitale réussirent enfin à faire la bête à deux dos, leur progéniture ne survécut que quelques jours. Un ourson mourut après que Ling-Ling se fut assise dessus, ce qui donna une piètre idée de son aptitude à la maternité.

Chacun de ces drames très publics renforça le sentiment que les pandas ne sont tout simplement pas faits pour procréer ou pour être parents, et qu'ils ont en quelque sorte été privés des instincts absolument nécessaires à la survie. Des voix s'élevèrent alors avec de plus en plus de force pour que des spécialistes prennent en main la situation et trouvent un moyen de forcer les pandas à se reproduire en captivité.

Une telle mission est toutefois rarement facile. Et il suffit d'un peu de bon sens pour comprendre pourquoi : un enclos bétonné, ce n'est pas super sexy pour des animaux sauvages. Il leur faut tout un ensemble de signaux comportementaux et environnementaux pour stimuler leur désir de procréer – l'équivalent animal d'un bon verre de vin et d'une chanson de Barry White –, et les zoos n'ont souvent aucune idée de ce qui est nécessaire pour mettre d'humeur leurs pensionnaires. La reproduction en captivité du rhinocéros blanc, par exemple, s'avérait impossible parce que les gardiens de zoo se contentaient de flanquer un mâle et une femelle dans le même enclos en espérant que tout se passe au mieux ; c'était oublier que les rhinocéros sont des animaux grégaires, et pour qu'un mâle soit excité, il faut d'abord qu'il fasse du gringue à *plusieurs* femelles, avant de choisir l'heureuse élue. Chez les pandas géants, c'est le contraire : c'est la femelle qui fait la difficile.

Dans les années 1980, George Schaller fut le premier à découvrir que ces créatures notoirement solitaires ne le sont plus quand il s'agit de sexe[12]. Dans leur pays montagneux, il a ainsi observé des rituels d'accouplement complexes au cours desquels une femelle grimpait aux arbres et gémissait comme Chewbacca tandis que plusieurs mâles se disputaient son attention en bas. La récompense du gagnant consistait à copuler plus de quarante fois en une seule après-midi – c'est-à-dire, d'après une récente étude de vulgarisation, à peu près ce à quoi le Japonais adulte moyen peut prétendre en un an (pourtant personne ne suggère que les Japonais sont sur le point de disparaître). On dit aussi que le sperme de panda géant contient une « quantité prodigieuse de spermatozoïdes de grande qualité[13] », de dix à cent fois plus que celui de l'homme. Il n'y a pas à dire, ce sont des animaux virils !

Les ébats sexuels eux-mêmes sont mouvementés, avec une bonne dose de morsures et d'aboiements. Le mâle apprend certainement le bon mélange de soumission et de domination en jouant avec sa mère et en l'observant en action : les bébés peuvent rester sous la garde maternelle jusqu'à trois ans. Cela leur donne l'opportunité d'assister à au moins une saison des amours et d'assimiler toutes les subtilités du Kâma-Sûtra de la femelle.

Les pandas occupent des territoires assez grands, de quatre à six kilomètres carrés, et ils flairent les parties fines grâce à des messages odorants indiquant leur identité, leur sexe, leur âge et leur fécondité, postés sur des arbres spécifiques – une sorte de Tinder pour pandas, en somme. Quand une femelle entre en chaleur, elle excite l'intérêt des mâles en frottant ses glandes anales à la base de l'un de ces panneaux d'affichage communautaires ; son signal olfactif attire les mâles de partout, et ils se disputent alors son affection en se livrant à ce que l'on pourrait qualifier de JO urinaires. Les femelles préfèrent les prétendants qui peuvent laisser leurs marques odorantes sexy le plus haut sur les arbres, et les scientifiques ont décrit tout un éventail de postures athlétiques adoptées par les compétiteurs – « accroupissement », « lever de patte » et, plus étonnant encore, « poirier[14] » – pour faire gicler leur pipi le plus haut possible. On pense aussi que les mâles utilisent leur propre corps comme panneau d'affichage avantageusement parfumé en appliquant de l'urine, tel un aftershave, sur leurs oreilles, qui font alors office d'émetteurs duveteux pour diffuser dans la brise montagnarde l'annonce de leur disponibilité.

Les ours sont connus pour leur odorat extrêmement développé. Dans la nature, la brièveté de la période de fécondité de la femelle n'est donc pas un obstacle à la reproduction. Ce pourrait même être une adaptation pour contrôler la taille de leur population, justement parce que les mâles pandas sont des procréateurs si performants : en limitant le taux de natalité, elle permettrait de garantir que le nombre d'individus n'excède jamais la ressource de bambous disponible. Une femelle à l'état sauvage élève un petit tous les trois à cinq ans en moyenne, ce qui n'est pas un taux de reproduction inhabituel. Si les pandas se reproduisaient plus vite, ils dépasseraient rapidement les possibilités de leur habitat.

Entre les ébats sauvages et le fait de se retrouver enfermé dans un enclos bétonné en compagnie d'un panda lambda avec pour mission de se (re)produire en public, il y a un monde. Et pourtant, au cours des deux dernières décennies, les Chinois ont percé le mystère de la reproduction en captivité et produit d'exceptionnelles récoltes de bébés pandas, ce qui donne des images tellement craquantes qu'elles devraient être accompagnées d'avertissements de santé publique. Des dizaines de bébés pandas alignés : il y a de quoi faire une overdose de mignonnerie, et attirer à coup sûr l'attention du monde entier sur ces « succès » de conservation. En 2005, je me suis donc envolée pour l'empire du Milieu afin de découvrir le secret de cette réussite.

J'avais pour destination Chengdu, capitale du Sichuan, où se trouve le plus opulent des centres d'élevage de pandas de Chine. Alors que je m'attendais à ce que le cœur du pays panda soit une belle terre verdoyante, j'ai atterri dans une ville tentaculaire de quatorze millions d'habitants comparée à laquelle Londres paraît minuscule, et j'ai vu mon premier panda sur un paquet de cigarettes, ce qui semblait étrangement approprié vu le brouillard de pollution qui flottait dans l'air. À Chengdu, il y a un dicton qui dit que les chiens aboient quand ils voient le soleil. Ils sont restés résolument silencieux pendant toute ma visite.

Comme je faisais des recherches sur la reproduction des pandas pour un documentaire, j'ai eu un accès privilégié aux coulisses du Centre de recherche et d'élevage du panda géant de Chengdu, en commençant par une visite guidée avec l'un des cadres scientifiques. Tandis que nous déambulions dans les bâtiments bétonnés, il m'a parlé des approches les plus imaginatives qu'ils avaient utilisées pour émoustiller les pandas dans cet environnement incroyablement terne, digne de l'architecture brutaliste. Conscient que les jeunes mâles n'avaient pas reçu de leur mère l'éducation sexuelle nécessaire (la plupart étaient élevés par des humains depuis leur naissance), le centre faisait l'expérience suivante : en guise de cadeau pour leur passage à l'âge adulte, on les flanquait devant une télé portative et on leur passait une vidéo de pandas captifs s'envoyant en l'air. J'ai réprimé un ricanement en me représentant cette scène surréaliste : de jeunes pandas matant des films X le jour de leurs trois ans. Mais sachant que la vue des pandas est notoirement mauvaise, et que les animaux (autres que l'homme) ont du mal à saisir l'idée que ce sont eux qu'ils voient à l'écran, il y avait peu de chances que le porno panda provoque autre chose que des rires. Tout comme l'utilisation de sex toys, qu'ils avaient expérimentée pour stimuler les femelles. D'autres centres d'élevage de pandas avaient aussi eu recours au Viagra : un mâle défaillant de seize ans baptisé Zhuang Zhuang (« Fort Fort ») avait reçu la première dose expérimentale, mais il avait malgré tout échoué à tenir les promesses de son nom.

C'était à croire qu'une marque de sex toys et de dessous affriolants s'était emparée des fonctions de consultant scientifique. Je me serais presque attendue à tomber, au détour d'un couloir, sur un panda en porte-jarretelles rouge avec des cache-tétons scintillants. Je ne comprenais pas comment des solutions aussi anthropocentriques au problème panda avaient pu contribuer à cet extraordinaire boom des naissances. Et il s'avéra que ce n'était pas le cas. La stratégie payante, en termes de bébés pandas, tenait beaucoup moins de la soirée entre filles que d'un cauchemar à la J. G. Ballard : elle reposait sur l'insémination artificielle.

L'insémination artificielle est devenue une pratique courante pour obtenir la reproduction de toutes sortes d'animaux captifs. Tout ce dont on a besoin, c'est de spermatozoïdes viables et d'une femelle endormie. Le sperme est parfois prélevé par « manipulation manuelle », euphémisme scientifique désignant le fait de branler les mâles – c'est sans doute l'un des boulots les plus désespérés de la protection animale, mais il est loin d'être rare. Le dernier spécimen pur de l'espèce de tortues *Chelonoidis abingdonii*, un natif des Galápagos surnommé George le solitaire, avait ainsi sa « manipulatrice manuelle » attitrée, une jeune et jolie zoologiste suisse dont la tâche consistait à récolter auprès de cette relique vivante autant de semence que possible. Elle avait suffisamment peaufiné son art pour soulager le lent centenaire en moins de dix minutes, ce qui lui avait valu le surnom de « petite amie de George[15] ».

J'ai assisté une fois à la « récolte » d'« or liquide » d'un cheval Shire primé, et c'est un spectacle qui ne s'effacera jamais de ma mémoire. De tels exploits ne sont toutefois pas sans danger pour le manipulateur désigné. Ainsi, à Berlin, l'un des membres d'un centre de conservation a écopé d'un gros œil au beurre noir en essayant de masser le long (un mètre !) et remuant pénis d'un éléphant pour provoquer l'orgasme. Ça n'a pas dû être de la tarte, d'expliquer ça aux copains...

Une méthode plus sûre et plus digne pour l'homme, si ce n'est pour l'animal, est l'électroéjaculation. Le procédé est aussi terrifiant qu'il en a l'air : il s'agit d'introduire une électrode dans le rectum de l'animal et d'augmenter le voltage jusqu'à ce qu'il jouisse. Kati Loeffler, spécialiste américaine des sciences vétérinaires qui a travaillé plusieurs années au centre de Chengdu et à la Smithsonian Institution, m'a expliqué qu'on avait développé cette technique pour la reproduction intensive des animaux d'élevage. En Chine, elle est désormais couramment appliquée aux pandas, qu'on drogue à la kétamine (inductrice de transe) pour atténuer le désagrément qu'il y a à subir un viol anal avec une matraque électrifiée. Selon Loeffler, c'était grâce à ces techniques d'élevage industriel que la population de pandas captifs avait explosé, jusqu'à atteindre près de cinq cents individus, au cours des deux dernières décennies.

Les résultats sont néanmoins loin de représenter un succès de conservation. Si ces boules de poils noir et blanc ressemblent à des pandas, elles n'en acquièrent pas le *comportement* en grandissant. Les femelles inséminées donnent souvent naissance à des jumeaux, que l'on maintient en vie en les plaçant en alternance auprès de leur mère et en incubateur, afin que chacun ait une chance de téter le lait maternel et de se développer physiquement, avec le système immunitaire nécessaire à sa survie. Puis, au bout de trois à quatre mois, la mère se voit complètement retirer ses oursons pour pouvoir reprendre sa place dans la chaîne des reproductrices. Les bébés sont ensuite élevés par des humains au sein d'une meute peu naturelle, jusqu'à ce que, devenus trop gros et belliqueux, on les mette à l'isolement.

« Dans les centres d'élevage et les zoos, m'a expliqué Loeffler, les oursons sont élevés dans un environnement à forte présence humaine, où leurs chances de connaître un développement social et comportemental normal sont gravement compromises. Les jeunes pandas n'ont aucun espoir d'apprendre à devenir des pandas normaux. »

Récolte exceptionnelle de bébés en 2016 au centre d'élevage de pandas de Chengdu. Les petites boules de poils sont maintenues en position manu militari, le temps de la capitale séance photo qui permettra de répandre dans le monde entier la nouvelle de ce « succès de conservation ».

Leur manque de « panditude » apparaît de façon encore plus criante quand on leur demande de se reproduire en public et qu'ils ont toutes les peines du monde à donner satisfaction. En les faisant se reproduire artificiellement, nous avons nous-mêmes fait du mythe des pandas sexuellement inhibés une réalité.

Lorsqu'on a tenté de réintroduire ces rejetons dans la nature – c'est l'objectif annoncé à grand bruit de ces entreprises de reproduction en captivité –, les résultats n'ont guère été meilleurs. Des études récentes ont montré que ces animaux soi-disant solitaires sont très sociaux, même en dehors de la saison des amours. « Dans la nature, les ours ont besoin de bonnes compétences sociales, m'a raconté Loeffler. Ils apprennent des modes de négociation sociale très élaborés qui leur servent à collaborer, à partager une ressource alimentaire, et qu'ils appliquent aussi pendant la saison des amours. » Mais un panda socialement mal dégourdi ne risque pas seulement d'avoir faim ou de ne pas pouvoir s'accoupler, comme l'a appris à ses dépens un jeune mâle nommé Xiang Xiang.

Xiang Xiang a été le premier panda issu d'un programme chinois de reproduction en captivité à être réintroduit dans la nature. Et ce n'était pas un hasard si l'on avait choisi un mâle pour cette expérience, m'a confié Loeffler. « Ils ont besoin de garder les femelles, parce que ce sont elles, les poules aux œufs d'or. » Xiang Xiang s'en est bien sorti pendant les premiers mois, « mais quand la saison des amours est arrivée, que tous les mâles se sont rassemblés autour de la femelle en rut, il n'avait évidemment aucune idée de ce qu'il fallait faire, puisqu'il avait été élevé dans l'isolement, derrière des barreaux. Alors bien sûr, les autres l'ont tellement tabassé qu'il en est presque mort ». On a fini par le retrouver sans vie, sauvagement tué par des pandas sauvages. À ce jour, sur dix pandas relâchés dans la nature, seuls deux s'y trouvent encore.

Relâcher des animaux nés en captivité, c'est un peu

comme abandonner un chihuahua au milieu d'une meute de loups. Ces dernières années, l'un des centres d'élevage chinois s'est donc efforcé de mieux préparer ses pandas pour la vie à l'état sauvage. On permet aujourd'hui à certaines mères de rester avec leurs bébés dans des enclos semi-naturels, et des employés qui s'en occupent se baladent en combi de panda tout en poussant des léopards empaillés montés sur roulettes pour tenter de les familiariser avec leurs prédateurs. Cette scène surréaliste rend très bien en photo, mais pour Lü Zhi, professeur de biologie de la conservation à l'université de Pékin, ces efforts de réintroduction sont « aussi vains que de retirer son pantalon pour péter[16] ».

Sarah Bexell, scientifique spécialiste de la conservation dont le CV inclut des projets de réintroduction réussis du tamarin lion doré et du putois à pieds noirs, m'a expliqué pourquoi. « Pour commencer, il n'y a plus de léopards dans l'habitat du panda. » Il existe cependant des problèmes plus fondamentaux. « Les humains ne peuvent pas apprendre aux animaux à être des animaux. Seules les mères le peuvent, ou alors des conspécifiques » – à savoir des membres de la même espèce. Et comme ces mamans pandas ont été élevées par des humains, elles ont elles-mêmes peu, voire pas du tout d'expérience de la vie à l'état sauvage à transmettre à leurs oursons.

La difficulté majeure reste toutefois la réduction de l'habitat des pandas. J'ai moi-même pu le constater pendant le long trajet menant de Chengdu aux monts Qinling, que les pandas sauvages sont encore censés arpenter. Il nous a fallu plusieurs heures pour sortir de la ville, avant de longer des kilomètres de détritus urbains, puis des usines crachant de la poussière de ciment sur des villages entiers – on se serait cru dans un film de science-fiction.

Quand nous sommes enfin arrivés aux montagnes, nous avons été accueillis par des barrages monstrueux. Et c'était il y a déjà plus de dix ans.

Le gouvernement chinois a créé plus de cinquante réserves naturelles de pandas, où il affirme que leur population a augmenté – tant et si bien que le statut du panda a récemment été rétrogradé d'espèce en danger à espèce vulnérable. Mais Kati Loeffler est sceptique. Selon elle, les autorités ont effectué un zonage de ces secteurs « protégés » pour y permettre l'agriculture, la construction de routes et même l'exploitation minière. « Nous sommes tellement arrogants que nous pensons que c'est à nous d'organiser la reproduction des pandas puis de les réintroduire dans la nature parce qu'ils sont trop stupides pour se débrouiller seuls, déplorait-elle. Alors que si nous leur rendions leur habitat, ils feraient le boulot eux-mêmes, comme n'importe quelle espèce. Ces animaux n'ont pas de problème irrémédiable qu'il nous faille résoudre : la seule chose que nous avons à faire, c'est leur rendre leur lieu de vie. »

Sarah Bexell abondait dans son sens. « J'ai vraiment peur que, pour les protecteurs de la faune, ce soit une façon de dire : "On peut le faire. Nous autres scientifiques, nous résolvons cet énorme problème de la crise de la biodiversité, et nous pouvons réparer les torts causés par toute notre espèce en menant à bien ces petits projets." Ça ne sert qu'à se donner bonne conscience. Les gens se sentent mieux, ils peuvent s'affaler dans leur canapé en mangeant des chips, rouler en SUV, avoir une grande maison, trois gamins, et dire : "Super, les scientifiques sont là, ils vont régler le problème pour moi." Mais la science ne va pas sauver la biodiversité : la seule chose qui puisse la sauver, c'est un changement de comportement des humains. À mon avis, il faut avant tout s'efforcer de maîtriser la croissance de la population humaine au niveau mondial, et les gens doivent commencer à envisager d'abandonner la consommation de masse. »

Paradoxalement, les pandas ont eux-mêmes contribué à l'expansion explosive de la Chine et aux coûts environnementaux associés, et ce grâce à leurs extraordinaires talents diplomatiques – la diplomatie étant le seul domaine dans lequel, en apparence, ces ours mythiques ne soient pas nuls.

Il y a plusieurs années de cela, j'ai côtoyé quelque temps deux pandas politiques : Tian Tian et Yang Guang, alias Sweetie [« Chérie »] et Sunshine [« Lumière du Soleil »]. Ils avaient atterri à Édimbourg en décembre 2011 à bord de leur Boeing 777 personnel avec un panda géant peint sur le flanc. Ils avaient été accueillis par des haies d'écoliers agitant des drapeaux, on avait fait jouer de la cornemuse, et un « tartan panda » commandé pour l'occasion avait été dévoilé en leur honneur (je suis sûre qu'avec ça, ils se sont tout de suite sentis chez eux). L'événement avait été intégralement couvert en direct par les médias ; Sweetie et Sunshine avait pour mission officielle de répandre un peu de leur magie sur le guichet en berne du zoo de la ville, afin de booster les entrées de quelque soixante-dix pour cent. Mais d'autres enjeux économiques, moins publics, sous-tendaient leur arrivée : un ensemble d'accords commerciaux par le biais desquels l'Écosse approvisionnerait la classe moyenne chinoise naissante en saumons d'élevage industriel, entre autres contrats d'un montant total estimé à 2,6 milliards de livres. Ces dernières années, d'autres pandas globe-trotters ont accompagné des accords de ce genre portant sur de l'uranium (avec l'Australie), ainsi que de la viande de phoque et du pétrole (avec le Canada)[17].

« Le panda peut servir à sceller l'accord et symboliser la proposition d'une relation longue et prospère », a expliqué à la BBC Kathleen Buckingham, principale auteure d'un article sur la « diplomatie du panda ». « Quand un pays reçoit un panda, cela ne veut pas dire qu'un accord a été conclu – on confie à ce pays un animal précieux et menacé : à certains égards, cela symbolise un nouveau départ pour la relation. » La Chine, poursuivait-elle, cherche à exercer « un *soft power* à travers l'octroi d'une marque d'approbation visuelle mondiale[18] ». Le panda semble taillé pour le rôle.

La diplomatie du panda ne date pas d'hier. Au VIIe siècle déjà, la dynastie Tang offrait un couple de pandas vivants (accompagnés de soixante-dix peaux) aux souverains du Japon. Cette politique fut remise à l'honneur en 1941, lorsque la Chine envoya Pan-dee et Pan-dah au zoo du Bronx comme cadeau de remerciement pour l'aide qu'elle avait reçue des États-Unis pendant la seconde guerre sino-japonaise. Le président Mao fut lui aussi un grand fan du pouvoir diplomatique de ces iconiques ours noir et blanc ; pendant qu'il était au pouvoir, des pandas furent expédiés à des partenaires communistes de longue date, comme la Corée du Nord et l'Union soviétique, ainsi qu'à de nouveaux alliés politiques. Et quand, en 1972, Nixon mit un terme à vingt-cinq ans d'antagonisme entre les États-Unis et la République populaire par son voyage historique en Chine, l'envoi à Washington de Hsing-Hsing et Ling-Ling (dont les performances sexuelles allaient tant décevoir) déclencha une véritable pandamania[19].

En échange, la Maison-Blanche fit elle aussi don à la Chine d'un couple d'ambassadeurs animaux. Alors que les Américains auraient pu choisir de majestueux pygargues à tête blanche ou de puissants grizzlis pour représenter leur pays, ce fut un couple de bœufs musqués hirsutes et puants qui dut s'y coller. Mais ces bêtes notoirement agressives ne suscitèrent pas tout à fait le même tumulte en Chine que les pandas aux États-Unis : Milton, le mâle, souffrait d'une sécrétion excessive de mucus et d'une maladie de peau qui lui avait fait perdre une partie de ses poils ; sa partenaire, Mathilda, était dans un état aussi peu reluisant. « Il reste à espérer que, dans un siècle, "bœuf musqué" ne sera pas passé dans l'argot chinois pour désigner un objet inutile dont on ne peut se débarrasser[20] », commentait à l'époque un éditorialiste du *New York Times*.

D'innombrables animaux, depuis les ours polaires jusqu'aux ornithorynques, ont ainsi été baladés sur l'échiquier politique mondial, avec plus ou moins de réussite. En 1826 par exemple, la France reçut de l'Égypte une girafe, qui plongea Paris dans « un engouement intense[21] ». Le pelage caractéristique de l'ongulé influença la haute couture, et les femmes portèrent même leurs cheveux coiffés « à la girafe* ». Les pandas n'en demeurent pas moins les principaux diplomates du règne animal. « L'existence naturelle exclusive du panda géant [...] et son identité visuelle en font l'outil idéal pour séduire les gens du monde entier et créer – au moins temporairement – une bonne image de la Chine », écrivit Falk Hartig, spécialiste de la diplomatie qui a beaucoup étudié le sujet. « Même si l'on est en droit de se demander, bien sûr, si la Chine est aussi pacifique et bienveillante que le suggère l'image du panda, le message envoyé en son nom par l'ursidé est sans ambiguïté[22]. »

Les diplomates nounours de l'empire du Milieu ne

* En français dans le texte.

sont toutefois plus donnés gratuitement : ils sont désormais prêtés aux zoos contre la somme d'un million de dollars par an et continuent de faire partie du programme de reproduction en captivité. Lorsque j'ai visité le zoo d'Édimbourg en 2014, le directeur en charge des pandas, Iain Valentine, espérait l'arrivée d'un heureux événement. L'urine de panda occupait en conséquence une place considérable dans sa vie : les femelles pandas ont des grossesses énigmatiques, et le seul moyen d'évaluer si Tian Tian était sur le point d'accoucher consistait à traquer des indices en contrôlant systématiquement ses taux d'hormones. Elle avait été dressée à uriner sur demande, mais comme elle n'en avait pas forcément l'obligeance, c'était tous les jours le même cirque : il fallait crapahuter dans l'enclos pour siphonner un peu de son urine divinatoire. Iain m'a confié que s'il avait su le temps qu'il allait passer à essayer de mettre la main sur le précieux pipi, il en aurait tenu compte en concevant l'enclos.

Tian Tian a finalement déçu tout le monde en réabsorbant son fœtus. Ce phénomène semble tout droit sorti d'un film d'horreur, mais il s'agit sans doute d'une des adaptations du panda qui lui garantissent de ne donner naissance que dans de bonnes conditions. Si Sweetie avait mis bas, le bébé panda aurait toutefois été propriété de la Chine, et sa location aurait elle aussi coûté un million de dollars. Tous les bébés doivent en outre être retournés aux centres d'élevage chinois au bout de deux ans – voire plus tôt si la politique l'exige. Ainsi en 2010, deux jours après que les États-Unis eurent décidé de maintenir la rencontre entre le président Barack Obama et le Dalaï-lama, le gouvernement chinois marqua sa désapprobation en exigeant le retour des deux oursons nés en Amérique.

« Tout ça, c'est une affaire de gros sous et de politique,

m'a expliqué Kati Loeffler. La reproduction des pandas est une industrie à part entière, dans laquelle des millions de dollars sont en jeu, surtout si l'on fait croire à la population que les pandas sont incapables de se reproduire seuls. »

Et il n'y a pas que dans les zoos étrangers que les pandas rapportent gros. En Chine, le tourisme autour de l'ursidé a été multiplié par cinq depuis que la nouvelle classe moyenne s'adonne au tourisme domestique, et c'est devenu une affaire très lucrative pour la ville de Chengdu. Au centre d'élevage, les mordus de pandas déboursent ainsi cent soixante-dix dollars par personne pour pouvoir se faire prendre en photo avec un bébé panda dans les bras, et encore plus, bizarrement, pour pouvoir curer leur enclos. Mais tous les oursons n'apprécient pas l'adoration de leurs fans. En 2006, une touriste qui avait payé pour batifoler avec eux en a fait la pénible expérience, quand ses nouveaux amis nounours lui ont sauté dessus. « Elle a commis l'erreur de les caresser sur la tête avec un peu trop d'enthousiasme, ont rapporté les journaux, et ils l'ont brusquement jetée sur le carreau[23]. » La femme, extraite en larmes de l'enclos des bébés pandas, en a été quitte pour une blessure à l'amour-propre. Quelques mois plus tôt, au même centre, une autre de ces touristes qui mitraillent tous azimuts avait eu moins de chance et perdu un pouce dans sa quête du parfait instant Kodak.

Mastiqueur de bambou, le panda est en effet doté d'un redoutable coup de dents, qui lui permet de broyer l'enveloppe coriace de la tige de la plante. Les muscles puissants de ses joues, qui lui confèrent ironiquement son adorable grosse bouille ronde, lui assurent une force de morsure qui lui a valu d'être placé au cinquième rang, coincé entre le lion et le jaguar, dans une récente étude sur les forces de morsure les plus puissantes des carnivores.

Un site Web intitulé « When Pandas Attack » [« Quand les pandas attaquent »] recense les victimes étonnamment nombreuses de la morsure de l'ursidé, d'une force de mille trois cents newtons, et il en ressort un portrait bien différent de notre ours empoté. Parmi les blessés, on compte notamment le gardien d'un parc d'attractions de Hong-Kong, mutilé par un panda du nom de Peace [« Paix »] ; un ancien président de la République française, Valéry Giscard d'Estaing, qu'il a fallu soustraire aux mâchoires d'un mâle appelé Yen-Yen (ce qui a évité de justesse un très fâcheux incident diplomatique) ; ou encore un homme ivre qui, tombé dans l'enclos d'un panda du zoo de Pékin, a voulu faire un câlin à un récidiviste baptisé Gu Gu. L'homme s'est réveillé à l'hôpital : il a failli y laisser une jambe. « J'avais toujours pensé qu'ils étaient mignons et ne faisaient que manger des bambous[23] », a-t-il déclaré à CNN. Ce qui montre à quel point le grand mythe moderne du panda peut être dangereux.

Jusque récemment, ces attaques étaient limitées aux pandas captifs. Mais en 2014, un vieux Chinois a dû passer plus de cinquante jours à l'hôpital après s'être fait déchiqueter la jambe par un panda sauvage qui se déchaînait dans son village, près de la réserve naturelle de Baishuijiang. Qui sait, peut-être qu'avec l'invasion croissante de leur terre natale par les humains, ces attaques sauvages vont se multiplier. Dans une vision anthropomorphique des choses, on pourrait y voir la vengeance sanglante d'un ours exposé depuis des décennies aux préjugés, au ridicule et aux sondes rectales.

Pour ma part, je pense que le côté féroce du panda a peu de chances de ternir son image positive. Nos pandas, nous les aimons inoffensifs et sans défense. Ils sont trop irrésistiblement mignons. Dans le chapitre qui suit, nous allons faire connaissance avec le manchot, autre animal très apprécié pour ses adorables cabrioles dans lesquelles nous nous reconnaissons. Pourtant, la star enchanteresse de tant de dessins animés pour enfants cache une vie sexuelle si choquante qu'elle a été tenue secrète pendant près d'un siècle par ceux qui étaient au parfum. C'est parti pour le scandaleux portrait porno de Pingu… le manchot pervers !

12

Le manchot

Ordre Sphenisciformes

« Tout le monde aime les manchots : la raison en est, je pense, qu'à bien des égards ils sont comme nous, et à d'autres, ils sont ce que nous aimerions être. »

Apsley Cherry-Garrard,
The Worst Journey in the World[1], 1910

La première fois que j'ai rencontré un manchot sauvage, je ne m'y attendais pas du tout. D'abord, je me trouvais en Australie. Tous les manchots ne passent certes pas leur vie à faire des glissades sur la glace : la moitié des espèces actuelles habitent des climats beaucoup plus douillets, sous des latitudes allant, au nord, jusqu'à l'équateur. Il ne m'en a pas paru moins étrange que mon premier rendez-vous avec l'habitant le plus célèbre de l'Antarctique se produise dans la douceur d'une plage de sable blond, à un court trajet en voiture de Melbourne. Mais il faut dire qu'il y a très peu de choses, dans l'image que les gens se font du manchot, qui résistent à l'épreuve des faits.

La côte sud de l'Australie abrite plusieurs colonies de manchots pygmées. Si l'on savait concevoir génétiquement quelque chose de mignon en laboratoire, on obtiendrait sans doute des animaux de leur forme et de leur format de poche. Avec une taille à peine supérieure à trente centimètres, ils sont peut-être les plus petits des manchots, mais aussi ceux qui attirent le plus de fans. Depuis les années 1920, les touristes se rendent ainsi en masse sur Phillip Island pour les observer. Je me suis jointe à plusieurs centaines d'admirateurs enthousiastes, agrippés pour certains à des peluches de manchot fraîchement achetées et trois fois plus grosses que leur modèle, afin d'attendre le passage de la célèbre parade des manchots de l'île, un carnaval nocturne au cours duquel les petits oiseaux bleus luisants remontent la plage en se dandinant pour regagner leurs terriers sablonneux dès le coucher du soleil.

L'évolution a merveilleusement bien outillé le manchot pour chasser le poisson dans les eaux glaciales des océans. La biologie aviaire veut toutefois qu'il retourne sur la terre ferme pour pondre et élever ses poussins. C'est pour le moins malcommode. En gros, les manchots sont bâtis comme des bouteilles Thermos, ce qui est parfait quand on habite sur la banquise, mais pour les manchots vivant sous des latitudes plus tropicales, se dandiner dans une épaisse combinaison de plongée en plumes peut être un sport dangereux. Ces oiseaux ont donc développé des stratégies inventives, quoique un peu compliquées, pour éviter de griller au soleil. Certaines espèces restent plantées à haleter comme des chiens, tandis que d'autres sont forcées de chercher l'ombre. Les manchots à œil jaune s'enfoncent jusqu'à un kilomètre à l'intérieur des terres (un sacré marathon pour de si petites pattes) afin d'élever leurs petits dans la fraîcheur de la forêt humide néo-zélandaise. Ceux des Galápagos échappent à l'impitoyable soleil équatorial en nichant dans des fissures d'allure inhospitalière de la roche volcanique, sur la côte. Et ce n'est rien comparé à la situation des manchots de Humboldt : comme ils habitent la côte désertique du Pérou, ils sont obligés de produire de l'ombre en construisant des châteaux de merde à partir de vieux excréments à eux. Les manchots pygmées ont pour leur part résolu le problème en fuyant complètement le soleil et en devenant nocturnes. D'où leur procession quotidienne à la tombée de la nuit pour regagner leurs nids, sur Phillip Island.

Les petits oiseaux ne décevaient pas les attentes dûment entretenues par l'office de tourisme du coin. Alors que l'ardent soleil australien plongeait sous la ligne d'horizon, les vagues commencèrent à cracher des dizaines de manchots minuscules, qui agirent sur la foule comme une troupe de saltimbanques professionnels. En les regardant traîner les pattes pour remonter la plage, il était impossible de ne pas sourire.

La marche grotesque des manchots est toutefois trompeuse. Sous l'eau, ces pattes raides, si maladroites sur la terre ferme, font office de gouvernail et leur permettent d'effectuer des virages à près de cent quatre-vingts degrés à des vitesses excédant cinquante kilomètres-heure. De tous les oiseaux, ce sont ceux qui savent manœuvrer le plus vite et plonger le plus profond : les manchots empereurs peuvent descendre à plus de cinq cents mètres, soit la hauteur du nouveau One World Trade Center à New York. Pendant quatre-vingts pour cent de leur vie, ces oiseaux de mer sont d'habiles prédateurs qui tiennent plus de James Bond que du bouffon. Mais nous n'avons accès qu'aux vingt pour cent où ils titubent sur le sol, tels des Charlie Chaplin à plumes.

« Notre perception de l'animal dépend de l'endroit où nous pouvons l'observer », m'a expliqué le professeur Rory Wilson, le génie qui a équipé des centaines de manchots de compteurs de vitesse et de capteurs logés sur le bec – et même dans le derrière – afin de mieux connaître leur vie sous-marine. « Voir des manchots qui trébuchent si bêtement sur terre, c'est comme voir les plus grands athlètes mondiaux trébucher dans l'obscurité sans se rendre compte de ce dont ils sont capables. Il est impossible de nager comme un manchot *et* de courir comme un guépard. »

Pour fonctionner, les muscles qui commandent les

pieds des manchots doivent rester chauds ; ils sont donc cachés sous des plumes sur une grande partie de leurs pattes. Ils manœuvrent leurs extrémités grâce à une sorte de système de « poulie » à peu près aussi efficace que les commandes d'une marionnette du « Muppet Show », ce qui leur donne leur démarche vacillante caractéristique. Ce spectacle involontairement pathétique nous a rendus aveugles à la véritable histoire du manchot, laquelle mêle prostitution et perversion si choquante qu'elle ferait se dresser les plumes sur la tête de Pingu.

Le premier manchot décrit par un Européen n'était pas un *penguin** du tout, mais un *great aulk*. Pour être juste avec l'auteur de cette bourde, un capitaine du XVIe siècle, il convient de préciser ici que physiquement le grand pingouin ressemble pas mal au manchot. Les grands pingouins étaient eux aussi des oiseaux gras, noir et blanc, incapables de voler, qui vivaient dans de grandes rookeries sur des îles rocheuses isolées, quoique aux antipodes des manchots, donc dans l'hémisphère nord. Ils partageaient avec les manchots une autre caractéristique cruciale : ils étaient très faciles à attraper.

Ces oiseaux trapus devinrent la providence du marin affamé. Sir Francis Drake écrivit que sur une île du détroit de Magellan, il avait tué trois mille « oiseaux qui ne savaient pas voler » et qui étaient « de la grosseur des oies[2] ». De mythiques « îles des pingouins » figuraient

* En anglais, manchot se dit « *penguin* » ; en français, « *great aulk* » se dit « grand pingouin ». Jusqu'au XVIIIe siècle, on appelait en français « pingouins » indistinctement les pingouins proprement dits et les manchots. Les premiers étaient dits « pingouins du Nord » et les seconds « pingouins du Sud ».

sur les cartes comme autant de trésors enfouis, tant était grande leur importance pour la survie des hommes en mer. À partir de l'époque de Drake, le mot « pingouin » devint une expression courante pour désigner des repas se dandinant sur leurs pattes, qu'on les trouvât sur des îles de l'hémisphère nord ou de l'hémisphère sud. À en croire les connaisseurs, ces « pingouins » avaient un goût de poisson quand on les faisait cuire dans leur graisse. Dans le cas contraire, leur chair (avec un peu d'imagination, peut-être) pouvait passer pour du bœuf. Autre nouveauté fort intéressante, leur corps gras était si inflammable qu'il pouvait servir de combustible à leur propre barbecue. Comme l'écrivit un marin très capable en 1794 : « Vous emportez une marmite dans laquelle vous mettez un ou deux pingouins, vous allumez un feu en dessous, et ce feu est littéralement constitué des pauvres pingouins eux-mêmes. Leur corps étant gras, il ne tarde pas à produire une flamme ; il n'y a pas de bois sur l'île[3]. »

Malgré leur apparence, et peut-être leur goût, les grands pingouins appartenaient à une tout autre famille d'oiseaux, plus proches des guillemots et des macareux que des « pingouins du Sud » ou manchots. Leurs ressemblances sont superficielles – et elles constituent un bel exemple de convergence évolutive, mécanisme par lequel deux groupes d'animaux très différents, sans aucune relation de parenté, développent au fil de l'évolution la même solution à un problème de survie. Dans le cas qui nous occupe, les deux oiseaux ont acquis par évolution la capacité de voler sous l'eau et de se nourrir de petits poissons et autres créatures marines. Ils ont laissé tomber les grandes ailes fragiles et le squelette léger propices au vol aérien traditionnel pour devenir des balles de graisse dotées de palettes natatoires courtes et puissantes et d'un corps trapu, hydrodynamique

– une forme si efficace que les humains n'ont encore jamais rien conçu dont le coefficient de traînée soit plus faible que celui du manchot. Les deux oiseaux ont aussi développé la même tenue de camouflage, façon smoking : leur face ventrale blanche les dissimule aux prédateurs et aux proies qui regardent d'en bas la surface de l'eau blanchie par le soleil, tandis que leur dos noir les rend invisibles, sur l'arrière-fond des profondeurs troubles, aux prédateurs venus d'en haut. Ajoutez à cela les mêmes courtes pattes palmées sur lesquelles ils se dandinent si maladroitement sur le sol, et vous comprendrez comment des erreurs ont pu être faites, surtout chez des marins délirant sous l'effet de la faim.

Sur l'une des premières cartes du détroit de Magellan (XVIe siècle), la présence d'un manchot qui se balade, l'air serein, indiquait que ces oiseaux incapables de voler, qui constituaient de délicieux repas ambulants bien gras, étaient disponibles sur ses rives.

Le grand pingouin finit par être baptisé *Pinguinus impennis,* à savoir « pingouin sans plumes » – plumes dont il n'était pourtant pas dépourvu –, mais la confusion persista pendant des siècles entre les deux oiseaux de mer noir et blanc. Cela agaça tellement Buffon qu'il proposa un nouveau nom pour les pingouins du Sud. L'aristocrate français aurait pu choisir « pieds-au-derrière[4] » (*arse-feet* en anglais), surnom dont certains marins les avaient affublés après les avoir vus nager avec leurs pattes traînant derrière eux. Mais pour des raisons connues de lui seul, Buffon opta pour *manchot.* Comme le manchot, à l'instar de tous les oiseaux, a pourtant bel et bien deux ailes, ou bras, ce substantif ne parvint pas à s'imposer*. Heureusement pour le comte (si ce n'est pour les oiseaux), à force d'être mangés, les grands pingouins ont fini par disparaître, ce qui a mis un terme à son propre salmigondis de volatiles.

D'autres confusions entouraient la question de la nature même du manchot. Parmi les premiers explorateurs, certains pensaient qu'il était mi-poisson, mi-oiseau. D'autres le voyaient comme une sorte de chaînon manquant entre les dinosaures et les oiseaux. Moi qui ai passé des heures à m'émerveiller de ses singuliers pieds reptiliens, qu'il semble avoir volés à un crocodile, je comprends pourquoi. Mais cette théorie du chaînon manquant s'avéra être une erreur étonnamment dangereuse. Elle donna lieu à ce qu'il faut bien qualifier de chasse aux œufs la plus harassante de tous les temps, laquelle coûta la vie à deux hommes et sa santé mentale à un troisième.

Le principal architecte de cette théorie fut l'explorateur polaire Edward A. Wilson, qui avait participé en tant qu'ornithologue à la célèbre expédition en Antarctique

* Dans les autres langues que le français.

du capitaine Robert Falcon Scott à bord du *Discovery*, entre 1901 et 1904. Edward Wilson était un pionnier très respecté de la recherche sur les manchots, dont la curiosité et les observations ont contribué à résoudre le mystère du cycle reproducteur pas très enviable du manchot empereur. Au cours de ce cycle, le mâle survit en effet à l'impitoyable hiver antarctique avec un œuf sur les pieds et rien à manger, tandis que la femelle, dont les réserves ont été dangereusement réduites par la ponte, passe deux mois à se gaver en mer. Après quoi mâle et femelle se relaient pour élever le poussin et se nourrir – une épreuve d'endurance extrême que Wilson décrivit comme « excentrique à un point rarement atteint, même dans le domaine de l'ornithologie[5] ». Il était persuadé que le manchot empereur était une espèce relique dont les œufs recelaient le secret de son évolution. Dans son compte rendu de mission en Antarctique, il déclara : « La possibilité que nous ayons, avec le manchot empereur, la créature la plus proche d'une forme primitive non seulement de manchot, mais aussi d'oiseau, fait de l'établissement futur de son embryologie une question de la plus haute importance[5]. »

Les idées de Wilson sur l'embryologie étaient influencées par le biologiste allemand Ernst Haeckel. En 1868, ce dernier avait conçu la théorie plutôt séduisante (quoique malheureusement erronée) selon laquelle tous les embryons d'animaux passent par des phases de développement qui reflètent leur évolution à partir de lointains ancêtres – c'est-à-dire, pour reprendre sa célèbre formule, que leur ontogenèse (développement individuel) récapitule leur phylogenèse (développement de l'espèce). Cette grande « théorie de la récapitulation » fut ingénieusement illustrée par le zoologiste lui-même, dont les dessins exquis (quoique controversés) de fœtus en cours de développement constituèrent un élément de promotion très persuasif.

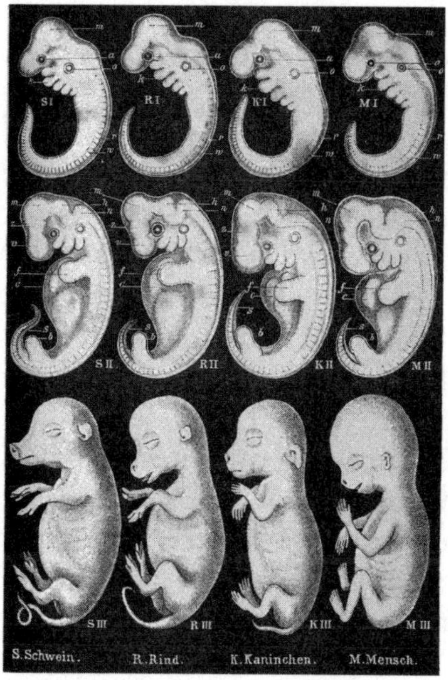

Les jolis dessins d'embryons comparés d'Ernst Haeckel – ici un porc, un veau, un lapin et un homme – assurèrent efficacement la promotion de sa théorie erronée de la récapitulation (qui envoya aux confins de la Terre un trio d'explorateurs, dont un seul revint).

Partant de l'hypothèse qu'Haeckel avait raison, Wilson croyait que l'œuf du manchot empereur serait une machine à remonter le temps qui le transporterait vers des phases perdues de la transition évolutive entre les reptiles et les oiseaux. « Le premier oiseau, l'*Archaeopteryx*, avait des dents, expliqua-t-il dans une conférence sur les manchots en 1911. On espère trouver de vraies dents dans l'embryon du manchot empereur, même s'il n'y en a aucune chez l'oiseau adulte[6]. » Wilson voulait aussi voir si les papilles qui deviennent des plumes chez le manchot correspondaient à celles qui deviennent des écailles chez un reptile. C'était seulement cinquante et quelques années après la première publication de la choquante théorie de Darwin sur la sélection naturelle, et tout le monde n'y était pas converti. Wilson espérait que l'œuf de l'empereur puisse être précisément ce qui manquait pour triompher des opposants et prouver la validité de la théorie darwinienne.

Dans cette optique, il réussit à persuader le capitaine Scott que son improbable mission devait entrer pour une part essentielle dans les activités scientifiques de la seconde expédition antarctique de l'explorateur. C'est ainsi qu'en 1911 Wilson, Henry « Birdie » Bowers et Apsley « Cherry » Cherry-Garrard s'embarquèrent dans une folle équipée aux confins de la Terre pour trouver les dents perdues du dinosaure dans l'œuf de l'empereur. Leur excursion de deux cents kilomètres à partir du camp de base fut plus tard qualifiée de « pire voyage au monde » par Cherry, son seul survivant. Et ce n'était pas une exagération : le récit stoïque qu'il en a fait expose toute l'horreur de cette funeste chasse aux œufs.

Comme les empereurs nichent au milieu de l'hiver antarctique, les trois hommes furent obligés de faire leur expédition à destination de la seule rookerie connue, au cap Crozier, le point le plus à l'est de l'île de Ross, dans l'obscurité absolue, en se dirigeant à la lueur d'une bougie. Pas facile quand on est malmené par les tempêtes de l'Antarctique ! À tour de rôle, les trois explorateurs trébuchèrent dans les crevasses dont était truffé leur chemin. La température tomba sous les moins soixante degrés et rendit la neige si collante que nos hommes ne pouvaient tirer qu'un traîneau à la fois. Ils durent se résoudre à un relais harassant, ne gagnant qu'un kilomètre pour trois kilomètres de marche. La transpiration transformait leurs vêtements en cuirasses de glace, et leurs passe-montagnes, gelés par leur haleine, collaient à leurs visages. Cherry claqua des dents si fort qu'elles se brisèrent, et le liquide contenu dans ses cloques se transforma en Mr Freeze.

Le trajet fut tellement atroce qu'une fois leur but atteint, Cherry avait perdu la volonté d'aller plus loin. « Pour ma part, écrivit-il dans son récit, j'étais parvenu à un tel degré de souffrance que je ne me souciais plus vraiment de rien, du moment que je pouvais mourir sans trop de douleur. Ceux qui parlent de l'héroïsme qu'il y a à mourir ne savent guère de quoi ils parlent. Il serait facile de mourir… Le plus dur, c'est de continuer[7]. »

Le trio congelé se força à aller de l'avant, escaladant des falaises de glace de soixante mètres de haut, dans le noir complet, pour rejoindre la rookerie. Mais les manchots ne furent pas franchement contents de les voir. « Dérangés, ils firent un boucan de tous les diables, se rappela plus tard Cherry. Ils criaient à tue-tête de leur curieuse voix métallique[7]. » Les explorateurs raflèrent cinq œufs d'entre les pattes des manchots tapageurs et écorchèrent quelques oiseaux pour leur graisse combustible. Mais avant qu'ils aient pu déclarer : « Mission accomplie », la chance leur tourna le dos.

Le groupe se perdit. En tâtonnant dans l'obscurité à la recherche de leur piste, Cherry, les doigts gelés, laissa tomber deux œufs. Par un miraculeux coup de chance, les trois hommes retrouvèrent le chemin de leur camp au pied du bien nommé mont Terror, et entreprirent, sitôt arrivés, de se réchauffer. C'était la veille de l'anniversaire de Wilson, et ils allumèrent le poêle à graisse de manchot, lequel – à croire que les oiseaux cherchaient à se venger – « cracha une grosse goutte d'huile bouillante dans l'œil de Bill ». Aveuglé, Wilson resta allongé toute la nuit « sans pouvoir réprimer ses gémissements, manifestement en proie à de terribles souffrances[7] ».

« Je me suis toujours méfié de ce poêle[7] », assura Cherry. Mais le pire était à venir. Une tempête se déchaîna, « comme si le monde était pris d'une crise d'hystérie », emportant leur tente et la plupart de leurs provisions. Le trio dut se replier dans un abri de fortune couvert d'un toit en toile « réduit à de minuscules petites bandes » par les rafales de force 11[7]. Ils passèrent l'anniversaire de Wilson « face à face avec la mort[7] ». Sans feu ni rien à manger, ils se blottirent dans leurs sacs de couchage en chantant des cantiques et en rêvant de pêches en conserve, tout en donnant de temps à autre un coup au blessé pour voir s'il était toujours en vie.

Deux jours plus tard, le blizzard se calma et, par miracle, Bowers retrouva leur tente. « Nos vies nous avaient été enlevées, puis rendues[7] », écrivit Cherry.

Les trois hommes, chancelants, revinrent au camp de base le 1er août 1911. Il fallut découper leurs vêtements gelés pour les détacher de leur corps, et leurs doigts étaient pour ainsi dire fichus. Ils semblaient avoir pris trente ans en l'espace des cinq semaines qui s'étaient écoulées depuis le début de leur petite chasse aux œufs. Psychologiquement, Cherry ne se remit jamais vraiment de cette épreuve et se battit toute sa vie contre le syndrome de stress post-traumatique. Quant à Wilson et Bowers, ils réussirent plus ou moins à rebondir. Mais ce fut pour leur propre malheur, puisque cela leur permit de se joindre à la tragique expédition polaire de Scott. Les deux hommes moururent avec le reste du groupe sur le chemin du retour du pôle sud. Cherry se retrouva donc seul dépositaire des trois précieux œufs d'empereur, et des honneurs de la science de l'évolution qui y étaient associés.

Portant sur ses épaules le poids de deux hommes morts, il prit très au sérieux son rôle de « Gardien des Œufs Sacrés[7] ». De retour à Londres, il les apporta lui-même au Muséum d'histoire naturelle, dans le quartier de South Kensington. Il s'attendait peut-être à être accueilli en héros, au lieu de quoi il fut reçu par un bureaucrate tatillon qui ne manifesta aucun intérêt pour les spécimens et aboya : « Qui êtes-vous ? Que voulez-vous ? Ce n'est pas un magasin d'œufs ici[7] ! » Cherry écrivit plus tard à l'institution pour se plaindre. « J'ai remis en personne à votre muséum les embryons du cap Crozier, qui ont failli coûter la vie à trois hommes, qui ont coûté sa santé à l'un d'eux, et [...] votre représentant n'a même pas dit "*merci*"[8] ».

Ce qu'ignorait notre explorateur, c'est que cette insouciance muséale s'expliquait par un changement de paradigme plutôt inopportun dans la pensée évolutionniste. Pendant que Cherry et ses collègues risquaient leur vie sur la banquise au nom de la science, la théorie de la récapitulation d'Haeckel avait capitulé. La science avait égoïstement poursuivi son chemin et les œufs étaient devenus inutiles.

Cherry passa le plus clair du reste de sa vie à faire pression pour que les embryons soient étudiés, mais vingt et un ans allaient s'écouler avant que les résultats soient publiés. Et ces résultats s'avérèrent décevants. Pour commencer, le zoologiste James Cossar Ewart présuma, d'après l'observation des spécimens sur lames microscopiques, que les plumes et les écailles n'avaient pas, contrairement à ce qu'espérait Wilson, d'origine commune. Puis le coup fatal fut porté en 1934, lorsque Charles W. Parsons, anatomiste, conclut de façon péremptoire que les œufs, recueillis trop tôt dans leur développement, n'avaient même rien à « ajouter à notre compréhension de l'embryologie des manchots[9] ».

Les manchots ayant coûté à Cherry ses ongles de pieds, ses dents et une bonne part de sa santé mentale, on lui aurait aisément pardonné d'éprouver un certain ressentiment à leur égard. Et pourtant l'explorateur polaire resta résolument enchanté. Ses écrits sont tous empreints de chaleur et de respect pour ces oiseaux qui nous ressemblent. « La vie du manchot Adélie est dure, celle de l'empereur est terrible, écrivait-il à la fin de son tumultueux récit. Je vous défie néanmoins de trouver dans le monde une bande de vieux gentlemen plus gais, heureux et pleins de santé que ceux-là. Nous devons les admirer, ne serait-ce que parce qu'ils sont tellement plus sympathiques que nous-mêmes[10] ! »

Tel est le pouvoir anthropomorphique du manchot. « Ils ressemblent prodigieusement à des enfants, écrivit-il aussi. Pleins de leur importance, en retard pour aller dîner dans leurs queues-de-pie noirs et plastrons blancs – et en outre plutôt replets[11]. » Il n'était pas le seul à les voir de cette manière : les analogies avec les enfants sont devenues monnaie courante pour décrire les manchots, peu de temps après qu'on les eut vus pour la première fois. Même les scientifiques les plus sérieux du XVIIIe siècle se laissaient aller au lyrisme, dans leurs lettres adressées à la Royal Society, pour décrire comment l'oiseau de mer avait « à première vue l'allure d'un enfant qui se dandine, vêtu d'un tablier à bavette[12] ». Et les marins du XVIIe, qui capturaient des manchots pour les mettre dans leur marmite, étaient eux aussi charmés par la façon dont ils « se tiennent debout comme des petits enfants en tablier blanc[13] ».

Avec son allure vacillante et vulnérable, le manchot nous évoque les premiers pas d'un bambin et met en branle notre désir inné d'en prendre soin, comme le panda. Si l'on ajoute à cela une existence éprouvante menée dans des conditions extrêmes et une aptitude naturelle à la pantomime clownesque, on a tous les ingrédients pour faire des manchots des superstars anthropomorphes.

Grâce à ce puissant mélange de stoïcisme et de farce bouffonne, les premiers manchots qui quittèrent l'Antarctique remportèrent un succès immédiat. Le *Times*, dans un article de 1865 sur les manchots des jardins zoologiques de Regent's Park, à Londres, se délecta ainsi de leur maladresse, qui s'accompagnait d'une « allure ridiculement sérieuse[14] ». L'air digne avec lequel ils passent leur temps à tomber sur le derrière, conjugué à leur amour inattendu des glissades, en a fait des vedettes de l'image en mouvement dès son invention. Les Charlie Chaplin du règne animal étaient aussi des personnages rêvés pour la littérature jeunesse, et leur iconique costume noir et blanc (comme celui du panda) en faisait une aubaine pour les agences de pub. Des logos à leur image se sont mis à orner toutes sortes de produits, des livres aux boîtes de biscuits. Et la droite conservatrice américaine a même fait de ces oiseaux de mer un symbole des valeurs familiales chrétiennes suite à la diffusion du documentaire oscarisé *La Marche de l'empereur.*

« Voici l'histoire incroyable mais vraie du voyage accompli par une famille pour donner la vie. Dans le lieu le plus inhospitalier de la planète, l'amour finit par triompher[15] », déclamait Morgan Freeman en voix off dans la version américaine, tandis que défilaient à l'écran les images d'un couple parfait de manchots empereurs prenant soin de leur petite boule de duvet. À partir de là, le film traitait toutefois la vérité avec une certaine désinvolture. La narration interprétait leur pénible marche annuelle à travers la banquise – dictée par les hormones pour aller se reproduire – comme une épique histoire d'amour. Ce n'était pas la réalité, mais cela a fait un malheur. Le message a attiré en masse les fondamentalistes chrétiens, qui ont présenté la lutte des manchots empereurs comme l'allégorie d'un combat spirituel, et leur comportement comme un modèle pour les humains.

Le critique de cinéma conservateur Michael Medved a déclaré que *La Marche de l'empereur* était « le film qui affirme avec le plus de passion les valeurs traditionnelles que sont la monogamie, le sacrifice et l'éducation des enfants[16] ». Un groupe religieux baptisé 153 House Churches Network a même mis en place un atelier pour que ses membres puissent discuter de l'impact de ce documentaire sur leur vie. « Certaines expériences [des manchots] semblaient faire écho à celles vécues par les chrétiens[16] », déclara l'organisateur. Des églises sont allées jusqu'à louer des cinémas entiers pour les fidèles, et au moment de l'écriture de ce livre, *La Marche de l'empereur* demeurait le deuxième documentaire le plus vu de l'histoire des États-Unis (inconfortablement pris en sandwich entre *Fahrenheit 9/11*, de Michael Moore, qui offrait un décorticage critique de la « guerre contre le terrorisme » menée par l'administration Bush, et *Justin Bieber: Never Say Never*).

Les manchots sont peut-être bel et bien des êtres sociaux et droits – dans un sens littéral, et biomécanique.

Mais choisir comme modèle moral un oiseau piscivore incapable de voler est loin d'être idéal. Car non seulement la plupart des manchots n'incarnent pas les valeurs de la famille chrétienne traditionnelle, mais certaines de leurs pratiques sexuelles poseraient problème même aux communautés les plus progressistes.

Pour commencer, la plupart des manchots ne sont pas du tout monogames. Les pires contrevenants sont justement les stars « romantiques » du grand écran, les empereurs, puisque quatre-vingt-cinq pour cent d'entre eux changent de partenaire d'une année sur l'autre. Cela dit, ils ont une excuse : comme ils transportent leurs œufs sur leurs pieds, ils n'ont pas de site de nidification, donc pas de lieu de rendez-vous désigné pour trouver un partenaire au début de chaque saison des amours. Ils doivent essayer de localiser leur partenaire de l'année précédente en tournant et en hurlant au milieu d'une immense mêlée de congénères. Dans un groupe de plusieurs milliers de manchots, tous habillés pareil, et compte tenu de la période très limitée pendant laquelle il faut localiser le partenaire, on peut comprendre combien il est difficile de rester fidèle.

La monogamie, quand elle existe, affiche parfois les couleurs de l'arc-en-ciel. Dans son étude très complète de l'homosexualité animale intitulée *Biological Exuberance* [« Exubérance biologique »], le biologiste canadien Bruce Bagemihl cite le cas de couples de même sexe unis pour la vie parmi les manchots de Humboldt. Il célèbre en outre dans son livre tout un éventail de pratiques sexuelles libérées chez plus de quatre cent cinquante espèces animales, depuis les gorilles homos jusqu'aux dauphins roses de l'Amazone, qui se font volontiers enfiler par l'évent. Nombre de ses observations avaient été passées sous silence pendant des années par les zoologistes, parce qu'elles ne cadraient pas avec la pensée darwinienne de bon ton. Ainsi un biologiste bégueule expliquait-il les exemples de fellation mutuelle chez les orangs-outans par des « motivations nutritives plutôt que sexuelles[17] ». Cela ne fait vraiment pas longtemps que la diversité naturelle des comportements sexuels dans le règne animal est acceptée, et que sont apparues de nouvelles théories expliquant comment ces activités sexuelles apaisent les tensions, ont des effets bénéfiques sur l'élevage des petits, ou peuvent tout simplement être *amusantes.*

Les unions entre manchots de même sexe ont été particulièrement bien documentées dans les zoos, où certains couples sont devenus célèbres pour avoir fait leur coming out. Dotty et Zee, deux mâles du zoo de Bremerhaven, ont ainsi récemment fêté leurs dix ans de relation ; ils ont même adopté et élevé un poussin ensemble. Mais si la diversité sexuelle célébrée par les manchots reste en travers de la gorge des conservateurs chrétiens coincés, elle a parfois déçu les attentes de leurs admirateurs plus progressistes. Prenons l'exemple de Roy et Silo, sans doute le couple de manchots gays le plus connu au monde. Ils ont inspiré à Béatrice Boutignon un album pour enfants intitulé *Tango a deux papas. Et pourquoi pas ?*, très apprécié par la communauté LGBT, après avoir eux aussi élevé un poussin au zoo de Central Park. Mais voilà qu'au bout de six ans de relation, Silo a abandonné son partenaire pour partir avec une femelle nommée Scrappy, ce qui, selon le *New York Times*, a pas mal « secoué le milieu gay[18] ». Et prouve que les manchots ont vraiment du mal à rester fidèles toute la vie, quels que soient leurs penchants.

Un couple gay de manchots de Humboldt, au zoo allemand de Bremerhaven, a été surpris en train de couver des pierres. Afin de « tester » leur orientation sexuelle, le zoo a fait venir des femelles de Suède – une initiative qui a rendu furieux les militants des droits des homosexuels. Les « catins suédoises » n'ont cependant pas réussi à briser le couple, qui a par la suite élevé son propre poussin.

Le taux de divorce des manchots a cependant tendance à diminuer à mesure qu'on s'éloigne de l'Antarctique, le climat plus doux permettant davantage de flexibilité dans la période de reproduction. Comme la mission procréatrice du manchot est soumise à moins de pression, il peut passer plus de temps à essayer de retrouver son heureux partenaire de l'année précédente. Les manchots des Galápagos, qui vivent très au nord au niveau de l'équateur, remportent la palme de la fidélité, avec quatre-vingt-treize pour cent de couples qui se reforment à chaque saison. Cette fidélité améliore peut-être, ou pas, leur capacité à coordonner leurs efforts pour rafraîchir leur progéniture – et éviter à leurs gamins de griller sous le terrible soleil équatorial. En tout cas, il faut espérer que c'est le cas.

Pourtant, même les manchots qui semblent rester ensemble une saison après l'autre ne sont peut-être pas si fidèles qu'ils en ont l'air. Presque un tiers des manchots de Humboldt femelles trompent ainsi leur partenaire, souvent avec des congénères du même sexe. Et chez les manchots Adélie, une femelle sur dix va voir ailleurs. On s'accordait en général à penser que l'infidélité de ces femelles améliorait la vitalité génétique de la progéniture, jusqu'à ce que Lloyd Spencer Davis, de l'université d'Otago en Nouvelle-Zélande, découvre que leurs motivations étaient peut-être un peu plus compliquées que ça. Selon lui, il s'agit là de l'un des seuls animaux de la planète à s'être tournés vers la prostitution.

Les manchots Adélie sont des personnages de dessin animé typiques, qui arrivent à hauteur de genou. Ils sont l'espèce d'oiseaux nicheurs vivant le plus au sud, et se rassemblent en immenses colonies tapageuses au début de chaque bref été pour nicher sur les bords de la péninsule antarctique. Vers la fin de la saison, comme le temps se réchauffe, il y a un risque que leurs élémentaires nids en galets soient inondés, et donc que leurs œufs coulent dans l'eau de fonte. Alors les femelles partent à la chasse aux cailloux, dans le but de consolider leur investissement parental. Les vols sont monnaie courante, et les bagarres aussi. « Ils peuvent être étonnamment méchants, quand ils se donnent des coups de bec et de palette natatoire à répétition », m'a confié Davis.

Certaines femelles un peu sournoises ont appris comment éviter de se faire tabasser par des propriétaires de galets possessifs, en ciblant les nids des mâles sans descendance qui vivent en bordure de la colonie. Libres de toute obligation parentale, ces célibataires peuvent se lancer dans de folles chasses aux cailloux et élever de véritables châteaux de pierres. Ils sont aussi prêts à tout pour répandre leur semence. La femelle retorse avance donc jusqu'à l'un de ces mâles esseulés, s'incline très bas et lui lance une œillade, comme si elle voulait copuler avec lui. Le mâle s'incline à son tour et fait un pas de côté pour qu'elle puisse s'allonger sur son château de galets et se préparer à procréer. L'acte lui-même est vite expédié, et il n'est pas rare que le mâle inexpérimenté rate son coup et manque sa cible. Quand le tour est joué, la femelle regagne son propre nid en trottinant, un caillou chapardé dans le bec.

Davis a remarqué que certaines femelles particulièrement rusées volaient des galets sans même accomplir d'acte sexuel en échange. Elles flirtaient tout pareil que les précédentes, mais elles sautaient l'étape du coït et décampaient avec un galet. « Elles prennent l'oseille et elles se tirent ! », pour reprendre les termes de Davis. Les mâles ne réagissaient jamais en se battant – même si certains faisaient des tentatives désespérées pour obtenir leur dû conjugal tandis que la voleuse battait en retraite avec son butin. Et duper ces mâles était si facile que c'en était pitoyable. Une arnaqueuse éminemment efficace a ainsi réussi à chiper soixante-deux cailloux en une heure.

D'après Davis, les femelles ont compris que les mâles « ne sont pas tant stupides que prêts à tout ». Ils ont de gros nids de galets et pas grand-chose à perdre. Donc s'il y a une chance que la femelle s'accouple, ça vaut la peine de prendre le risque. Ils ont peut-être l'air idiots, mais « du point de vue de l'évolution, a reconnu le scientifique, c'est plutôt bien joué ».

Les manchots Adélie sont l'une des seules espèces connues pour échanger des biens contre des rapports sexuels : les femelles font miroiter un petit coup rapide aux célibataires esseulés, puis se font la malle avec des espèces sonnantes et trébuchantes – des galets – dont elles ont besoin pour empêcher leur nid de couler dans l'eau de fonte glaciale.

Les cas de transactions sexuelles sont étonnamment rares chez les animaux – et âprement discutés. Les seuls autres exemples concrets que Davis ait pu trouver parmi les vertébrés concernaient les chimpanzés (qu'on a observés échangeant de la viande contre des rapports sexuels), et... nous-mêmes. Voilà qui rend ces femelles manchots un peu plus humaines qu'on ne s'y serait attendu, mais peut-être pas d'une façon que la droite chrétienne serait ravie d'analyser en cours de catéchisme.

Le comportement des manchots Adélie mâles est toutefois encore pire. Il est si choquant, en fait, que le Muséum d'histoire naturelle de Londres a refusé de porter à la connaissance du public le premier compte rendu scientifique de leurs frasques...

Sans une découverte fortuite faite en 2009 par Douglas Russell, le curateur du Muséum en charge des œufs et nids d'oiseau, la vie privée des manchots Adélie aurait été perdue pour la science. Il passait en revue des cartons de vieux documents dans le cadre d'une recherche sur la seconde et tragique expédition de Scott, lorsqu'un article scientifique de 1915 attira son attention. Il s'intitulait prosaïquement « Les mœurs sexuelles du manchot Adélie », mais « portait en en-tête la mention “Ne pas publier” écrite en grandes lettres hostiles », m'a raconté Douglas Russell quand je l'ai interrogé. Ce qui, bien sûr, a immédiatement piqué sa curiosité.

Et sa curiosité a été récompensée, pour ainsi dire. Le document longtemps perdu mentionnait avec stupéfaction comment les mâles Adélie copulaient grosso modo avec tout ce qui bouge… et pas mal de trucs qui ne bougent pas. Des manchots sans vie, par exemple. Dont la mort ne datait pas de la veille, qui plus est : plutôt des vestiges congelés de la saison de reproduction précédente.

Les détails crus de cette débauche aviaire, rapportés avec une froide horreur edwardienne, mettaient en scène des manchots décrits en termes franchement humains. C'étaient des « bandes de voyous mâles » dont les « passions sembl[ai]ent échapper à leur contrôle » et dont les « dépravations incessantes » couvraient un large éventail d'actes répréhensibles, de la masturbation au viol collectif, à la nécrophilie et à la pédophilie, en passant par les rapports sexuels motivés uniquement par le plaisir et les comportements homosexuels. Des poussins étaient « sexuellement maltraités par ces voyous », et l'un d'eux « abusa d'[un petit] sous le regard de ses parents ». Les poussins égarés étaient quant à eux écrasés et « subiss[ai]ent très souvent l'outrage et la mort[19] » aux mains de ces manchots dévoyés.

L'auteur de ces lignes, le docteur George Murray Levick, fut un célèbre pionnier de la recherche sur les manchots. En tant que chirurgien et zoologiste de la seconde expédition de Scott, il avait eu le rare privilège de pouvoir observer les manchots Adélie au cap Adare pendant douze semaines au cours de l'été antarctique 1911-1912. Il est à ce jour le seul scientifique à avoir étudié la plus grande colonie au monde pendant toute une saison reproductive. Ses méticuleuses observations quotidiennes furent publiées par le Muséum d'histoire naturelle à son retour, en 1915, sous le titre plein d'autorité de « Natural History of the Adélie Penguin » [« Histoire naturelle des manchots Adélie »], mais les inclinations sexuelles inhabituelles des manchots ne sont mentionnées nulle part dans les pages du travail final de Levick.

Russell s'est demandé pourquoi. En creusant pas mal, il a exhumé une note, adressée par le conservateur de zoologie du Muséum de l'époque au conservateur des oiseaux, ordonnant la mise en place d'une omerta autour du secret honteux des manchots Adélie. Bizarrement, la note précisait : « Nous ferons supprimer ce passage et imprimer quelques copies pour notre usage personnel[19]. »

Le compte rendu hyperréaliste du comportement sexuel des manchots Adélie par Levick était sans doute un peu trop épicé pour le monde académique de l'ère post-victorienne. Après tout, c'est une époque où la pruderie voulait que toute communication orale ou écrite portant sur le sexe ou les émotions soit formulée dans le langage des fleurs, où le mot « jambe » était jugé trop impudique pour être utilisé en public, et où la moindre suggestion d'homosexualité était considérée comme pernicieuse.

Autant dire que la bonne société n'était pas franchement prête à entendre parler des petits vicieux pervers de l'Antarctique ! L'opuscule circula donc sous le manteau, telle une brochure de porno manchot clandestine, au sein d'un groupe restreint et choisi de pairs que l'on estimait assez éduqués et discrets pour savoir comment réagir face à la crudité de son contenu. Seuls cent exemplaires furent imprimés. « C'est un miracle que la copie que j'ai découverte ait survécu », m'a confié Russell.

De plus amples investigations ont permis de dénicher les carnets de terrain de Levick, qui dévoilent l'éventail des comportements des manchots et l'émoi qu'ils suscitèrent chez le bon docteur. Ses observations des premiers manchots arrivant à la colonie sont ainsi empreintes d'émerveillement, mais après avoir été témoin des « dépravations stupéfiantes[19] » de ses objets d'étude, il se mit à coder ses notes les plus crues en grec ancien – un vieux truc de pensionnat pour garder les secrets. L'un de ces passages décrit notamment un manchot mâle « pratiquant réellement un acte homosexuel » sur l'un de ses congénères. « L'acte a duré une minute entière », consigna consciencieusement Levick, sans pour autant essayer d'expliquer ce comportement – son indignation faisait obstacle à ses analyses scientifiques. Il concluait simplement, et gravement : « Il ne semble pas y avoir de crime assez vil pour ces manchots[19]. »

Les observations du chirurgien étaient en avance de plusieurs décennies sur son temps. C'est seulement dans les années 1970, c'est-à-dire soixante ans plus tard, que le secret honteux des manchots fut découvert par un autre scientifique de passage et révélé au public. Ce type de comportements fut ensuite reconnu comme une partie intégrante de la vie des manchots, née de la pression qu'induit la brièveté de la saison reproductive.

Les Adélie se rassemblent chaque année à leurs colonies en octobre. L'organisme saturé d'hormones, ils n'ont que quelques semaines pour trouver un partenaire. Par manque d'expérience, les jeunes mâles ne savent pas comment se comporter, alors beaucoup répondent à des signaux inappropriés et font preuve d'une interprétation plutôt souple de ce qui constitue un partenaire potentiel. « Ce n'est pas comme si on avait un jeune manchot Adélie qui, en se promenant dans la colonie, voyait une femelle congelée et se disait : "J'ai toujours eu envie de copuler avec un cadavre de femelle congelé" ! » m'a expliqué Russell. Pour eux qui sont en pleine poussée d'hormones, un manchot couché, les yeux mi-clos, ressemble beaucoup à une femelle conciliante. « D'un point de vue évolutif, pour une espèce chez qui l'opportunité de se reproduire est très limitée, ce comportement a un sens », a poursuivi l'expert, avant d'ajouter en éclatant de rire : « Ça n'a rien d'une histoire d'amour ! »

La pulsion de reproduction des manchots est de fait si forte que lorsqu'un chercheur a placé un cadavre de manchot congelé dans la même position, beaucoup de mâles ont trouvé le corps « irrésistible[19] »… au point qu'il n'a pas tardé à être abîmé par un usage répété et qu'il n'en est resté qu'une « tête congelée, avec des O blancs autoadhésifs en guise d'anneaux oculaires[19] ». À ce stade, il représentait encore « un stimulus suffisant pour que les mâles copulent et déposent du sperme sur le rocher[19] » – spectacle qui aurait sans doute été plus que ce que le pauvre Levick pouvait supporter.

Mais les manchots ne sont pas les seuls à sauter sur tout ce qui ne bouge plus. « Tous ceux qui connaissent les oiseaux savent qu'ils sont plutôt connus pour s'adonner à ce genre de choses », m'a expliqué Russell avec une exaspération à peine voilée. Je suis donc allée en ligne sur un forum d'ornithologues amateurs pour voir ce qu'ils avaient à dire là-dessus.

Sur un fil consacré exclusivement à la nécrophilie aviaire, des posts recensaient toutes sortes de fredaines ornitho. On rapportait par exemple le cas d'un « pigeon des villes » qui avait couvert « un cadavre d'hirondelle de fenêtre », laquelle, précisait obligeamment le témoin, est « un oiseau beaucoup plus petit[20] ». Et d'une espèce différente, qui plus est. Un autre passionné d'oiseaux racontait avoir vu une femelle moineau domestique qui avait été malencontreusement écrasée sur la route avec les ailes déployées, « comme si elle s'offrait à un mâle ». Et en effet, un mâle avait trouvé ce spectacle si excitant qu'il s'était posé pour s'accoupler avec elle et qu'il en était mort, « écrasé à son tour[21] ». Un troisième post évoquait une rencontre agressive entre deux faisans mâles, dont l'un avait été percuté par une voiture. « Au bout du compte, le premier a couvert celui qui agonisait pour copuler avec », concluait l'ornithologue amateur. (« C'est glauque, mais j'ai des photos pour ceux que ça intéresse[22] ! » ajoutait-il gaiement.)

Notre compréhension des animaux est encore extrêmement limitée. « Il faut être très prudent quand on porte à leur égard des jugements de valeur, a souligné Russell. Les gens s'empressent toujours de faire des analogies avec le comportement humain, mais il ne faut pas oublier qu'un oiseau, c'est juste un oiseau, avec un tout petit cerveau. »

Mais alors, que pourrions-nous apprendre au sujet d'un animal qui possède un gros cerveau et présente d'autres similitudes réelles avec nous autres humains ? Dans mon dernier chapitre, vous allez voir comment nous nous sommes approchés, un peu trop parfois, de l'un de nos plus proches cousins du règne animal : le chimpanzé. Et comment, au cours des siècles où nous avons exploré la frontière existant entre « lui » et « nous », nous avons affronté certaines de nos plus grandes peurs et obsessions.

13

Le chimpanzé

Espèce *Pan troglodytes*

« Un animal, mais un animal très singulier, que l'homme ne peut voir sans rentrer en lui-même, sans se reconnaître. »

Buffon, *Histoire naturelle*[1], 1830

J'ai eu plus que ma part d'expériences extraordinaires avec les animaux, mais il y en a une que je n'oublierai jamais. Je réalisais à l'époque un film pour la BBC dans la forêt de Budongo, en Ouganda. Je m'étais jointe à une équipe de chercheurs qui étudiaient depuis presque dix ans une troupe de chimpanzés sauvages, les talonnant chaque jour de l'aube au crépuscule de sorte que les singes s'étaient habitués à leur présence et avaient fini par les ignorer. En les accompagnant, j'aurais la chance rare de pouvoir jeter un coup d'œil à l'intimité de nos plus proches cousins.

Mais d'abord, il fallait les trouver. Et donc commencer notre expédition à la toute fin de la nuit, dans l'espoir de surprendre les chimpanzés au réveil dans leur « arbre dortoir », avant qu'ils ne disparaissent dans les profondeurs de la forêt.

Se faufiler discrètement dans la jungle endormie était un exercice de complète privation sensorielle. À l'abri de la canopée il faisait noir, tout était immobile et étrangement silencieux. Nos pensées se déroulaient sur la bande-son spartiate du battement régulier de nos bottes en caoutchouc – équipement règlementaire pour protéger nos chevilles des représailles toxiques des serpents dont nous pourrions perturber le roupillon. Mais le soleil se lève vite sous les tropiques, et les premiers rayons n'ont pas tardé à illuminer la brume matinale d'une chaude lueur jaune, révélant une débauche de vie tout autour de nous.

J'ai toujours eu le sentiment que la forêt humide était ma cathédrale, l'endroit où je me sens le plus près de mon dieu – l'évolution. Budongo est en cela un lieu de culte impressionnant : cinq cents kilomètres carrés de jungle dense qui enserrent la bordure orientale du rift Albertin, lequel fait partie de la vallée du Grand Rift, où l'homme lui-même serait apparu. C'est la plus grande forêt tropicale humide encore sur pied dans l'est de l'Afrique, et même si nombre de ses magnifiques acajous furent arrachés par les Britanniques pour décorer le Royal Albert Hall, il reste encore un petit nombre de très vieux arbres, hauts comme des immeubles de vingt étages et âgés de presque un demi-millénaire.

Marcher en file indienne à travers les brumes sous ces arbres vénérables, c'était comme remonter dans le temps. Puis une série de *pant-hoots* [« halètements-hululements »] allant crescendo s'est élevée dans le lointain. Cette vocalisation ascendante, qui signale l'excitation d'un chimpanzé, peut porter à des kilomètres dans la forêt et vous transperce littéralement. En l'entendant, j'ai eu la chair de poule – c'est à peu près l'effet que ce cri peut avoir sur un autre chimpanzé. Nous approchions, et j'ai eu une montée d'adrénaline. Les chimpanzés ont une réputation redoutable. Même s'il est exagéré de dire qu'ils sont dix fois plus forts que les humains – ils ne le sont que deux fois plus – et capables d'arracher facilement le bras d'un homme, je ne pouvais m'empêcher d'être inquiète à l'idée de débarquer ainsi, à pied, et de les réveiller sans même une offrande de smoothie à la banane à leur proposer en guise de petit-déjeuner.

Les chercheurs se sont arrêtés au pied d'un imposant arbre fruitier et m'ont fait signe de regarder en haut. Au début je ne voyais rien : les corps noirs des chimpanzés se fondaient dans l'infinité de la forêt. Puis ma vue s'est accommodée et, telle une illusion d'optique, les singes se sont détachés de l'obscurité : une dizaine d'entre eux, qui mastiquaient consciencieusement leur repas matutinal. J'avais souvent vu des chimpanzés faire les zouaves au zoo ou boire goulûment du thé à la télé, mais là, ça n'avait rien à voir. Ils étaient à la fois incroyablement familiers et étranges ; comme nous, mais pas comme nous. C'était fascinant et bizarrement émouvant. Une boule s'est formée dans ma gorge, les larmes me sont montées aux yeux. C'était un spectacle vraiment poignant, peut-être un aperçu de notre passé lointain, un moment d'autant plus riche qu'il est de plus en plus rare, de nos jours, de voir dans la nature ces créatures menacées.

Ma rêverie a toutefois été brutalement interrompue par un bruit de pet. Les chimpanzés sauvages, s'avéra-t-il, souffrent d'abondantes flatuosités – sonores et assumées, le bruit d'un animal qui se nourrit de fruits pas mûrs et se moque de la politesse comme de sa première petite culotte. Je n'étais pas préparée à ce chœur matinal singulier, qui évoquait davantage une scène tirée d'un film de Mel Brooks que tout ce que j'avais pu voir dans les documentaires de David Attenborough. Mais ce n'était apparemment pas inhabituel : d'après l'équipe que j'accompagnais, le bruit de lointaines trompettes est l'un des plus sûrs moyens de localiser les chimpanzés perdus dans l'immensité de la forêt.

Nous ne pouvons nous empêcher de chercher notre

propre reflet dans le monde animal, mais avec le chimpanzé nous avons affaire à une image en miroir dont la familiarité nous désoriente. D'où notre trouble et notre peur, et le fait que notre plus proche parent soit aussi l'un des plus tragiquement mal compris de nos cousins animaux. Notre obsession de la ligne qui nous sépare de lui – de son emplacement, et de ce qui se produit lorsqu'elle est franchie – a engendré certains des épisodes les plus malencontreux de l'histoire de la science.

« La constitution du singe est chaude, et comme il est assez semblable à l'homme, il l'observe toujours afin d'en imiter les actions, écrivait Hildegarde de Bingen au XIIe siècle. Il partage aussi les habitudes des bêtes, mais ces deux aspects de sa nature sont déficients, de sorte que son comportement n'est ni tout à fait humain, ni tout à fait animal : de là vient qu'il est instable[2]. »

Il est peu probable que la nonne allemande visionnaire ait jamais posé les yeux sur un grand singe instable. Pour les premiers naturalistes, les grands singes étaient avant tout des bêtes mythiques, et leurs descriptions étaient bricolées à partir de rumeurs et mélangées à des histoires de pygmées, de satyres et d'étranges hommes sauvages qui se couvraient le derrière avec leurs longues oreilles. Toutes ces créatures étaient coincées dans une sorte de zone grise inquiétante entre les bêtes et les humains. Dans sa volumineuse encyclopédie, Pline l'Ancien affirmait que les grands singes savaient jouer aux échecs, tandis que les auteurs de bestiaires médiévaux soulignaient leur grande peur des escargots. Tous reconnaissaient néanmoins l'inquiétante capacité des singes à imiter, ou « singer », l'homme. Cela les faisait paraître diaboliques, car si Dieu avait créé l'homme à son image, cet imposteur effrayant et velu ne pouvait être que l'instrument de sa perte. Des illustrations surréalistes accompagnaient évidemment ces textes anciens. Un portrait souvent reproduit montrait ainsi une grosse dame poilue, fièrement dressée, qui arborait une crinière impressionnante, d'énormes mamelles pendantes et un bâton de marche.

Les premiers témoignages européens décrivant des grands singes sauvages n'étaient pas moins bizarres. Tel celui d'Andrew Battel, un corsaire anglais capturé par les Portugais en 1589 puis emprisonné en Angola. Celui-ci passa dix-huit ans à faire le yo-yo entre sa prison et des expéditions commerciales en Afrique au service de ses geôliers. Quand il rentra enfin chez lui à Leigh-on-Sea, dans l'Essex, cet homme roublard avait de sacrées histoires à raconter, et il transforma ses malheurs en un récit d'aventures à succès qui comprenait une longue, quoique fantaisiste, description de ce que l'on identifie généralement comme des gorilles et des chimpanzés. Il évoquait ainsi « deux sortes de monstres qui sont communs dans ces forêts et très dangereux », avant de décrire confusément des créatures anthropoïdes hirsutes, les « pongos » et les « engeckos », qui construisaient des huttes dans les arbres et frappaient les éléphants avec des gourdins[3].

Battel n'est pas le seul dont les idées se soient embrouillées face à des humanoïdes poilus. Le voyageur hollandais Willem Bosman affirmait pour sa part qu'en Afrique de l'Ouest, les grands singes attaquaient les gens et savaient parler, même s'ils s'en abstenaient pour ne pas être forcés à travailler, « ce qu'ils n'aiment point ». Il les considérait comme « des animaux horriblement méchants, qui ne semblent avoir été formés que pour faire du mal[4] ». Selon d'autres voyageurs, ces créatures étaient connues pour enlever les enfants, violer les femmes et avoir des humains comme animaux de compagnie.

Le premier chimpanzé arriva sur le sol britannique en fanfare. Le *Speaker*, un navire marchand anglais, aborda à Londres en 1738 avec à son bord « un animal d'une contenance remarquablement et horriblement hideuse [...] du nom de Chimpanzé[5] ». Ne sachant trop comment accueillir ce nouveau venu, les Anglais firent ce qu'ils savaient faire le mieux en lui offrant une tasse de thé. L'animal la but délicatement, dit-on, à petites gorgées, comme un humain. Mais ses habitudes alimentaires n'étaient pas autant en accord avec les bienséances de l'époque. « Il cherche de la nourriture dans ses propres excréments[5] », lisait-on dans un article. En plus de ces tendances coprophages, on rapportait que le chimpanzé recherchait des femelles humaines en vue de « relations sexuelles illicites[5] » – ce qui allait donner lieu à une inquiétude récurrente des visiteurs de zoos dans les décennies suivantes.

Le comportement de l'animal n'était toutefois pas la seule cause de trouble. En révélant l'existence de similarités déconcertantes entre le grand singe et l'homme, la première dissection de chimpanzé, réalisée par le médecin anglais Edward Tyson, entama notre sentiment inné de supériorité. À propos du cerveau du primate, Tyson écrivit : « On pourrait penser que, puisqu'il existe une disparité si grande entre l'âme d'un homme et celle d'un animal, de même l'organe dans lequel elle a son siège devrait être très différent[6]. » Or ce n'était pas le cas. Au contraire, le cerveau du chimpanzé présentait une ressemblance « étonnante » avec la matière grise humaine.

À l'époque, les spécimens à étudier n'étaient pas légion. On finit donc par mélanger les différentes espèces des plus grands des grands singes – chimpanzés, gorilles et orangs-outans –, ce qui les rendit difficiles à catégoriser. Le père de la taxonomie lui-même, Carl von Linné, commença par les classer en deux groupes : les plus et les moins anthropomorphes. Il appela la première catégorie *Homo troglodytes*, qu'il désigna comme une seconde espèce d'humains (« homme des cavernes[7] »), et il baptisa la seconde *Simia satyrus* (« singe satyre »), un groupe entièrement différent.

Cette proximité gênante de l'homme avec ces bêtes lascives et mangeuses d'excréments n'était pas pour plaire à l'aristocrate Buffon, qui traita les tentatives de classement linnéennes avec un mépris caractéristique. Il conçut donc sa propre classification, encore plus excentrique : il supposa que les chimpanzés – ou « jockos », comme il les appelait – étaient de jeunes orangs-outans. Le fait que l'adulte était une immense bête rousse et l'enfant un petit animal au poil noir ne dérangea pas le naturaliste français, qui fit remarquer : « N'avons-nous pas dans l'espèce humaine un exemple de variété semblable[8] ? » Le Lapon et le Finlandais, arguait-il, différaient tout autant, alors qu'ils vivaient sous le même climat (ce qui était peut-être une petite pique lancée à son rival taxonomique scandinave).

Buffon consacra des pages et des pages de son encyclopédie à décrire de manière exhaustive les similitudes frappantes entre les grands singes et les humains, sans même omettre leurs « fesses charnues[9] ». Mais ces ressemblances physiques ne le choquaient pas, bien au contraire : il interprétait la ressemblance des grands singes avec l'humanité, conjuguée à leur incapacité totale de parler et de penser, comme la preuve ultime que l'homme avait été « animé par un principe supérieur[10] », source de sa prééminence sur ces animaux. Tout système qui les classait dans des catégories voisines lui paraissait profondément humiliant. Linné se vengea de Buffon en baptisant une plante *Buffonia tenuifolia* – une allusion mordante aux compétences « ténues » du Français en matière de taxonomie.

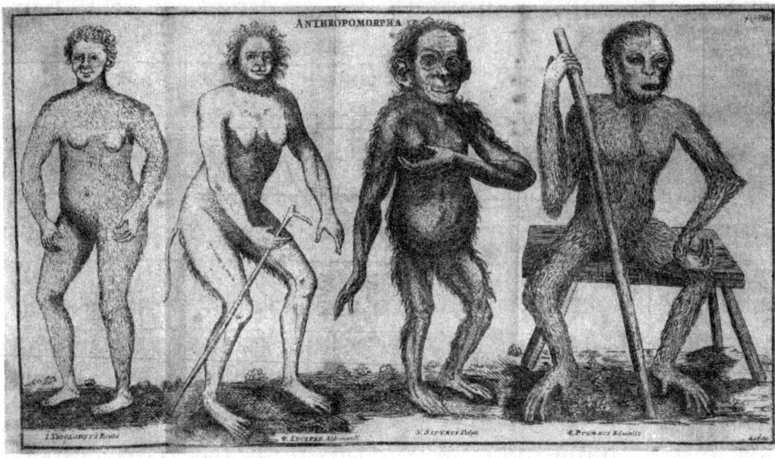

Mélange confus de grands singes et d'hommes-singes représentés dans Délices académiques, *édité par le grand taxonomiste Carl von Linné (1763). C'est cette classification bestiale de l'homme, laquelle nous place juste à côté de créatures comme Lucifer (deuxième à partir de la gauche), qui a tant courroucé Buffon. Pour une fois, je le comprends.*

Lorsque Darwin publia *L'Origine des espèces* en 1859, la recherche d'une caractéristique qui nous distinguerait de nos cousins simiens était devenue une priorité scientifique. Le principal protagoniste de cette quête était l'un des plus éminents « méchants » de l'histoire naturelle, sir Richard Owen. En tant qu'anatomiste le plus célébré de Grande-Bretagne, Owen s'était hissé au sommet de l'establishment scientifique, jusqu'à donner des leçons de zoologie aux enfants de la reine Victoria. Mais c'était un homme d'un caractère si jaloux et d'une ambition si féroce qu'il était ouvertement conspué par ses contemporains. Il avait même l'allure du méchant de cinéma : son physique de fouine, ses yeux globuleux, son front chauve et bombé en faisaient le sosie du Mr Burns des Simpson, en un peu moins jaune.

Profondément croyant, Owen s'opposait avec véhémence aux idées évolutionnistes de Darwin. Il ne pouvait pas admettre que l'homme ne soit qu'un singe « transmuté ». Il se donna donc pour mission de rechercher ce qui, au niveau physique, faisait de l'homme un être unique. Première étape : le cerveau, qui offrait un trio de suspects potentiels, parmi lesquels, surtout, un discret repli de peau à l'arrière connu sous le nom de « petit hippocampe ». D'après Owen, ce bombement inoffensif n'existait que chez l'homme ; il devait donc être le siège de sa raison et l'origine même de sa destinée en tant que « maître suprême de cette Terre et des créatures inférieures[11] ». Fort de cette découverte, Owen attribua à l'humanité sa propre classe à part, qu'il baptisa sans ambiguïté *Archencephala*, ou « cerveau qui commande[12] ».

Quand Darwin eut vent des affirmations d'Owen, il se demanda sarcastiquement, dans une lettre à un collègue, « ce qu'un chimpanzé dirait de ça[13] ». Mais s'il ne mâchait pas ses mots en privé, ce fut l'impertinent biologiste Thomas Henry Huxley qui passa publiquement au scalpel la théorie d'Owen. D'origine modeste, Huxley, qui se surnommait lui-même « le bouledogue de Darwin », était convaincu que la science devait être indépendante de la religion. Il déclarait qu'il « n'avait pas honte d'avoir un singe pour ancêtre, mais [qu'il] aurait honte d'avoir un lien de parenté avec un homme qui se servait de dons remarquables pour obscurcir la vérité[14] ». Il se mit donc lui-même à inspecter systématiquement les cerveaux des primates et ne tarda pas à comprendre l'erreur d'Owen, y voyant une délicieuse occasion de « clouer ce charlatan et ce menteur [...] comme un rapace sur la porte d'une étable[15] ».

Dans une série de face-à-face publics et d'articles scientifiques, Huxley accusa Owen de plagiat, affirmant qu'il avait non seulement fabriqué sa théorie en recopiant les dessins de cerveaux de chimpanzés réalisés par d'autres anatomistes (qu'il négligeait opportunément de citer), mais aussi ignoré leurs descriptions évidentes du « petit hippocampe » de ce grand singe. Les dissections méthodiques de Huxley avaient effectivement révélé une ressemblance saisissante entre le cerveau de l'homme et celui du chimpanzé. Il déclara que la théorie d'Owen avait été construite comme un « portique corinthien en bouse de vache[16] ».

En fait, Owen avait raison quand il disait que le secret des grandes différences existant entre la vie de l'homme et celle du chimpanzé pourrait bien résider dans de subtiles différences de structure entre leurs cerveaux – il ne les avait tout simplement pas trouvées. Face aux attaques incessantes de Huxley, il dut reconnaître que le « petit hippocampe » était bel et bien présent chez les grands singes. Sa réputation ne s'en remit jamais.

Mais Richard Owen ne serait pas le seul scientifique à tomber en disgrâce à cause du chimpanzé. Dans le monde scientifique, la fascination exercée par la frontière qui sépare le singe de l'homme – ou son absence – allait engendrer une assez extraordinaire petite bande de savants réprouvés.

Vers le début du XXe siècle, un scientifique russe appelé Ilya Ivanovitch Ivanov commençait à se faire un nom en créant des bêtes aux appellations étranges – zébrânes, zébrules, zubrons – qui n'auraient pas détonné dans les chapitres les moins crédibles des bestiaires médiévaux. Il s'agissait en fait d'hybrides, de bâtards génétiques et linguistiques du zèbre et de l'âne, du zèbre et du cheval, du bison et du bovin. Ce à quoi Ivanov aspirait le plus, cependant, c'était d'engendrer un *humanzee* – un hybride d'homme et de chimpanzé.

Ce n'était pas le premier scientifique à se voir en docteur Moreau de la vraie vie ; l'intérêt pour la création d'humanzees était dans l'air du temps. Quand le physiologiste allemand Hans Friedenthal avait fait l'expérience de mélanger du sang d'humain et de grand singe en 1900, il avait découvert que leurs anticorps ne s'attaquaient pas ; il avait alors postulé que les croisements étaient peut-être possibles entre eux. Au cours des deux décennies suivantes, le zoologiste hollandais Hermann Moens et le sexologue allemand Hermann Rohleder (auteur de l'ouvrage énigmatiquement intitulé *Die Masturbation*) décidèrent tous deux de tester sa prédiction en inséminant des femelles chimpanzés avec du sperme humain. Aucun des deux ne dépassa le stade du projet.

La réussite d'Ivanov dans la fabrication de zébrânes et de zébrules conforta donc sa position de pionnier dans l'art de l'insémination artificielle, et son expertise unique fit de lui un homme providentiel. Dans les années 1920, la toute jeune Union soviétique avait à cœur d'affaiblir la religion et de prouver la supériorité de sa société délibérément technocratique. Les autorités soviétiques étaient persuadées qu'un hybride fournirait « des éléments extraordinairement intéressants pour une meilleure compréhension du problème de l'origine de l'homme », qu'il porterait « un coup décisif aux enseignements de la religion » et pourrait être utilisé dans la « lutte pour libérer la classe ouvrière de l'emprise de l'Église[17] ».

Les bolcheviks hérétiques n'étaient toutefois pas les

seuls à appuyer les travaux d'Ivanov. En 1924, l'Institut Pasteur, à Paris, écrivit au scientifique russe pour lui annoncer une bonne nouvelle : il serait « possible et désirable[17] » pour lui de mener son expérience dans leur nouvelle colonie de chimpanzés implantée en Afrique de l'Ouest. Le mythique centre de recherche avait, semblerait-il, développé une sorte de penchant pour les scientifiques russes cinglés : il apportait déjà son aide à Serge Voronoff, qui faisait œuvre de pionnier tout aussi saugrenu dans la science des chimpanzés, puisqu'il affirmait avoir découvert la Fontaine de Jouvence en greffant de fines sections de testicule de singe sur le scrotum d'un homme vieillissant. Il avait eu l'idée de cette « thérapie de rajeunissement[18] » originale en observant des eunuques et en se soumettant lui-même à des expériences clairement peu attirantes, dont l'une reposait sur l'injection dans ses propres testicules d'un cocktail de gonades broyées de cochon d'Inde et de chien.

La recette de Voronoff pour prolonger la vie humaine jusqu'à cent quarante ans – dont le coût exorbitant rassurait sans doute les patients – consistait à coudre à la main des lamelles de « glandes de singe[18] » à l'aide d'un fil de soie hyperfin. Même s'il insistait sur le fait que « la greffe n'est en rien un aphrodisiaque, mais agit sur l'ensemble de l'organisme en stimulant son activité[18] », le bruit courait qu'elle pouvait restaurer la libido chancelante d'un millionnaire, de même que sa mémoire et sa vue. Quoi qu'il en soit, la clinique de Voronoff ne désemplissait pas. Des centaines d'hommes se soumirent au traitement – y compris Freud, qui, après avoir échoué à trouver les testicules de l'anguille, n'avait manifestement pas peur de faire des expériences sur les siens.

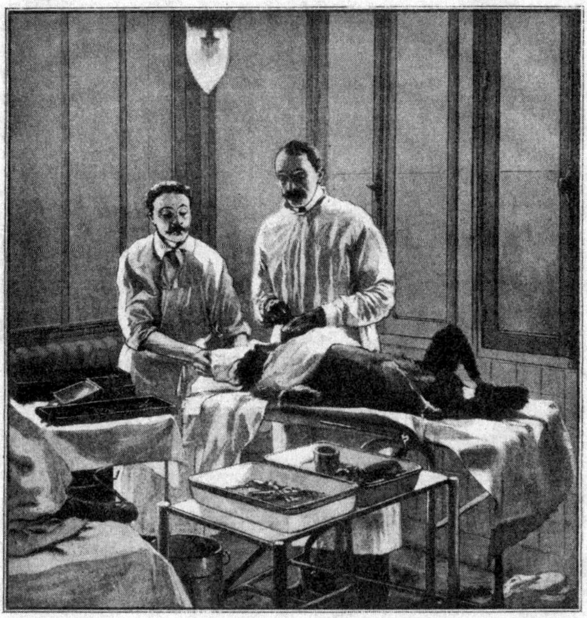

La thérapie du rajeunissement de Voronoff fit la couverture d'un journal français en octobre 1922, lorsque le Russe greffa pour la première fois des sections de testicule de chimpanzé sur un vieux chien. Beaucoup d'autres vieux suivirent – du genre millionnaire –, fort désireux de requinquer un peu leur carcasse fatiguée.

De son côté, Ivanov avait bien besoin d'un peu de la magie de la glande de singe. L'Institut Pasteur lui avait proposé ses installations mais aucun financement, et son projet d'humanzee, dangereusement à sec, était en train de dépérir. En chemin pour l'Afrique, il s'arrêta donc à Paris pour collaborer avec Voronoff. Les deux hommes firent la une des journaux en transplantant un ovaire de femme chez une femelle chimpanzé appelée Nora, avant d'essayer de l'inséminer avec du sperme d'homme. Aucun humanzee ne fut conçu. Voronoff décida alors de s'en tenir à son activité principale, très lucrative, et continua à tripatouiller les testicules de millionnaires, tandis qu'Ivanov s'envolait pour la Guinée française avec son fils, étudiant en médecine, comme seul soutien.

Le 28 février 1927, il tenta d'inséminer deux femelles chimpanzés, Babette et Sylvette, avec du sperme humain. Comme Ivanov père voulait cacher son expérience à ses assistants africains, les conditions étaient loin d'être idéales : « Le sperme n'était pas totalement frais, mais environ quarante pour cent des spermatozoïdes étaient mobiles, consigna-t-il dans son journal. L'injection s'est déroulée dans une atmosphère très tendue et des conditions désagréables : menace des singes, travail en terrain découvert, nécessité de dissimuler[19]. »

La tentative échoua. Déçu, Ivanov s'engagea dans des directions toujours plus désespérées et fit pression sur le gouverneur pour obtenir la permission de féconder des femmes hospitalisées avec du sperme de chimpanzé. Comme si une telle expérience ne posait pas assez de problèmes éthiques, il proposait d'agir *à l'insu* desdites femmes, sous le prétexte d'un examen médical. Après avoir (vraiment) réfléchi à ce projet, les autorités le rejetèrent. Une décision « totalement inattendue[19] », écrivit Ivanov dans ses carnets – ce qui nous montre à quel point il était devenu déconnecté de la réalité. Il dut finalement rapatrier son projet et compter sur sa capacité à se procurer des grands singes importés et des femmes consentantes dans son pays natal. Infatigable, il réussit à trouver les deux. Mais à l'été 1930, les vents politiques tournèrent : arrêté par la police secrète, Ivanov fut accusé d'activités contre-révolutionnaires et incarcéré en exil dans ce qui est aujourd'hui le Kazakhstan. Il y mourut deux ans plus tard.

Le rêve d'Ivanov aurait-il pu se réaliser ? J'ai posé la question à J. Michael Bedford, professeur émérite de biologie de la reproduction à la Weill Cornell Graduate School of Medical Sciences. Dans les années 1970, il a étudié les premières étapes de la fécondation, notamment la façon dont le spermatozoïde se fixe à l'ovocyte, dans l'idée de développer un contraceptif masculin. En introduisant du sperme humain auprès d'ovules de différents animaux – des hamsters aux singes-écureuils en passant par les gibbons (les plus petits des grands singes) –, Bedford a eu la surprise de découvrir que le spermatozoïde de l'homme possède un fort degré de spécificité : le seul ovocyte auquel il se fixait était celui du gibbon, notre parent le plus éloigné dans la famille des grands singes. Quand je lui ai demandé ce qui se passerait selon lui avec un ovule de chimpanzé, il a répondu que le résultat pourrait être positif : « Étant donné qu'il est plus proche de l'homme que le gibbon, il semble probable que son sperme puisse féconder un ovocyte humain et vice versa. »

La fécondation n'est toutefois que la première étape d'un très long processus semé d'embûches. Nous avons peut-être 98,4 % d'ADN commun avec les chimpanzés, mais produire un bébé humanzee en bonne santé tiendrait, selon Bedford, du « coup de chance ». Dans certaines combinaisons hybrides, m'a-t-il expliqué, les petits qui naissent sont stériles, mais pas toujours ; dans d'autres, les embryons commencent à se développer, puis arrêtent à un moment donné de la gestation. « Il ne m'est pas possible de prédire si l'embryon qui résulterait de cette fécondation survivrait », a-t-il conclu.

Nous ne saurons peut-être jamais si les humains et les chimpanzés peuvent s'hybrider. Mais une étude de chercheurs de la Harvard Medical School et du Massachusetts Institute of Technology a révélé un troublant secret du génome humain, laissant à penser que de telles liaisons entre nos deux espèces se sont peut-être bien produites dans le passé de nos ancêtres.

Les auteurs de cette étude ont comparé le génome des humains et des chimpanzés en utilisant une « horloge moléculaire » afin d'estimer la période à laquelle nous avons divergé – plus deux espèces se séparent tôt, plus il y a de différences accumulées entre leurs séquences d'ADN respectives. Ils ont ainsi estimé que les humains et les chimpanzés avaient divergé il y a tout au plus 6,3 millions d'années, et probablement moins de 5,4 millions d'années. Mais il y avait une grosse anomalie concernant le chromosome X, qui contenait beaucoup moins de différences que le reste du génome. Pour les chercheurs, l'explication la plus logique était que la spéciation entre les hommes et les chimpanzés avait été « complexe » – façon polie de dire que les deux espèces naissantes avaient continué à avoir des rapports sexuels et à produire des hybrides pendant un moment, en fait.

Le degré de similitude entre nos chromosomes X suggère qu'il ne s'agissait pas juste d'une fois après une soirée en boîte, mais bien d'1,2 million d'années de spéciation confuse. Nick Patterson, l'un des principaux auteurs de l'étude, m'a confié que leur découverte a provoqué de vifs remous dans les médias grand public. « Les tabloïds s'en sont donné à cœur joie. Le journal allemand *Bild* a titré : "*Ur-Menschen hatten Sex mit Affen*" ["Les hommes préhistoriques avaient des rapports sexuels avec des singes"] et choisi la photo du chimpanzé le plus horrible qu'il puisse trouver pour illustrer l'article », s'est souvenu le chercheur, avant de poursuivre : « Mais ceux que cette découverte a choqués n'ont pas compris de quoi il retournait. Il ne s'agissait pas de créatures comme nous qui s'accouplent avec des créatures très semblables aux chimpanzés. Nous parlons en fait de deux groupes de grands singes, dont l'un nous ressemblait un tout petit peu plus qu'aux chimpanzés. »

Si l'idée que nos ancêtres s'envoyaient en l'air avec ceux de nos plus proches cousins n'est pas du goût de tout le monde, les chercheurs de Harvard et du MIT pensent que leurs hybrides pourraient bien avoir donné un coup de pouce évolutif à notre espèce, en accélérant son adaptation à une nouvelle vie hors des arbres, dans la savane.

Une autre expérience hardie, de nature à brouiller la frontière séparant les chimpanzés et les humains, s'est déroulée dans l'Amérique des années 1960. Cette fois, le tripatouillage était comportemental et non pas génétique : une nouveau-née chimpanzé fut transplantée dans une famille humaine pour y être élevée comme une petite fille, complètement coupée de sa propre espèce. L'homme à l'origine de cette idée saugrenue, Maurice K. Temerlin, professeur de psychologie à l'université de l'Oklahoma, se demandait plus particulièrement comment la chimpanzé, qu'il baptisa Lucy, allait se développer d'un point de vue social et sexuel.

On avait déjà essayé à deux reprises d'élever des chimpanzés dans des familles humaines, mais sans dépasser le stade de la petite enfance. Poursuivre au-delà de la puberté, c'était donc s'aventurer en terrain inconnu. Et je suppose que Temerlin ne s'était pas un instant imaginé qu'il allait devenir le père d'une ado chimpanzé portée sur le gin, qui prit l'habitude de se masturber avec un aspirateur. C'est pourtant ainsi qu'a tourné son « expérience », et nous le savons grâce au récit sérieux et sans retenue qu'il en a livré dans *Lucy: Growing Up Human* [« Lucy : une enfance humaine »], extraordinaire capsule temporelle témoignant des errements pseudo-scientifiques des années 1960.

« Je suis psychothérapeute. Ma fille, Lucy, est un chimpanzé[20]. » Ainsi débute le récit complaisant des onze années où Temerlin a été le « père » d'un grand singe.

Lucy rejoignit la famille Temerlin de façon traumatisante, lorsqu'en 1965 l'épouse du thérapeute, Jane, arracha la petite guenon âgée de deux jours à sa mère, chimpanzé de cirque en Californie. Pour Temerlin, cet enlèvement constituait « l'équivalent symbolique de l'acte de donner naissance[20] », une affirmation avec laquelle de nombreuses mères ne seront peut-être pas d'accord. Au commencement de leur « aventure » familiale, Temerlin se demandait à quel point Lucy allait devenir humaine, et si lui, « fils à maman juif[20] » assumé, pourrait devenir un bon « père chimpanzé ». À mesure que le récit avance, il devient manifeste que la réponse à ce fiévreux questionnement psychanalytique était : « NON, trois fois NON. »

Tout commença de façon plutôt innocente. Lucy apprit à s'habiller, à utiliser des couverts et à dîner à table à côté du fils des Temerlin âgé de sept ans, Steve (dont on ne peut qu'imaginer qu'il a lui-même, par la suite, dû faire une longue psychothérapie). Lucy apprit aussi la langue des signes et finit par maîtriser plus d'une centaine de mots, y compris des vocables aussi essentiels aux chimpanzés que « rouge à lèvres » et « miroir ». Elle élevait même son propre chaton. Mignon, hein ? Mais quand arrive le chapitre intitulé « Masturbation créative », les choses commencent à s'envenimer sérieusement.

Vers l'âge de trois ans, Lucy avait pris goût à l'alcool après avoir piqué son verre à la femme un peu nerveuse d'un universitaire qui rendait visite à ses « parents adoptifs ». Dans son livre, Temerlin père fait part avec embarras de la culpabilité qu'il éprouvait à donner de l'alcool à son fils adolescent, mais curieusement il n'avait aucun scrupule à en donner à sa fille chimpanzé. Tous les soirs à l'apéro, il lui « prépar[ait] un cocktail ou deux[20] » – gin-tonic l'été et whisky au citron l'hiver. Finalement, Lucy se familiarisa avec le meuble-bar et apprit à se concocter ses propres boissons, qu'elle aimait déguster en feuilletant un magazine avec les pieds, allongée sur le canapé.

C'est pendant l'une de ces beuveries que Temerlin remarqua l'usage créatif que faisait Lucy du suceur de l'aspirateur familial. Un exemple particulièrement inspiré d'utilisation d'outils, nota-t-il – une aptitude autrefois considérée comme l'apanage de l'homme, comme un moyen de tracer cette ligne ô combien cruciale entre « eux » et « nous », jusqu'à ce que Jane Goodall observe des chimpanzés qui utilisaient des bâtons pour récolter des termites. Cette découverte amena son mentor, le grand paléoanthropologue Louis Leakey, à déclarer : « Nous devons désormais redéfinir l'outil, redéfinir l'Homme, ou accepter le chimpanzé comme humain[21]. » On peut se demander si la redéfinition de Leakey aurait été suffisamment large, dans son optique, pour inclure l'utilisation inventive que fit Lucy de l'aspirateur.

Le côté « psy freudien » de Temerlin était fasciné par la sexualité naissante de sa fille, et il se demandait si elle était attirée par les humains ou par les chimpanzés. C'est pourquoi, alors que beaucoup de parents auraient confisqué l'aspirateur avant de le ranger dans un placard fermé à clé, il fonça acheter un numéro de *Playgirl* au centre commercial du coin, afin de voir si sa fille préférerait regarder ce classique porno plutôt que sa revue favorite habituelle, *National Geographic*. Et en effet, Lucy s'enticha du magazine ; elle faisait une fixette sur les photos d'hommes nus, qu'elle caressait avec une telle vigueur aux endroits clés qu'elle finit par transpercer les pages. Satisfait de ces résultats, Temerlin franchit ensuite un pas extraordinaire : il baissa son pantalon et se joignit à sa fille pour une après-midi de plaisir solitaire, histoire de « voir ce qui allait se passer[22] ».

C'est plutôt un soulagement de lire que Lucy ignora l'onanisme menaçant de Temerlin à chacune de ses tentatives déplacées. Personnellement, j'aurais peut-être été tentée de supprimer ce non-événement plutôt sordide de mon récit autobiographique – mais pas Maurice K. Temerlin. Dans un chapitre intitulé « Oedipus-Schmedipus », le psychothérapeute s'empresse de conclure solennellement que le rejet de sa tumescence constituait une preuve gratifiante de son statut de père auprès de Lucy, et du caractère intrinsèquement tabou de l'inceste chez elle (l'une des principales obsessions des recherches de Temerlin).

Le comportement du chimpanzé finit néanmoins par poser trop de problèmes insurmontables à sa famille adoptive. Lucy avait en effet appris à déverrouiller toutes les portes de la maison, s'échappait souvent dans le quartier ou s'enfermait à clé en laissant ses parents dehors (ce qui ne devrait peut-être pas nous étonner, étant donné ce qui précède). Temerlin affirme dans son livre que sa fille se mit même à mentir : un jour qu'elle avait fait caca sur la moquette, sommée de s'expliquer, Lucy accusa (en langue des signes) Sue, l'une des étudiantes de troisième cycle du thérapeute.

Il fallait que Maurice Temerlin garde trace de « sa fille » en action avec son aspirateur adoré. Voici la légende originale de la seconde photo : « Après l'orgasme, Lucy profite d'un moment de contemplation avant de retourner à son magazine. » Heureusement, il n'y a pas de photos du papa se joignant à cette séance de plaisir solitaire.

À l'âge de douze ans, pleinement adulte, Lucy échappait ainsi complètement au contrôle de ses parents. « Elle touchait à tout, écrit Temerlin. Elle pouvait mettre une salle de séjour sens dessus dessous en moins de cinq minutes[22]. » Alors, le cœur lourd, ils comprirent que leur expérience devait prendre fin et cherchèrent une autre famille pour leur fille chimpanzé.

C'est là que Temerlin commit son erreur de jugement la plus désastreuse, en décidant de la renvoyer chez elle et de la remettre en liberté. Il expédia ainsi Lucy dans un centre de réadaptation pour chimpanzés en Gambie, accompagnée d'une jeune scientifique, Janis Carter, qui comptait elle aussi parmi ses étudiants. Sauf que la brousse africaine n'avait rien à voir avec l'existence qu'avait menée Lucy dans la banlieue de l'Oklahoma. La chimpanzé n'avait presque jamais rencontré ses congénères et n'avait aucun désir de s'intégrer à sa nouvelle communauté. Elle ne voulait pas manger les mêmes feuilles et fruits sauvages que ses compagnons, encore moins dormir avec eux dans les arbres. Elle avait acquis des goûts plus sophistiqués, et la voilà qui se retrouvait abandonnée dans la jungle, sans canapé ni meuble-bar. Dans une tentative aussi courageuse que vaine, Janis Carter consacra plusieurs années de sa vie à encourager Lucy à redécouvrir ses racines. Au bout du compte, on retrouva la fille des Temerlin morte, les mains et les pieds coupés, la peau arrachée. On soupçonna qu'elle avait été prise par des braconniers, dont elle s'était sans doute approchée candidement puisqu'elle n'avait pas peur des humains. Ils avaient sauté sur cette proie naïve et empressée. Et c'est ainsi que finit Lucy.

Heureusement, l'étude des chimpanzés a dépassé les cadres narcissiques des années 1960 et se compose aujourd'hui surtout d'observations de nos plus proches cousins dans leur habitat naturel. C'est toutefois considérablement plus difficile que de regarder les grands singes dans une situation dont on contrôle tout, comme je l'ai découvert en me joignant à la chercheuse Cat Hobaiter, de l'université de St Andrews, et à son équipe dans la forêt de Budongo, en Ouganda.

Pour commencer, les chimpanzés sauvages peuvent parcourir dix à vingt kilomètres par jour à la recherche de nourriture. Ne pas les perdre de vue, c'était comme jouer à cache-cache avec des concurrents de niveau olympique (qui peuvent facilement tourner en ridicule leurs lourdauds de cousins bipèdes, du haut de leurs voies express installées sur la cime des arbres). Mais Cat ne baissait pas les bras, elle était persuadée qu'observer la vie des chimpanzés dans la nature nous livrerait non seulement plus d'informations sur eux, mais nous fournirait aussi un meilleur modèle pour étudier les origines du comportement humain.

« Je pense que le cas de Lucy et d'autres grands singes acculturés nous a permis de poser la question : “Que pourraient faire des grands singes dans des circonstances *extraordinaires* ?” La réponse, c'est que des singes extraordinaires peuvent faire des choses extraordinaires dans des circonstances extraordinaires, m'a expliqué Cat. Bien sûr, il existe de très bonnes raisons éthiques pour lesquelles nous ne voulons plus jamais reproduire ces études. Mais on peut dire la même chose, dans une certaine mesure, des expériences réalisées aujourd'hui en captivité. On peut tester les grands singes sur des casse-têtes, ou dans des conditions contrôlées qui n'existent pas dans la nature. Mais en fin de compte, quelle que soit la qualité du zoo ou du refuge, l'environnement dans lequel se trouvent ces grands singes est plus humain que simien. »

La chercheuse britannique aspire à étudier le comportement chimpanzé dans sa forme la plus pure, loin de l'influence polluante des hommes. Pour ce faire, il faut qu'elle et tous ceux qui lui pendent aux basques, comme moi en l'occurrence, deviennent invisibles, au sens figuré. Cela implique de penser comme un chimpanzé et de suivre des règles strictes, à commencer par celle de ne jamais regarder les singes dans les yeux. Chez les chimpanzés, regarder fixement est un acte d'agression. Et déclencher une bagarre avec votre objet d'étude n'est pas un superdébut si vous cherchez à passer inaperçu (ou à éviter d'être gravement blessé).

Alors que nous étions assis à environ un mètre d'une cellule familiale en pleine séance de toilettage collectif, la mère chimpanzé a levé la tête et m'a surprise en train de les regarder, bouche bée. J'ai suivi les conseils de Cat : j'ai tout de suite détourné les yeux, le cœur tambourinant dans ma poitrine. J'ai ramassé une feuille et fait semblant de l'examiner intensément, tout en jetant des regards obliques pour essayer de savoir si j'avais été repérée. À mon grand soulagement, j'ai constaté que la mère était toujours occupée à enlever et manger les tiques de ses jeunes fils.

Le deuxième impératif du travail de terrain de Cat est le silence – une attitude que j'ai, dans le meilleur des cas, vraiment du mal à conserver longtemps. Ce que je n'avais pas anticipé, c'était à quel point il serait difficile de faire taire le langage de mon corps. La communication intentionnelle entre chimpanzés est essentiellement constituée de subtils gestes des mains et expressions faciales, et j'ai été étonnée du silence relatif dans lequel ils vivaient (exception faite des bruits de pet). Ce sont ces gestes que Cat essayait de décoder, en vue d'élaborer le premier dictionnaire chimpanzé du monde. Des spécimens captifs comme Lucy ont peut-être fait la une des magazines en assimilant jusqu'à deux cent cinquante mots en langue des signes, mais leurs homologues sauvages n'ont guère besoin dans la jungle de vocables comme « rouge à lèvres » ou « miroir » et se contentent de beaucoup moins. Jusque-là, Cat avait traduit environ soixante-dix gestes pour son glossaire révolutionnaire.

Beaucoup d'entre eux présentent une ressemblance frappante avec les nôtres. Ainsi, une poignée de main est un signe d'affiliation, à l'image d'un homme d'affaires qui conclut un marché. J'ai aussi vu des chimpanzés lever une main, paume vers le haut, pour demander pardon, et faire la bise pour dire bonjour. Mais il est dangereux de supposer que nos cousins à pelage noir communiquent exactement comme les humains. Cat s'efforçait en permanence de se départir de ses préjugés humains et de penser comme un chimpanzé. « On a tendance à se dire que les chimpanzés nous ressemblent beaucoup. C'est très facile de tomber dans ce piège quand on analyse leurs gestes. De supposer, par exemple, que se serrer la main ne signifie pas la même chose que se serrer le bras, parce que c'est logique pour nous, explique-t-elle. Mais peut-être que pour les chimpanzés, peu importe le membre que l'on serre. Tout a peut-être la même signification. »

Une partie du langage corporel des chimpanzés possède en tout cas un sens contraire à celui qu'un observateur humain pourrait lui attribuer. Apparemment, les singes qui souriaient de toutes leurs dents dans les publicités ne s'amusaient pas franchement. « Un rictus qui découvre les dents signifie : “Je suis nerveux, inquiet ou effrayé”, m'a expliqué Cat. C'est ce qu'il y a d'horrible dans toutes ces cartes de vœux sur lesquelles on voit des chimpanzés qui sourient : ça n'a en fait absolument rien à voir avec un sourire ! »

Une des découvertes récentes les plus importantes à leur sujet a révélé que nos cousins adaptent leur communication en fonction de ce qu'ils pensent que leurs congénères savent déjà. Cette projection dans l'esprit des autres, que l'on appelle *théorie de l'esprit*, est un sujet brûlant en psychologie animale. On l'a longtemps considérée comme une prérogative de l'être humain, l'un de ces attributs fondamentaux qui permettent de tracer la limite entre eux et nous, et de nombreuses expériences ont cherché à découvrir si elle existait chez les chimpanzés captifs. Cat m'a montré comment des collègues à elle ont apporté la preuve de son existence dans la nature – un exercice épuisant, qui nous a permis de tester notre propre capacité à lire dans les pensées des chimpanzés.

L'idée de départ en elle-même était relativement simple, quoique un peu excentrique. Nous devions cacher une vipère en caoutchouc sur le chemin d'un groupe de chimpanzés en déplacement et, quand elle était dévoilée, observer si le singe qui l'avait vue en premier communiquait différemment selon qu'il pensait que ses compagnons l'avaient vue ou non. Simple et élégant. Mais en pratique, c'était tout sauf ça. Pour nous, cela impliquait en effet de prévoir, dans une immense forêt, par où les singes allaient passer à pied. Nous devions ensuite nous faufiler à travers la jungle et devancer les chimpanzés pour pouvoir poser le faux serpent sur leur chemin (sans nous faire voir). Le reptile était recouvert par un tissu de camouflage attaché à une ligne de pêche, à l'autre bout de laquelle était posté un assistant (lui aussi caché) qui devait tirer dessus à l'approche des chimpanzés. Nous n'avions plus qu'à espérer que l'un des singes verrait le serpent factice, le prendrait pour un vrai – puis à essayer de comprendre si, par le comportement qu'il aurait ensuite, il avertissait le reste du groupe. Enfin, nous devions nous assurer que nous étions bien placés pour filmer les réactions des chimpanzés. Ce n'était pas une mince affaire.

Les efforts incroyables déployés pour mener cette expérience à bien m'ont fait réaliser combien il est difficile d'amener les animaux à livrer le moindre de leurs secrets. Nous avons crapahuté toute une journée dans la jungle, nous égarant à de multiples reprises dans le sous-bois tandis que les fourmis nous dévoraient. C'est seulement à la tombée du jour que nos étoiles se sont alignées. Quand le chimpanzé qui a vu la vipère (le dernier du groupe) a poussé un *hoo* presque inaudible – un petit avertissement –, cela suggérait qu'il « savait » que les singes qui le précédaient l'avaient vue avant lui et qu'il n'avait pas besoin de pousser le gros aboiement d'alerte qui aurait été attendu pour un tel danger.

Les chercheurs ont réussi à reproduire cette expérience cent onze fois pour pouvoir en tirer des conclusions, ce qui leur a pris six mois. Six mois éreintants à courir partout dans la forêt… Je n'ose imaginer l'état dans lequel ils ont terminé leur étude !

L'aptitude à lire dans les pensées des autres est extrêmement utile aux chimpanzés, dont la vie est imbriquée dans des réseaux sociaux hiérarchisés mais très fluides pouvant compter jusqu'à cent individus. Comprendre la dynamique de ce soap opera de la jungle est essentiel à la survie, et pour cela il faut apprendre à reconnaître des tas de visages. Ou plutôt, dans leur cas, des tas de paires de fesses. Au cours d'une étude récente, on a montré à des chimpanzés des photos du postérieur et du visage de leurs amis : leur comportement a montré qu'ils reconnaissaient aussi bien les deux. C'est logique, chez un animal qui passe une grande partie de sa vie dans les arbres. « La plupart du temps, quand on lève les yeux, on voit des fesses », m'a confié Cat. Elle a même conçu des fiches photos de parties génitales pour permettre à son équipe de se familiariser avec les deux « extrémités » de ses objets d'étude.

Après presque une décennie passée auprès d'eux, la chercheuse en est venue à connaître ses chimpanzés aussi bien que sa propre famille. « J'ai vu grandir des individus, du coup j'ai énormément d'infos à ma disposition », m'a-t-elle raconté. Pour illustrer son propos, elle a évoqué le cas de deux frères, Frank et Fred. « Je sais que Frank, qui est aujourd'hui notre mâle alpha le plus prometteur, était un jeune garçon vraiment expansif, qui n'arrêtait pas de tester les limites avec les adultes, tant qu'il était encore assez jeune pour s'en tirer à bon compte. Alors que son frère, qui avait la même mère, qui a été élevé dans le même environnement, la même communauté, la même forêt, était un chimpanzé complètement différent. Il était incroyablement silencieux, relax, pas du tout tapageur. Essayer de démêler les raisons qui expliquent ça, comprendre comment on obtient des stratégies de survie si radicalement différentes, c'est fascinant. »

Cat est persuadée que la vie sociale complexe des chimpanzés, leur intelligence et leur longue espérance de vie sont des facteurs d'individualité, une caractéristique qu'elle juge cruciale pour les comprendre, eux, mais aussi d'autres espèces. « Dans la science occidentale, m'a-t-elle expliqué, nous avons tendance à dire qu'il faut trouver une population d'animaux, s'intéresser à leur comportement moyen et éliminer toutes les variabilités. La variation, c'est mauvais, c'est considéré comme quelque chose de négatif. Alors que les différences individuelles sont essentielles quand on s'intéresse au comportement humain. En cherchant à éliminer la variation, nous sommes complètement passés à côté du fait que c'est quelque chose de très intéressant dans le comportement animal. »

Lors de visites dans d'autres sites de recherche dédiés aux chimpanzés ailleurs en Afrique, Cat a observé des différences majeures entre ses sujets d'étude et ces autres groupes, « exactement comme on en trouverait entre des Indiens et des Écossais, souligna-t-elle. En Afrique de l'Ouest, par exemple, les femelles occupent une position élevée et sont intégrées aux affaires politiques, contrairement à ce qui se passe à Budongo. Quand une femelle arrive, elle est saluée comme un mâle. C'est une différence culturelle importante. »

Parler ainsi de différences culturelles entre populations de chimpanzés est relativement nouveau. « Il y avait beaucoup de gens qui traitaient le comportement chimpanzé de façon générale, comme s'il était homogène, m'a expliqué la chercheuse. Aujourd'hui nous savons que nous avions une vision biaisée de ce que nous considérions comme le comportement "chimpanzé", parce que pendant des années une grande part [des données] provenait de Gombe – le parc naturel où Jane Goodall a fait ses recherches novatrices. Il s'avère que ces éléments valent pour le comportement des chimpanzés de Gombe, mais pas pour les chimpanzés en général. Même *à l'intérieur* de Gombe, il y a de grandes différences entre le groupe aujourd'hui et le groupe tel qu'il était il y a deux générations. On peut donc voir l'impact des individus, des personnalités et des histoires de vie sur la culture d'un groupe. »

Bon nombre de ces différences régionales concernent l'utilisation d'outils. Récemment, on a ainsi observé une population de chimpanzés du Sénégal habitant dans des grottes, qui façonnaient des lances à partir de bâtons qu'ils aiguisaient avec les dents pour chasser les galagos (de petits primates) cachés dans les arbres creux. En Guinée, on en a vu qui fabriquaient des éponges avec des feuilles pour pouvoir boire le liquide alcoolisé résultant de la fermentation d'un palmier. Et en Ouganda, on a décrit de jeunes femelles chimpanzés qui semblaient jouer avec des bâtons comme avec des poupées – elles les berçaient et leur fabriquaient même des nids pour dormir la nuit. Chacun de ces groupes a développé des outils uniques, de nature remarquablement anthropoïde.

Mais peut-être le prix du plus curieux exemple d'utilisation d'outils devrait-il revenir à des chimpanzés d'Afrique de l'Ouest. Sur des enregistrements récents, on les voit accumuler des tas de pierres – qui rappellent ceux mis au jour par les archéologues sur des sites sacrés humains –, puis les lancer violemment contre des arbres, tout en se livrant à un comportement ritualisé plein d'excitation. Quelques jours seulement après la publication de l'article scientifique relatant cette conduite extraordinaire, les journaux du monde entier clamaient que les chimpanzés « construisent des autels » au pied d'un « arbre sacré[23] ». Cela pouvait-il être la « preuve que les chimpanzés croient en Dieu ? », s'interrogeait l'un d'eux.

La chercheuse Laura Kehoe fut l'une des « scientifiques déroutés » qui se retrouvèrent au cœur de la tempête médiatique. « C'était un peu ridicule, a-t-elle soupiré quand je l'ai interrogée sur la réaction de la presse. Je trouve que ça montre vraiment bien comment un mythe peut naître et échapper à tout contrôle en l'espace de quelques jours, au point que des croyants vous écrivent pour vous remercier de votre travail ! J'ai reçu une lettre incroyable... Une femme qui m'écrivait d'Irlande pour me dire qu'elle était heureuse que les chimpanzés aient une religion et qu'elle allait prier pour moi. »

L'article en lui-même s'était contenté d'établir une comparaison entre les tas de pierres des grands singes et des cairns humains très anciens. Il faisait ensuite remarquer que les archéologues devraient peut-être se montrer prudents quand ils supposaient que ces sites humains étaient sacrés, étant donné leur ressemblance avec les œuvres des chimpanzés. Les cairns des singes, suggéraient les auteurs de l'étude, pouvaient peut-être être associés à des comportements d'intimidation ou de communication des mâles. On savait en effet que ces mêmes singes utilisaient les contreforts des arbres comme tambours pour envoyer des messages longue distance : leurs jets de pierres avaient peut-être une fonction semblable. Les tas de pierres pouvaient aussi avoir une signification plus symbolique, comme le marquage du territoire. Les auteurs notaient la ressemblance frappante entre les accumulations de pierres des chimpanzés et les autels de pierres autochtones construits au pied d'arbres « sacrés » dans la même région de l'ouest de l'Afrique. Ils ajoutaient qu'il serait intéressant d'explorer les parallèles entre ces comportements.

En tant que co-auteure de l'article, Laura Kehoe a été sollicitée par des sites d'information en ligne pour écrire sur cette découverte. Elle a été fortement encouragée à laisser planer le doute sur la question de savoir si les sites chimpanzés avaient un sens spirituel. Elle a écrit un texte, « puis l'éditeur a changé le titre ; ce n'était plus "Un comportement intéressant découvert chez nos plus proches parents vivants", mais "Un mystérieux comportement chimpanzé pourrait indiquer l'existence de rituels sacrés", m'a-t-elle raconté. Évidemment, quand un lecteur clique sur ce titre, c'est tout ce qu'il veut lire, ça résume son état d'esprit. À partir de là, tout est parti en vrille. »

Laura Kehoe a reçu des tonnes de mails, parfois insultants, en tout cas « très peu de la part de gens sains d'esprit ». Voilà qui devrait servir d'avertissement aux scientifiques qu'on encourage à rendre leurs découvertes plus affriolantes afin de sensibiliser le public à leur travail et aux besoins urgents de protection de leurs objets d'étude, dont les populations déclinent. Avec Internet, la fabrique des mythes est entrée dans une nouvelle ère, où il est trop souvent impossible de faire la différence entre des titres pièges-à-clics, des *fake news* et de véritables informations.

Si Kehoe n'a pas cautionné les annonces médiatiques comme quoi ses chimpanzés avaient trouvé Dieu, elle pensait toutefois qu'ils étaient peut-être capables d'éprouver des sentiments de crainte mêlée d'admiration. D'autres primatologues ont fait la même suggestion. Jane Goodall, par exemple, a rapporté qu'elle avait observé des chimpanzés qui se conduisaient d'une manière singulière, ritualisée, à proximité de chutes d'eau : ils lançaient des pierres, les poils dressés, puis s'asseyaient et restaient là à regarder fixement l'eau dégringoler. Les chimpanzés ne sachant pas nager, l'eau représente un danger pour eux. Mais ce comportement n'est manifestement pas une réaction de peur. C'est quelque chose d'unique – qui pourrait « peut-être être déclenché par un sentiment de révérence et d'émerveillement », suppose Goodall dans une vidéo en ligne montrant et expliquant cet étrange comportement. « Le cerveau du chimpanzé est semblable au nôtre, poursuit-elle. Ces singes éprouvent des émotions qui ressemblent clairement à ce que nous appelons bonheur, tristesse, peur, désespoir et ainsi de suite. Alors pourquoi n'auraient-ils pas aussi des sentiments qui se rapprocheraient d'une sorte de spiritualité ? Ce qui revient, au fond, à éprouver de la stupéfaction face à des choses qui sont extérieures à soi[24]. »

Cat Hobaiter a été témoin d'un phénomène semblable chez les chimpanzés de Budongo, quand ils dansent sous la pluie. « C'est un spectacle magnifique. Ça n'arrive qu'en cas de très grosse tempête, quand les trombes d'eau tonitruantes étouffent tous les autres bruits. Les chimpanzés se livrent alors à un étrange ballet, une sorte de parade au ralenti, sous l'eau, totalement silencieuse. C'est complètement différent des autres comportements ritualisés, et ils ne font ça qu'en réaction à cet événement naturel grandiose. Vous savez, quand vous entendez une musique qui vous inspire et que vous avez juste envie de bouger ? Ça ne semble pas s'apparenter à quoi que ce soit de religieux, mais on dirait que c'est lié à un sentiment de révérence pour une merveille de la nature. Alors peut-être qu'ils en sont capables. Je ne sais pas. »

Je ne sais pas non plus. Il pourrait y avoir là les germes d'une spiritualité, ou bien ce pourrait être un énième exemple de notre tendance à regarder le règne animal à travers le prisme de notre propre existence. Nous ne connaîtrons peut-être jamais la réponse à ce mystère, comme cela arrive souvent avec les animaux. Ce que je sais, en revanche, c'est qu'en observant les chimpanzés de Budongo, j'ai ressenti un tel émerveillement que j'aimerais croire qu'ils ont la capacité de partager ce sentiment formidable. Et je ne peux m'empêcher de penser, vu la diminution alarmante du nombre de chimpanzés dont nous sommes responsables, que le meilleur moyen de faire avancer notre relation avec eux est de nous sentir reliés à nos plus proches cousins, plutôt que de continuer à tracer des limites autour de ce qui, pensons-nous, nous rend supérieurs à eux.

À chaque nouvelle découverte, les frontières que nous avons érigées au fil des siècles autour de nous, garantes de notre caractère unique, s'effacent un peu plus. Au XVIIe siècle, l'auteur de bestiaires Edward Topsell écrivait, pour définir les grands singes : « Ce ne sont pas des hommes, car ils n'ont point l'usage parfait de la Raison, ni pudeur, ni honnêteté, ni justice de gouvernement, et bien qu'ils parlent, leur langage est imparfait. Et par-dessus tout, ils ne peuvent être des hommes, parce qu'ils n'ont point de Religion, laquelle (dit justement Platon) est le propre de tout homme[25]. »

Qu'est-ce qui dans cette liste est encore vrai aujourd'hui de l'homme et du chimpanzé ?

Conclusion

Nous avons beaucoup à apprendre de nos malentendus séculaires autour des animaux. Les historiens des sciences aiment célébrer nos réussites, mais je pense qu'il est tout aussi important de se pencher sur nos échecs – surtout quand on se demande pourquoi la vérité peut nous paraître à ce point inattendue et surprenante.

Notre tendance irrésistible à l'anthropomorphisme est la principale cause de notre perte, qui nous fait trébucher et nous masque la vérité. Nous sommes une espèce qui manque d'assurance ; nous cherchons chez les orignaux ivres et les castors zélés de quoi nous rassurer sur notre propre comportement, et nous sommes prompts à condamner les créatures qui ne se conforment pas à notre code moral, tels les paresseux indolents, les hyènes cruelles et les vautours dégoûtants. Le malaise que provoque chez nous la vérité sur ces animaux en dit long sur nos espoirs comme sur nos peurs.

Retracer les origines de nos préjugés, lesquels remontent en grande partie à un livre du IVe siècle, le *Physiologus*, s'est révélé passionnant. Les codes moraux étriqués des philosophes antiques et des auteurs de bestiaires médiévaux sont aujourd'hui encore perpétués par la presse populaire et les émissions d'histoire naturelle (y compris certaines des miennes), qui mettent un accent élogieux sur les normes traditionnelles que sont l'hétérosexualité, la monogamie et la famille nucléaire. Lesquelles se retrouvent en réalité très rarement dans la nature.

Cela ne signifie pas que certains animaux ne soient pas pourvus d'un sens moral rudimentaire. C'est un sujet brûlant en ce moment, et plusieurs chercheurs comme l'estimé primatologue Frans de Waal ont récemment souligné que le fondement de la morale – un mélange d'empathie et de sens de l'équité – est présent chez des espèces aussi diverses que les singes et les rats. Cela suggère que réagir de façon morale pourrait faire partie de notre constitution biologique fondamentale. Mais dépeindre le règne animal avec notre pinceau éthique artificiel, c'est nous priver de la diversité stupéfiante de la vie dans toute sa splendeur, avec ses buveurs de sang, ses dévoreurs de frères et sœurs et ses baiseurs de cadavres. De tels comportements ne doivent pas nous effrayer : ils ne sont pas là pour nous instruire. Qu'un manchot soit gay, hétéro ou nécrophile n'a aucun rapport avec notre propre sexualité. Malgré ce que nous pouvons penser, nous ne sommes pas le centre de l'univers animal.

Ce qui m'amène à la seconde observation à laquelle m'a conduite l'écriture de ce livre. Si l'anthropomorphisme est notre ennemi numéro un, l'arrogance le suit de près. De l'anéantissement des castors pour nous procurer leurs fausses couilles médicinales à l'enrôlement des pandas comme diplomates, en passant par l'utilisation de batraciens comme tests de grossesse, nous avons eu tendance dans le passé à considérer que le reste du règne animal n'était là que pour répondre à nos besoins. Cette attitude égoïste est à l'origine de bon nombre de nos plus grosses erreurs. En ces temps d'extinction de masse, nous ne pouvons pas nous permettre d'en faire beaucoup d'autres.

La quête de la vérité est un chemin long et sinueux, parsemé de profonds nids-de-poule. Pour deux pas en avant, nous en faisons un en arrière. Heureusement, nos méthodes ne sont plus aussi brutales qu'autrefois, mais nous continuons à avancer en trébuchant dans le noir et en nous trompant parfois. En cette époque marquée par la montée du fondamentalisme religieux conservateur, qui essaie souvent de discréditer la science, le besoin de vérité n'a jamais été plus grand. Pourtant, faire fausse route est une composante essentielle de tout progrès scientifique, qui nécessite de penser hors des cadres pour ouvrir de nouveaux horizons à notre compréhension. Tant que nos egos et nos dogmes n'y sont pour rien, nous ne devrions pas craindre de continuer à faire des erreurs merveilleuses, comme Charles Morton et ses oiseaux qui migrent sur la Lune.

Remerciements

Avant toute chose, je tiens à remercier Will Francis d'être le meilleur agent littéraire au monde et de m'avoir accompagnée avec tant de constance à travers toutes les étapes de la création de ce livre. Toute l'équipe de Janklow & Nesbit a été extraordinaire – PJ, Rebecca Folland, Kirsty Gordon et les autres. Grâce à eux, j'ai eu la chance de travailler avec deux éditeurs des plus chevronnés – Susanna Wadeson et Thomas Kelleher –, dont l'expérience, l'ambition et la patience infinie ont fait de ce livre quelque chose dont je suis immensément fière. Leurs équipes respectives, à Transworld et Basic Books, m'ont été d'un très grand soutien, et je me sens privilégiée de les avoir à mes côtés. Une mention spéciale à Robin Dennis, Elizabeth Stein et Kate Samano, pour avoir amélioré ce livre grâce à leurs relectures méticuleuses, ainsi qu'à Sophie Laurimore pour avoir assuré l'approvisionnement en plateaux-repas quand j'étais plongée dans mes bouquins.

Les recherches effectuées pour l'écriture de cet ouvrage ont été énormes. Matt Brierley et Joseph Russell m'ont beaucoup aidée pour les incursions exploratoires chez différents animaux. La série de livres sur les animaux publiée chez Reaktion a aussi représenté une première escale très utile. Merci à l'historien de la médecine Jesse Olszynko-Gryn d'avoir si généreusement partagé ses recherches sur les tests de grossesse à amphibiens. Et à Henry Nicholls et Jon Mooallem, non seulement d'être des écrivains stimulants, mais aussi de m'avoir si généreusement ouvert les pages de leurs carnets d'adresses. C'est toutefois à tous les scientifiques et les écologistes qui ont partagé leurs connaissances avec moi au fil des années que je suis le plus redevable. Ils sont trop nombreux pour que je puisse les citer tous, mais vous en avez croisé quelques-uns au fil des pages de ce livre. J'aimerais notamment remercier Andrew Crawford, Rory Wilson, et Sam Trull (du Sloth Institute) pour avoir jeté un œil expert à différents chapitres. Tout comme Mrinalini Erkenswick Watsa qui, avec Marianne Brooker, m'a aidée à terrasser mes notes et ma bibliographie chaotiques.

L'écriture de ce livre s'est étendue sur deux des années les plus difficiles de ma vie (marquées par le cancer et la mort). Je n'aurais pas réussi à le mener à bien sans l'aide de mes plus proches amis : Bini Adams, Heather Leach, Maxx Ginnane, Wendie Ottewill, Maxyne Franklin, Lisa Gunning, Chris et Tori Martin, Sara Chamberlain, Charlotte Moore, James Purnell, Luke Gottelier et Lesley Katon. Un remerciement spécial à Jess Search pour avoir ri de mes histoires pendant toutes ces années et pour m'avoir encouragée à repousser les limites de ma créativité. À Rebecca et Damien Timmer pour m'avoir donné l'envie de devenir un Justicier des Amphibiens, et pour m'avoir donné les moyens de ma métamorphose en me fournissant un foyer dans leur grenier (et merci à Jed et Samson de l'avoir partagé de bonne grâce). Et, bien sûr, un immense merci à Bruce d'être Bruce, et de me soutenir avec tant de prévenance, de rires et d'amour.

Pour leurs conseils indispensables sur la façon de s'y prendre pour écrire un bouquin, je suis reconnaissante à Alex et Nathalie Bellos, Alexis Kirschbaum et Andrea Henry (qui m'a aiguillée dans la bonne direction à un moment clé). Merci à Jet d'avoir rendu si drôle l'épreuve de la séance photo d'auteure ; à Archie Powell et James Brown de m'avoir fourni un endroit où vivre et travailler pendant un été très difficile ; à Tom

Hodgkinson de m'avoir laissée monter sur la scène du Idler pour m'extasier sur les paresseux ; et à Liz Bisoux pour tout ce qui touche au Web.

Enfin, merci à ma mère de m'avoir laissée libre de devenir qui je voulais, d'avoir soutenu mes rêves fous et de m'avoir donné le sens de l'humour (c'est de sa faute si je fais autant de blagues scabreuses). Merci également à mon merveilleux père d'avoir installé cette baignoire dans le jardin et stimulé mon amour de la nature. Tu nous manques terriblement, à maman et à moi, mais ta chaleur, ton esprit et ta sagesse imprègnent chaque page de ce livre.

Crédits iconographiques

p. 10 L'auteure portant un paresseux. (Collection personnelle.)

p. 16 Monstre marin ressemblant à un évêque. Gravure sur bois extraite de « *Nomenclator Aquatilium Animantium. Icones Animalium Aquatilium...* », de Conrad Gessner, Zurich, Suisse, 1560. (Granger Historical Picture Archive/Alamy Stock Photo.)

p. 28 Anguille. Illustration à l'aquarelle d'Adriaen Coenen tirée de son *Visboek*, Koninklijke Bibliotheek, collection Jacob Visser, f216r, 1577-1581. (Koninklijke Bibliotheek, La Haye, Pays-Bas.)

p. 34 « Le scarabée pendant la parturition. L'anguille pleinement développée. » Frontispice de *The Origin of the Silver Eel, with Remarks on Bait & Fly Fishing*, de David Cairncross, Londres, 1862. (British Library Board. Tous droits réservés/ Bridgeman Images.)

p. 39 Page de dessins de Sigmund Freud extraite d'une lettre à Eduard Silberstein, reproduite dans *The Letters of Sigmund Freud to Eduard Silberstein 1871-1881*, éditées par Walter Boehlich et traduites par Arnold J. Pomerans. Première publication chez Belknap Press, de Harvard University Press, Cambridge, Massachusetts, 1990. (Avec l'autorisation de The Marsh Agency Ltd., au nom de Sigmund Freud Copyrights.)

p. 58 Castors cédant volontairement leurs glandes à castoréum au chasseur afin qu'il épargne leur vie. Xylogravure illustrant une édition ancienne des fables d'Ésope, J. Marius et J. Francus, 1685. *Castorologia.* (Augsburg, Allemagne, Koppmayer.)

p. 64 Un castor. Gravure sur bois extraite de *The History of Four-Footed Beasts and Serpents...*, d'Edward Topsell, imprimé par E. Cotes pour G. Sawbridge, T. Williams et T. Johnson à Londres en 1658. (Special Collections, University of Houston Libraries. UH Digital Library.)

p. 75 Détail de « La Carte aux castors » (« *L'Amérique, divisée selon Létendue de ses Principales parties, et dont les points principaux sont placez sur les observations de messieurs de l'Académie Royale des Sciences* ») de Nicolas de Fer, 1698. (Image reproduite avec l'aimable autorisation de Sanderus Maps : www.sanderusmaps.com.)

p. 82 Castor écrasé par l'arbre qu'il était en train d'abattre. (Beate Strøm Johansen.)

p. 92 Dessin du « Perico ligero » (paresseux), première partie de *La historia natural y general de las Indias*, de Gonzalo Fernández de Oviedo, RAH, Muñoz, A/34, livre 12, chapitre 24. Signatura RAH 9/4786. (Real Academia de la Historia, Espagne.)

p. 100 Paresseux traversant une route. (Shutterstock/Scenic Shutterbug.)

p. 105 Gravure de paresseux, de Johann Sebastian Leitner d'après George Edwards, extraite de *Verzameling van Uitlandsche en Zeldzaame Vogelen*, 1772-1781, de George Edwards et Mark Catesby. (Image de la Biodiversity Heritage Library. Numérisée par le Missouri Botanical Garden, Peter H. Raven Library, www.biodiversitylibrary.org)

p. 111 William Beebe tenant un paresseux. (Wildlife Conservation Society. Reproduite avec l'autorisation des WCS Archives.)

p. 125 Hyène, appelée Papio ou Dabah. Gravure sur bois

illustrant *The History of Four-Footed Beasts and Serpents...*, d'Edward Topsell, imprimé par E. Cotes pour G. Sawbridge, T. Williams et T. Johnson à Londres en 1658. (Special Collections, University of Houston Libraries. UH Digital Library.)

p. 131 Hyènes tachetées s'accouplant. (Avalon.Red.)

p. 134 Hyène dévorant un corps. Détail du *Bestiaire d'Ashmole*, Angleterre, début du XIIIe siècle. MS Ashmole 1511, folio 17v. (Collection Dagli Orti/The Bodleian Library, Oxford University.)

p. 147 Vautour aura représenté dans *Birds of America*, de John James Audubon, 1827-1838. (Muséum d'histoire naturelle, Londres, Royaume-Uni/Bridgeman Images.)

p. 151 « Individu quelconque » dessiné par T. H. Foljambe, gravé sur cuivre (et teinté ultérieurement) par I. W. Lowry, frontispice de l'ouvrage de Charles Waterton, *Wanderings in South America*, Londres, 1825. (Paul D. Stewart/Science Photo Library.)

p. 158 German Alonso avec Sherlock, un vautour aura. (John Macdougall/AFP.)

p. 181 « The Batte or Backe or Flittermouse. » Dessin de chauves-souris extrait de *The Fowles of Heaven*, d'Edward Topsell, vers 1613. E L 1142, folio 35 recto, Egerton Family Papers, The Huntington Library, San Marino, Californie. (The Huntington Library, San Marino, Californie.)

p. 183 L'auteure tenant une chauve-souris (Collection personnelle.)

p. 187 Chauves-souris volant autour d'un jambon. Illustration extraite de *Hortus Sanitatis*, publié par Jacob Meydenbach, Mayence, Allemagne, 1491. Cambridge University Library, Inc.3.A.1.8[37], folio 332r. (Reproduite avec l'aimable autorisation des Syndics of Cambridge University Library.)

p. 209 Chauve-souris et dispositif incendiaire. (United States Army Air Forces.)

p. 217 *Telmatobius culeus*, lac Titicaca, Bolivie. (Pete Oxford/Minden Pictures/Biosphoto.)

p. 227 Spermatozoïde. Homunculus. Gravure sur bois extraite d'*Essai de dioptrique* de Nicolas Hartsoeker, Paris, 1694. (Wellcome Library, Londres.)

p. 229 Grenouilles s'accouplant, par Hélène Dumoustier dans *Desseins de reptiles, polipes, insectes*. Manuscrit de M. de Réaumur, XVIIIe siècle. (Muséum national d'histoire naturelle.)

p. 233 Audrey Peattie au laboratoire du centre de planning familial de l'hôpital Watford. (Photo reproduite avec l'aimable autorisation de Jesse Olszynko-Gryn, historien de la médecine dépendant de l'université de Cambridge et financé par le Wellcome Trust.)

p. 246 *Pfeilstorch*. Lithographie de Friedrich Lenthe, 1822, Universitätsbibliothek, Rostock MK-865.55a. (Universitätsbibliothek, Rostock, Allemagne.)

p. 250 « L'arbre à oies, arbre à bernaches, ou l'arbre portant des oies. » Illustration tirée de *The Herbal or Generall Historie of Plantes*, de John Gerard, Londres, 1633. (Wellcome Library, Londres.)

p. 255 « La pêche aux hirondelles » (« *De Hirundinibus ab aquis extractis* »). Illustration extraite de *Historia de Gentibus Septentrionalibus*, d'Olaus Magnus, 1555.

p. 282 Un hippopotame, « l'inventeur de la phlébotomie ». Illustration extraite de *Il Ministro del medico trattato breve*, deuxième partie de *Il Chirurgo*, de Tarduccio Salvi, Rome, 1642. (Wellcome Library, Londres.)

p. 284 L'auteure avec un hippopotame. (Collection personnelle.)

p. 291 Hippopotame. Gravure extraite de *The Gentleman's Magazine*, décembre 1772. (Collection privée/Ken Welsh/Bridgeman Images.)

p. 305 « L'Élan à terre, en proie à une crise d'Épilepsie alors qu'il est poursuivi par les Chasseurs », in *A Compleat History of Druggs... The Second Edition*, de Pierre Pomet, Londres, 1737. (British Library Board. Tous droits réservés/Bridgeman Images.)

p. 311 « Une Antilope. » Dessin à la plume sur parchemin, coloré à la gouache et aux lavis transparents, extrait du *Northumberland Bestiary*, Ms. 100, folio 9, Angleterre, vers 1250-1260. The J. Paul Getty Museum, Los Angeles. (Image numérique reproduite avec l'aimable autorisation du Getty's Open Content Program.)

p. 312 Orignal en état d'ivresse, Göteborg, Suède, 6 septembre 2011. (Jan Wiriden/Press Association Images.)

p. 322 « Orignal mâle. » Placard, imprimé par G. Forman, New York, 1778. (Avec l'aimable autorisation de l'American Antiquarian Society.)

p. 331 Ourse léchant son ourson pour lui donner forme. Illustration extraite d'un bestiaire français, vers 1450, La Haye, Musée Meermanno, 10 B 25, folio 11v. (Musée Meermanno, La Haye, Pays-Bas.)

p. 337 Le gardien du zoo de Londres, Alan Kent, nourrissant Chi-Chi le panda géant, 29 septembre 1959. (William Vanderson/Fox Photos/Getty Images.)

p. 345 Employés du Centre de reproduction de pandas de Chengdu avec vingt-trois petits pandas nés en 2016. Photographie datée du 20 janvier 2017. (Barcroft Media/Getty Images.)

p. 364 « L'une des premières cartes du détroit de Magellan. » Gravure réalisée d'après une carte portugaise du XVIe siècle, extraite de *The Romance of the River Plate*, vol. 1, de W. H. Koebel, 1914. (Collection privée/Bridgeman Images.)

p. 367 Embryons comparés de cochon, veau, lapin et homme. Lithographie réalisée d'après Haeckel, extraite de *Anthropogenie, Oder, Entwickelungsgeschichte des menschen...*, de Ernst Haeckel. Publié par Wilhelm Englemann, Leipzig, 1874. (Wellcome Library, Londres.)

p. 377 Manchots gay au zoo de Bremerhaven, Allemagne, février 2006. (Ingo Wagner, Epa/REX/Shutterstock.)

p. 380 Manchot Adélie transportant un caillou pour construire son nid. (FLPA/REX/Shutterstock.)

p. 396 « Anthropomorpha. » Gravure extraite de *Amoenitates academicae, seu dissertationes variae physicae, medicae, botanicae*, de Carl von Linné. Publié par L. Salvius, Stockholm, 1763. (Wellcome Library, Londres.)

p. 401 Serge Abrahamovitch Voronoff et son assistant opérant un vieux chien, selon sa thérapie du rajeunissement par la greffe. Première page du *Petit Journal illustré*, 22 octobre 1922. (Leemage/Universal Images Group/Getty Images.)

p. 409 Lucy la chimpanzé avec un aspirateur. (Photographies extraites de *Lucy: Growing Up Human*, de Maurice K. Temerlin, reproduites avec l'aimable autorisation de Science & Behavior Books, Inc.)

Notes

La liste des ouvrages consultés pour écrire ce livre est trop longue pour être intégralement reproduite ici. Toutes mes excuses, donc, si vous êtes à la recherche de la source d'un fait précis, ces sources sont trop nombreuses pour être toutes citées. En revanche, vous trouverez dans les pages qui suivent les références de toutes les citations directes, ainsi qu'une bibliographie des livres et articles universitaires essentiels qui ont influencé cet ouvrage. Les entretiens avec les experts ont été menés sur le terrain ou pendant l'écriture du livre.

Introduction

1. Gonzalo Fernández de Oviedo y Valdés, *The Natural History of the West Indies*, Sterling A. Stoudemire (éd.), Chapel Hill, University of North Carolina Press, 1959, p. 54.
2. Simon Wilkin (éd.), *The Works of Sir Thomas Browne, Including His Unpublished Correspondence and a Memoir*, vol. 1, Londres, Henry G. Bohn, 1846, p. 326.
3. Sebastian Münster, *Curious Creatures in Zoology*, Londres, J.C. Nimmo, 1890, p. 197.
4. Anne Clark, *Beasts and Bawdy*, Londres, Dent, 1975, p. 92.
5. Edward Topsell, *The History of Four-Footed Beasts and Serpents and Insects*, Londres, DaCapo, 1967 (1re publication, 1658).
6. *Ibid.*, p. 90.

7. *Ibid.*

8. Cité dans Stephen Jay Gould, *Leonardo's Mountain of Clams and the Diet of Worms: Essays on Natural History*, Cambridge, Harvard University Press, 2011, p. 380 (*Les Coquillages de Léonard. Réflexions sur l'histoire naturelle*, trad. M. Blanc, Paris, Le Seuil, 2001, p. 396).

1. L'anguille

1. Leopold Jacoby, cité dans G. Brown Goode, « The Eel Question », *Transactions of the American Fisheries Society*, vol. 10, New York, Johnson Reprint Corp., 1881, p. 88.

2. D'Arcy Wentworth Thompson (trad.), « Historia Animalium », in *The Works of Aristotle*, Oxford, Clarendon, 1910, p. 288 (Aristote, *Histoire des animaux*, trad. P. Pellegrin, in *Œuvres complètes*, sous la dir. de P. Pellegrin, Paris, Flammarion, 2014, p. 1288).

3. Cité dans Tom Fort, *The Book of Eels*, Londres, HarperCollins, 2002, p. 161.

4. Albert le Grand, *De Animalibus*, cité dans M.C. Marsh, « Eels and the Eel Question », *Popular Science Monthly* 61.25, septembre 1902, p. 432.

5. Bengt Fredrik Fries, Carl Ulrik Ekström et Carl Jacob Sundevall, *A History of Scandinavian Fishes*, vol. 2, Londres, Sampson Low, Marston, 1892, p. 1029.

6. Fort, *The Book of Eels*, *op. cit.*, p. 164.

7. Izaak Walton et Charles Cotton, *The Compleat Angler, or the Contemplative Man's Recreation*, éd. par John Major, Londres, D. Bogue, 1844, p. 179 et 194 (*Le Parfait Pêcheur à la ligne, ou Le Divertissement du contemplatif*, trad. C. Chassé, Paris, Stock, 1942, réédition aux Éditions Jérôme Million, Grenoble, 2006, p. 199).

8. Fort, *The Book of Eels*, *op. cit.*, p. 166-167.

9. Walton et Cotton, *Compleat Angler*, *op. cit.*, p. 189 (*Le Parfait Pêcheur*, p. 195).

10. Pline l'Ancien, *Naturalis Historia*, livre 3, trad. H. Rackham, Londres, Heinemann, 1940, p. 273 (*Histoire naturelle de Pline*, tome premier, trad. É. Littré, Paris, Dubochet, 1848, p. 386).

11. Marsh, « Eels and the Eel Question », art. cit., p. 427.
12. *Ibid.*
13. Thomas Fuller, *The History of the Worthies of England*, Londres, Rivington, 1811, p. 152.
14. David Cairncross, *The Origin of the Silver Eel: With Remarks on Bait and Fly Fishing*, Londres, G. Shield, 1862, p. 2, 5-6, 14-15, 17, 27, 32.
15. Richard Schweid, *Eel*, Londres, Reaktion, 2009, p. 77.
16. Goode, « Eel Question », art. cit., p. 91.
17. Marsh, « Eels and the Eel Question », art. cit., p. 430.
18. Sigmund Freud à Eduard Silberstein, 5 avril 1876, *The Letters of Sigmund Freud to Eduard Silberstein, 1871-1881*, éd. par Walter Boehlich, trad. Arnold J. Pomerans, Cambridge, Harvard University Press, 1990, p. 149 (Voir *Lettres de jeunesse*, trad. C. Heim, Paris, Gallimard, 1990, p. 188-190).
19. Fort, *Book of Eels, op. cit.*, p. 85.
20. *Ibid.*, p. 129.
21. Bo Poulsen, *Global Marine Science and Carlsberg: The Golden Connections of Johannes Schmidt (1877-1933)*, Leyde, Brill, 2016, p. 58.
22. Johannes Schmidt, « The Breeding Places of the Eel », *Philosophical Transactions of the Royal Society of London, Series B* 211.385, 1922, p. 181.
23. Fort, *Book of Eels, op. cit.*, p. 95.
24. Schmidt, « The Breeding Places of the Eel », art. cit., p. 199.
25. Johannes Schmidt, « Breeding Places and Migrations of the Eel », *Nature* 111.2776, 13 janvier 1923, p. 54.
26. Jacoby, « Eel question », cité dans Schweid, *Eel, op. cit.*, p. 15.

2. Le castor

1. W.B. Clark, *A Medieval Book of Beasts: The Second-Family Bestiary: Commentary, Art, Text and Translation*, Suffolk, Boydell and Brewer, 2006, p. 130.
2. Gerald of Wales (Giraud de Barri), *The Itinerary of Archbishop*

Baldwin through Wales, vol. 2, éd. par sir Richard Colt Hoare, Londres, William Miller, 1806, p. 51.

3. Cité dans Gregory McNamee, *Aelian's on the Nature of Animals*, Dublin, Trinity University Press, 2011, p. 65 (*La Personnalité des animaux*, trad. Arnaud Zucker, Paris, Les Belles Lettres, 2019, p. 237-238).

4. Jean Paul Richter (éd.), *The Notebooks of Leonardo da Vinci: Compiled and Edited from the Original Manuscripts*, vol. 2, Mineola, Dover Publications, 1967, p. 1222 (*Les Carnets de Léonard de Vinci*, tome second, introd., classement et notes par Edward MacCurdy, trad. Louise Servicen, Paris, Gallimard, 1999).

5. John Ogilby, *America: Being an Accurate Description of the New World*, Londres, imprimé par l'auteur en 1671, p. 173.

6. Thomas Browne, *Pseudodoxia Epidemica*, Londres, Edward Dodd, 1646, p. iv et 147 (*Pseudodoxia Epidemica*, trad. Bernard Hoepffner, Paris, José Corti, 2004, p. 10 et 237).

7. Reid Barbour et Claire Preston (éds.), *Sir Thomas Browne: The World Proposed*, Oxford, Oxford University Press, 2008, p. 23 (cf. Browne, *Pseudodoxia Epidemica*, p. 7).

8. Cité dans Hugh Aldersey-Williams, *The Adventures of Thomas Browne in the Twenty-First Century*, Londres, Granta, 2015, p. 102 (cf. Browne, *Pseudodoxia Epidemica*, p. 237).

9. Browne, *Pseudodoxia Epidemica*, *op. cit.*, p. 162 et 144 (p. 260 et 232).

10. *Ibid.*, p. 145 (p. 234).

11. Cité dans Hugh Aldersey-Williams, *The Adventures of Sir Thomas Browne in the Twenty-First Century*, *op. cit.*, p. 10-12.

12. Stephen A. Barney, W. J. Lewis, J. A. Beach et Oliver Berghof (éds.), *The Etymologies of Isidore of Seville*, Cambridge, Cambridge University Press, 2006, p. 21.

13. Poliquin, *Beaver*, Londres, Reaktion, 2015, p. 57 et 58.

14. Browne, *Pseudodoxia Epidemica*, *op. cit.*, p. 146 (p. 236).

15. John Redman Coxe, *The American Dispensatory*, Philadelphie, Carey & Lea, 1830, p. 172.

16. Edward Topsell, *The History of Four-Footed Beasts and Serpents and Insects*, *op. cit.*, p. 38.

17. Poliquin, *Beaver*, *op. cit.*, p. 70.

18. Topsell, *History of Four-Footed Beasts*, *op. cit.*, p. 39.
19. Poliquin, *Beaver*, *op. cit.*, p. 71.
20. Robert Gordon Latham (éd.), *The Works of Thomas Sydenham, MD*, vol. 2, trad. Dr Greenhill, Londres, Sydenham Society, 1848, p. 85.
21. John Eberle, *A Treatise of the Materia Medica and Therapeutics*, cité dans Poliquin, *Beaver*, *op. cit.*, p. 53.
22. G. A. Burdock, « Safety Assessment of Castoreum Extract as a Food Ingredient », *International Journal of Toxicology*, 26.1 (janvier-février 2007), https://www.ncbi.nlm.nih.gov/pubmed/17365147, p. 51-55.
23. Topsell, *History of Four-Footed Beasts*, *op. cit.*, p. 38.
24. Poliquin, *Beaver*, *op. cit.*, p. 67.
25. William Alexander, *Experimental Essays on the Following Subjects: I. On the External Application of Antiseptics in Putrid Diseases. II. On the Doses and Effects of Medicines. III. On Diuretics and Sudorifics*, 2e éd., Londres, Edward and Charles Dilly, 1770, p. 84 et 86.
26. Frances Thurtle Jamieson, *Popular Voyages and Travels Throughout the Continents and Islands of Asia, Africa and America*, London, Whittaker, 1820, p. 419.
27. Nicolas Denys, *The Description and Natural History of the Coasts of North America (Acadia)*, vol. 2, Londres, Champlain Society, 1908, p. 363-365 (Nicolas Denys, *Histoire naturelle des peuples, des animaux, des arbres et plantes de l'Amérique septentrionale et de ses divers climats*, tome second, Paris, Billaine, 1672, p. 284-288).
28. Cité dans Poliquin, *Beaver*, *op. cit.*, p. 126.
29. Oliver Goldsmith, *History of the Earth, and Animated Nature*, vol. 2, 1774, in *The Works of Oliver Goldsmith*, vol. 6, Londres, J. Johnson, 1806, p. 160-161.
30. Pierre-François-Xavier de Charlevoix, *Journal d'un voyage fait par ordre du roi dans l'Amérique Septentrionale*, tome cinquième, Paris, Rollin Fils, 1744, p. 152.
31. Cité dans Poliquin, *Beaver*, *op. cit.*, p. 137.
32. Cité dans Gordon Sayre, « The Beaver as Native and as Colonist », *Canadian Review of Comparative Literature/Revue canadienne de littérature comparée* 22.3 4 (septembre et décembre 1995), p. 670-671.

33. Poliquin, *Beaver*, *op. cit.*, p. 137.

34. Georges-Louis Leclerc, comte de Buffon, *Histoire naturelle, générale et particulière, avec la description du Cabinet du Roi*, tome huitième, Paris, Imprimerie Royale, 1760, p. 282-283, 287-289, 294-296, 298.

35. Poliquin, *Beaver*, *op. cit.*, p. 148.

36. Donald R. Griffin, *Animal Minds: Beyond Cognition to Consciousness*, Chicago, University of Chicago Press, 2001, p. 112.

37. Frank Rosell et Lixing Sun, « Use of Anal Gland Secretion to Distinguish the Two Beaver Species *Castor canadensis* and *C. fiber* », *Wildlife Biology* 5.2, juin 1999, https://digitalcommons.cwu.edu/biology/4/, p. 119.

3. Le paresseux

1. Georges-Louis Leclerc, comte de Buffon, *Histoire naturelle, générale et particulière, avec la description du Cabinet du Roi*, tome treizième (« Quadrupèdes X »), *op. cit.*, p. 41.

2. Gonzalo Fernández de Oviedo y Valdés, *The Natural History of the West Indies*, *op. cit.*, p. 54-55.

3. William Dampier, *Two Voyages to Campeachy*, in *A Collection of Voyages*, vol. 2, Londres, James and John K. Apton, 1729, p. 61 (Guillaume Dampier, *Supplément du voyage autour du monde*, tome troisième, chez Jean-Baptiste Machuel, 1723, p. 305).

4. Oviedo, *Natural History*, *op. cit.*, p. 54-55.

5. Michael Goffart, *Function and Form in the Sloth*, Oxford, Pergamon Press, p. 75.

6. Oviedo, *Natural History*, *op. cit.*, p. 54-55.

7. Edward Topsell, *The History of Four-Footed Beasts and Serpents and Insects*, *op. cit.*, p. 15.

8. Buffon, *Histoire naturelle*, tome treizième, *op. cit.*, p. 38-40.

9. Richard Coniff, *Every Creeping Thing*, New York, Henry Holt, 1999, p. 47.

10. John F. Eisenberg et Richard W. Thorington Jr, « A Preliminary Analysis of a Neotropical Mammal Fauna », *Biotropica* 5.3 (1973), p 150-161.

11. Oviedo, *Natural History*, *op. cit.*, p. 54-55.

12. Jonathan N. Pauli *et al.*, « Arboreal Folivores Limit Their Energetic Output, All the Way to Slothfulness », *American Naturalist* 188:2, 2016, p. 196-204.

13. Charles Waterton, *Wanderings in South America: The North-West of the United States, and the Antilles, in the Years 1812, 1816, 1820, and 1824*, Londres, B. Fellowes, 1828, p. 69 (*Excursions dans l'Amérique méridionale, le nord-ouest des États-Unis et les Antilles, dans les années 1812, 1816, 1820 et 1824*, Paris, Lance, 1833, p. 90).

14. Niels C. Rattenborg, Bryson Voirin, Alexei L. Vyssotski, Roland W. Kays, Kamiel Spoelstra, Franz Kuemmeth, Wolfgang Heidrich et Martin Wikelski, « Sleeping Outside the Box: Electroencephalographic Measures of Sleep in Sloths Inhabiting a Rainforest », *Biology Letters* 4.4, 23 août 2008, p. 402-405, https://rsbl.royalsocietypublishing.org/content/4/4/402.

15. Buffon, *Histoire naturelle*, tome treizième, *op. cit.*, p. 38.

16. William Beebe, « Three-Toed Sloth », *Zoologica* 7.1, 25 mars 1926, p. 7, 13, 22, 36.

17. Jonathan N. Pauli, Jorge E. Mendoza, Shawn A. Steffan, Cayelan C. Carey, Paul J. Weimar et M. Zachariah Peery, « A Syndrome of Mutualism Reinforces the Lifestyle of a Sloth », *Proceedings of the Royal Society B* 281.1778, 7 mars 2014, https://dx.doi.org/10.1098/rspb.2013.3006.

18. Veronique Greenwood, « The Mystery of Sloth Poop: One More Reason to Love Science », *Time*, 22 janvier 2014, http://science.time.com/2014/01/22/the-mystery-of-sloth-poop-one-more-reason-to-love-science (consulté le 9 juillet 2017).

19. Pauli, Mendoza, Steffan, Carey, Weimar et Peery, « A Syndrome of Mutualism », art. cit.

20. Henry Nicholls, *The Truth About Sloths*, *BBC Earth*, *www.bbc.co.uk/earth/story/20140916-the-truth-about-sloths.*

4. *La hyène*

1. Ernest Hemingway, *Green Hills of Africa*, New York, Scribner, 2015 (1re publication 1935), p. 28 (*Les Vertes Collines d'Afrique*, trad. J. Delpech, Paris, Gallimard, 1937).
2. Sir Walter Raleigh, *The Historie of the World*, Londres, Thomas Basset, 1687, p. 63.
3. John Bostock et H.T. Riley (éds.), *The Natural History of Pliny*, vol. 2, Londres, George Bell, 1900, p. 296 (Pline l'Ancien, *Histoire naturelle de Pline*, tome premier, livre 8, trad. É. Littré, Paris, Dubochet, 1848, p. 335).
4. Paul A. Racey et Jennifer D. Skinner, « Endocrine Aspects of Sexual Mimicry in Spotted Hyaenas *Crocuta crocuta* », *Journal of Zoology* 187.3, mars 1979, https://onlinelibrary.wiley.com/doi/10.1111/j.1469-7998.1979.tb03372.x/full, p. 317.
5. Christine M. Drea *et al.*, « Androgens and Masculinization of Genitalia in the Spotted Hyaena (*Crocuta crocuta*) 2: Effects of Prenatal Anti-Androgens », *Journal of Reproduction and Fertility* 113.1, mai 1998, p. 121.
6. T.H. White (éd.), *The Book of Beasts: Being a Translation from a Latin Bestiary of the Twelfth Century*, Madison, Parallel Press, 2002 (1re publication 1954), p. 31.
7. Mikita Brottman, *Hyena*, Londres, Reaktion, p. 40.
8. Philip Henry Gosse, *The Romance of Natural History*, éd. par Loren Coleman, New York, Cosimo Classics, 2008 (1re publication 1861), p. 42.
9. Brottman, *Hyena*, *op. cit.*, p. 54.
10. John Fortuné Nott, *Wild Animals Photographed and Described*, Londres, Sampson Low, Marston, Searle & Rivington, 1886, p. 106.
11. Aristote, *On the Parts of Animals*, trad. W. Ogle, Londres, Kegan Paul, Trench, 1882, p. 70-71 (*Les Parties des animaux*, trad. P. Pellegrin, in *Œuvres complètes*, Paris, Flammarion, 2014, p. 1478).
12. E. P. Walker, *Mammals of the World*, cité dans Brottman, *Hyena*, *op. cit.*, p. 57.
13. Georges-Louis Leclerc, comte de Buffon, *Histoire naturelle*,

générale et particulière, avec la description du Cabinet du Roi, tome neuvième, *op. cit.*, p. 278.

5. Le vautour

1. Cité dans Stephen Jay Gould, *Leonardo's Mountain of Clams and the Diet of Worms, op. cit.*, p. 382 (*Les Coquillages de Léonard*, p. 399).
2. *Ibid.*
3. La Bible, Lévitique 11:13.
4. T. H. White (éd.), *The Book of Beasts, op. cit.*, p. 109-110.
5. Robert Steele (éd.), *Medieval Lore from Bartholomew Anglicus*, Londres, Chatto and Windus, 1907, p. 132.
6. William Goldsmith, *A History of the Earth, and Animated Nature*, vol. 4, Londres, Wingrave and Collingwood, 1816, p. 83.
7. John James Audubon, « An Account of the Habits of the Turkey Buzzard (*Vultur aura*) Particularly with the View of Exploding the Opinion Generally Entertained of Its Extraordinary Power of Smelling », *Edinburgh New Philosophical Journal* 2, 1826, p. 173.
8. John James Audubon à John J. Jameson, *ibid.*, p. 174.
9. Charles Waterton, « Why the Sloth is Slothful », cité dans *The World of Animals: A Treasury of Lore, Legend and Literature by Great Writers and Naturalists from the Fifth Century BC to the Present*, New York, Simon & Schuster, 1961, p. 221.
10. Frederick Warne, *Essays on Natural History*, Londres, 1871, p. 244.
11. Charles Waterton, *Magazine of Natural History and Journal of Zoology, Botany, Mineralogy, Geology and Meteorology*, vol. 6, Londres, Longman, Rees, Orme, Brown and Green, 1833, p. 215.
12. *Ibid.*, p. 68.
13. Charles Waterton, « Essays on Natural History, Chiefly Ornithology », *Quarterly Review* 62, 1838, p. 85.
14. John Bachman, « Experiments Made on the Habits of the Vultures », cité dans Gene Waddell (éd.), *John Bachman: Selected Writings on Science, Race, and Religion*, Athens, University of Georgia Press, 2011, p. 76.

15. John Bachman, « Retrospective Criticism: Remarks in Defence of [Mr Audubon] the Author of the [*Biography of the*] *Birds of America* », *Magazine of Natural History, and Journal of Zoology, Botany, Mineralogy, Geology and Meteorology*, vol. 7, Londres, Longman, Rees, Orme, Brown, and Green, 1834, p. 168.

16. *Ibid.*, p. 169.

17. Cité dans Waddell (éd.), *John Bachman*, *op. cit.*, p. 77.

18. Waterton, *Essays on Natural History*, *op. cit.*, p. 262.

19. Ruthven Deane et William Swainson, « William Swainson to John James Audubon (A Hitherto Unpublished Letter), *The Auk* 22.3, juillet 1905, p. 251.

20. Herbert H. Beck, « The Occult Senses in Birds », *The Auk* 37, 1920, p. 56.

21. Cité dans David Crossland, « Police Train Vultures to Find Human Remains », *The National*, 8 janvier 2010, https://www.thenational.ae/world/europe/police-train-vultures-to-find-human-remains-1.492053 (consulté le 12 juin 2017).

22. Michael Fröhlingsdorf, « Vulture Detective Trail Hits Headwinds », *Der Spiegel*, 28 juin 2011, http://www.spiegel.de/international/germany/bird-brained-idea-vulture-detective-training-hits-headwinds-a-770994.html (consulté le 9 juillet 2017).

23. Cité dans Darryl Fears, « Birds of a Feather, Disgusting Together: Vultures are Wintering Locally », *The Washington Post*, 16 janvier 2011, https://www.washingtonpost.com/local/birds-of-a-feather-disgusting-together-vultures-are-wintering-locally/2011/01/15/AB9oNfD_story.html?noredirect=on&utm_term=.b9d0d2e74cac (consulté le 12 juin 2017).

24. Cité dans T. Edward Nickens, « Vultures Take Over Suburbia », *Audubon*, novembre-décembre 2008, https://www.audubon.org/magazine/november-december-2008/vultures-take-over-suburbia (consulté le 12 juin 2017).

25. Cité dans Fears, « Birds of a Feather », art. cit.

26. Georges-Louis Leclerc, comte de Buffon, *The Natural History of Birds*, Cambridge, Cambridge University Press, 2010 (1re publication 1793), p. 105.

27. Cité dans Clifford B. Frith, *Charles Darwin's Life with Birds: His Complete Ornithology*, Oxford, Oxford University Press, 2016, p. 44.

28. Buffon, *Histoire naturelle, générale et particulière, avec la description du Cabinet du Roi*, tome seizième, *op. cit.*, p. 146.

29. M. J. Nicoll, *Handlist of the Birds of Egypt*, Le Caire, ministère des Travaux publics, 1919.

30. Cité dans Jeff Rice, « Bird Plus Pane Equals Snarge », *Wired*, 23 septembre 2005, https://archive.wired.com/science/discoveries/news/2005/09/68937 (consulté le 12 juin 2017).

31. Cité dans Matthew Kalman, « Meet Operative PP0277: A Secret Agent – or Just a Vulture Hungry for Dead Camel ? », *The Independent*, 8 décembre 2012, https://www.independent.co.uk/news/world/middle-east/meet-operative-pp0277-a-secret-agent-or-just-a-vulture-hungry-for-dead-camel-8393578.html (consulté le 12 juin 2017).

6. La chauve-souris

1. Capitaine James Cook, *Voyages of Discovery, 1768-1771*, Chicago, Chicago Review Press, 2001, p. 83.

2. Charlotte-Anne Chivers, « Why Isn't Everyone Batty about Bats ? », *Bat News* 10, hiver 2015.

3. Louis C.K., « So I Called the Batman… », *Live at the Comedy Store*, 17 août 2015, https://www.youtube.com/watch?v=NEc36af3zAg (consulté le 12 juin 2017).

4. Divus Basilius, cité dans Glover M. Allen, *Bats: Biology, Behavior, and Folklore*, Mineola, Dover Publications, 2004.

5. Georges-Louis Leclerc, comte de Buffon, *Histoire naturelle, générale et particulière, avec la description du Cabinet du Roi*, tome huitième, *op. cit.*, p. 114.

6. *Ibid.*, p. 117.

7. Libiao Zhang, cité dans Charles Q. Choi, *Surprising Sex Behavior Found in Bats*, Live Science, 2009, https://www.livescience.com/9754-surprising-sex-behavior-bats.html (consulté le 8 mai 2017).

8. Jayabalan Maruthupandian et Ganapathy Marimuthu, « Cunnilingus Apparently Increases Duration of Copulation in the Indian Flying Fox (*Pteropus giganteus*) », *PLOS ONE* 8.3, 27 mars 2013,

p. e59743, https://journals.plos.org/plosone/article?id=10.1371/journal.pone.0059743.

9. Allen, *Bats*, *op. cit.*, p. 8.

10. Gonzalo Fernández de Oviedo y Valdés, *General and Natural History of the Indies*, cité dans Michael P. Branch (éd.), *Reading the Roots: American Nature Writing Before Walden*, Athens, University of Georgia Press, 2004, p. 23-24.

11. Juan Francisco Molina Solis, *Historia del Descubrimiento y Conquista del Yucatán*, vol. 3, Merida de Yucatan, 1943, p. 38.

12. Gary F. McCracken, « Bats and Vampires », *Bat Conservation International* 11.3, automne 1993, https://www.batcon.org/resources/media-education/bats-magazine/bat_article/603 (consulté le 12 juin 2017).

13. Carl von Linné, *Systema Naturae*, dixième édition, Stockholm, Salvius, 1758, p. 31.

14. Johann Baptist von Spix, *Simiarum et Vespertilionum Brasiliensium Species Novae [New Species of Brazilian Monkeys and Bats]*, Munich, F. S. Hübschmann, 1823. BL General Reference Collection, 1899, p. 22.

15. Cité dans *Blood Suckers Most Cruel*, de Kevin Dodd.

16. Johann Baptist von Spix, *Travels in Brazil in the Years 1817-1820*, vol. 1, Londres, Longman, Hurst, Rees, Orme, Brown and Green, 1827, p. 249.

17. Félix de Azara, *The Natural History of the Quadrupeds of Paraguay and the River la Plata*, Édimbourg, A & C Black, 1838, p. xxv.

18. J. Timbs (éd.), *The Literary World: A Journal of Popular Information and Entertainment* 18, 27 juillet 1839, p. 274.

19. Mary Trimmer, *Natural History of the Most Remarkable Quadrupeds, Birds, Fishes, Serpents, Reptiles and Insects*, vol. 1, Chiswick, Whittingham, 1825, p. 120.

20. Gary McCracken, « Bats in Magic, Potions, and Medicinal Preparations », *Bat Conservation International* 10.3 (automne 1992), http://www.batcon.org/resources/media-education/bats-magazine/bat_article/546 (consulté le 8 mai 2017).

21. William Shakespeare, *Macbeth*, acte IV, scène I.

22. Clive Harper, « The Witches' Flying Ointment », *Folklore* 88.1, 1977, p. 105.

23. Cité dans Robert Galambos, « The Avoidance of Obstacles by Flying Bats: Spallanzani's Ideas (1794) and Later Theories », *Isis* 34.2, 1942, p. 138.

24. Cité dans Donald R. Griffin, *Listening in the Dark: The Acoustic Orientation of Bats and Men*, New Haven, Yale University Press, 1958, p. 59.

25. Cité dans Sven Dijkgraaf, « Spallanzani's Unpublished Experiments on the Sensory Basis of Object Perception in Bats », *Isis* 51.1, 1960, p. 13.

26. Galambos, « Avoidance of obstacles », art. cit., p. 133 et 134.

27. Cité dans Carter Beard, « Some South American Animals », *Frank Leslie's Popular Monthly*, 1892, art. cit., p. 378 et 379.

28. Lazzaro Spallanzani, « Observations on the Organs of Vision in Bats », *Tillich's Philosophical Magazine* 1, 1798, p. 135.

29. Cité dans Griffin, *Listening in the Dark*, p. 61.

30. Cité dans Dijkgraaf, « Spallanzani's Unpublished Experiments », art. cit., p. 9-20.

31. Cité dans Griffin, *Listening in the Dark*, *op. cit.*, p. 63.

32. Cité dans Galambos, « Avoidance of obstacles », art. cit., p. 137.

33. https:// chroniclingamerica.loc.gov/lccn/sn88064176/1912-09-28/ed-1/seq-10.pdf (consulté le 12 juin 2017).

34. Jack Couffer, *Bat Bomb: World War II's Secret Weapon*, Austin, University of Texas Press, 1992, p. 5 et 6.

35. Jared Eglan, *Beasts of War: The Militarization of Animals*, Lulu.com, 2015, p. 14.

7. La grenouille et le crapaud

1. John Bostock et H.T. Riley (éd.), *The Natural History of Pliny*, vol. 2, *op. cit.*, p. 462-463 (*Histoire naturelle de Pline*, tome premier, p. 386).

2. Cité dans Pete Oxford et Renée Bish, « In the Land of Giant Frogs: Scientists Strive to Keep the World's Largest Aquatic Frog Off a Growing Global List of Fleeting Amphibians », 1er octobre

2003, https://www.nwf.org/en/Magazines/National-Wildlife/2003/In-the-Land-of-Giant-Frogs (consulté le 20 mai 2017).

3. Aristote, *Historia Animalium*, cité dans Jan Bondeson, *The Feejee Mermaid and Other Essays in Natural and Unnatural History*, Ithaca, Cornell University Press, 1999, p. 194 (Aristote, *Histoire des animaux*, trad. P. Pellegrin, in *Œuvres complètes*, Paris, Flammarion, 2014, p. 1255).

4. Eugene S. McCartney, « Spontaneous Generation and Kindred Notions in Antiquity », *Transactions and Proceedings of the American Philological Association* 51, 1920, p. 105.

5. *Les Œuvres de Jean-Baptiste Van Helmont*, vol. 66, trad. Jean Le Conte, Lyon, chez Jean Antoine Huguetan, 1670, p. 103-109.

6. Bondeson, *The Feejee Mermaid*, *op. cit.*, p. 199.

7. *Ibid.*, p. 200.

8. Francesco Redi, *Experiments on the Generation of Insects*, Chicago, Open Court Publishing Company, 1909, p. 64.

9. *Ibid.*, p. 32 et 33.

10. Cité dans John Waller, *Leaps in the Dark: The Making of Scientific Reputations*, Oxford, Oxford University Press, 2004, p. 42.

11. Cité dans Mary Terrall, « Frogs on the Mantlepiece: The Practice of Observation in Daily Life », in Lorraine Daston et Elizabeth Lunbeck (éds.), *Histories of Scientific Observation*, Chicago, University of Chicago Press, 2011, p. 189.

12. Waller, *Leaps in the Dark*, *op. cit.*, p. 43.

13. Lancelot Thomas Hogben, *Lancelot Hogben, Scientific Humanist: An Unauthorised Autobiography*, Londres, Merlin Press, 1998, p. 101.

14. Claude Gascon, James P. Collins, Robin D. Moore, Don R. Church, Jeanne E. McKay et Joseph R. Mendelson III (éds), *Amphibian Conservation Action Plan*, Cambridge, IUCN/SSC Amphibian Specialist Group, 2007, https://www.amphibianark.org/pdf/ACAP.pdf (consulté le 12 juin 2017).

15. La Bible, Exode, 7:27-28.

8. La cigogne

1. Cité dans Thomas Park (éd.), *The Harleian Miscellany: A Collection of Scarce, Curious and Entertaining Pamphlets and Tracts*, vol. 5, Londres, John White and John Murray, 1810, p. 506.

2. Ragnar K. Kinzelbach, *Das Buch vom Pfeilstorch*, Berlin, Basilisken-Presse, 2005, p. 12.

3. Cité dans Gregory McNamee, *Aelian's on the Nature of Animals*, *op. cit.*, p. 40 (*La personnalité des animaux*, p. 127).

4. *Ibid.*, p. 44 (p. 145).

5. Gerald of Wales (Giraud de Barri), *Topographia Hibernica*, cité dans Patrick Armstrong, *The English Parson-Naturalist: A Companionship Between Science and Religion*, Leominster, Gracewing Publishing, 2000, p. 31.

6. John Gerard, *Lancashire Folk-Lore: Illustrative of the Superstitious Beliefs and Practices, Local Customs and Usages of the People of the County Palatine*, Londres, Frederick Warne, 1867, p. 118.

7. Gerald of Wales (Giraud de Barri), *The Historical Works of Giraldus Cambrensis*, Londres, Bohn, 1863, p. 36.

8. Aristote, *History of Animals in Ten Books*, vol. 8, trad. Richard Cresswell, Londres, George Bell, 1878, p. 213.

9. « Guide to North American Birds: Common Poorwill (*Phalaenoptilus nuttallii*) », National Audubon Society, https://www.audubon.org/field-guide/bird/common-poorwill (consulté le 23 mai 2017).

10. Aristote, *History of Animals*, vol. 8, *op. cit.*, p. 213 (*Histoire des animaux*, trad. P. Pellegrin, in *Œuvres complètes*, Paris, Flammarion, 2014, p. 1348).

11. Georges Cuvier, *Le Règne animal*, tome premier, Paris, Deterville, 1829, p. 396.

12. Charles Caldwell, *Medical & Physical Memoirs: Containing, Among Other Subjects, a Particular Enquiry into the Origin and Nature of the Late Pestilential Epidemics of the United States*, Philadelphie, Thomas and William Bradford, 1801, p. 262-263.

13. Olaus Magnus, *The History of Northern Peoples*, cité dans *Historia de Gentibus Septentrionalibus*, trad. P. Fisher et H. Higgins, Londres, 1998, p. 980.

14. J. Hevelius, « Promiscuous Inquiries, Chiefly about Cold », *Philosophical Transactions* 1, 1665, p. 345 et 350.

15. Anon. [« A Person of Learning and piety »], *An Essay Towards the Probable Solution to this Question: Whence Come the Stork, and the Turtle, and the Crane, and the Swallow When They Know and Observe the Appointed Time of Their Coming*, Londres, E. Symon, 1739, p. 20.

16. Charles Morton, « An Enquiry into the Physical and Literal Sense of That Scripture », *in* Thomas Park (éd.), *The Harleian Miscellany*, *op. cit.*, p. 506.

17. Cotton Mather, *The Philosophical Transactions and Collections: Abridged and Disposed Under General Heads*, vol. 5, Londres, Thomas Bennet, 1721, p. 161.

18. Morton, « An Enquiry », art. cit., p. 510.

19. Nicholaas Witsen, Emily O'Gorman et Edward Mellilo (éds.), *Beattie's Eco-Cultural Networks and the British Empire: New Views on Environmental History*, Londres, Bloomsbury, 2016, p. 95.

20. Daines Barrington, *Miscellanies*, Londres, Nichols, 1781, p. 176, 199 et 219.

21. Cité dans Richard Vaughan, *Wings and Rings: A History of Bird Migration Studies in Europe*, Penryn, Isabelline Books, 2009, p. 108.

22. Cité dans Raf de Bont, *Stations in the Field: A History of Place-Based Animal Research, 1870-1930*, Chicago, University of Chicago Press, 2015, p. 159.

23. Cité dans Witsen *et al.* (éds.), *Beattie's Eco-Cultural Networks and the British Empire*, *op. cit.*, p. 103.

24. Cité dans Vaughan, *Wings and Rings*, *op. cit.*, p. 109.

25. Cité dans Charles MacFarlane, *Constantinople in 1828: A Residence of Sixteen Months in the Turkish Capital*, vol. 1, Londres, Saunders and Otley, 1829, p. 284.

26. Cité dans Aldersey-Williams, *The Adventures of Sir Thomas Browne in the Twenty-First Century*, p. 104 (cf. Thomas Browne, *Pseudodoxia Epidemica*, p. 356).

9. L'hippopotame

1. Edward Topsell, *The History of Four-Footed Beasts and Serpents and Insects*, *op. cit.*, p. 61.
2. Cité dans David J. A. Clines, *Job 38-42: World Bible Commentary*, vol. 18B, Thomas Nelson, 2011, p. 1196.
3. La Bible, Livre de Job, 40:16 et 21.
4. John Bostock et Henry T. Riley (éds), *The Natural History of Pliny*, vol. 2, *op. cit.*, p. 291 (Pline l'Ancien, *Histoire naturelle de Pline*, tome premier, p. 334).
5. Pline l'Ancien, *Histoire naturelle de Pline*, tome second, trad. É. Littré, Paris, Dubochet, 1850, p. 270.
6. Richard Dawkins, *The Ancestor's Tale: A Pilgrimage to the Dawn of Life*, Londres, Weidenfeld & Nicolson, 2010, p. 203 (*Il était une fois nos ancêtres. Une histoire de l'évolution*, trad. M.-F. Desjeux, Paris, Fayard/Pluriel, 2010, p. 249).
7. Georges-Louis Leclerc, comte de Buffon, *Histoire naturelle, générale et particulière, avec la description du Cabinet du Roi*, tome douzième, *op. cit.*, p. 22-23.
8. *Ibid.*, p. 40.
9. *Ibid.*, p. 36-37.
10. *Ibid.*, p. 39.
11. *Ibid.*, p. 42.
12. William Kremer, « Pablo Escobar's Hippo's: A Growing Problem », *BBC News*, 26 juin 2014, https://www.bbc.com/news/magazine-27905743 (consulté le 28 mai 2017).
13. Chris Walzer cité dans « Moving Testicles Frustrate Effort to Calm Hippos by Castration », Michael Parker, *The Conversation*, 2 janvier 2014, https://theconversation.com/moving-testicles-frustrate-effort-to-calm-hippos-by-castration-21710.

10. L'orignal

1. Edward Topsell, *The History of Four-Footed Beasts and Serpents and Insects*, *op. cit.*, p. 167.
2. *Ibid.*, p. 113.
3. *Ibid.*, p. 167.
4. Hans-Friedrich Mueller (éd.), *Caesar: Selections from his Commentarii de Bello Gallico – Texts, Notes, Vocabulary*, Mundelein, IL, Bolchazy-Carducci, 2012, p. 242 (*Commentaires de Jules César : Guerre des Gaules*, trad. C. Louandre, Paris, Charpentier, 1855, p. 277).
5. Cité dans « Caution Warned After Alaska Moose Attacks », Associated Press, 7 mai 2011, https://www.cbsnews.com/news/caution-warned-after-alaska-moose-attacks/ (consulté le 24 juin 2017).
6. Andrew Haynes, « The Animal World Has Its Junkies Too », *Pharmaceutical Journal*, 17 décembre 2010, https://www.pharmaceutical-journal.com/opinion/comment/the-animal-world-has-its-junkies-too/11052360.fullarticle?firstPass=false (consulté le 24 juin 2017).
7. Cité dans David Landes, « Swede Shocked by Backyard Elk "Threesome" », *The Local*, 27 octobre 2011, https://www.thelocal.se/20111027/36994 (consulté le 24 juin 2017).
8. T.H. White (éd.), *The Book of Beasts*, *op. cit.*, p. 18.
9. *Ibid.*, p. 19.
10. William Drummond, *The Large Game and Natural History of South and South-East Africa*, Édimbourg, Edmonston and Douglas, 1875, p. 214.
11. Cité par Ronald K. Siegel in *Intoxication: The Universal Drive for Mind-Altering Substances*, Park Street Press, 1989, p. 13.
12. Ronald K. Siegel et Mark Brodie, « Alcohol Self-Administration by Elephants », *Bulletin of the Psychonomic Society* 22.1, juillet 1984, https://link.springer.com/article/10.3758/BF03333758, p. 50.
13. Siegel, *Intoxication*, *op. cit.*, p. 120.
14. *Ibid.*, p. 122.
15. Siegel et Brodie, « Alcohol Self-Administration by Elephants », art. cit., p. 52.

16. Steve Morris, David Humphreys et Dan Reynolds, « Myth, Marula and Elephant: An Assessment of Voluntary Ethanol Intoxication of the African Elephant (*Loxodonta africana*) Following Feeding on the Fruit of the Marula Tree (*Sclerocarya birrea*) », *Physiological and Biochemical Zoology* 79.2, mars-avril 2006, https://www.ncbi.nlm.nih.gov/pubmed/16555195.

17. Cité dans Nicholas Bakalar, « Elephants Drunk in the Wild? Scientists Put the Myth to the Test », *National Geographic News*, 19 décembre 2005, https://news.nationalgeographic.com/news/2005/12/1219_051219_drunk_elephant.html (consulté le 25 juin 2017).

18. Deer Industry Association of Australia, « Fact Sheet », https://www.deerfarming.com.au/diaa-fact-sheets (consulté le 24 juin 2017).

19. Cité dans Adam Mosley, *Bearing the Heavens: Tycho Brahe and the Astronomical Community of the Late Sixteenth Century*, Cambridge, Cambridge University Press, 2007, p. 109.

20. Georges-Louis Leclerc, comte de Buffon, *Histoire naturelle, générale et particulière, avec la description du Cabinet du Roi*, tome neuvième, *op. cit.*, p. 87.

21. *Ibid.*, p. 51.

22. *Ibid.*, p. 87.

23. Cité dans Lee Alan Dugatkin, *Mr Jefferson and the Giant Moose: Natural History in Early America*, Chicago, University of Chicago Press, 2009, p. 35.

24. Buffon, *Histoire naturelle*, *op. cit.*, p. 111.

25. Cité dans Dugatkin, *Mr. Jefferson and the Giant Moose*, *op. cit.*, p. 23.

26. Buffon, *Histoire naturelle*, *op. cit.*, p. 104.

27. *Ibid.*, p. 103.

28. James Madison à Thomas Jefferson, 19 juin 1786, in *The Writings of James Madison*, éd. par Gaillard Hunt, New York, Putnam, 1900-1910, https://cdn.loc.gov/service/mss/mjm/02/02_0677_0679.pdf (consulté le 24 juin 2017).

29. Cité dans Paul Ford (éd.), *The Works of Thomas Jefferson: Correspondence and Papers, 1816-1826*, vol. 7, New York, Cosimo Books, 2009, p. 393.

30. Cité dans Dugatkin, *Mr Jefferson and the Giant Moose*, *op. cit.*, p. 107.

31. *Ibid.*, p. 91.

32. Thomas Jefferson à John Sullivan, 7 janvier 1786, Founders Archive, https://founders.archives.gov/documents/Jefferson/01-09-02-0145 (consulté le 24 juin 2017).

33. John Sullivan à Jefferson, 16 avril 1787, Founders Archive, https://founders.archives.gov/documents/Jefferson/01-11-02-0285 (consulté le 24 juin 2017).

34. Thomas Jefferson à Georges-Louis Leclerc, comte de Buffon, 1er octobre 1787, American History, http://www.let.rug.nl/usa/presidents/thomas-jefferson/letters-of-thomas-jefferson/jefl63.php (consulté le 24 juin 2017).

35. Cité dans Ford (éd.), *The Works of Thomas Jefferson*, *op. cit.*, p. 394.

11. Le panda

1. « Pandanomics », *The Economist*, 18 janvier 2014, http://www.economist.com/news/united-states/21594315-costly-bumbling-washington-has-perfect-mascot-pandanomics (consulté le 11 mai 2017).

2. Chris Packham, « Let Pandas Die », *Radio Times*, 22 novembre 2009, https://www.radiotimes.com/news/2009-09-22/chrispackham-let-pandas-die (consulté le 7 juillet 2017).

3. Henry Nicholls, « The Truth About Giant Pandas », site Web de la BBC, www.bbc.co.uk/earth/story/20150310-the-truth-about-giant-pandas.

4. Cité dans Richard Conniff, *The Species Seekers: Heroes, Fools, and the Mad Pursuit of Life on Earth*, New York, W. W. Norton, 2010, p. 317 et 307.

5. Cité dans Henry Nicholls, *Way of the Panda: The Curious History of China's Political Animal*, Londres, Profile Books, p. 9.

6. Cité dans Conniff, *Species Seekers*, *op. cit.*, p. 315.

7. George Schaller, *The Last Panda*, Chicago, University of Chicago Press, 1994, p. 262 et 266.

8. Cité dans Gregory McNamee, *Aelian's on the Nature of Animals*, *op. cit.*, p. 26 et 59 (Élien, *La Personnalité des animaux*, p. 93 et 219).

9. *Ibid.*, p. 60 (p. 220).

10. Ramona Morris et Desmond Morris, *Men and Pandas*, Londres, Hutchinson and Co., 1966, p. 92.

11. Oliver Graham-Jones, *Zoo Doctor*, Fontana Books, 1973, p. 140 et 141.

12. George B. Schaller, Hu Jinchu, Pan Wenshi et Zhu Jing, *The Giant Pandas of Wolong*, Chicago, University of Chicago Press, 1985.

13. Susie Ellis, Anju Zhang, Hemin Zhang, Jinguo Zhang, Zhihe Zhang, Mabel Lam, Mark Edwards, JoGayle Howard, Donald Janssen, Eric Miller et David Wildt, « Biomedical Survey of Captive Giant Pandas: A Catalyst for Conservation Partnerships in China », in Donald Lindburg et Karen Baragona (éds), *Giant Pandas: Biology and Conservation*, Berkeley, University of California Press, 2004, p. 258, https://www.jstor.org/stable/10.1525/j.ctt1ppskn.

14. Angela M. White, Ronald R. Swaisgood, Hemin Zhang, « The Highs and Lows of Chemical Communication in Giant Pandas (*Ailuropoda melanoleuca*): Effect of Scent Deposition Height on Signal Discrimination », *Behavioural Ecology Sociobiology* 51.6, mai 2002, p. 519-529, https://link.springer.com/article/10.1007/s00265-002-0473-3 (consulté le 22 juin 2017).

15. Henry Nicholls, *Lonesome George: The Life and Loves of a Conservation Icon*, New York, Palgrave, 2007, p. 30.

16. Cité dans Lijia Zhang, « Edinburgh Zoo's Pandas are a Big Cuddly Waste of Money », *The Guardian*, 7 décembre 2011, https://www.theguardian.com/commentisfree/2011/dec/07/edinburgh-zoo-pandas-big-waste-money (consulté le 11 mai 2017).

17. Kathleen C. Buckingham, Jonathan Neil, William David et Paul R. Jepson, « Diplomats and Refugees: Panda Diplomacy, Soft "Cuddly" Power, and the New Trajectory in Panda Conservation », *Environmental Practice* 15.3, 2013, p. 262-270, https://www.researchgate.net/publication/255981642.

18. Cité dans Melissa Hogenboom, « China's New Phase of Panda Diplomacy », site Web de la BBC, 25 septembre 2013, https://www.bbc.co.uk/news/science-environment-24161385 (consulté le 22 juin 2017).

19. Brynn Holland, « Panda Diplomacy: The World's Cutest

Ambassadors », History Channel, 16 mars 2017, https://www.history.com/news/panda-diplomacy-the-worlds-cutest-ambassadors.

20. Cité dans Christopher Klein, « When "Panda-Monium" Swept America », History Channel, 9 janvier 2014, https://www.history.com/news/when-panda-monium-swept-america (consulté le 22 juin 2017).

21. Erik Ringmar, « Audience for a Giraffe: European Expansionism and the Quest for the Exotic », *Journal of World History* 17.4, décembre 2006, https://www.jstor.org/stable/20079397, p. 385.

22. Falk Hartig, « Panda Diplomacy: The Cutest Part of China's Public Diplomacy », *Hague Journal of Diplomacy* 8.1, 2013, https://eprints.qut.edu.au/59568.

23. When Pandas Attack! (blog), https://whenpandasattack.wordpress.com (consulté le 11 mai 2017).

12. Le manchot

1. Apsley Cherry-Garrard, *The Worst Journey in the World: Antarctic 1910-1913*, vol. 2, New York, George H. Doran, 1922, p. 560.

2. *Sir Francis Drake's Famous Voyage Round the World* (1577), cité dans Tui de Roy, Mark Jones et Julie Cornthwaite, *Penguins: The Ultimate Guide*, Princeton, Princeton University Press, 2014, p. 151.

3. Errol Fuller, *The Great Aulk: The Extinction of the Original Penguin*, Piermont, Bunker Hill, 2003, p. 34.

4. Cité dans Oliver Goldsmith, *A History of the Earth and Animated Nature*, vol. 4, Philadelphie, T. T. Ash, 1824, p. 83.

5. Edward A. Wilson, *Report on the Mammals and Birds, National Antarctic Expedition 1901-1904*, vol. 2, Londres, Aves, 1907, p. 11 et 38.

6. Edward A. Wilson et T.G. Taylor, *With Scott: The Silver Lining*, New York, Dodd, Mead and Company, 1916, p. 244.

7. Cherry-Garrard, *Worst Journey*, *op. cit.*, p. 237, 268, 273, 274, 276, 281, 284, 299.

8. Sara Wheeler, *Cherry: A Life of Apsley Cherry-Garrard*, Londres, Vintage, 2007, p. 186.

9. C.W. Parsons, « Penguin Embryos: British Antarctic Terra Nova Expedition 1910 – Natural History Reports », *Zoology* 4.7 (1934), p. 253.

10. Cherry-Garrard, *Worst Journey*, *op. cit.*, p. 269.

11. *Ibid.*, p. 50.

12. William Clayton, « An Account of Falkland Islands », *Philosophical Transactions of the Royal Society of London* 66, 1er janvier 1776, p. 103.

13. John Narborough, Abel Tasman, John Wood et Friderich Martens, *An Account of Several Late Voyages and Discoveries to the South and North*, Cambridge, Cambridge University Press, 2014, 1re publication 1711, p. 59.

14. « The Zoological Gardens Regents Park », *The Times*, 18 avril 1865, p. 10.

15. Luc Jacquet et Bonne Pioche (réal.), *La Marche de l'empereur*, Bonne Pioche, 2005.

16. Cité dans Jonathan Miller, « March of the Conservatives: Penguin Film as Political Fodder », *The New York Times*, 13 septembre 2005, https://www.nytimes.com/2005/09/13/science/march-of-the-conservatives-penguin-film-as-political-fodder.html (consulté le 26 juin 2017).

17. Bruce Bagemihl, *Biological Exuberance: Animal Homosexuality and Natural Diversity*, New York, St Martin's Press, 1999, p. 115.

18. Andrew Sullivan cité dans Miller, « New Love Breaks Up Six-Year Relationship at Zoo », *The New York Times*, 24 septembre 2005.

19. Douglas G. D. Russell, William J. L. Sladen et David G. Ainley, « Dr George Murray Levick (1876-1956): Unpublished Notes on the Sexual Habits of the Adélie Penguin », *Polar Record* 48.4 (octobre 2012), https://doi.org/10.1017/S0032247412000216, p. 388-392.

20. Nom d'utilisateur Zheljko, discussion « Avian Necrophilia », *Birdforum*, 6 mai 2014, 18 h 43, https://www.birdforum.net/showthread.php?t=282175 (consulté le 23 mai 2017).

21. Nom d'utilisateur Farnboro John, discussion « Avian Necrophilia », *Birdforum*, 6 mai 2014, 17 h 20, https://www.birdforum.net/showthread.php?t=282175 (consulté le 23 mai 2017).

22. Nom d'utilisateur Capercaillie71, discussion « Avian Necro-

philia », *Birdforum*, 6 mai 2014, 21 h 34, https://www.birdforum.net/showthread.php?t=282175 (consulté le 23 mai 2017).

13. Le chimpanzé

1. Georges-Louis Leclerc, comte de Buffon, *Histoire naturelle, générale et particulière, avec la description du Cabinet du Roi*, tome quatorzième (« Quadrupèdes » XI), *op. cit.*, p. 4.

2. Hildegarde de Bingen, citée dans H.W. Janson, *Apes and Ape Lore in the Middle Ages and the Renaissance*, Londres, Warburg Institute, 1952, p. 77.

3. Andrew Battel, *Purchas, His Pilgrimage*, cité dans Robert Yerkes et Ada Yerkes, *The Great Apes: A Study of Anthropoid Life*, New Haven, Yale University Press, 1929, p. 42-43.

4. Willem Bosman, *A New and Accurate Description of the Coast of Guinea*, Londres, Alfred Jones, 1705, p. 254 (*Voyage de Guinée... par Guillaume Bosman*, Utrecht, A. Schouten, 1705, p. 259).

5. Jonathan Marks, *What It Means to Be 98 % Chimpanzee: Apes, People, and Their Genes*, Berkeley, University of California Press, 2002, p. 19.

6. Edward Tyson cité dans John M. Batcherlder, « Letters to the Editor: Dr. Edward Tyson and the Doctrine of Descent », *Science* 11.270, 1888, p. 169-170.

7. Cité par Marks, *What It Means to Be 98 % Chimpanzee*, *op. cit.*, p. 21.

8. Georges-Louis Leclerc, comte de Buffon, *Histoire naturelle, générale et particulière*, tome quatorzième, *op. cit.*, p. 51-52.

9. *Ibid.*, p. 69.

10. *Ibid.*, p. 61.

11. Richard Owen, « On the Characters, Principles of Division, and Primary Groups of the Class Mammalia », *Journal of the Proceedings of the Linnean Society I: Zoology*, Londres, Longman, 1857, p. 34.

12. Richard Owen cité dans Carl Zimmer, « Searching for Your Inner Chimp », *Natural History*, décembre 2002-janvier 2003.

13. Charles Darwin à J.D. Hooker, 5 juillet 1857, Darwin

Correspondence Project, http://www.darwinproject.ac.uk/letter/DCP-LETT-2117.xml (consulté le 5 mai 2017).

14. J. R. Lucas, « Wilberforce and Huxley: A Legendary Encounter », *Historical Journal* 22.2, 1979, p. 313-330.

15. Thomas Henry Huxley cité dans Stephen Jay Gould, *Leonardo's Mountain of Clams and the Diet of Worms*, *op. cit.*, p. 129 (*Les Coquillages de Léonard*, p. 142).

16. Thomas Henry Huxley à Joseph Dalton Hooker, 5 septembre 1858, *in* G.W. Beccaloni (éd.), *Wallace Letters Online*, https://www.nhm.ac.uk/research-curation/scientific-resources/collections/library-collections/wallace-letters-online/3758/3670/T/details.html (consulté le 25 juin 2017).

17. Kirill Rossiianov, « Beyond Species: Il'ya Ivanov and His Experiments on Cross-Breeding Humans with Anthropoid Apes », *Science in Context* 15.2, 2002, p. 279.

18. Serge Voronoff, *The Conquest of Life*, New York, Brentano, 1928, p. 130 et 150.

19. Rossiianov, « Beyond Species », *op. cit.*, p. 289.

20. Maurice K. Temerlin, *Lucy: Growing Up Human. A Chimpanzee Daughter in a Psychotherapist's Family*, Palo Alto, Science & Behavior Books, 1975, p. 1, 8, 49, 130.

21. Louis Leakey cité dans David Quammen, « Fifty Years at Gombe », *National Geographic*, octobre 2010, http://ngm.nationalgeographic.com/print/2010/10/jane-goodall/quammen-text (consulté le 27 mai 2017).

22. Temerlin, *Lucy: Growing Up Human*, *op. cit.*, p. 19 et 109.

23. Simon Barnes, « Is This Proof Chimps Believe in God ? », *The Daily Mail*, 4 mars 2006, https://www.dailymail.co.uk/sciencetech/article-3475816/Is-proof-chimps-believe-God-Scientists-baffled-footage-primates-throwing-rocks-building-shrines-sacred-tree-no-reason.html (consulté le 27 mai 2017).

24. Jane Goodall, « Waterfall Displays », Vimeo, 3 janvier 2011, https://vimeo.com/18404370 (consulté le 27 juin 2017).

25. Edward Topsell, *The History of Four-Footed Beasts and Serpents and Insects*, vol. 1, *op. cit.*, p. 3.

Bibliographie

Introduction

Aldersey-Williams, Hugh, *The Adventures of Sir Thomas Browne in the Twenty-First Century*, Londres, Granta, 2015.
Clark, Anne, *Beasts and Bawdy*, Londres, Dent, 1975.
Curley, Michael J. (trad.), *Physiologus: A Medieval Book of Natural Lore*, Chicago, University of Chicago Press, 1979 ; *Physiologos : le bestiaire des bestiaires*, trad. du grec ancien et préf. par Arnaud Zucker, Grenoble, J. Millon, 2004.
Raven, Charles E., *English Naturalists from Neckam to Ray: A Study of the Making of the Modern World*, Cambridge, Cambridge University Press, 2010.
White, T. H., *The Book of Beasts: Being a Translation from a Latin Bestiary of the Twelfth Century*, Madison, Parallel Press, 2002 (1re publication 1954).

1. L'anguille

Amilhat, Elsa, Kim Aarestrup, Elisabeth Faliex, Gaël Simon, Håkan Westerberg et David Righton, « First Evidence of European Eels Exiting the Mediterranean Sea During Their Spawning Migration », *Nature Scientific Reports*

6.21817 (24 février 2016), https://www.nature.com/articles/srep21817.

Aristote, « Historia Animalium », *The Works of Aristotle*, vol. 4, trad. D'Arcy Wentworth Thompson, Oxford, Clarendon Press, 1910 ; Aristote, *Histoire des animaux*, trad. P. Pellegrin, in *Œuvres complètes*, Flammarion, Paris, 2014.

Cairncross, David, *The Origin of the Silver Eel: With Remarks on Bait and Fly Fishing*, Londres, G. Shield, 1862.

Fort, Tom, *The Book of Eels*, Londres, HarperCollins, 2002.

Goode, G. Brown, « The Eel Question », *Transactions of the American Fisheries Society*, vol. 10, New York, Johnson Reprint Corp., 1881.

Grassi, G. B., « The Reproduction and Metamorphosis of the Common Eel (*Anguilla vulgaris*) », in *Reproduction and Metamorphosis of Fish*, 1896.

Jacoby, Leopold, « The Eel Question », *in* US Commission of Fish and Fisheries, in *Report of the Commissioner for 1879*, Washington, US Government Printing Office, 1882, http://penbay.org/cof/COF_1879_IV.pdf.

Magnus, Albertus (Albert le Grand), *On Animals: A Medieval Summa Zoologica*, vol. 2, trad. Kenneth F. Kitchell Jr et Irven Michael Resnick, Baltimore, John Hopkins University Press, 1999.

Marsh, M. C., « Eels and the Eel Question », *Popular Science Monthly* 61.25, septembre 1902.

Poulsen, Bo, *Global Marine Science and Carlsberg: The Golden Connections of Johannes Schmidt (1877-1933)*, Leiden, Brill, 2016.

Prosek, James, *Eels: An Exploration, from New Zealand to the Sargasso, of the World's Most Amazing and Mysterious Fish*, Londres, HarperCollins, 2010.

Righton, David, Kim Aarestrup, Don Jellyman, Phillipe Sébert, Guido van den Thillart et Katsumi Tsukamato, « The *Anguilla* spp. Migration Problem: 40 Million Years of Evolution and Two Millennia of Speculation », *Journal of Fish Biology* 81.2, juillet 2012, https://www.ncbi.nlm.nih.gov/pubmed/22803715.

Schmidt, Johannes, « The Breeding Places of the Eel », *Philosophical Transactions of the Royal Society of London, Series B* 211.385, 1922.

Schmidt, Johannes, « Breeding Places and Migrations of the Eel », *Nature* 111.2776, 13 janvier 1923.

Schweid, Richard, *Consider the Eel: A Natural and Gastronomic History*, Chapel Hill, University of North Carolina Press, 2002.

Schweid, Richard, *Eel*, Londres, Reaktion, 2009.

Schweid, Richard, « Slippery Business: Scientists Race to Understand the Reproductive Biology of Freshwater Eels », *Natural History* 118.9, novembre 2009, http://www.naturalhistorymag.com/features/291856/slippery-business.

Walton, Izaak et Charles Cotton, *The Complete Angler, or the Contemplative Man's Recreation*, éd. par John Major, Londres, D. Bogue, 1844 ; *Le Parfait Pêcheur à la ligne ou Le Divertissement du contemplatif*, trad. Charles Chassé, Grenoble, J. Million, 2006.

2. Le castor

Browne, Thomas, *Pseudodoxia Epidemica*, Londres, Edward Dodd, 1646 ; *Pseudodoxia epidemica*, trad. Bernard Hoepffner, Paris, José Corti, 2004.

Buffon, Georges-Louis Leclerc, comte de, *History of Quadrupeds*, vol. 6, trad. William Smellie, Londres, T. Cadell, 1812 ; *Œuvres complètes de Buffon*, tome deuxième, Paris, Garnier Frères, circa 1885.

Campbell-Palmer, Róisín, Derek Gow et Robert Needham, *The Eurasian Beaver*, Exeter, Pelagic Publishing, 2015.

Clark, W. B., *A Medieval Book of Beasts: The Second-Family*

Bestiary; Commentary, Art, Text and Translation, Suffolk, Boydell and Brewer, 2006.

Dolin, Eric Jay, *Fur, Fortune, and Empire: The Epic History of the Fur Trade in America*, New York, W. W. Norton, 2011.

Giraud de Barri (Gerald of Wales), *The Itinerary of Archbishop Baldwin Through Wales*, vol. 2, éd. par Sir Richard Colt Hoare, Londres, William Miller, 1806.

Gould, James L. et Carol Grant Gould, *Animal Architects: Building and the Evolution of Intelligence*, New York, Basic Books, 2012.

Gould, Stephen Jay, *The Mismeasure of Man*, New York, W.W. Norton, 1996 ; *La Mal-mesure de l'homme : l'intelligence sous la toise des savants*, trad. Jacques Chabert, Paris, Ramsay, 1983.

Griffin, Donald R., *Animal Minds: Beyond Cognition to Consciousness*, Chicago, University of Chicago Press, 2001.

Mcnamee, Gregory, *Aelian's on the Nature of Animals*, Dublin, Trinity University Press, 2011 (On peut se rapporter en français à Élien, *La Personnalité des animaux*, trad. Arnaud Zucker, Paris, Les Belles Lettres, 2019).

Martin, Horace Tassie, *Castorologia, or the History and Traditions of the Canadian Beaver*, Londres, E. Stanford, 1892.

Mortimer, C., « The Anatomy of a Female Beaver, and an Account of Castor Found in Her », *Philosophical Transactions* 38 (1733), http://rstl.royalsocietypublishing.org/content/38/427-435/172.

Müller-Schwarze, Dietland, *The Beaver: Its Life and Impact*, 2e éd., Ithaca, Cornell University Press, 2011.

Müller-Schwarze, Dietland et Lixing Sun, *The Beaver: History of a Wetlands Engineer*, Ithaca, Cornell University Press, 2003.

Nolet, Bart A. et Frank Rosell, « Comeback of the Beaver *Castor fiber*: An Overview of Old and New Conservation Problems », *Biological Conservation* 83.2, 1998, https://

hdl.handle.net/20.500.11755/6cc63738-2516-44f4-b31a-f4d686b4e249.

Platt, Carolyn V., *Creatures of Change: An Album of Ohio Animals*, Kent, Kent State University Press, 1998.

Poliquin, Rachel, *Beaver*, Londres, Reaktion, 2015.

Sax, Boria, *The Mythical Zoo: An Encyclopedia of Animals in World Myth, Legend, and Literature*, Santa Barbara, ABC-Clio, 2001.

Sayre, Gordon, « The Beaver as Native and as Colonist », *Canadian Review of Comparative Literature/Revue canadienne de littérature comparée* 22.3-4, septembre et décembre 1995.

Simon, Matt, « Fantastically Wrong: Why People Used to Think Beavers Bit Off Their Own Testicles », https://wired.com, 2014.

Tasca, Cecilia, Mariangela Rapetti, Mauro Giovanni Carta et Bianca Fadda, « Women and Hysteria in the History of Mental Health », *Clinical Practice and Epidemiology in Mental Health* 8, octobre 2012, https://www.ncbi.nlm.nih.gov/pmc/articles/PMC3480686.

Wilsson, Lars, *Observations and Experiments on the Ethology of the European Beaver* (Castor Fiber L.)*: A Study in the Development of Phylogenetically Adapted Behaviour in a Highly Specialized Mammal*, Uppsala, Almqvist & Wiksell, 1971.

3. Le paresseux

Beebe, William, « Three-Toed Sloth », *Zoologica* 7.1, 25 mars 1926.

Buffon, Georges-Louis Leclerc, comte de, *Natural History, General and Particular*, vol. 9, éd. par William Wood, Londres, T. Cadell, 1749 ; *Histoire naturelle, générale et particulière, avec la description du Cabinet du Roi*, tome treizième (« Quadrupèdes X »), Paris, Imprimerie Royale, 1765.

Choi, Charles Q., « Freak of Nature: Sloth Has Rib-Cage

Bones in Its Neck », *LiveScience*, 21 octobre 2010, https://www.livescience.com/10178-freak-nature-sloth-rib-cage-bones-neck.html.

Cliffe, Rebecca N., Judy A. Avey-Arroyo, Francisco J. Arroyo, Mark D. Holton et Rory P. Wilson, « Mitigating the Squash Effect: Sloths Breathe Easily Upside Down », *Biology Letters*, avril 2014, https://rsbl.royalsocietypublishing.org/content/10/4/20140172.

Cliffe, Rebecca N., Ryan J. Haupt, Judy A. Avey-Arroyo et Rory P. Wilson, « Sloths Like It Hot: Ambient Temperature Modulates Food Intake in Brown-Throated Sloth (*Bradypus variegatus*) », *PeerJ* 3, 2 avril 2015, https://www.ncbi.nlm.nih.gov/pubmed/25861559.

Conniff, Richard, *Every Creeping Thing: True Tales of Faintly Repulsive Wildlife*, New York, Henry Holt, 1999.

Eisenberg, John F. et Richard W. Thorington Jr, « A Preliminary Analysis of a Neotropical Mammal Fauna », *Biotropica* 5.3, 1973.

Goffart, Michael, *Function and Form in the Sloth*, Oxford, Pergamon Press, 1971.

Gould, Carol Grant, *The Remarkable Life of William Beebe: Naturalist and Explorer*, Washington, D.C., Island Press, 2004.

Gould, Stephen Jay, *Leonardo's Mountain of Clams and the Diet of Worms*, Belknap Press, 2011 ; *Les Coquillages de Léonard. Réflexions sur l'histoire naturelle*, trad. M. Blanc, Paris, Le Seuil, 2001.

Horne, Genevieve, « Sloth Fur Has a Symbiotic Relationship with Green Algae », *Biomed Central* (blog), 14 avril 2010, https://blogs.biomedcentral.com/on-biology/2010/04/14/sloth-fur-has-symbiotic-relationship-with-green-algae.

Montgomery, G. Gene et M. E. Sunquist, « Habitat Selection and Use by Two-Toed and Three-Toed Sloths », in *The Ecology of Arboreal Folivores*, Washington, D.C., Smithsonian Institute, 1978.

Oviedo y Valdés, Gonzalo Fernández de, *The Natural History of the West Indies*, éd. par Sterling A. Stoudemire, Chapel Hill, University of North Carolina Press, 1959.

Pauli, Jonathan N., Jorge E. Mendoza, Shawn A. Steffan, Cayelan C. Carey, Paul J. Weimar et M. Zachariah Peery, « A Syndrome of Mutualism Reinforces the Lifestyle of a Sloth », *Proceedings of the Royal Society B* 281.1778, 7 mars 2014, https://dx.doi.org/10.1098/rspb.2013.3006.

Rattenborg, Niels C., Bryson Voirin, Alexei L. Vyssotski, Roland W. Kays, Kamiel Spoelstra, Franz Kuemmeth, Wolfgang Heidrich et Martin Wikelski, « Sleeping Outside the Box: Electroencephalographic Measures of Sleep in Sloths Inhabiting a Rainforest », *Biology Letters* 4.4, 23 août 2008, https://rsbl.royalsocietypublishing.org/content/4/4/402.

Voirin, Bryson, Roland Kays, Martin Wikelski et Margaret Lowman, « Why Do Sloths Poop on the Ground? », *in* Margaret Lowman, T. Levy et Soubadra Ganesh (éds), *Treetops at Risk*, New York, Springer, 2013.

4. La hyène

Aristote, *On the Parts of Animals*, trad. W. Ogle, Londres, Kegan Paul, Trench, 1882 ; *Les Parties des animaux*, trad. Pierre Pellegrin, in *Œuvres complètes*, Paris, Flammarion, 2014.

Baynes-Rock, Markus, *Among the Bone Eaters: Encounters with Hyenas in Harar*, State College, Pennsylvania State University Press, 2015.

Benson-Amram, Sarah et Kay E. Holekamp, « Innovative Problem Solving by Wild Spotted Hyenas », *Proceedings of the Royal Society B* 279.1744, octobre 2012, https://www.ncbi.nlm.nih.gov/pmc/articles/PMC3427591.

Benson-Amram, Sarah, Virginia K. Heinen, Sean L. Dryer et Kay E. Holekamp, « Numerical Assessment and Individual

Call Discrimination by Wild Spotted Hyaenas, *Crocuta crocuta* », *Animal Behaviour* 82.4, octobre 2011, https://doi.org/10.1016/j.anbehav.2011.07.004.

Brottman, Mikita, *Hyena*, Londres, Reaktion, 2013.

Cunha, Gerald R., Yuzhuo Wang, Ned J. Place, Wenhui Liu, Larry Baskin et Stephen E. Glickman, « Urogenital System of the Spotted Hyena (*Crocuta crocuta Erxleben*): A Functional Histological Study », *Journal of Morphology* 256.2, mai 2003, https://onlinelibrary.wiley.com/doi/10.1002/jmor.10085/full.

Drea, Christine M., Mary L. Weldele, Nancy G. Forger, Elizabeth M. Coscia, Laurence G. Frank, Paul Licht et Stephen E. Glickman, « Androgens and Masculinization of Genitalia in the Spotted Hyaena (*Crocuta crocuta*) 2: Effects of Prenatal Anti-Androgens », *Journal of Reproduction and Fertility* 113.1, mai 1998, https://www.ncbi.nlm.nih.gov/pubmed/9713384.

Drea, Christine M. et Allisa N. Carter, « Cooperative Problem Solving in a Social Carnivore », *Animal Behaviour* 78.4, octobre 2009, https://dx.doi.org/10.1016/j.anbehav.2009.06.030.

Frank, Laurence G., Stephen E. Glickman et Irene Powch, « Sexual Dimorphism in the Spotted Hyaena (*Crocuta crocuta*) », *Journal of Zoology* 221.2, 1990, https://onlinelibrary.wiley.com/doi/10.1111/j.1469-7998.1990.tb04001.x/full.

Frank, Laurence G., « Evolution of Genital Masculinization: Why Do Female Hyaenas Have Such a Large "Penis"? », *Trends in Ecology & Evolution* 12.2, février 1997, https://www.ncbi.nlm.nih.gov/pubmed/21237973.

Glickman, Stephen E., « The Spotted Hyena from Aristotle to the Lion King: Reputation Is Everything », *Social Research* 62.3, automne 1995.

Glickman, Stephen E., Gerald R. Cunha, Christine M. Drea, Al J. Conley et Ned J. Place, « Mammalian Sexual Differentiation: Lessons from the Spotted Hyena », *Trends in*

Endocrinology & Metabolism 17.9, novembre 2006, https://www.ncbi.nlm.nih.gov/pubmed/17010637.

Gould, Stephen Jay, *Hen's Teeth and Horse's Toes: Further Reflections in Natural History*, New York, W. W. Norton, 1984 ; *Quand les poules auront des dents : Réflexions sur l'histoire naturelle*, trad. Marie-France de Paloméra, Paris, Fayard, 1984.

Holekamp, Kay E., Sharleem Sakai et Barbara Lundrigan, « Social Intelligence in the Spotted Hyena (*Crocuta crocuta*) », *Philosophical Transactions of the Royal Society of London B* 362.1480, 29 avril 2007, https://www.ncbi.nlm.nih.gov/pmc/articles/PMC2346515.

Hyena Specialist Group, www.hyaenas.org.

Kemper, Steve, « Who's Laughing Now? », *Smithsonian Magazine*, mai 2008.

Kruuk, Hans, *The Spotted Hyena: A Study of Predation and Social Behaviour*, Chicago, University of Chicago Press, 1972.

Nicholls, Henry, « The Truth About Spotted Hyenas », BBC Earth, 28 octobre 2014, https://www.bbc.co.uk/earth/story/20141028-the-truth-about-spotted-hyenas.

Racey, Paul A. et Jennifer D. Skinner, « Endocrine Aspects of Sexual Mimicry in Spotted Hyaenas *Crocuta crocuta* », *Journal of Zoology* 187.3 367, mars 1979, https://onlinelibrary.wiley.com/doi/10.1111/j.1469-7998.1979.tb03372.x/full.

Sakai, Sharon, Bradley M. Arsznov, Barbara Lundrigan et Kay E. Holekamp, « Brain Size and Social Complexity: A Computed Tomography Study in Hyaenidae », *Brain, Behavior and Evolution* 77.2, 2011, https://www.ncbi.nlm.nih.gov/pubmed/21335942.

Sax, Boria, *The Mythical Zoo: Animals in Life, Legend and Literature*, The Overlook Press, 2013.

Smith, Jennifer E., Joseph M. Kolowski, Katharine E. Graham, Stephanie E. Dawes et Kay E. Holekamp, « Social and Ecological Determinants of Fission-Fusion Dynamics in the

Spotted Hyaena », *Animal Behaviour* 76.3, septembre 2008, https://doi.org/10.1016/j.anbehav.2008.05.001.

Szykman, Micaela, Russell C. Van Horn, Anne L. Engh, Erin E. Boydston et Kay E. Holekamp, « Courtship and Mating in Free-Living Spotted Hyenas », *Behaviour* 144.7, juillet 2007, https://www.jstor.org/stable/4536481.

Watson, Morrison, « On the Female Generative Organs of Hyaena Crocuta », *Proceedings of the Zoological Society of London* 24, 1877.

Zimmer, Carl, « Sociable and Smart », *The New York Times*, 4 mars 2008.

5. Le vautour

Audubon, John James, « An Account of the Habits of the Turkey Buzzard (*Vultur aura*) Particularly with the View of Exploding the Opinion Generally Entertained of Its Extraordinary Power of Smelling », *Edinburgh New Philosophical Journal* 2, Édimbourg, Adam Black, 1826.

Beck, Herbert H., « The Occult Senses in Birds », *The Auk* 37, 1920.

Birkhead, Tim, *Bird Sense: What It's Like to Be a Bird*, Londres, Bloomsbury, 2012 ; *L'Oiseau et ses sens*, trad. G. Villeneuve, Paris, Buchet-Chastel, 2014.

Blackburn, Julia, *Charles Waterton, 1782-1865: Traveller and Conservationist*, Londres, Vintage, 1989.

Buffon, Georges-Louis Leclerc, comte de, *The Natural History of Quadrupeds by the Count of Buffon; Translated from the French. With an Account of the Life of the Author*, Édimbourg, Thomas Nelson and Peter Brown, 1830 ; *Histoire naturelle, générale et particulière, avec la description du Cabinet du Roi*, Paris, Imprimerie Royale, 1749-1788.

Darlington, P. J., « Notes on the Senses of Vultures », *The Auk* 47.2, 1930.

Dooren, Thom van, *Vulture*, Londres, Reaktion, 2011.

Dooren, Thom van, « Vultures and Their People in India: Equity and Entanglement in a Time of Extinctions », *Australian Humanities Review* 50, mai 2011, https://www.australianhumanitiesreview.org/archive/Issue-May-2011/vandooren.html.

Gurney, J. H., « On the Sense of Smell Possessed by Birds », *Ibis* 4.2, avril 1922.

Henderson, Carrol L., *Birds in Flight: The Art and Science of How Birds Fly*, Minneapolis, Voyageur Press, 2008.

Houston, David C., « Scavenging Efficiency of Turkey Vultures in Tropical Forest », *Condor* 88.3, 1986, https://sora.unm.edu/sites/default/files/journals/condor/v088n03/p0318-p0323.pdf .

Jackson, Andrew L., Graeme D. Ruxton et David C. Houston, « The Effect of Social Facilitation on Foraging Success in Vultures: A Modelling », *Biology Letters* 4.3, 23 juin 2008, https://rsbl.royalsocietypublishing.org/content/4/3/311.

Kendall, Corinne J., Munir Z. Virani, J. Grant C. Hopcraft, Keith L. Bildstein et Daniel I. Rubenstein, « African Vultures Don't Follow Migratory Herds: Scavenger Habitat Use Is Not Mediated by Prey Abundance », *PLOS ONE* 9.1, 8 janvier 2014, https://doi.org/10.1371/journal.pone.0083470.

Markandya, Anil, Tim Taylor, Alberto Longo, M. N. Murty, Sucheta Murty et Kishore Kumar Dhavala, « Counting the Cost of Vulture Decline: An Appraisal of the Human Health and Other Benefits of Vultures in India », *Ecological Economics* 67.2, septembre 2008, https://dx.doi.org/10.1016/j.ecolecon.2008.04.020.

Martin, Graham R., Steven J. Portugal et Campbell P. Murn, « Visual Fields, Foraging and Collision Vulnerability in *Gyps* Vultures », *Ibis* 154.3, juillet 2012, https://onlinelibrary.wiley.com/doi/10.1111/j.1474-919X.2012.01227.x/abstract.

Rabenold, Patricia Parker, « Recruitment to Food in Black Vultures: Evidence for Following from Communal Roosts », *Animal Behaviour* 35.6, décembre 1987, https://www.sciencedirect.com/science/article/pii/S0003347287800702.

Smith, Steven A., et Richard A. Paselk, « Olfactory Sensitivity of the Turkey Vulture (*Cathartes aura*) to Three Carrion-Associated Odorants », *The Auk* 103.3, juillet 1986, https://mambobob-raptorsnest.blogspot.co.uk/2008/02/olfactory-capabilities-in-t-rex-and.html.

Stager, Kenneth E., « The Role of Olfaction in Food Location by the Turkey Vulture (*Cathartes aura*) », thèse de doctorat, Université de Californie du Sud, 2014, https://nhm.org/site/sites/default/files/pdf/contrib_science/CS81.pdf.

« Vultures », site Web de la Vulture Conservation Foundation, https://www.4vultures.org/vultures.

Waddell, Gene (éd.), *John Bachman: Selected Writings on Science, Race, and Religion*, Athens, University of Georgia Press, 2011.

Ward, Jennifer, Dominic J. McCafferty, David C. Houston et Graeme D. Ruxton, « Why Do Vultures Have Bald Heads? The Role of Postural Adjustment and Bare Skin Areas in Thermoregulation, *Journal of Thermal Biology* 33.3, avril 2008, https://www.researchgate.net/publication/223457788.

Waterton, Charles, *Essays on Natural History*, Londres, Frederick Warne, 1871.

Wilkinson, Benjamin Joel (dir.), *Carrion Dreams 2.0: A Chronicle of the Human-Vulture Relationship*, Abominationalist Productions, 2012.

6. La chauve-souris

Allen, Glover M., *Bats: Biology, Behavior, and Folklore*, Mineola, Dover Publications, 2004.

Boyles, Justin G., Paul M. Cryan, Gary F. McCracken et Thomas H. Kunz, « Economic Importance of Bats in Agriculture », *Science* 332.6025, 1er avril 2011, https://science.sciencemag.org/content/332/6025/41.

Carter, Gerald G. et Gerald S. Wilkinson, « Food Sharing in Vampire Bats: Reciprocal Help Predicts Donations More than Relatedness or Harassment », *Proceedings of the Royal Society B* 280.1753, 22 février 2013, https://www.ncbi.nlm.nih.gov/pmc/articles/PMC3574350.

Chivers, Charlotte, « Why Isn't Everyone "Batty" About Bats? », One Poll, 19 mai 2015, https://www.onepoll.com/why-isnt-everyone-batty-about-bats.

Dijkgraaf, Sven, « Spallanzani's Unpublished Experiments on the Sensory Basis of Object Perception in Bats », *Isis* 51.1, 1960.

Ditmars, Raymond, « The Vampire Bat: A Presentation of Undescribed Habits and Review of its History », *Zoologica*, vol. XIX, n° 2, 1935.

Dodd, Kevin (Visiting Scholar, université Vanderbilt, Tennessee), *Blood Suckers Most Cruel: The Vampire and the Bat in and before Dracula*.

Galambos, Robert, « The Avoidance of Obstacles by Flying Bats: Spallanzani's Ideas (1794) and Later Theories », *Isis* 34.2, 1942.

Greenhall, Arthur, *Natural History of Vampire Bats*, CRC Press, 1988.

Griffin, Donald R., *Listening in the Dark: The Acoustic Orientation of Bats and Men*, New Haven, Yale University Press, 1958.

Gröger, Udo et Lutz Wiegrebe, « Classification of Human

Breathing Sounds by the Common Vampire Bat, *Desmodus rotundus* », *BMC Biology* 4.1, 16 juin 2006, https://bmcbiol.biomedcentral.com/articles/10.1186/1741-7007-4-18.

McCracken, Gary F., « Bats and Vampires », *Bat Conservation International* 11.3, automne 1993, https://www.batcon.org/resources/media-education/bats-magazine/bat_article/603.

McCracken, Gary F., « Bats in Belfries and Other Places », *Bat Conservation International* 10.4, hiver 1992, https://www.batcon.org/resources/media-education/bats-magazine.

McCracken, Gary F. « Bats in Magic, Potions, and Medicinal Preparation », *Bat Conservation International* 10.3, automne 1992, https://www.batcon.org/resources/media-education/bats-magazine/bat_article/546.

Müller, Briggite, Martin Glösmann, Leo Peichl, Gabriel C. Knop, Cornelia Hagemann et Josef Ammermüller, « Bat Eyes Have Ultraviolet-Sensitive Cone Photoreceptors », *PLOS ONE* 4.7, 28 juillet 2009, https://doi.org/10.1371/journal.pone.0006390.

Pitnick, Scott, Kate E. Jones et Gerald S. Wilkinson, « Mating System and Brain Size in Bats », *Proceedings of the Royal Society of London B* 273.1587, 22 mars 2006.

Riskin, Daniel K. et John W. Hermanson, « Biomechanics: Independent Evolution of Running in Vampire Bats », *Nature* 434, 17 mars 2005, https://www.nature.com/nature/journal/v434/n7031/full/434292a.html.

Schutt, Bill, *Dark Banquet: Blood and the Curious Lives of Blood-Feeding Creatures*, Broadway Books, 2009.

Schutt, William A., J. Scott Altenbach, Young Hui Chang, Dennis M. Cullinane, John W. Hermanson, Farouk Muradali et John E. A. Bertram, « The Dynamics of Flight-Initiating Jumps in the Common Vampire Bat *Desmodus rotundus* », *Journal of Experimental Biology* 200.23, 1997, https://jeb.biologists.org/content/200/23/3003.

Surlykke, Annemarie, et Elisabeth K. V. Kalko, « Echolocating Bats Cry Out Loud to Detect Their Prey », *PLOS*

ONE 3.4, 30 avril 2008, https://doi.org/10.1371/journal.pone.0002036.

Tan, Min, Gareth Jones, Guangjian Zhu, Jianping Ye, Tiyu Hong, Shanyi Zhou, Shuyi Zhang et Libiao Zhang, « Fellatio by Fruit Bats Prolongs Copulation Time », *PLOS ONE* 4.10, 28 octobre 2009, https://doi.org/10.1371/journal.pone.0007595.

Wilkinson, Gerald S., « Social Grooming in the Common Vampire Bat, *Desmodus rotundus* », *Animal Behaviour* 34.6, 1986.

Wilson, E. O. et Stephen R. Kellert (éd.), *The Biophilia Hypothesis*, Washington, D.C., Island Press, 1993.

7. La grenouille et le crapaud

Berger, Lee, Richard Speare, Peter Daszak, D. Earl Green, Andrew A. Cunningham, C. Louise Goggin, Ron Slocombe, Mark A. Ragan, Alex D. Hyatt, Keith R. McDonald, Harry B. Hines, Karen R. Lips, Gerry Marantelli et Helen Parkes, « Chytridiomycosis Causes Amphibian Mortality Associated with Population Declines in the Rain Forests of Australia and Central America », *Proceedings of the National Academy of Sciences USA* 95.15, 21 juillet 1998, https://www.pnas.org/content/95/15/9031.full.

Bondeson, Jan, *The Feejee Mermaid and Other Essays in Natural and Unnatural History*, Ithaca, Cornell University Press, 1999.

Cobb, Matthew, *The Egg and Sperm Race: The Seventeenth-Century Scientists Who Unravelled the Secrets of Sex, Life, and Growth*, Londres, Simon & Schuster, 2007.

Collins, James P., Martha L. Crump et Thomas E. Lovejoy III, *Extinction in Our Times: Global Amphibian Decline*, Oxford, Oxford University Press, 2009.

Cousteau, Jacques (dir.), « Legend of Lake Titicaca », *The Undersea World of Jacques Cousteau*, Metromedia Productions, 1969 ; « La Légende du lac Titicaca », *La Collection Cousteau : ses plus beaux documentaires en DVD,* vidéo n° 34, Paris, Polygram collections, DL 2005.

Daston, Lorraine et Elizabeth Lunbeck, *Histories of Scientific Observation*, Chicago, University of Chicago Press, 2011.

Gurdon, John B. et Nick Hopwood, « The Introduction of *Xenopus laevis* into Developmental Biology: Of Empire, Pregnancy Testing and Ribosomal Genes », *International Journal of Developmental Biology* 44.1, 2003, https://www.ijdb.ehu.es/web/paper.php?doi=10761846.

Hogben, Lancelot Thomas, *Lancelot Hogben, Scientific Humanist: An Unauthorised Autobiography*, Londres, Merlin Press, 1998.

Lips, Karen R., Forrest Brem, Roberto Brenes, John D. Reeve, Ross A. Alford, Jamie Voyles, Cynthia Carey, Lauren Livo, Allan P. Pessier et James P. Collins, « Emerging Infectious Disease and the Loss of Biodiversity in a Neotropical Amphibian Community », *Proceedings of the National Academy of Sciences USA* 103.9, 28 février 2006, https://www.pnas.org/content/103/9/3165.

McCartney, Eugene S., « Spontaneous Generation and Kindred Notions in Antiquity », *Transactions and Proceedings of the American Philological Association* 51, 1920, https://www.jstor.org/stable/282874.

Olszynko-Gryn, Jesse, « Pregnancy Testing in Britain, c. 1900-1967: Laboratories, Animals and Demand from Doctors, Patients and Consumers », thèse de doctorat, université de Cambridge, 2015.

Oxford, Pete et Renée Bish, « In the Land of Giant Frogs: Scientists Strive to Keep the World's Largest Aquatic Frog Off a Growing Global List of Fleeting Amphibians », 1er octobre 2003, https://www.nwf.org/News-and-Magazines/National-

Wildlife/Animals/Archives/2003/In-the-Land-of-Giant-Frogs.aspx.

Piper, Ross et Mike Shanahan, *Extraordinary Animals: An Encyclopedia of Curious and Unusual Animals*, Westport, Greenwood, 2007.

Redi, Francesco, *Experiments on the Generation of Insects*, Chicago, Open Court Publishing Company, 1909 ; *Expériences sur la génération des insectes et autres écrits de science et de littérature*, trad. André Sempoux, Louvain, Bibliothèque de l'Université, 1970.

Skerratt, Lee Francis, Lee Berger, Richard Speare, Scott Cashins, Keith R. McDonald, Andrea D. Phillott, Harry B. Hines et Nicole Kenyon, « Spread of Chytridiomycosis Has Caused the Rapid Global Decline and Extinction of Frogs », *EcoHealth* 4, 2007, https://link.springer.com/article/10.1007%2Fs10393-007-0093-5.

Sleigh, Charlotte, *Frog*, Londres, Reaktion, 2012.

Soto-Azat, Claudio, Barry T. Clarke, John C. Poynton, Matthew Charles Fisher, S. F. Walker et Andrew A. Cunningham, « Non-Invasive Sampling Methods for the Detection of *Batrachochytrium dendrobatidis* in Archived Amphibians », *Diseases of Aquatic Organisms* 84.2, 6 avril 2009, https://www.ncbi.nlm.nih.gov/pubmed/19476287.

Soto-Azat, Claudio, Andés Valenzuela Sánchez, Ben Collen, J. Marcus Rowcliffe, Alberto Veloso et Andrew A. Cunningham, « The Population Decline and Extinction of Darwin's Frogs », *PLOS ONE* 8.6, 12 juin 2013, https://www.ncbi.nlm.nih.gov/pmc/articles/PMC3680453.

Soto-Azat, Claudio, Alexandra Peñafiel-Ricaurte, Stephen J. Price, Nicole Sallaberry-Pincheira, María Pía García, Mario Alvarado-Rybak et Andrew A. Cunningham, « *Xenopus laevis* and Emerging Ampibian Pathogens in Chile », *EcoHealth* 13.4, décembre 2016, https://link.springer.com/article/10.1007/s10393-016-1186-9.

Terrall, Mary, « Frogs on the Mantelpiece: The Practice of Observation in Daily Life », in Lorraine Daston et Elizabeth Lunbeck (éd.), *Histories of Scientific Observatio*n, Chicago, University of Chicago Press, 2011.

van Sittert, Lance et G. John Measey, « Historical Perspectives on Global Exports and Research of African Clawed Frogs (*Xenopus laevis*) », *Transactions of the Royal Society of South Africa* 71.2, 2016, https://www.tandfonline.com/doi/abs/10.1080/0035919X.2016.1158747.

Waller, John, *Leaps in the Dark: The Making of Scientific Reputations*, Oxford, Oxford University Press, 2004.

8. La cigogne

Aldersey-Williams, Hugh, *The Adventures of Sir Thomas Browne in the Twenty-First Century*, Londres, Granta, 2015.

Aristote, *History of Animals in Ten Books*, vols 8-9, trad. Richard Cresswell, Londres, George Bell, 1878 ; *Histoire des animaux*, trad. P. Pellegrin, in *Œuvres complètes*, Flammarion, Paris, 2014.

Arnott, Geoffrey, *Birds in the Ancient World from A to Z*, Routledge, 2012.

Barrington, Daines, *Miscellanies*, Londres, Nichols, 1781.

Beattie, James *et al.*, *Eco-Cultural Networks of the British Empire*, Bloomsbury, 2014.

Birkhead, Tim, *Bird Sense: What It's Like to Be a Bird*, Londres, Bloomsbury, 2011 ; *L'Oiseau et ses sens*, trad. G. Villeneuve, Paris, Buchet-Chastel, 2014.

Birkhead, Tim, Jo Wimpenny et Bob Montgomerie, *Ten Thousand Birds: Ornithology Since Darwin*, Princeton, Princeton University Press, 2014.

Birkhead, Tim, *The Wisdom of Birds: An Illustrated History of Ornithology*, Londres, Bloomsbury, 2008.

Bont, Raf de, *Stations in the Field: A History of Place-Based Animal Research, 1870–1930*, Chicago, University of Chicago Press, 2015.

Buffon, Georges-Louis Leclerc, comte de, *The Book of Birds: Edited and Abridged from the Text of Buffon*, Londres, R. Tyas, 1841.

Cocker, Mark et David Tipling, *Birds and People*, Londres, Jonathan Cape, 2013.

Cuvier, Georges, *The Animal Kingdom*, éd. par H. M'Murtrie, New York, Carvill, 1831 ; *Le Règne animal*, Paris, Deterville, 1829.

Giraud de Barri (Gerald of Wales), *Topographia Hibernica*, cité dans Patrick Armstrong, *The English Parson-Naturalist: A Companionship Between Science and Religion*, Leominster, Gracewing Publishing, 2000.

« Guide to North American Birds: Common Poorwill (*Phalaenoptilus nuttallii*) », National Audubon Society, https://www.audubon.org/field-guide/bird/common-poorwill.

Harrison, C. J. O., « Pleistocene and Prehistoric Birds of South-west Britain », *Proceedings of the University of Bristol Spelaeological Society* 18.1, 1987, https://www.ubss.org.uk/resources/proceedings/vol18/UBSS_Proc_18_1_81-104.pdf .

Haverschmidt, F., *The Life of the White Stork*, Leiden, Brill Archive, 1949.

Kinzelbach, Ragnar K., *Das Buch Vom Pfeilstorch*, Berlin, Basilisken-Presse, 2005.

Lewis, Andrew J., *A Democracy of Facts: Natural History in the Early Republic*, Philadelphia, University of Pennsylvania Press, 2011.

McCarthy, Michael J., *Say Goodbye to the Cuckoo*, Londres, John Murray, 2010.

McNamee, Gregory, *Aelian's on the Nature of Animals*, Dublin, Trinity University Press, 2011 (On peut se rapporter en français à Élien, *La Personnalité des animaux*, trad. Arnaud Zucker, Paris, Les Belles Lettres, 2019).

Park, Thomas (éd.), *The Harleian Miscellany: A Collection of Scarce, Curious, and Entertaining Pamphlets and Tracts*, vol. 5, Londres, White and Murray, 1810.

Rennie, James, *Natural History of Birds: Their Architecture, Habits, and Faculties*, Londres, Harper, 1859.

Rickard, Bob et John Michell, *The Rough Guide to Unexplained Phenomena*, Londres, Penguin, 2010.

Simon, Matt, « Fantastically Wrong: The Scientist Who Thought That Birds Migrate to the Moon », *Wired*, 22 octobre 2014, https://www.wired.com/2014/10/fantastically-wrong-scientist-thought-birds-migrate-moon.

Tate, Peter, *Flights of Fancy: Birds in Myth, Legend and Superstition*, Londres, Random House, 2007.

Turner, Angela, *Swallow*, Londres, Reaktion, 1994.

Vaughan, Richard, *Wings and Rings: A History of Bird Migration Studies in Europe*, Penryn, Isabelline Books, 2009.

Wilcove, David S. et Martin Wikelski, « Going, Going, Gone: Is Animal Migration Disappearing », *PLOS Biology* 6.7, 29 juillet 2008, https://journals.plos.org/plosbiology/article?id=10.1371/journal.pbio.0060188.

Wilkins, John, *The Discovery of a World in the Moone*, Londres, Sparke and Forrest, 1638 ; *Le Monde dans la Lune*, trad. Jean de la Montagne, Rouen, J. Cailloüé, 1655.

Witsen, Nicholaas, Emily O'Gorman et Edward Mellilo (éds), *Beattie's Eco-Cultural Networks and the British Empire: New Views on Environmental History*, Londres, Bloomsbury, 2016.

9. L'hippopotame

Barklow, William E., « Amphibious Communication with Sound in Hippos, *Hippopotamus amphibius* », *Animal Behaviour* 68.5, 2004, https://doi/.org/10.1016/j.anbehav.2003.10.034.

Bostock, John et Henry T. Riley (éds), *The Natural History of Pliny*, Londres, Henry G. Bohn, 1855 ; Pline l'Ancien, *Histoire naturelle de Pline*, trad. É. Littré, Paris, Dubochet, 1848.

Dawkins, Richard, *The Ancestor's Tale: A Pilgrimage to the Dawn of Life*, Londres, Weidenfeld & Nicolson, 2010 ; *Il était une fois nos ancêtres. Une histoire de l'évolution*, trad. Marie-France Desjeux, Paris, Fayard/Pluriel, 2010.

Gatesy, John, « More DNA Support for a Cetacea/Hippopotamidae Clade: The Blood-Clotting Protein Gene Gamma-Fibrinogen », *Molecular Biology and Evolution* 14.5, mai 1997, https://www.ncbi.nlm.nih.gov/pubmed/9159931.

Grice, Gordon, *Book of Deadly Animals*, Londres, Penguin, 2012.

Kremer, William, « Pablo Escobar's Hippos: A Growing Problem », BBC News, 26 juin 2014, https://www.bbc.com/news/magazine-27905743.

Lihoreau, Fabrice, Jean-Renaud Boisserie, Frederick Kyalo Manthi et Stéphane Ducrocq, « Hippos Stem from the Longest Sequence of Terrestrial Cetartiodactyl Evolution in Africa », *Nature Communications* 6.6264, 24 février 2015, https://www.nature.com/articles/ncomms7264.

Saikawa, Yoko, Kimiko Hashimoto, Masaya Nakata, Masato Yoshihara, Kiyoshi Nagai, Motoyasu Ida et Teruyuki Komiya, « Pigment Chemistry: The Red Sweat of the Hippopotamus », *Nature* 429, 27 mai 2004, https://www.nature.com/nature/journal/v429/n6990/full/429363a.html.

Sax, Boria, *The Mythical Zoo: An Encyclopedia of Animals in World Myth, Legend, and Literature*, Santa Barbara, ABC-Clio, 2001.

Thewissen, J.G.M. « Hans », *The Walking Whales: From Land to Water in Eight Million Years*, Berkeley, University of California Press, 2014.

Thompson, Ken, *Where Do Camels Belong?: The Story and Science of Invasive Species*, Londres, Profile, 2014.

10. L'orignal

Ceaser, James W., *Reconstructing America: The Symbol of America in Modern Thought*, Londres, Yale University Press, 2000.

Dudley, Theodore Robert, *The Drunken Monkey: Why We Drink and Abuse Alcohol*, Berkeley, University of California Press, 2014.

Dugatkin, Lee Alan, *Mr Jefferson and the Giant Moose: Natural History in Early America*, Chicago, University of Chicago Press, 2009.

Ford, Paul (éd.), *The Works of Thomas Jefferson; Correspondence and Papers, 1816-1826*, vol. 7, New York, Cosimo Books, 2009.

Griggs, Walter S., et Frances P. Griggs, *A Moose's History of North America*, Richmond, Brandylane Publishers, 2009.

Jackson, Kevin, *Moose*, Londres, Reaktion, 2008.

Jefferson, Thomas, *Notes on the State of Virginia*, Boston, H. Sprague, 1802 ; *Observations sur l'État de Virginie*, trad. François Specq, Paris, Éditions Rue d'Ulm, 2015.

Merrill, Samuel, *The Moose Book: Facts and Stories from Northern Forests*, New York, Dutton, 1920.

Mooallem, Jon, *Wild Ones: A Sometimes Dismaying, Weirdly Reassuring Story About Looking at People Looking at Animals in America*, Londres, Penguin Books, 2014.

Morris, Steve, David Humphreys et Dan Reynolds, « Myth, Marula, and Elephant: An Assessment of Voluntary Ethanol Intoxication of the African Elephant (*Loxodonta africana*) Following Feeding on the Fruit of the Marula Tree (*Sclerocarya birrea*) », *Physiological and Biochemical Zoology* 79.2, mars-avril 2006, https://www.journals.uchicago.edu/doi/abs/10.1086/499983.

Mosley, Adam, *Bearing the Heavens: Tycho Brahe and the Astro-

nomical Community of the Late Sixteenth Century, Cambridge, Cambridge University Press, 2007.

Siegel, Ronald K. et Mark Brodie, « Alcohol Self-Administration by Elephants », *Bulletin of the Psychonomic Society* 22.1, juillet 1984, https://link.springer.com/article/10.3758/BF03333758.

Siegel, Ronald K., *Intoxication: The Universal Drive for Mind-Altering Substances*, Park Street Press, 1989 ; *Les Paradis artificiels*, Paris, M. A. Éditions, 1990.

11. Le panda

Becker, Elizabeth, *Overbooked: The Exploding Business of Travel and Tourism*, New York, Simon & Schuster, 2016.

Buckingham, Kathleen C., Jonathan Neil, William David et Paul R. Jepson, « Diplomats and Refugees: Panda Diplomacy, Soft "Cuddly" Power, and the New Trajectory in Panda Conservation », *Environmental Practice* 15.3, 2013, https://www.researchgate.net/publication/255981642.

Christiansen, Per et Stephen Wroe, « Bite Forces and Evolutionary Adaptations to Feeding Ecology in Carnivores », *Ecology* 88.2, février 2007, https://www.jstor.org/stable/27651108.

Conniff, Richard, *The Species Seekers: Heroes, Fools, and the Mad Pursuit of Life on Earth*, New York, W. W. Norton, 2010.

Cooke, Lucy, « The Power of Cute », BBC Radio4, https://www.bbc.co.uk/programmes/p03w3sxn.

Croke, Vicky, *The Lady and the Panda: The True Adventures of the First American Explorer to Bring Back China's Most Exotic Animal*, New York, Random House, 2006.

Davis, D. Dwight, *The Giant Panda: A Morphological Study of Evolutionary Mechanisms*, Chicago, Natural History Museum, 1964.

Ellis, Susie, Anju Zhang, Hemin Zhang, Jinguo Zhang, Zhihe Zhang, Mabel Lam, Mark Edwards, JoGayle Howard, Donald Janssen, Eric Miller et David Wildt, « Biomedical Survey of Captive Giant Pandas: A Catalyst for Conservation Partnerships in China », *in* Donald Lindburg et Karen Baragona (éds), *Giant Pandas: Biology and Conservation*, Berkeley, University of California Press, 2004, https://www.jstor.org/stable/10.1525/j.ctt1ppskn.

« Giant Panda Feeding on Carrion », BBC Natural History Unit, https://www.arkive.org/giant-panda/ailuropoda-melanoleuca/video-08b.html.

Graham-Jones, Oliver, *Zoo Doctor*, Fontana Books, 1973.

Hagey, Lee R. et Edith A. MacDonald, « Chemical Composition of Giant Panda Scent and Its Use in Communication », *in* Donald Lindburg et Karen Baragona (éds), *Giant Panda: Biology and Conservation*, Berkeley, University of California Press, 2004.

Hartig, Falk, « Panda Diplomacy: The Cutest Part of China's Public Diplomacy », *Hague Journal of Diplomacy* 8.1, 2013, https://eprints.qut.edu.au/59568.

Hull, Vanessa, Jindong Zhang, Shiqiang Zhou, Jinuyan Huang, Rengui Li, Dian Liu, Weihua Xu, Yan Huang, Zhiyun Ouyang, Hemin Zhang et Jianguo Liu, « Space Use by Endangered Giant Pandas », *Journal of Mammalogy* 96.1, 2015, https://doi.org/10.1093/jmammal/gyu031.

Lindburg, Donald, et K. Baragona (éds), *Giant Pandas: Biology and Conservation*, Berkeley, University of California Press, 2004.

Morris, Ramona et Desmond Morris, *Men and Pandas*, Londres, Hutchinson, 1966.

Nicholls, Henry, *Lonesome George: The Life and Loves of a Conservation Icon*, New York, Palgrave, 2007.

Nicholls, Henry, *Way of the Panda: The Curious History of China's Political Animal*, Londres, Profile, 2011.

Ringmar, Erik, « Audience for a Giraffe: European Expansionism and the Quest for the Exotic », *Journal of World History* 17.4, décembre 2006.

Schaller, George, *The Last Panda*, Chicago, University of Chicago Press, 1994.

Schaller, George, Hu Jinchu, Pan Wenshi et Zhu Jing, *The Giant Pandas of Wolong*, Chicago, University of Chicago Press, 1985.

White, Angela M., Ronald R. Swaisgood et Hemin Zhang, « The Highs and Lows of Chemical Communication in Giant Pandas (*Ailuropoda melanoleuca*): Effect of Scent Deposition Height on Signal Discrimination », *Behavioural Ecology Sociobiology* 51.6, mai 2002.

Zhang, Peixun, Tianbing Wang, Jian Xiong, Feng Xue, Hailin Xu, Jianhai Chen, Dianying Zhang, Zhongguo Fu et Baoguo Jiang, « Three Cases of Giant Panda Attack on Human at Beijing Zoo », *International Journal of Clinical and Experimental Medicine* 7.11, 2014, https://www.ncbi.nlm.nih.gov/pmc/articles/PMC4276236.

Zhao, Shancen, Pingping Zheng, Shanshan Dong, Xiangjiang Zhan, Qi Wu, Xiaosen Guo, Yibo Hu, Weiming He, Shanning Zhang, Wei Fan, Lifeng Zhu, Dong Li, Xuemei Zhang, Quan Chen, Hemin Zhang, Zhihe Zhang, Xuelin Jin, Jinguo Zhang, Huanming Yang, Jian Wang, Jun Wang et Fuwen Wei, « Whole-Genome Sequencing of Giant Pandas Provides Insights into Demographic History and Local Adaptation », *Nature Genetics* 45.1, janvier 2013, https://www.nature.com/ng/journal/v45/n1/full/ng.2494.html.

12. Le manchot

Bagemihl, Bruce, *Biological Exuberance: Animal Homosexuality and Natural Diversity*, New York, St Martin's Press, 1999.

Bried, Joël, Frédéric Jiguet et Pierre Jouventin, « Why Do *Aptenodytes* Penguins Have High Divorce Rates? », *The Auk* 116.2, 1999, https://sora.unm.edu/sites/default/files/journals/auk/v116n02/p0504-p0512.pdf.

Cherry-Garrard, Apsley, *The Worst Journey in the World: Antarctic, 1910-1913*, vol. 2, New York, George H. Doran, 1922 ; *Le Pire Voyage au monde. Antarctique 1910-1913*, trad. Thibaut Mosneron Dupin, Paris, Paulsen, 2008.

Clayton, William, « An Account of Falkland Islands », *Philosophical Transactions of the Royal Society of London* 66, 1er janvier 1776, https://rstl.royalsocietypublishing.org/content/66/99.full.pdf+html.

Davis, Lloyd S. et Martin Renner, *The Penguins*, Londres, Bloomsbury, 2010.

Davis, Lloyd S., Fiona M. Hunter, Robert G. Harcourt et Sue Michelsen Heath, « Short Communication: Reciprocal Homosexual Mounting in Adélie Penguins *Pygoscelis adeliae* », *Emu* 98.2, 2001, https://www.publish.csiro.au/mu/MU98015.

Fuller, Errol, *The Great Auk: The Extinction of the Original Penguin*, Piermont, Bunker Hill Publishing, 2003.

Gurney, Alan, *Below the Convergence: Voyages Toward Antarctica, 1699-1839*, New York, W. W. Norton, 2007.

Haeckel, Ernst, *The Riddle of the Universe at the Close of the Nineteenth Century*, New York, Harper, 1905 ; *Les Énigmes de l'univers*, trad. Camille Bos, Paris, Schleicher Frères, 1902.

Hunter, Fiona M. et Lloyd S. Davis, « Female Adélie Penguins Acquire Nest Material from Extrapair Males After Engaging in Extrapair Copulations », *The Auk* 115.2, avril 1998, https://www.jstor.org/stable/4089218.

Jacquet, Luc, *La Marche de l'empereur*, Bonne Pioche, 2005.

Larson, E. J., *An Empire of Ice: Scott, Shackleton, and the Heroic Age of Antarctic Science*, Londres, Yale University Press, 2011.

Martin, Stephen, *Penguin*, Londres, Reaktion, 2009.
Narborough, John, Abel Tasman, John Wood et Friderich Martens, *An Account of Several Late Voyages and Discoveries to the South and North*, Cambridge, Cambridge University Press, 2014 (1re publication 1711).
Roy, Tui de, Mark Jones et Julie Cornthwaite, *Penguins: The Ultimate Guide*, Princeton, Princeton University Press, 2014.
Russell, Douglas G. D., William J.L. Sladen et David G. Ainley, « Dr George Murray Levick (1876-1956): Unpublished Notes on the Sexual Habits of the Adélie Penguin », *Polar Record* 48.4, octobre 2012, https://doi.org/10.1017/S0032247412000216.
Wheeler, Sara, *Cherry: A Life of Apsley Cherry-Garrard*, Londres, Vintage, 2007.
Williams, T. D., « Mate Fidelity, Penguins », *Oxford Ornithology Series* 6.1.
Wilson, Edward A. et T. G. Taylor, *With Scott: The Silver Lining*, New York, Dodd, Mead and Company, 1916.
Wilson, Edward A., *Report on the Mammals and Birds: National Antarctic Expedition 1901-1904*, vol. 2, Londres, Aves, 1907.

13. Le chimpanzé

Bedford, J.M., « Sperm/Egg Interaction: The Specificity of Human Spermatozoa », *Anatomical Record* 188, 1977, https://doi.org/10.1002/ar.1091880407.
Buffon, Georges-Louis Leclerc, comte de, *History of Quadrupeds*, vol. 3, Édimbourg, Thomas Nelson, 1830 ; *Histoire naturelle, générale et particulière, avec la description du Cabinet du Roi*, tome quatorzième (« Quadrupèdes » XI), Paris, Imprimerie Royale, 1766.
Cohen, Jon, *Almost Chimpanzee: Redrawing the Lines that Separate Us from Them*, Londres, St Martin's Press, 2002.

Crockford, Catherine, Roman M. Wittig, Roger Mundry et Klaus Zuberbühler, « Wild Chimpanzees Inform Ignorant Group Members of Danger », *Current Biology* 22.2, 24 janvier 2012, https://www.ncbi.nlm.nih.gov/pubmed/22209531.

Cuperschmid, E. M. et T. P. R. D. Campos, « Dr. Voronoff's Curious Glandular Xeno-Implants », *História, Ciências, Saúde-Manguinhos* 14.3, 2007.

de Waal, Frans et Jennifer J. Pokorny, « Faces and Behinds: Chimpanzee Sex Perception », *Advanced Science Letters* 1.1, juin 2008, https://doi.org/10.1166/asl.2008.006.

Gould, Stephen Jay, *Leonardo's Mountain of Clams and the Diet of Worms*, Cambridge, Harvard University Press, 2011 ; *Les Coquillages de Léonard. Réflexions sur l'histoire naturelle*, trad. M. Blanc, Paris, Le Seuil, 2001.

Gross, Charles, « Hippocampus Minor and Man's Place in Nature: A Case Study in the Social Construction of Neuroanatomy », *Hippocampus* 3.4, 1993.

Hawks, John, « How Strong Is a Chimpanzee, Really? », Slate, https://www.slate.com/technology/2009/02/how-strong-is-a-chimpanzee-really.html.

Hobaiter, Cat et Richard W. Byrne, « The Meanings of Chimpanzee Gestures », *Current Biology* 24.14, 21 juillet 2014, https://www.ncbi.nlm.nih.gov/pubmed/24998524.

Hockings, Kimberley J., Nicola Bryson-Morrison, Susana Carvalho, Michiko Fujisawa, Tatyana Humle, William C. McGrew, Miho Nakamura, Gaku Ohashi, Yumi Yamanashi, Gen Yamakoshi et Tetsuro Matsuzawa, « Tools to Tipple: Ethanol Ingestion by Wild Chimpanzees Using Leaf-Sponges », *Royal Society: Open Science* 2.6, 9 juin 2015, https://rsos.royalsocietypublishing.org/content/2/6/150150.

UICN, « Quatre grands singes sur six sont à un pas de l'extinction, selon la Liste rouge de l'UICN », 2016, https://www.iucn.org/fr/news/species/201609/quatre-grands-singes-sur-six-sont-à-un-pas-de-l'extinction-selon-la-liste-rouge-de-l'uicn.

Janson, H. W., *Apes and Ape Lore in the Middle Ages and the Renaissance*, Londres, Warburg Institute, 1952.

Kahlenberg, Sonya M. et Richard W. Wrangham, « Sex Differences in Chimpanzees' Use of Sticks as Play Objects Resemble Those of Children », *Current Biology* 20.24, 21 décembre 2010, https://dx.doi.org/10.1016/j.cub.2010.11.024.

Kühl, Hjalmar S., Ammie S. Kalan, Mimi Arandjelovic, Floris Aubert, *et al.*, « Chimpanzee Accumulative Stone Throwing », *Scientific Reports* 6, 29 février 2016, https://www.nature.com/articles/srep22219.

Lucas, J. R., « Wilberforce and Huxley: A Legendary Encounter », *Historical Journal* 22.2, 1979.

Marks, Jonathan, *What It Means to Be 98% Chimpanzee: Apes, People, and Their Genes*, Berkeley, University of California Press, 2002.

Owen, Richard, « On the Characters, Principles of Division, and Primary Groups of the Class Mammalia », *Journal of the Proceedings of the Linnean Society I: Zoology*, Londres, Longman, 1857.

Pain, Stephanie, « Blasts from the Past: The Soviet Ape-Man Scandal », *The New Scientist*, 2008, https://www.newscientist.com/article/mg19926701-000-blasts-from-the-past-the-soviet-ape-man-scandal.

Patterson, Nick, Daniel J. Richter, Sante Gnerre, Eric S. Lander et David Reich, « Genetic Evidence for Complex Speciation of Humans and Chimpanzees », *Nature* 441, 29 juin 2006, https://www.nature.com/nature/journal/v441/n7097/full/nature04789.html.

Pline l'Ancien, *The Natural History*, trad. H. Rackham, Londres, William Heinemann, 1940 ; *Histoire naturelle de Pline*, trad. É. Littré, Paris, Dubochet, 1848.

Pruetz, Jill D., Paco Bertolani, Kelly Boyer Ontl, Stacy Lindshield, Mack Shelley et Erin G. Wessling, « New Evidence on the Tool-Assisted Hunting Exhibited by Chimpanzees (*Pan troglodytes verus*) in a Savannah Habitat at Fongoli, Sénégal »,

Royal Society: Open Science 2.4, 15 avril 2015, https://rsos.royalsocietypublishing.org/content/2/4/140507.

Rossiianov, Kirill, « Beyond Species: Il'ya Ivanov and His Experiments on Cross-Breeding Humans with Anthropoid Apes », *Science in Context* 15.2, 2002, https://www.cambridge.org/core/journals/science-in-context/article/beyond-species-ilya-ivanov-and-his-experiments-on-cross breeding-humans-with-anthropoid-apes/D3E0E117E953A0038D63984AD92F4B80.

Sax, Boria, *The Mythical Zoo: An Encyclopedia of Animals in World Myth, Legend, and Literature*, Santa Barbara, ABC-Clio, 2001.

Schwartz, Jeffrey H., *Orang-utan Biology*, Oxford, Oxford University Press, 1988.

Sorenson, John, *Ape*, Reaktion, 2009.

Temerlin, Maurice K., *Lucy: Growing Up Human. A Chimpanzee Daughter in a Psychotherapist's Family*, Palo Alto, Science & Behavior Books, 1975.

Topsell, Edward, *The History of Four-Footed Beasts and Serpents and Insects*, vol. 1, New York, DaCapo, 1967 (1re publication 1658).

Yerkes, Robert et Ada Yerkes, *The Great Apes: A Study of Anthropoid Life*, New Haven, Yale University Press, 1929 ; *Les Grands Singes : l'orang-outan*, traduction (abrégée) de Magdeleine Paz, Paris, Albin Michel, 1951.

Zimmer, Carl, « Searching for Your Inner Chimp », *Natural History*, décembre 2002-janvier 2003, https://www.carlzimmer.com/articles/PDF/02.ChimpDNA.pdf.

Conclusion

Mills, Brett, « The Animals Went in Two by Two: Heteronormativity in Television Wildlife Documentaries », *European Journal of Cultural Studies* 16 (1).

Waal, Frans de, https://www.npr.org/2014/08/15/338936897/do-animals-have-morals.

Table

Composition Nord Compo
Impression Black Print en février 2021
Éditions Albin Michel
22, rue Huyghens, 75014 Paris
www.albin.michel.fr
ISBN : 978-2-226-44242-0
N° d'édition : 23511/01
Dépôt légal : mars 2021
Imprimé en Espagne